U0532907

孟子思想及其在历代的影响学术研讨会　2022.08　山东邹城

孟子思想及其在历代的影响国际学术研讨会论文集
山东省泰山学者人才工程建设专项经费支持

居仁由义

孟子学的千古传承

孔德立 ◎ 主编

山东友谊出版社·济南

图书在版编目（CIP）数据

居仁由义：孟子学的千古传承 / 孔德立主编. -- 济南：山东友谊出版社，2024.9. -- ISBN 978-7-5516-3004-7

I. B222.55-53

中国国家版本馆CIP数据核字第2024MU3008号

居仁由义
孟子学的千古传承
JURENYOUYI
MENGZIXUE DE QIANGU CHUANCHENG

责任编辑：张亚欣
装帧设计：刘洪强

主管单位	山东出版传媒股份有限公司
出版发行	山东友谊出版社
	地址：济南市英雄山路189号　邮政编码：250002
	电话：出版管理部（0531）82098756
	发行综合部（0531）82705187
	网址：www.sdyouyi.com.cn
印　刷	济南精致印务有限公司

开本：710 mm×1000 mm　1/16
印张：29
插页：1　　　　　　　　　字数：420千字
版次：2024年9月第1版　　印次：2024年9月第1次印刷
定价：89.00元

目录

◈ **特　稿**

3　　东亚孟子学的同调与异趣 _ 黄俊杰

◈ **述仲尼之意**

17　　孟子"先立乎其大"说及其学术气象 _ 杨朝明

◈ **道性善**

35　　士与民：性善的不同意义 _ 颜世安　冯洁

47　　先天结构性缘境呈现
　　　　——孟子性情论的思想特色 _ 李景林

63　　静态人性观还是动态人性观
　　　　——性善论新解 _ 方朝晖

97　　动机效力与规范证成
　　　　——黄百锐对孟子"同情心"的诠释及其反省 _ 林宏星　李斯源

115　论孟荀性善恶论的内在线索 _ 赵亚婷

134　君主"尽心"责任的独特性 _ 李探探

❖ 仁义而已

147　亲亲而仁民，仁民而爱物

　　　　——《孟子·尽心上·亲亲仁民爱物章》的儒家文明图式

　　_ 杨海文

159　论孟子的"安宅"观 _ 张茂泽

176　孟子以心言性之义命观

　　　　——从修其"天爵"到"俟命""立命"为讨论核心

　　_ 孔令宜

❖ 家国天下

199　孟子天下治理观及其对孔学的继承与发扬 _ 杨兆贵

218　从《孟子》论战国时期诸侯国君的政治素养 _ 魏衍华

231　论孟子政治学在先秦儒学史上的转折

　　　　——以孟子基层治理论说的缺环为中心 _ 宋化玉

245　唐虞与三代：孟子政治哲学下的历史观

　　　　——兼述其"大贤拟圣"的文化意识 _ 王侃

◈ 思孟学派

257　孟子与《五行》的《说》_〔日〕末永高康

274　《孟子》"天下之言性也"章研究与检讨
　　　　——从朱陆异解到《性自命出》"实性者故也"
　　　_丁四新

◈ 岂善辩哉

297　知言与养气：孟子对仁义之道的新拓展_孔德立

315　孟子"言辩"背后论证合理性的哲学基础_闫林琼

◈ 恒产与恒心

339　早期儒家的政治理想
　　　　——从人口、财货的角度来看_孟庆楠

350　"制民之产"：孟子井田说申义_武黎嵩

◈ 参照与诠释

367　仕或不仕
　　　　——孟子与庄子态度对比_〔法〕王伦跃

378　荀子对《孟子》的袭用与批判_徐克谦

395　推类求壹：王充对孟子的认识及其地位

　　　　——以《论衡·刺孟》为中心＿于航

◈ 永恒的意义

411　孟子对中国文化的八大贡献＿颜炳罡

440　孟子正义战争思想与永久和平＿王国良

◈ 后　记

特稿

东亚孟子学的同调与异趣

● 黄俊杰　台湾大学特聘讲座教授、欧洲研究院院士

世安老师，各位热爱孟子精神的学术界同道：

大家早安！感谢世安老师和各位朋友的好意，让我在今天的大会上做一个报告，我非常感谢！我今天报告的题目是《东亚孟子学的同调与异趣》。我今天30分钟的报告主要围绕两个问题来思考：第一个问题就是为什么孟子能够吸引两千多年来中、韩、日各国知识分子、国君，还有不同的儒者围绕着他而争议不休？第二个问题是中、韩、日三地的孟子学同调何在，有何异趣？

今年春天，我在台北出版了两本书，第一本书是《孟学思想史论·卷二》的增订新版，本书初版是1997年出版，20多年来国内外相关研究论著的出版如雨后春笋，我自己也有一些新的想法，于是对其做了大幅改动，吸纳了1997年到现在国内外孟子学研究的最新成果，成为增订新版。第二本书是《孟学思想史论·卷三》，本书分为上下两册，研究主题是孟子学在朝鲜王朝（1392—1910）以及德川时代（1603—1868）的日本，是如何被解释、被理解、被争论的。今天的报告主要是《孟学思想史论·卷二》增订新版和《孟学思想史论·卷三》的研究成果的简要报告，请各位朋友指教。

我们先从第一个问题开始：孟子到底有什么魅力？中国的思想家这么多，为什么孟子可以吸引中、韩、日这么多人围绕着他来争论？我们非常简洁地来过目一下孟子在中、韩、日三地的研究状况。

我们知道《孟子》这一部书最早的注释者是东汉末年的赵岐（？—201）。从赵岐以后，中国思想史上研究孟子的学者极多。我在《孟学思想史论·卷二》增订新版中主要是扣紧几个在思想史上具有重大意义的论著，像朱子的《孟子集注》、王阳明的《传习录》、戴震的《孟子字义疏证》、焦循的《孟子正义》、康有为的《孟子微》等来讨论，尤其致力于抉发经由对《孟子》的解释而折射出的中国诠释学的特质与意涵。

我在《孟学思想史论·卷三》中考证指出，孟子学东传朝鲜的时间大概是公元9世纪。曾经来唐朝留学的新罗翰林学士崔致远（857—？），已经在文章中用到了《孟子·梁惠王上》第七章中的孟子的话。① 12世纪，史学家金富轼（1075—1151）所写的朝鲜半岛历史上现存第一部史籍《三国史记》中，也引用了《孟子》书中的文句。② 13世纪，安珦（1243—1306）从元朝时期的中国带回了朱子的著作，《四书章句集注》最后就成为高丽知识分子熟悉《孟子》的一个桥梁。

从此以后，朝鲜知识分子对《孟子》就非常熟悉。《韩国经学资料集成》第三集收录了从16世纪到19世纪，从李退溪（1501—1570）到金履九（1746—1812）的共91位朝鲜时代儒者的孟子学著作，其中丁若镛（茶山，1762—1836）是最为重要、最为深刻的一个学者。

再来看孟子学在德川日本的状况。我们知道自古以来都传说，来自中国的船，船上面如果载着一部《孟子》，那么那个船一定会碰到台风，到不了日本。

17世纪，日本有一个名为松下见林的人，就说《孟子》这部书在日本早就有一千多年了，怎么可以说日本没有《孟子》呢？根据井上顺理（1915—

---

① 崔致远：《孤云先生文集》卷2《无染和尚碑铭》，收入韩国文集编纂委员会编《韩国历代文集丛书》第2册，景仁文化社，1997，第90—123页，"鱼非缘木可求"一句见第99页。
② 金富轼：《进三国史记表》之《表笺》，收入徐居正编《东文选》第2册卷44，太学社，1975，第241页。

2009）的考证，《孟子》的文句在852年已经出现在日本儒者所编的书里面，①到了890年，《孟子》这部书已经著录于《日本国见在书目录》。正如井上顺理所指出的，《孟子》从9世纪以后，在镰仓时代、南北朝时代、室町时代，一路下来都有很多人研究，日本儒者对孟子并不陌生。②根据吴伟明（Benjamin Wai-ming Ng）在所著英文书中的计算，德川时代日本学者研究的中国经典中，最热门的是《易经》，其次是《论语》。研究热度依次是《易经》《论语》《大学》《春秋》《孝经》《诗经》，第七位才是《孟子》。在整个德川时代，日本研究《孟子》的一共有126个人，著作有169种，但《孟子》只排第七。③从德川时代以来，《论语》在日本非常流行，18世纪以后，日本民间还有一句俗语，说"读《论语》而不知道《论语》"（論語読みの論語知らず），就是说那个人读《论语》没有读到他的身心里面去。以上简介了《孟子》在中、韩、日的研究状况。

　　孟子有什么魅力呢？我首先要指出孟子思想是东亚知识人的共同平台，为什么？因为中、韩、日各国知识人，都共同浸润在一个以儒家价值为基础的意义共同体（或价值共同体）里面，他们深深地受到孟子精神的召唤，倾听孟子的话语，并在这个意义共同体里面和孟子对话，提出对孟子的各种解释。

　　孟子的魅力表现在两个方面，第一个方面就是作为乡愁的孟子政治论。我们知道孟子"后车数十乘，从者数百人，以传食于诸侯"④，所至每与国君分庭抗礼，他到每一个战国时代的国君的面前，都讲王道政治理想，引《尚书》"天视自我民视，天听自我民听"⑤。孟子的这一套政治论，在公元前221年，

---

① 井上顺理：《孟子传来考》，《鸟取大学学艺学部研究报告（人文·社会·科学）》第15卷（1964年12月），第211—232页，特别是第232页。
② 参考井上顺理：《本邦中世までにおける孟子受容史の研究》，风间书房，1972，第214页。
③ 统计数据见：Wai-ming Ng, *Imagining China in Tokugawa Japan: Legends, Classics, and Historical Terms*, Albany: State University of New York Press, 2019, p. 73.
④ 《孟子·滕文公下·4》，朱熹：《孟子集注》卷6，收入《四书章句集注》，台大出版中心，2016，第373页。
⑤ 孟子在《孟子·万章上·5》引《尚书·泰誓》之语，朱熹：《孟子集注》卷9，收入《四书章句集注》，第430页。

"六王毕，四海一，蜀山兀，阿房出"以后，大一统帝国从中国历史的地平线上升起，就成为中国知识分子的乡愁。

明太祖朱元璋（在位于1368—1398）找儒者来讲《孟子》。讲到刚才我引用的那几个文句，朱元璋听了非常生气，说："这个是谁讲的？"儒臣赶快报告说："皇上息怒，这个是很早很早以前一个叫孟子的人讲的。"朱元璋问："孟子现在在哪里？"儒臣说："孟子现在在孔庙，他的牌位就在孔子的旁边。"朱元璋说："把孟子的牌位从孔庙踢出去！"有一个叫钱唐（1314—1394）的读书人，上表给朱元璋说，皇上如果要把孟子的牌位移出孔庙，那么请先将我处死，"臣为孟轲死，死有余荣"①。这是这种精神上的乡愁在中国知识分子身上最鲜明的表现。

清代的雍正皇帝（清世宗，在位于1722—1735）亲自讯问曾静（1679—1735）口供的时候，也曾痛斥："岂有孔子孟子要做皇帝之理乎？"② 孟子政治论确实是从秦汉以来中国知识分子的乡愁，所以能够吸引那么多的人来辩论它，尤其是孟子的政治思想，确实是生存于古代帝制时代的中国知识人心中永恒的乡愁。

《孟子》传到朝鲜半岛之后，17世纪朝鲜大儒宋时烈（1607—1689）说他14岁就开始读孟子书，"闭门俯读至五六百遍"③，这种读书精神实在是令人钦佩不已。19世纪日本的保守派儒者藤田东湖（1806—1855）起而批判孟子王道政治思想，说"轲之王道绝不可用于神州"④，这个神州就是指中国。在大一统王权政治的时代，这种作为乡愁的孟子政治论吸引力是如此巨大。中、韩、日儒者研阅《孟子》这一部书的34685个字（据赵岐），可以说是某种乡愁召唤之下的返乡之旅，他们经由诠释孟子而达到更深层的自我理解。正如法国哲

---

① 《明史》卷139，收入《二十四史》第19册，中华书局，1997，第1038页。
② 雍正帝撰：《大义觉迷录》，文海出版社，1985，第162页。
③ 宋时烈：《尤菴先生文集》第11册卷86《浩然章质疑》，收入韩国文集编纂委员会编《韩国历代文集丛刊》第1541册，引文见第310—311页。
④ 藤田东湖：《孟轲论》，收入高须芳次郎编《新释藤田东湖全集》第4卷，研文书院，1943—1944，引文见第26页。

学家保罗·里克尔（Paul Ricoeur，1913—2005）所说，"每一种诠释学，无论是外显的或隐含的，都是经由理解他者，而有的自我理解"①，这种说法完全在东亚孟子学诠释史中获得印证。

孟子的魅力还有另外一个面向，就是作为圣域的孟子心性论。孟子以"心"定"言"，深知言说的"诐辞""淫辞""邪辞""遁辞"；孟子以"心"定"气"，他所建立的这一套心性论是这样的精彩。

孟子心性论早在 12 世纪就对陆象山（1139—1193）有很大的召唤，象山曾说他的思想"因读《孟子》而自得之"②，他又说："区区之学，自谓孟子之后，至是而始一明也"③，意指他的思想是直接从孟子而来的。牟宗三（1909—1995）先生对象山这一段话有非常精彩的发挥。这种心性论对南宋大儒朱子（1130—1200）产生了很深的影响。我们看《朱子语类》，朱子跟学生讨论"知言养气"，他曾两度信誓旦旦地对学生宣称，他对孟子的理解"若与孟子不合者，天厌之！天厌之！"④试想，对儒家大师朱子来讲，"天厌之"是多么巨大而重要的誓言。

透过以上的例子，我们探讨了今天第一个问题，就是：为什么孟子有这么大的魅力可以吸引中、韩、日的读者投入研究？现在我们来分析第二个问题：东亚孟子诠释学有何同异？

东亚孟子诠释学的第一种同调，就是中、韩、日的孟子诠释学都表现为作为"经世致用之学"的孟子学，尤其表现为具有东亚文化特色的"实践诠释学"（praxis hermeneutics）。20 世纪美国文学诠释学大师赫施（E. D. Hirsch）曾区分"意义"（meaning）与"意涵"（significance）的差别，meaning 是经典文本的原意，significance 可能是后代的读者与经典文本之间所创造的意涵。⑤中

---

① 保罗·里克尔（Paul Ricoeur）：《诠释的冲突》，林宏涛译，桂冠图书股份有限公司，1995，第 14—15 页。
② 陆九渊：《陆九渊集》卷 35《语录下》，里仁书局，1981，影印新校标点本，第 471 页。
③ 陆九渊：《陆九渊集》卷 10《与路彦彬》，第 134 页。
④ 黎靖德编：《朱子语类》卷 52《孟子二·公孙丑上之上·问夫子加齐之卿相章》第 87 条，王星贤点校，中华书局，1986，第 1250 页。
⑤ 见 E. D. Hirsch, Jr., *Validity in Interpretation*, New Haven: Yale University Press, 1967, p. 8.

国诠释学者固然致力于抉发《孟子》文本中的"意义",但更重视开发《孟子》这部经典对阅读者及其时代的"意涵",他们受孟子精神召唤,兴起心志,载欣载奔,展现中国"实践诠释学"的特质。

以上所说这种实践诠释学,在中国和朝鲜思想史上表现得最为明显。这种实践诠释学,常常会从政治的角度来解读孟子,例如,东汉赵岐读到孟子说"大人者,不失其赤子之心者也"(《孟子·离娄下·12》)时,就理解为"大人谓君。国君视民,当如赤子,不失其民心之谓也"。① 赵岐的解释显然是把孟子的"大人"一词加以窄化了,因为孟子所谓的"大人"是指一个完整的人格,不是指统治者而言。这种实践诠释学也表现在宋儒对孟子政治思想的争辩上,集中于王霸之辩、君臣关系等议题,我在《孟学思想史论·卷二》中对此有所讨论。

朝鲜时代的国王和儒臣对孟子王道政治论特别关心,儒臣都以"王道"为不证自明的政治最高理想,他们重视的是"王道"的可欲性(desirability),但是国王(尤其是19世纪的纯祖,在位于1800—1834)则关心"王道"的可行性(feasibility)问题,因为朝鲜国王每天要处理实际的政务,与只是在书斋里面研阅《孟子》的儒臣不同。

举例言之,朝鲜第22代国王正祖(李祘,1752—1800,在位于1776—1800),就好像一只长着复眼的蜻蜓。他用他的权力之眼,也用他的朱子学之眼,从孟子学里面解读出很多非常精彩的新的"意涵"。我在这一期北京的《中国文化》(中国艺术研究院主办)上有一篇文章讲18世纪的正祖和儒臣对孟子思想的讨论。正祖应该是东亚历史上对儒学(尤其是朱子学)最具同情了解、对朱子学研究最深入的一位国君。

到了20世纪初,康有为(1858—1927)在1901年撰写《孟子微》时,因为身处一个欧风美雨侵袭中国的时代,所以他在《孟子》文本中,读入了大量的对现代民主政治的向往。比如说,他讲孟子这些民本政治是要"授民权、开

---

① 赵岐注见焦循:《孟子正义》卷16,中华书局,1987,第556页。

议院之制"①，这显然是过度解读了，也就是艾柯（Umberto Eco，1932—2016）所谓的"过度诠释"了。②

作为实践诠释学的孟子诠释学具有两个特征：第一个特征就是东亚各地的实践诠释学，常常是通过诠释者的"历史性"而建立的。所谓以诠释者的"历史性"为中心建立的实践诠释学，其中有一个很重要的问题，就是那里面的"诠释者"是什么样的人？我感觉他不是费尔巴哈式的作为范畴的人。他是青年马克思思想中那种活生生参与生产劳动的人。但是我必须更进一步指出，这种实践诠释学所具有的中国性的特点，是以情感人，而不是以理胜人，所以我们中国人讲"情理"是"情"先于"理"。

第二个特征，我认为中国与东亚的实践诠释学是通过诠释者的"主体间性"而建立的。所谓"主体间性"还有两个面向，一个是共时性（synchronic）的主体间性，可以上溯到《孟子·万章下·8》所说的"一乡之善士，斯友一乡之善士"；一个是历时性（diachronic）的主体间性，就是孟子讲的"尚论古之人"。③

东亚孟子诠释学的第二种同调，是作为修身养性或者修心养气之学的孟子学，它是一种"生命诠释学"。这种"生命诠释学"，我觉得有三个特点：首先，它是经由诠释者与经典的对话而建立的。《孟子》这部书对诠释者来讲不是一个物件，不是一个 thing，也不是待解剖的木乃伊，而是一座图书馆，他们可以进到里面，携孟子之手，与孟子偕行，进入孟子的心魂而与孟子亲切对话。

东亚生命诠释学的第二个特点是诠释者与经典的关系是主客交融的，因此中、韩、日的孟子学者与《孟子》文本的关系，不是马丁·布伯（Martin Bu-

---

① 康有为：《孟子微》卷1，台湾商务印书馆，1970，第12页下。
② Umberto Eco et al., *Interpretation and Overinterpretation*, ed. by Stefan Collini, Cambridge and New York: Cambridge University Press, 1992. 中译本见：［意］安贝托·艾柯等著，［英］斯特凡·柯里尼编：《诠释与过度诠释》，王宇根译，生活·读书·新知三联书店，1997。
③ 《孟子·万章下·8》，朱熹：《孟子集注》卷10，收入《四书章句集注》，第452页。

ber）讲的 I and it 的关系，而是 I and thou 的关系。①第三个特点最具有中国文化特色，就是这种生命诠释学聚焦于诠释者自我生命的转化。东亚各国的儒者都是在诠释孟子文本中重新理解自己。这里重要的不是抽象而超越的存有问题，不是 being 的问题，而是要如何与孟子精神合一的"生成"（becoming）的问题，这是一种生命日新又新的自我转化的问题。

总而言之，东亚孟子学的第二种同调，我想整合成为四个关键词，即：它是实存的（existential）；它是体知的（bodily knowing）；它是自我理解（self-understanding）；它是自我转化（self-transformation）。

现在，我们再来看东亚孟子学的异趣。我想首先指出的是，中、韩、日古代社会权力结构不一样。中、韩两地都实行科举制度，我们知道中国的科举制度可以上溯到 587 年，②朝鲜可以上溯到 958 年③。科举制度会产生一种效应，《孟子》文本变成了科举考试定本的《四书章句集注》之一部分以后，参与了

---

① 帕玛（Richard E. Palmer, 1933— ）曾引用布伯（Martin Buber, 1878—1965）与加达默尔（Hans-Georg Gadamer, 1900—2002）的论点，说诠释学是一种"我与你"的关系的对话，参看 Richard E. Palmer, *Hermeneutics*, Evanston: Northwestern University Press, 1969, pp. 191-192. 中译本见：《诠释学》，严平译，桂冠图书股份有限公司，1992，第 224 页。这种"我与你"的对话关系，在东亚经典诠释传统中表现得最为深切著明。

② 宫崎市定（1901—1995）先生据《隋书》卷 1《高祖纪》"开皇七年"条"制诸州岁贡三人"，指出开皇七年贡举成为"永制""常制"之开始。见宫崎市定：《九品官人法的研究——科举前史》，东洋史研究会，1956，第 64、520 页。中译本见：《九品官人法研究——科举前史》，韩昇、刘建英译，中华书局，2008，第 36、320 页。高明士（1940— ）先生据《玉海》等传统史料及常鸿（560—615）墓志等新史料，进一步论证隋文帝开皇七年建制的秀才、明经、进士三科之中含有"宾贡科"。参看高明士：《常鸿墓志与隋代宾贡科》，收入吕建中、胡戟主编《大唐西市博物馆藏墓志研究续一》上册，陕西师范大学出版总社有限公司，2013，第 81—88 页；高明士：《隋唐贡举制度》，文津出版社有限公司，1999，第 140—172 页。关于科举起源众说纷纭，刘海峰（1965— ）先生曾归纳学界说法为"察举为科举论""隋代起始论""唐代起始论"等诸说，参看刘海峰：《科举学导论》第 4 章，华中师范大学出版社，2005，第 65—94 页。

③ 朝鲜朝开创之际，朝鲜朝廷就对高丽朝以来的科举制度加以改善，《太祖实录》卷 1 "太祖一年（1392）7 月 28 日丁未"云："今后内而成均正录所，外而各道按廉使，择其在学经明行修者，开具年贯三代及所通经书，登于成均馆长贰所，试讲所通经书，自四书五经《通鉴》已上通者，以其通经多少，见理精粗，第其高下为第一场；入格者，送于礼曹，礼曹试表章古赋为中场；试策问为终场，通三场相考入格者三十三人，送于吏曹，量才擢用，监试革去。"（国史编纂委员会编：《朝鲜王朝实录》第 1 册，国史编纂委员会，1955—1963，第 22 页）姜智恩说："中国的科举制度在高丽朝第 4 代国王光宗九年（958）时被引入朝鲜半岛。"（姜智恩：《被误读的儒学史》，联经出版公司，2020，第 66—67 页）其说可从。

帝国选拔知识分子来分享权力的过程。

我在大概30年前就曾经查阅收藏于台北的明代登科录里面的考试题目，我看有关《孟子》的题目，就得到一个印象，觉得凡是孟子讲民本政治、讲王道政治的言说，通通没有被选为考题。明代科举试题中出自《孟子》的，全部都是关于孟子的心性论方面的内容。① 因此《孟子》就经过一个权力的网络的筛选，而被选出了那些对帝国权力没有挑战性的东西出来，这是科举考试的效应。福柯（Michel Foucault，1926—1984）讲"权力"问题，他说"权力"使自我的主体性为之彰显，确实没有错。

中国与朝鲜的儒者也因为权力的渗透，使他们的"政治自我"（political self）和"文化自我"（culture self）产生冲突，而且产生紧张关系。德川日本没有科举考试，不用科举来取士，而且日本是个武士的国度。渡边浩教授说日本是一个武国，德川时代的将军运用"公仪的御威光"来进行统治。②

17世纪，古学派大儒伊藤仁斋（1627—1705）走夜路，碰到抢匪，抢匪让他把钱财拿出来，他就把钱财拿出来。抢匪抢完了以后问他，说我们干这个已经很久了，没有见过你这么驯服的被抢者，你的职业是什么？伊藤仁斋说，我的职业是"儒者"（jusha）。这些抢匪没有听过"儒者"这种职业，就问他"儒者"是干什么的。伊藤仁斋回答，儒者就是"以仁道教人者也"。③作为德川社会文化公共财的日本儒者，实际上是社会边缘人。

因为中、韩、日古代社会权力结构存在差异，所以三地的孟子诠释者，有殊性，有共性。就是我刚才讲的，比如他们都共享儒家价值共同体，因此就形成了一个我所谓的"东亚儒学"。但是这个"东亚儒学"存在于各地之中，而

---

① 黄俊杰：《东亚文化交流中的儒家经典与理念：互动、转化与融合》，台大出版中心，2016，修订一版，第128页。
② 渡边浩：《東アジアの王權と思想》，东京大学出版会，1997。中译本见：《东亚的王权与思想》，区建英译，上海古籍出版社，2016。
③ 原念斋：《先哲丛谈》卷4，上海交通大学出版社据文化十四年（1817）江户刻本影印，第162页。

不是之上,"东亚儒学"不是一种僵硬的意识形态,而是一个与时俱进、因地制宜的动态的思想体系。

东亚孟子学的特殊性表现在中、韩、日三地的孟子学诠释者不同,孟子价值的承载者不一样,在中国是士大夫,朝鲜是两班(양반),日本是儒者(じゅしゃ,jusha)。如果用20世纪法国哲学家梅洛·庞蒂(Maurice Merleau-Ponty)的话来讲,他们的存在结构(existential structure)不一样,① 而且中、韩、日三地社会氛围也不一样。可是在不同之中有更大的"同",东亚孟子学有一种家庭类似性(family resemblance)。孟子学诠释者都是从经典出发,各国研究者在精神上关系深厚,日本话叫做"绊"(きずな,kizuna)。中、韩、日孟子学诠释者精神上的关系非常深厚,因此人比经典更重要。

我们知道西方诠释学者都很强调文本的开放性,艾柯(Eco)、②保罗·里克尔(Paul Ricoeur)都这么讲,主要是因为西方的哲学诠释学,重视的是如何经由解释文本而论证真理。但是我们东方的儒学,比如说《孟子》的经典诠释学,它的重点在于读者如何经由《孟子》而改变生命,从解释世界迈向改变世界,《关于费尔巴哈的提纲》最后一条,③ 其实在孟子诠释学里面已经完全呈现出来了。

第二个中、韩、日三地孟子学的异趣,我认为表现在朱子学的角色之不同。孟子学东传朝鲜半岛与日本以后,都经过了脉络性的转换(contextual turn)。④这个"脉络性转换"里面有三个诠释的权威,第一个是孔孟,是最早的权威,第二个是朱子学的权威,第三个是各国儒学前辈的权威。⑤如王阳明

---

① Maurice Merleau-Ponty, *Phenomenology of Perception*, tr. by Colin Smith, London: Routledge & Kegan Paul, 1962.
② Umberto Eco, *The Open Work*, tr. by Anna Cancogni, Cambridge, Mass.: Harvard University Press, 1989, p.1. 中译本见:《开放的作品》,刘儒庭译,新星出版社,2005,第1页。
③ 马克思、恩格斯:《马克思恩格斯选集》(第一卷),人民出版社,2012。
④ 我曾就"脉络性转换"现象做过初步讨论,参看拙著:Chun-chieh Huang, "On the 'Contextual Turn' in the Tokugawa Japanese Interpretation of the Confucian Classics: Types and Problems," in Chun-chieh Huang, *East Asian Confucianisms: Texts in Contexts*, Göttingen and Taipei: V&R unipress and Taiwan University Press, 2015, chapter 2, pp. 25-40.
⑤ 黄俊杰:《东亚儒家仁学史论》,台大出版中心,2016,第73—74页。

（1472—1529）说，他一旦发现自己的想法与朱子不一样，就痛感不忍："一旦与之背驰，心诚有所未忍。"①同理，朝鲜半岛李退溪之后的读者，日本伊藤仁斋之后的儒者，又都必须面对朱子、退溪、仁斋学的权威。

我与安藤隆穗先生合编了一本书名为《东亚思想交流史中的脉络性转换》，②书中各篇论文，都论述东亚思想交流中的"脉络性转换"。朱子学在中国，基本上从13世纪至15世纪末，已经走过了权威的建立、发展，到阳明学崛起，到最后朱子学被扬弃的这样一个过程。可是朱子学在朝鲜，一直到17、18世纪都还是诠释的权威。正如我在《孟学思想史论·卷三》中所讲的，朝鲜历史上有大量的"忠诚的朱子学者"，尤其是正祖与他的儒臣，他们紧贴朱子原文，与朱子共呼吸，循着朱子的思路来解读孟子，并且跟孟子对话。

朱子学在日本则是不一样的角色，从17世纪仁斋开始，朱子学典范就备受挑战。仁斋学基本上是通过反形上学而反朱子学，从而将孟子学在日本实学的特殊脉络里面完成"脉络性转换"。但是，虽然朱子学的发展在中、韩、日有这样的差别，虽然东亚的孟子学者可以反朱、净朱、批朱，我还是要强调，他们不能视朱子如无物，不能绕过朱子而建构新孟子学。

我想在此提出三点结论，第一个结论是，中国孟子学东传至朝鲜与日本都经历过"脉络性转换"。这个"脉络性转换"理论上可分为两个阶段，第一个是"去脉络化"阶段，那些思想系统或者系统里面更细的"单位观念"（unit ideas）离开了原生的语境而传到另外一个语境以后，出现逸脱或者被抽离的现象。这种"去脉络化"常常表现为去政治化，因为"政治"正如汤恩比（Arnold Joseph Toynbee，1889—1975）所讲，回折（diffraction）的力量最强。③第二个阶段是"再脉络化"，就是把源出于中国的孟子学，融入朝鲜与日本的语

---

① 王守仁：《答罗整菴少宰书》，收入陈荣捷：《王阳明传习录详注集评》，第176条，学生书局，1983，第253页。
② 黄俊杰、安藤隆穗编：《东亚思想交流史中的脉络性转换》，台大出版中心，2022。
③ Arnold Joseph Toynbee, *The World and the West*, London: Oxford University Press, 1953, pp. 68-69. 引文见锺建闳译：《世界与西方》，文物供应社，1953，第40—41页。

境里面，赋予它新的 meaning，或者是 significance，正如僧肇《物不迁论》中所言："吾犹昔人，非昔人也。"①"脉络性转换"虽然在理论上可拆解为"去脉络化"与"再脉络化"两个阶段，但实际上，"去脉络化"与"再脉络化"是同时发生的。

第二个结论就是，综合我们今天所讲，东亚孟子诠释学有两种主流形态，那就是"实践诠释学"与"生命诠释学"。但是这两种主流形态都已经内建在孟子学体系里面，因为在孟子学那里，外王事业不遗内圣功夫。

第三个结论，虽然我们在理论上将东亚孟子学区分为"实践诠释学"与"生命诠释学"，但是，"实践诠释学"是以"生命诠释学"为基础的，因为它们都是一种"实学"，无论是程朱式的"'放之则弥六合，卷之则退藏于密'，其味无穷，皆实学也"②，还是伊藤仁斋式的"以实语明实理"③。"实"字既是 true 又是 real，它植根并回归于生命的体认与实践，且作为其鹄的，呈现出鲜明的东亚思想的特色。

我今天的报告就到这里。再次感谢世安老师！祝福各位老师、各位同学身心健康、生命成长。谢谢大家！

---

① 僧肇：《肇论》卷1，收入大正新修大藏经刊行会编《大正新修大藏经》第45册，新文丰出版公司，1988，第151页。
② 朱熹：《中庸章句》，收入《四书章句集注》，第22页。
③ 伊藤仁斋：《古學先生詩文集》卷5《同志會筆記》，收入《近世儒家文集集成》第1卷，ぺりかん社，1985，第11页。

述仲尼之意

孟子"先立乎其大"说及其学术气象

● 杨朝明　山东大学高等儒学研究院特聘教授

一个人能否行稳致远,立于不败之地,决定于他做人的格局与气象;一个国家和民族能否遇挫弥坚,历史连绵不断,决定于其文化特性与精神。不言而喻,中华民族历史的长度与宽度,内在地决定了中华文化发展水平的高度和深度。

西方有不少学者曾经比较过中西方的差异,例如,英国著名汉学家马丁·雅克在《如何理解正在崛起的中国》的讲演中谈到,西方帝国总是在昙花一现、土崩瓦解之后就灰飞烟灭了,而中国却能得以永远传承。他解释说,中国其实是一个文明,只是"伪装"成了一个国家的存在。在他看来,也许只有这样,才可以理解为什么西方帝国衰败后就再无崛起的可能而中国总是能不断复兴。这是因为中国本身就是一种文明!

也许,我们今天研究"孔孟之道",其重大意义就在于此。要了解中华文明的根性,了解孔子学说的意义,真正理解伟大的中华民族何以能"比世界上别的民族更和睦和平地共同生活了几千年"[1],或许可以从"述仲尼之意"的孟子学说中得到一个清晰的启示。"亚圣"孟子是孔子之道的忠实继承者、弘

---

[1] [英]恩·贡布里希:《写给大家的简明世界史:从远古到现代》,张荣昌译,广西师范大学出版社,2003,第84页。

扬者，透视孟子的学术气象，我们应该可以更好地了解"思想的中国""学术的中国"。我们由此想到孟子"先立乎其大"的说法。

一、"先立乎其大"说与"耳目役心"

孟子所说的"先立乎其大"，正是关于一个人如何成就其宏大格局的问题。《孟子·告子上》记载了孟子师徒的一段对话：

> 公都子问曰："钧是人也，或为大人，或为小人，何也？"孟子曰："从其大体为大人，从其小体为小人。"曰："钧是人也，或从其大体，或从其小体，何也？"曰："耳目之官不思，而蔽于物，物交物，则引之而已矣。心之官则思，思则得之，不思则不得也。此天之所与我者，先立乎其大者，则其小者弗能夺也。此为大人而已矣。"

同样作为人，为什么有人能成就自己的"大人"品格，有的人却不能？在孟子看来，人只有识"大体"，才有可能成为"大人"。那么，"大人""小人"的区别在哪里？孔子曾说："中人以上，可以语上也；中人以下，不可以语上也。"（《论语·雍也》）"中人以上"者是为"大人"，"中人以下"者是为"小人"。在孔子看来，道有高下，智有深浅，如其所说："生而知之者，上也；学而知之者，次也；困而学之，又其次也；困而不学，民斯为下矣。"（《论语·季氏》）"困而不学"者，就像孔子所说的"庸人"。其特点是什么？孔子说："心不存慎终之规，口不吐训格之言，不择贤以托其身，不力行以自定。见小暗大，而不知所务；从物如流，不知其所执，此则庸人也。"（《孔子家语·五仪解》）所以，善教导人的人，一定会因其才而使之笃定。"中人以下"之人，直接给他说高深的道理，非惟无益，反将有害。

问题在于一个人如何识"大体"，怎样才算是"从其大体"？在这里，孟子强调的是要发挥"心"的功能。

在孟子看来，人们容易感性从事、感情用事，看到的、听到的事情不去用心过滤，被表面现象所遮蔽。只有用心，才会透过现象看本质，才能成就自己。人要成为境界高的"大人"，就应当站得高、看得远，就必须用心思考，不为外物所遮蔽。所以，孟子特别强调用心去"思"，认为"思则得之，不思则不得也"（《孟子·告子上》）。

大学之道强调"格物致知"，"格物"需要踏踏实实"在事上磨"，去认知事物，把握事物的规律。中国传统的大学之教，无非教人明理正心。一个人能知是非、明荣辱、能担当、敢引领，也就成就了自己的"大人"品格。人理解事物的能力有多大，就能成就自己多大的格局。

人有了大的格局，就能做到看得开、拿得起、放得下。一个人能走多远路，靠的不是眼睛，而是眼光；一个人能做多大事，靠的不是技巧，而是格局。高度不一样，胸怀就不一样。人若没有高度，看到的都是问题；人若没有格局，心中都是鸡毛蒜皮！正如苏轼在《留侯论》中说的那样："天下有大勇者，卒然临之而不惊，无故加之而不怒。此其所挟持者甚大，而其志甚远也。"一个人经过何种程度的锻炼，就会获得相应程度的修养和效益。这就好比香料，捣得愈碎，磨得愈细，其香味愈浓烈。很多人渴望命运的波澜，可能到最后才发现，人生最曼妙的风景，竟是内心的淡定与从容。

孟子谈到的义与利的关系，是人类面临的永恒话题。世界上之所以有战争、有争夺，归根结底起源于人的思想。人们所思所想或者人的思维方式是否正确，直接关系着社会的和谐与安宁，因而要在人们的思想中筑起捍卫和平之屏障。中国的礼乐文明追求社会的和谐，中国的礼乐文化致力于筑起人内心的堤防，《礼记·坊记》说："君子之道，辟则坊与，坊民之所不足者也。"人都要面对"人心"与"道心"，或者"人情"与"人义"、"人欲"与"天理"，人不能为外物所化，应发挥自己的主观能动性，否则，人很可能就会成为"物"的奴隶。所以《礼记·乐记》说：

> 人生而静，天之性也。感于物而动，性之欲也。物至知知，然后好恶

形焉。好恶无节于内，知诱于外，不能反躬，天理灭矣。夫物之感人无穷，而人之好恶无节，则是物至而人化物也。人化物也者，灭天理而穷人欲者也。

人要做到好恶有节，就要明大体，明理正心，学会反躬自省。

孟子说："人之所不学而能者，其良能也；所不虑而知者，其良知也。"（《孟子·尽心上》）人之最高明的处世方式不是"心计过人"而是"德行深厚"，人之最高级的处世境界不是"机关算尽"，而是"问心无愧"。孔子说"里仁为美"（《论语·里仁》），孟子说"仁，人之安宅也"（《孟子·离娄上》）。人要明其明德，致其良知，使自己内心澄明起来，以纯粹之心对待万物，也许就会一通百通。所以，王阳明心学看起来简单，真正觉悟却很难，"致良知"的至理妙道，无非就是需要时刻提起心中的良知，每临事物就用良知去生发，不要让良知被蒙蔽。

人之用心在于明理。《孔子家语·论礼》记孔子之言曰："夫礼者，理也。"孔子还说："夫礼，所以制中也。"《礼记·礼器》载："礼也者，合于天时，设于地财，顺于鬼神，合于人心，理万物者也。"孔子儒家反复叮嘱人们学会"允执厥中"，就是明大理、识大体。人人思考财利，不做事哪来的财利？不过，做事的人多，发财的人少，为什么？不就是尽其心智的问题吗？财利的背后是事，把事做到极致，财利自然来；事的背后是人，人优秀了，事自然成；人的背后是天命，天命的背后是道。大道至简，繁在人心。人知其命，心存敬畏，由知天命而生发道德使命，则事成矣。故孔子曰："不知命，无以为君子也。"（《论语·尧曰》）又曰，君子"畏天命"。人需要了解自己，需要提升自己、做好自己、修好自己。孟子说："学问之道无他，求其放心而已矣。"（《孟子·告子上》）人要"营魄抱一"，努力使自己再纯粹一些，再干净一些，把放飞的"心"收回来即可！

孟子思想影响后世深远，其实正是因为他思接千载，上承先王至圣。从尧、舜到文、武，从文、武到孔子，思想一脉相承。尧、舜、禹相传之道，

文、武、周公继续发扬阐发。例如在西周初武王时就特别重视"中道",《逸周书·武顺解》曰:

> 天道尚左,日月西移;地道尚右,水道东流;人道尚中,耳目役心。……天道曰祥,地道曰义,人道曰礼。知祥则寿,知义则立,知礼则行。

天之道以左为尊,日月都是东升西落;地之道以右为尊,河川都是自西向东流动;人事的规律是以中正为上,故耳目要顺从于心。人道尚"中",就像"日月西移""水道东流"那样,自然而然,理当如此。所谓"耳目役心",就是说要用心去思考、分析、把握信息,要有透过现象看本质的能力。用"心"思,思什么?"人道曰礼",显而易见,思礼也。可以看出这里的说法与孟子一致,都是说"心之官则思,思则得之"的意义。

孔子对于心性之学和天道观有独到体认,他说:"中庸其至矣乎,民鲜能久矣。"(《礼记·中庸》)"中庸"指准确判断事物变化,把握时空条件,掌握事态动向,以恰到好处地处理问题。要在具体实践中学会"执中""用中",符合"中道",需要具备一定的知识与境界,具有一定的理解水平,了解事物属性,把握事物规律。孔子十分赞赏、尊崇古代圣王舜,认为他能够"好问而好察迩言,隐恶而扬善,执其两端,用其中于民"(《礼记·中庸》)。在具体的生活与治国实践中,舜能把握住事物的正反两个极端,用中正的法则去指导民众。"中"是不断变化的,就像平衡被打破后要继续保持平衡,就应采取相应措施。舜也是这样,因此孔子感叹舜有"大智"。学习圣贤,就要学习"耳目役心",用心过滤耳目得来的信息。《孔子家语·好生》记载孔子对子路曰:

> 君子以心导耳目,立义以为勇;小人以耳目导心,不愻以为勇。

就像舜之"大智"与他的"中"高度一致,所谓"勇者不惧",这个

"勇"是"立义以为勇","勇"与"仁""智"是统一的。

二、"先立乎其大"与"贤者识其大"

看到孟子所言"先立乎其大",我们会自然想到《论语》中的"贤者识其大"。《论语·子张》篇记子贡曰:

> 文武之道,未坠于地,在人。贤者识其大者,不贤者识其小者,莫不有文武之道焉。夫子焉不学?而亦何常师之有?

卫国公孙朝向子贡请教孔子博学的原因,或者说孔子的学问是从哪来的。子贡说:"文王武王的治国之道并没有失传,仍散落于人间。贤能的人抓住其根本,不贤能的人了解其末节。可以说,文王武王之道无处不在。我的老师无处不学习,为什么要有固定的老师呢?"

不言而喻,《论语》的这一章为子贡赞美孔子无处不学、学无常师的精神。鲁守宗周传统,"周礼在鲁",《论语·雍也》篇中就有"齐一变,至于鲁;鲁一变,至于道"的记载。孔子占据地利之便,能够更多地接触"文武之道",而且孔子敏而好学,"入太庙,每事问"(《论语·乡党》),能够"多闻","择其善者而从之"(《论语·述而》)。正因为孔子无处不学,所以才学无常师。

但是,孔子"学无常师",并不是杂乱无章。他的确"好学",他问礼于老子,问官制于郯子,向师襄学琴,向苌弘学乐。正因为孔子的"学无常师"和"好学",才成就了他的"博学"。不过,必须清楚的是,孔子的"博"建立在"识其大"的基础上,或者说以"识其大"为前提。也许,些许的"小"组成了"大",但这些"小"是为了那个"大",是踏踏实实,而不是杂乱无章。从王阳明早年与老师的对话中可以了解到,人生"第一等事"应该是读书做圣贤,而不是仅仅追求所谓"登第"的功名而已。知识就是力量,力量需要方向。或者说,提升力量需先确定方向。就像《大学》所指示的,先明明德,以明德引领方向，明德新民，社会才能达至"至善"之境。

值得思考的是，上文引述子贡所说"贤者识其大者，不贤者识其小者"一言，出自《论语》的《子张》篇。该篇是《论语》的倒数第二篇，最后一篇《尧曰》展示了孔子的王道理想，而这一篇则主要是通过孔子的弟子如子张、子夏、子游、曾子、子贡等人之口，来讲述如何认识孔子，怎样对待孔子学说。对于博大精深的孔子思想，许多人可能"不得其门而入"，不能抓住孔子学说的根本精神。孔子逝世后，在传述孔子学说的过程中，孔子后学甚至也有不同的看法，以至于出现了"儒分为八"的现象。《论语》编纂之时，或许这样的分化已经露出端倪，因而已经有必要对如何把握孔子思想精髓进行讨论了。由此，《论语》的编者有意将孔子弟子的有关重要言论汇集起来，按照自己的理解告诫世人。孔子传承斯文，有"斯文在兹"的使命担当，他能"识其大"，在具体的事物中弘道明德。孔子即事言理，就像他晚年作《春秋》，没有"载之空言"，而往往"见之行事"，因为在人们的日行坐卧、取予授受之间，都体现了人的基本素养与思想境界，此即"莫不有文武之道"之意。

孔子弟子禀赋不同、各有个性，"各得圣人之一体"，他们每个人身上都有孔子的影子，都不同程度地接受了孔子的思想学说。然而，"贤者识其大者，不贤者识其小者"，要修行圣贤之道，就要从大处着眼。孔子弟子实际上都注意到了这个问题，如《论语·子张》篇记曰：

子游曰："子夏之门人小子，当洒扫、应对、进退，则可矣，抑末也。本之则无，如之何？"子夏闻之曰："噫！言游过矣！君子之道，孰先传焉？孰后倦焉？譬诸草木，区以别矣。君子之道，焉可诬也？有始有卒者，其惟圣人乎！"

子游认为子夏门人注重洒扫、应对、进退的学问，似乎这是小学或末学，而没有抓住根本。子夏则认为学习应该循序渐进，有始有终，这是圣人之学的路径。不难看出，他们追求的都是圣贤之道，虽有一定分歧，但大的方向是一致的。有学者指出,在子女的身上,可以看到父母自然生命的延续;而在学生的身上,则可以看到老师文化生命的延续。在《子张》篇中,我们今天所能看到的,是子张的自信张扬、子夏的平易低调、曾子的笃行寡言、子贡的敏捷雄辩。他们的鲜明个性,栩栩如生;他们的音容笑貌,跃然纸上。他们各得孔子之道的一部分精髓要义,境界或许有高下之分,感悟或许有多寡之别,但组合在一起,则构建了孔子思想学说新的完整体系,这也许就是子贡所理解的"文武之道"的一般传承规律。①

无论是"立乎其大"还是"识其大",首先都是以"正""无邪""端身"为基本前提的。例如,《论语·为政》所记孔子之言"诗三百,一言以蔽之,曰'思无邪'",《孔子家语·三恕》所记孔子之言"士能明于三恕之本,则可谓端身矣"。孔子和早期儒家常说"成人"这个概念,人之成人、成大人、成君子,都不仅需要高级的灵性,还需要高尚的德行。《论语·宪问》曰:

　　子路问成人。子曰:"若臧武仲之知,公绰之不欲,卞庄子之勇,冉求之艺,文之以礼乐,亦可以为成人矣。"曰:"今之成人者何必然?见利思义,见危授命,久要不忘平生之言,亦可以为成人矣。"

成人,首先是人的内涵的饱满。所以,关于人的境界的提升,《孔子家语·颜回》又记载孔子说:"达于情性之理,通于物类之变,知幽明之故,睹游气之原。若此可谓成人矣。既能成人,而又加之以仁义礼乐,成人之行也。若乃穷神知礼,德之盛也。"

人之成人、有德,不能"索隐行怪",不可"攻乎异端"。要成为对社会有益的人,就要坚守正学。据《孔子家语·始诛》,孔子为大司寇,"朝政七日而诛乱政大夫少正卯,戮之于两观之下,尸于朝三日"。人们对这句话解读不同,差异很大,但大多人都认为这是孔子"诛"少正卯的证据。至于原因,孔

---

① 参见黄朴民:《文化生命的永恒:〈论语·子张〉绎义》,《中华读书报》2017年10月18日第15版。

子自己说：

> 天下有大恶者五，而窃盗不与焉。一曰心逆而险，二曰行僻而坚，三曰言伪而辩，四曰记丑而博，五曰顺非而泽。此五者，有一于人，则不免君子之诛。而少正卯皆兼有之。

孔子"诛"少正卯，除《孔子家语》外，较早记录该事的还有《荀子》《史记》《论衡》等，虽然各文献对该事件的语言描述不尽相同，但都大同小异，在"诛卯"事件的真实性上并未出现分歧。然而，从南宋的朱熹开始，对孔子是否"诛"少正卯的问题有了很大争议，朱熹首先对此事的真实性产生怀疑，他的说法影响很大。其实，《论语》等书不载的事情未必没有发生，文献记载不尽相同，只能说明传说不一，并不能怀疑其真实性。少正卯"心逆而险""行僻而坚""言伪而辩""记丑而博""顺非而泽"，他是孔子眼中的"佞人""小人"，"诛"之不足为奇。

但是，问题的关键在于，"诛"少正卯并不一定意味着杀了少正卯。在这里，"诛"可以理解为"责、讨"之意。这正是一直以来人们对此事产生误解的根源所在。在朱熹那里，"诛"被理解为"诛杀"，而他认为圣人是不会随便杀人的，基于对道统和孔子的维护，朱熹便顺理成章地对此事的真实性提出了质疑。然而"诛"之含义却并非为"杀"。《说文解字》："诛，讨也。从言，朱声。""诛"可以理解为"责、讨"，即谴责、声讨、惩罚的意思。《孔子家语·始诛》篇所记"于是朝政七日而诛乱政大夫少正卯，戮于两观之下，尸于朝三日"这句话中，"诛"正确的理解应是惩罚、讨伐，"戮"应是羞辱之意，"尸"应是指代祭的人。这件事可理解为，孔子为鲁司寇的第七天，惩罚当时的乱政大夫少正卯，在宫门前两边的望楼下公开羞辱他，把他绑缚着像代祭的人那样示众。而对大夫当众进行羞辱，在当时已经算是一种不小的惩罚了。

孔子"诛"少正卯只是对其进行了谴责和惩罚，并没有杀掉他，这与孔子的一贯思想也是相辅相成的。孔子主张仁爱，但也不否定刑罚，认为刑罚是德政的必要补充。孔子说:"圣人之治化也,必刑政相参焉。"(《孔子家语·刑政》)孔子对少正卯进行处罚,体现了孔子严厉的一面,也是孔子刑罚思想的典型例证。孔子对少正卯只是进行谴责与惩罚,并没有杀他,但他对社会危害极大,这是真正的大"恶"。孔子要在社会上"先立乎其大",对少正卯不免于君子之诛,非常正常。

三、孟子"立乎其大"与其"述仲尼之意"

孟子希望世人"先立乎其大",他本人的学术气象之"大",也使他成为历代中国人心目中的"亚圣"。而这一切,也与他对孔子思想学说的继承密不可分。孟子与孔子一样,他仰慕周公"思兼三王",司马迁说他"述唐、虞、三代之德,是以所如者不合。退而与万章之徒序《诗》《书》,述仲尼之意"(《史记·孟子荀卿列传》)。所以韩愈称其与荀子不同,为"醇乎醇者也",他说:"尧以是传之舜,舜以是传之禹,禹以是传之汤,汤以是传之文、武、周公,文、武、周公传之孔子,孔子传之孟轲,轲之死不得其传焉。"(《原道》)孟子就是以先王之道、孔子学说的传人自居。

我们今天思考儒学与人生是什么关系,研究儒学应该发挥怎样的作用,其实关涉对儒学本质的理解。儒学是什么,应怎样理解儒学,汉代学者已说得很清楚,《淮南子·要略》有一个说法:"孔子修成康之道,述周公之训,以教七十子",于是产生了"儒者之学"。《汉书·艺文志》则说儒家帮助社会"顺阴阳""明教化","游文于六经之中,留意于仁义之际","于道最为高"。

儒学以道为最高追求,这就是儒学之"大"者,这是理解儒学及其现代价值的关键。《中庸》说"道前定则不穷",这让我们真切理解了孔子何以说"朝闻道,夕死可矣"(《论语·里仁》),又说"道不行,乘桴浮于海"(《论语·公冶长》)。孔子心中的"道"是儒家的最高追求。孔子所处的春秋时期是一个"无道"的乱世,所谓"鲁自大夫以下皆僭离于正道","天下无道久矣"。(《史记·孔子世家》)而令孔子最感痛心的则是统治者不能认同并推行他的思想主张，"莫能宗予"（《史记·孔子世家》），因而终其一生，孔子都在迫切期待有人理解他的主张，进而推行王道之治。从今天继承孔子儒学精神的角度来说，"道"无非就是指人的价值与信仰，指人生的追求、社会的遵循。在这样的层面上理解，我们就能在人的社会性上认识自我，提升格局，就不会形式化、功利化、空泛化地理解传统，不会拘泥于经典章句字义。

孟子被尊为"亚圣"，成为孔子儒学宗传，受到后人的极大尊崇，究其原因，乃在于孟子在弘扬孔子学说上的巨大贡献，在于孟子思想为儒家"道脉"所系。东汉学者赵岐精研《孟子》，他说："孟子通五经，尤长于《诗》《书》。"孟子对《春秋》宗旨亦把握精到，孔子作《春秋》，寄寓了微言大义，孟子曰："王者之迹熄而诗亡，诗亡然后《春秋》作。……其事则齐桓、晋文，其文则史。孔子曰：'其义则丘窃取之矣。'"（《孟子·离娄下》）孔子与《春秋》的关系，孔子的王道政治思想，端赖《孟子》得以为后人所知。

从师承上看，孟子"学于子思之门人"，受子思影响很大。子思称颂"三王"，孟子更是如此。《孟子·滕文公上》说："孟子道性善，言必称尧舜。"孔子看到自己所处的时代是一个"天下无道""礼崩乐坏"的乱世，他借助鲁史《春秋》以言明自己的政治主张。孟子对此认识十分清楚，于是，他抉发孔子著述《春秋》之旨，说："世衰道微，邪说暴行有作，臣弑其君者有之，子弑其父者有之。孔子惧，作《春秋》。《春秋》，天子之事也，是故孔子曰：'知我者其惟《春秋》乎，罪我者其惟《春秋》乎。'"又说："孔子成《春秋》而乱臣贼子惧。"（《孟子·滕文公下》）

孟子称颂孔子作《春秋》，其宗旨十分明白。他看到他所处的时代仍然是"邪说暴行有作"，其具体体现是："圣王不作，诸侯放恣，处士横议，杨朱、墨翟之言盈天下，天下之言不归杨则归墨。杨氏为我，是无君也；墨氏兼爱，是无父也，无父无君是禽兽也。"他认为："杨墨之道不息，孔子之道不著，是邪说诬民、充塞仁义也。仁义充塞则率兽食人，人将相食。吾为此惧，闲先圣之道，距杨墨，放淫辞，邪说者不得作。"他说："我亦欲正人心，息邪说，距诐行，放淫辞，以承三圣者。岂好辩哉？予不得已也。能言距杨墨者，圣人之

徒也。"(《孟子·滕文公下》)

《孟子》七篇是研究孟子思想的重要资料，我们认为其最后孟子的自述更具深意。孟子曰：

> 由尧舜至于汤五百有余岁，若禹、皋陶则见而知之，若汤则闻而知之。由汤至于文王五百有余岁，若伊尹、莱朱则见而知之，若文王则闻而知之。由文王至于孔子五百有余岁，若太公望、散宜生则见而知之，若孔子则闻而知之。由孔子而来至于今百有余岁，去圣人之世若此其未远也，近圣人之居若此其甚也，然而无有乎尔，则亦无有乎尔？

孔子以后，王道不著，至于孟子，百有余岁。孟子向往仁政德治，思承三圣，以续王道。看到《孟子》最后的"孟子自述"，我们很容易就联想到《论语》的最后一篇《尧曰》，里面承载的都是儒家的王道理想。先秦诸子思索的中心都是社会的治乱问题，诚如司马迁的父亲所说："夫阴阳、儒、墨、名、法、道德，此务为治者也。"各家所不同的是，"直所从言之异路，有省不省耳"。(《史记·太史公自序》)儒家学说是入世的学说，早期儒家思索的中心更在于社会的现实政治。很显然，儒家提倡德治，势必提倡教化，即通过道德教育来感化人民，重教化与其德治思想密切相连，因此，教化性成为儒学的特征。

孟子"通五经，尤长于《诗》《书》"，同样是阐发孔子经典教化的宗旨。在孔子那里，六经皆有教化社会人心的功能，对此，后儒的认识是一致的。如《礼记大全》引方氏曰："六经之教，善矣！"又说："夫六经之教，先王所以载道也，其教岂有失哉？"陆陇其撰《读礼志疑》曰："六经之教，所得有浅深。"刘宗周撰《论语学案》曰："六经之教，皆以阐人心之蕴，而示人以为学之方也。"《宋史·文苑二》曰："《六经》之教，化而不已则臻于大同。"《诗经》之中，王道存焉。与前人相比，孔子对《诗》有了更深层次的认识，将《诗》总评为"思无邪"，认为《诗》中蕴含着"王道"思想，具有重要的教化功能。然而，尽管孔子以《诗》《书》教人，施教"先以诗"，但正如孔子倡言礼治却始终不能恢复周礼,他不得不越来越多地谈仁论仁,希望人人自觉遵守礼的规范那样,人心的教化难以以诗教来实现,所以孔子晚年遂借助鲁史阐发自己的王道思想。

"六经"之中,《春秋》"以道义"。早期儒家的王道政治理想通过《春秋》的"属辞比事"得到了具体阐述与体现。正是由于其中深蕴了孔子的政治主张和愿望,他才喟然叹曰:"知我"、"罪我"其惟《春秋》!孔子作《春秋》,不愿意空言说理,遂寓王道于史事,《春秋》一书体现了他深刻的王道教化思想。作为礼义大宗,《春秋》上明王道,下辨人事,褒贬是非,补敝起废,这种借史明义、以期救世的思想其实渊源有自。司马迁称《春秋》为"王道之大者"(《史记·太史公自序》),这里的所谓"王道"或曰"三王之道",当然同样是指夏、商、周三代盛世的礼治。正是基于对三代及春秋以来思想文化的自觉继承与反思,孔子才形成了自己的王道教化思想,并将这一思想贯穿于《春秋》二百四十二年的史事之中。

从《孟子》一书的记载中,我们看到孟子不仅肯定了孔子"作《春秋》",也说明了孔子重视《春秋》的原因或意图。他指出,孔子不仅重视春秋史实,更重《春秋》之"义"。孔子作《春秋》,在于"祖述尧舜,宪章文武",孟子表彰孔子作《春秋》,在于"宗师仲尼"、接续王道。《春秋繁露·俞序》引子夏言曰:"有国家者,不可不学《春秋》。不学《春秋》,则无以见前后旁侧之危,则不知国之大柄、君之重任也。……苟能述《春秋》之法,致行其道,岂徒除祸哉?乃尧舜之德也。"孟子的《春秋》观关乎儒家"道脉"!

四、理解孟子学术气象的意义

孟子所说"先立乎其大"之"大","大学"之"大"也。在作为儒家最重要的经典的"四书"中,《大学》只有2202字,最为简短,但最为根本。在朱熹看来,"某要人先读《大学》,以定其规模;次读《论语》,以立其根本;次读《孟子》,以观其发越;次读《中庸》,以求古人之微妙处。《大学》一篇有等级次第,总作一处,易晓,宜先看"(《朱子语类》卷十四)。《大学》表面"易晓",但"识"其规模却未必简单。我们以上的论述试图讲明,孟子的"大"显现了他学术气象之大,也阐明了中国思想文化格局之"大"。真正理解了这个"大",就能把握中国文化的特性,懂得中国历史的悠久。

孟子学宗孔子、曾子、子思,孟子学术气象之"大"与《大学》完全一致。所谓"大学"者,大人之学也。《大学》的"三纲领",就是从"明明德""求放心""致良知"出发,使人明德向善,追求社会的"至善"。朱熹认为,人生之初,虚灵不昧,具众理而应万事,但人皆可能为气禀所拘,为人欲所蔽。所以,学者当因其所发而遂明之,以复其初。首先,人当思革其旧自明其"明德",进而推以及人,使之亦有以去其旧染之污,努力至于至善之地。就是说,《大学》教人向善,学人皆要去污迁善,进而影响民众,以达社会至善。

对于《大学》的意义,孙中山先生给以很高的评价,他认为,我们应为有《大学》这样的政治哲学而自豪,他说:"中国古时有很好的政治哲学。我们以为欧美的国家近来很进步,但是说到他们的新文化,还不如我们政治哲学的完全。中国有一段最有系统的政治哲学,在外国的大政治家还没有见到,还没有说到那样清楚的,就是《大学》中所说的'格物、致知、诚意、正心、修身、齐家、治国、平天下'那一段话。把一个人从内发扬到外,由一个人的内部做起,推到平天下止。像这样精微开展的理论,无论外国什么政治哲学家都没有见到,都没有说出,这就是我们政治哲学的智识中独有的宝贝,是应该要保存的。"[①]

《论语·子张》记子游曰:"子夏之门人小子,当洒扫、应对、进退,则可矣,抑末也。本之则无,如之何?"这是个别人的看法。似乎孔子也希望子夏抓住根本,所以孔子对子夏说:"女为君子儒,无为小人儒。"(《论语·雍也》)"君子儒"或即儒中的君子,"小人儒"是儒中的小人。在孔子以前,"儒"本属一种行业,而后孔子广收弟子,创立儒家学派。这里的"儒"当作"行业"讲。同一行业里的人,亦有人品高下、志趣大小之分,故亦有君子、小人之别。孔子

---

① 孙中山:《民族主义第六讲》,《孙中山选集》,人民出版社,1981,第684页。

还说"君子不器",《学记》曰:"大德不官,大道不器,大信不约,大时不齐。察于此四者,可以有志于学矣。"大德之人不拘于一官之任,懂得大道理的人不局限于一定的用处,最讲诚信的人不必靠立约来约束,天时与天机不是一成不变的。懂得这四种道理,就能立志于根本,真正让生命扎根。

中华文化就像一棵生生不息的大树,孔孟之道是这棵大树的主干与生命底色,最为重要的是,中华文明之树根基很深很牢。近四十年来,学术研究的重要进展与考古材料的惊人发现都一再证实,尧舜以来尤其是夏、商、周"三代"时期的中华文明已经有漫长的发展历程,具有较高的发展水准。我们需要重新认识中华传统文化的发展水平,重新理解我国先民的深邃智慧和文化创造。夏、商、周"三代"已经是"有道"时期,已经是中国文化形成与确立的时期。在雅斯贝斯所说世界文明的"轴心"之前,中华文明已经有了漫长的发展历程,有了丰厚的文化积淀,有着自身深沉的精神凝结与创造。

"百家争鸣",其实是对历史文化的继承、总结与反思。在诸子"争鸣"中,以孔子、孟子为杰出代表的早期儒家深刻总结历史,反思现实,思考社会。中华先哲认知世界,以天地为师,着眼古往今来,关注四方上下。在孔孟时代,中华先哲已经为人类确认了坐标。他们思考"人心"与"道心"的关系,为人类谋福祉。他们的思想不仅系统而且完备。我们要真正认清自己的文化方位,思索中华文化的竞争力,思考中华文明与人类共同价值之间的关系。我们坚信,由我们的哲学智慧和文化气象所决定,中国人走自己的路,具有无比广阔的时代舞台,具有无比深厚的历史底蕴,具有无比强大的前进定力。

道性善

士与民：性善的不同意义

● 颜世安　南京大学历史学院教授
　冯　洁　南京大学历史学院博士研究生

一、性善论与"尽心"责任

孟子性善说，与一种道德责任意识有关，不是对他人、社会的道德责任，是对自己的道德责任。一个人首先对自己负责，然后才能承担对他人和社会的责任。某种意义上可以说，性善说的提出，一个重要意图就是表明一个人对自己生命应负道德责任，用孟子的说法，叫做"尽心"。

性善说的基本意思是，人人有天生的善性，"恻隐之心，人皆有之；羞恶之心，人皆有之；恭敬之心，人皆有之；是非之心，人皆有之"（《孟子·告子上》）。但这个善性是"四端""萌蘖"，不是成熟的品质，需要生长。善的生长不像肢体的生长、气力的生长，或智力的成长，这些都是自然的，无需努力，善的生长却需要努力。"尽其心者，知其性也"（《孟子·尽心上》），"尽心"才能"知性"，认识到自己的本性，这是自我努力才有的结果。"尽心"就是道德上对自己承担责任，不放任，不随波逐流，然后可以使善的天性成为自身主流、主宰。

孟子述性善，从有些说法看，好像认为善的生长是容易的，甚至近于自然趋势，如说"五谷者，种之美者也；苟为不熟，不如荑稗。夫仁亦在乎熟之而已矣"（《孟子·告子上》），以植物成熟为喻，好像善之生长，如植物般自能成熟。又如说"人性之善也，犹水之就下也"（《孟子·告子上》），水自然之势就是向下，没有外在阻力，自然之势不可阻挡，除非"激而行之，可使在山"（《孟子·告子上》）。可是这些说法，只是比喻，以植物为喻，是要强调成熟，而不是强调自己能生长；以水为喻，是要强调善在人心，有强大的动力，有内生的发展趋势。不过有一点要注意，与《论语》相比，《孟子》中确实有时强调德性的生长比较容易。

性善包含恻隐、羞恶、恭敬、是非"四心"，虽突出恻隐、仁爱，但总体上是儒家传统德性学的新表达，"善"是德性、美德，不只是狭义的恻隐、关爱。以性善论作为儒家新创的德性学，与《论语》代表的传统德性学相比，孟子确实有时强调德性生长"容易"，有点像自然之势。这在学理上说，颇有复杂内涵，但简单说来，就是因为在性善说，德性生长有内在根源，孟子要强调生长有内在动力，"仁义礼智，非由外铄我也，我固有之也"（《孟子·告子上》），所以在说法上，有时就感觉"容易"。其实这不仅是说法，是真的有这一层意识，认为德性有内在根源，因此有天然动力，从这一层面说，解释为自然之势也无不可。事实上后来的儒家文献，从先秦至宋明，就有一种德性出于自然的理论。《中庸》首章说："天命之谓性，率性之谓道"，就是这种表达，①"率性"就是道，意味顺从天然之理就是道。到宋明理学，这个德性出于"自然"，从而反省"人为"的道理，更是被反复提起。②

---

① 一些学者认为《中庸》早于孟子，笔者认为，"天命之谓性，率性之谓道"的说法，不大可能早于孟子。孟子言善，未言与天道的关系。如果在孟子之前，儒家内部已有人性之善根源于天的说法，孟子不可能对此置之不理。所以在有确切证据以前，笔者倾向于认为"天命之谓性，率性之谓道"的说法晚于《孟子》。

② 宋明理学重"自然"、反人为，与孟子"揠苗助长"章有关，有另外一层意思，认为人为有私意。但重自然确实就含有德性可以自然生长的意识。

但《孟子》各章所述性善思想，认为善之生长需要努力，不会自动成熟，是确定无疑的。"尽其心者，知其性也"是最重要的说法，其他还有各种不同说法："存其心，养其性"（《孟子·尽心上》），"操则存，舍则亡"（《孟子·告子上》），"学问之道无他，求其放心而已矣"（《孟子·告子上》），"求则得之，舍则失之"（《孟子·告子上》），"从其大体为大人……心之官则思，思则得之"（《孟子·告子上》），"养心莫善于寡欲"（《孟子·尽心下》），"养吾浩然之气……是集义所生"（《孟子·公孙丑上》），等等。我们以"尽心"为代表性的说法。事实上，德性生长需要努力，孟子不仅继承了孔子以来儒家传统的基本主张，有时还有非常严峻的说法。德性生长，《论语》说"学""修己"，《孟子》说"尽心""存心""养心"。虽然"尽心"有内在的根源和动力，有时好像"容易"，但"尽心"要养"大体"戒"小体"，"小体"就是自身弱点、欲望，所以孟子说"养心莫善于寡欲"。"寡欲"似乎是寻常词，含意却非同小可，《论语》谈德性修养的努力，也只说"非礼勿视"，把欲望限制在规范以内，未言"寡欲"，"寡欲"意味自我节制近于苦行。《荀子·解蔽》篇提到"孟子恶败而出妻"，说孟子因担心德性修养失败让妻子离家，避男女之事。这说法有点夸张，未必是事实，① 但这说法一定不是荀子编造，当有传闻的来历。这传闻可能来自孟子学派某个分支的苦行实践，根源则一定与孟子理论本身有关。可见孟子的"尽心"，不仅有容易的一面，又有特别不易的一面，乃至超过早期儒学。

　　天性之善是萌芽，生长要靠人的努力，性善论的这一层意思是确定无疑的。而且与早期德性学相比，性善论中人的道德责任意识更突出。《论语》中讲德性的生成要"学"，"学"以成君子也可说是人的责任，但毕竟是汲取自身之外的资源。《孟子》中讲善的生成要"尽心"，"尽心"是培育发扬内在根源，这内在之源正是人区别于禽兽之所在，所以性善论中的"尽心""存心""养心"，有更强烈的人要对自己负责的意思。性善论在儒学思想后来的发展中

---

① 古代"出妻"颇多见，孟子或有此事，但不一定是因为"恶败"。

影响巨大，一个重要之点，就是激发道德的激情和责任感。

性善论内含道德责任意识，似乎是题中应有之义，无须多论，也许因为这个原因，学界不大讨论这个问题。可是明确了性善与道德责任的关联，内含的问题就出来了。一个最大的问题就是，性善引申的道德责任，是谁的责任？所有人的责任，还是部分人的责任？"尽其心者，知其性也"，谁能够"尽心"，谁应该"尽心"？

二、所有人都应该"尽心"吗

孟子说性善，是一种对所有人的判断，"恻隐之心，人皆有之"，因为人人有善性，只要努力，人人能成君子，甚至圣人。"曹交问曰：'人皆可以为尧舜，有诸？'孟子曰：'然。'"（《孟子·告子下》）这些说法可能给人一种印象，或者一种理解，"性善"是全称判断，指所有人，从"性善"引申的命题也都是全称的，指所有人。"尽心"当然是所有人的责任，不必讨论。可以说，如果不专门提问，似乎"谁应该尽心"是一个多余的问题，当然人人应该"尽心"，人人应该负起道德责任。可是孟子未必是这个意思。

孟子没有明确说谁应该"尽心"，但他多次说到，事实上许多人是不能"尽心"的：

"人之所以异于禽兽者几希，庶民去之，君子存之。"（《孟子·离娄下》）人之异于禽兽就是善性，是人之为人的根本，可是"庶民"就丢掉了。也就是说，虽然有善性，"庶民"却未能使善性生长成熟。

"大人者，不失其赤子之心者也"（《孟子·离娄下》），赤子之心就是善性，能保持不失的只是"大人"，"大人"之外的其他人都不能做到。

"君子所以异于人者，以其存心也"（《孟子·离娄下》），君子能够"存心"，异于其他人，然则其他人是不能"存心"的。

"无恒产而有恒心者，惟士为能。若民，则无恒产，因无恒心。"（《孟子·梁惠王上》）"恒产"是稳定的产业、温饱的保障，没有温饱还有"恒心"，只有"士"可以做到，其他"民"是做不到的。

由这些说法可以确定，孟子认为事实上能够"尽心"的，只是大人、君子、士，其他人都做不到。其他人有时称为"庶民""民"，是不是可以理解为，这是一个社会阶层的问题，能够"尽心"的是上层社会，底层社会都不行？不能说没有这样的意思，但完全这样理解就有问题，似乎"尽心"有出身和阶级的门槛，只是上层阶级的事，这肯定与孟子思想不符。所有人不分阶级、出身，只要愿意努力，就能成为君子圣贤，这应该是孟子的本意。但是又不能说"庶民去之，君子存之"没有阶层的意思，这问题要讨论起来比较复杂，[1] 姑以孔子一个观念作为理解的线索："生而知之者，上也；学而知之者，次也；困而学之，又其次也；困而不学，民斯为下矣。"（《论语·季氏》）这是划分人群等级，但不是依据社会阶层，而是依据是否愿"学"。孔子显然不认为"学"有任何身份门槛，"有教无类"就是不分族类人人能学。[2] "困而不学，民斯为下"，"民"有阶层的意思，但阶层划分依据于生活态度，而不是身份门槛，平民阶层的人如果愿意也可以"学"。孟子言性善，以"尽心"代"学"，更远离身份门槛。这问题不是本文关注的重点，为避免社会阶层问题可能引出的分歧，姑拟一稳妥的说法：不是社会上层与下层，而是人群中的少数与多数，愿意"尽心"的是少数人，无此意愿的是多数人。事实上《孟子》一些章的叙述表明，上层阶级的人未必能"尽心"，所以少数人和多数人的划分，从简略的意义上来说是稳妥的。

人群中许多人不能"尽心"是事实，对这个事实的态度，可以看出孟子的观念，他并不认为所有人都该"尽心"：

> 无恒产而有恒心者，惟士为能。若民，则无恒产，因无恒心。苟无恒心，放辟，邪侈，无不为已。及陷于罪，然后从而刑之，是罔民也。焉有仁人在位，罔民而可为也？（《孟子·梁惠王上》）

---

[1] 参见刘泽华：《中国政治思想史集·先秦政治思想史》，人民出版社，2008，第260—261页。
[2] 孔子时代阶级的划分以"族"为单位，这里的"类"就是"非我族类，其心必异"的族类。

无恒产者无恒心，无恒心则"放辟邪侈"无所不为，这当然不能放任不管。但是孟子没有批评"民"，也没有提到教育"民"，如果提教育，那就是孟子认为"民"没有做到该做的，没有尽自己的责任。孟子说的是制民之产，这是仁政思想，但包含了人性意识。直接教"民"向善，与先"制民之产"然后教"民"向善是不一样的。从人性意识上说，前者是认为"民"能够在道德上对自己负责，也应该负责；后者是认为"民"受环境、条件影响，向善还是向恶，不由自己决定。有恒产，生活有保障，教以向善即容易；无恒产，生活困顿艰难，教他们在道德上自立根本做不到。这里隐含的人性认识，重点不在善和恶，而在主动性和被动性，或者说英雄性与惰性。民也即人群中的多数，主动性是不够的，是被动与有惰性的，"待文王而后兴者，凡民也。若夫豪杰之士，虽无文王犹兴"（《孟子·尽心上》）。"凡民"也能兴，但要有好的政治、好的生活环境，这就是品性上的被动。"豪杰"则不依赖环境，没有好政治也要"兴"，如同没有恒产也要有恒心，这是品性上的主动。

性善论内含"尽心"的道德责任，其中一个重要问题就是，是否所有人都该尽责，再明确说，"民"是否也该尽责？这问题孟子没有明说，但是看他说恒产、恒心，豪杰、凡民，就明白其意思。人群中的多数是不能在道德上自立的，他们没有那样的主动性，没有"豪杰"精神，因此也不该要求他们"尽心"，需要"制民之产"，然后引导其向善。"尽其心者，知其性也"，"尽心"作为"性善"内含的道德责任，从道理上说，是绝对的、无条件的。不能说，等有了恒产，吃饱穿暖再来"尽心"，也不能说，等政治社会环境变好以后再来"尽心"。必须是没有温饱也要"尽心"，没有好环境也要"兴"，这样绝对性的、无条件的道德责任，不是所有人都能承担的，也不该要求所有人都承担。这个问题，虽然在《孟子》文中不是一个明确显现的问题，但是看后来儒家思想的发展，可理解其中有严峻的含意，理论上一旦有偏差，就可能导出严重的后果。

我们以戴震《孟子字义疏证》为例简述这个问题。戴震疏解《孟子》字词，对宋明理学猛烈批评，斥理学"天理""人欲"说荒唐，禁锢日常欲望，乃至"以理杀人"。这个批评后世反响甚大，现代学者大体认为这个批评击中理学要害，是清代重要的思想进展。但这个批评有一个问题，说理学发展到"以理杀人"其实有一个前提，就是"天理""人欲"说已经不仅是士人的修身学说，而且已发展到针对普通人。如果"存天理、灭人欲"是对己而言，对士人修身而言，那就是自我严格要求，谈不上"以理杀人"。清人方东树写《汉学商兑》，即以此批评戴震故意混淆：

> 程朱所严辨"理"、"欲"，指人主及学人心术邪正言之，乃最吃紧本务，与民情同然好恶之欲迥别。今移此混彼，妄援立说，谓当通遂其欲，不当绳之以"理"，言"理"则为"以意见杀人"，此亘古未有之异端邪说。①

方东树在另一处说到清代汉学反天理人欲之辨，是有私心。理学严格自律，"不若汉儒不修小节，不矜细行，得以宽便其私"②。说清代汉学人物诋毁理学，是要"宽便其私"，不愿严格自律。若以此理解戴震批评理学，未免过度推测，但方东树确实指出了问题的关键。理学"天理""人欲"说原本不是针对普通民众的，指责其"以理杀人"是混淆了对象。但是这里有一个问题，理学发展到后来，在官府推助之下，确实一定程度上变成对民众的要求（如妇女守节之类），所以戴震对理学的批评，在一定意义上是有道理的。但只能是"一定意义上"，要看理学在官学化以后变成一种压迫性理论的发展程度，这需要具体的史学研究来分析。我们在这里关注的是，理学"天理""人欲"说，从理论上讲，是士人群体的自我戒律，而不是施于普通民众的普遍规范。

这个问题就是从孟子"尽心"说而来，事实上，理学"存天理，灭人欲"就是孟子"尽心"思想的进一步发展，"养心莫善于寡欲""体有贵贱""从其小体为小人"与"存天理，灭人欲"一个路子，表述有轻重而已。如果不问理

---

① 江藩、方东树：《汉学师承记（外二种）》，徐洪兴编校，中西书局，2012，第255页。
② 江藩、方东树：《汉学师承记（外二种）》，第347页。

论的对象是士君子还是民众,"豪杰"还是"凡民",说"灭人欲"就是"以理杀人",那么这样令人恐惧的理论从孟子就开始了,可以叫做以"尽心"杀人。这听起来十分荒唐,可里面的道理就是这样。如果普通民众衣食无着、饥寒交迫,仍被要求承担"尽心"责任,那这样的理论真的就是以某种道德观杀人了。戴震指责理学"以理杀人"是否正确,取决于"灭人欲"观念后来多大程度越出士君子自律的边界,成为对他人和民众的要求。同样道理,我们确信孟子思想没有以"尽心"杀人,是因为孟子说民"无恒产"必先"制民之产",而不是教其在饥寒中有"恒心",实际上也就是认为民众不必承担"尽心"之责。

这个道理在孟子的论述中应该是清楚的,可是如果不梳理明白,就有可能导出理解的偏差。有前辈学者就曾指出,孟子说"养心莫善于寡欲","这种克制欲望的修养方法为后来宋明的儒家发展为'存天理,灭人欲'的僧侣禁欲主义"①这个判断是成立的,问题是要辨析"寡欲"和"灭人欲"是自律戒条,还是对他人所提的普遍规范。如果全然混淆不问其中界限,那么既然可以指责"存天理,灭人欲"是"以理杀人",同样的指责就有可能对向孟子。我们在这里不是为了捍卫圣贤而警惕这样的指责,是因为孟子思想中早已对"豪杰"和"凡民"的不同倾向作了区分,事实上也就是对他们的不同责任作了区分。现代学术界已有人指明这个分别,徐复观就曾指出"存心养性"是对士的要求,不是对人民的要求。②只可惜这个重要观点只是一笔带过,没有深入讨论。后来的孟子"性善""尽心"思想研究,也一向对此缺乏关注。

三、民性之善与性善论的关系

人群中的多数人(民)不能"尽心",受环境影响,没有自立的精神,是

---

① 任继愈主编:《中国哲学发展史(先秦)》,人民出版社,1983,第319—320页。
② 徐复观:《中国人性论史·先秦篇》,上海三联书店,2001,第156页:"存心养心,主要是就士的阶级而言。若就一般人民而论,孟子仅主张'制产'之后,亦即解决了人民物质生活之后,'教以人伦'。"

被动的，但仍然是善的。只要有恒产，有温饱，加以教化，民就易于向善。此外，民众能够辨别善恶，有善的内在意愿，孟子引诗说"民之秉彝，好是懿德"（《孟子·告子上》），就是说这个道理。

民性被动，又愿意向善，这样的"民性"之善，属于"性善论"的一部分吗？民性之善不同于"尽心"之善，"尽心"之善是性善论的主体，性善论的基本原理就是人人有善性，善的品质（美德）根源于内心，因此儒家传统的"学"（德性之学）可以表述为"尽心"，"性善"与"尽心"可以说内在一体。民性之善是在"尽心"之外的，表面上看，孟子论述性善，没有明确说到这种易于引导但不能主动自立的善，可是这确实是孟子人性认识的一个组成部分。不仅如此，民性被动又易于向善，是自孔子开始就有的观念，而且演变成儒家的共识，孟子对民性的认识，是这个共识的一部分。那么，这种民性认识与性善论是什么关系，可不可以理解成性善论的一个内在部分？

在《论语》中，孔子就说到"民"没有"学"的意愿，是被动的。"生而知之者，上也；学而知之者，次也；困而学之，又其次也；困而不学，民斯为下矣。"（《论语·季氏》）这个说法过去曾被批评为等级思想，但孔子不是以身份划分等级，而是以是否愿"学"划分等级，"学"是没有阶级门槛的，只有愿意和不愿意。民不能"学"，他们的品性如何，要看政治环境。"道之以政，齐之以刑，民免而无耻；道之以德，齐之以礼，有耻且格。"（《论语·为政》）"子为政，焉用杀？子欲善，而民善矣。君子之德风，小人之德草。草上之风，必偃。"（《论语·颜渊》）孔子不仅说到了"民"的被动，也说到了他们愿意向善，所谓"子欲善，而民善矣"就含有对民愿意向善的乐观估计。"季康子患盗，问于孔子。孔子对曰：'苟子之不欲，虽赏之不窃。'"（《论语·颜渊》）这直接说到民众内心向善，他们不愿坏，如果不是政治风气带坏，就算拿好处劝诱（"赏之"），他们也不会行窃。人民愿意向善，易于教化，孔子的这个判断，后成为儒家文献中的共识。这可以理解为政治思想系统对"民性"的性善认识，孟子性善论主要是君子成就德性思想系统的人性认识，认为德性根源在内心，成就德性主要不在"学"，在"尽心"。这个意义的性善论在先秦儒家文献中还不是共识，政治思想系统中民易于教化向善的观念却是儒家共识。后来韩非子批评儒家对民性的认识完全错误，儒家以为"爱民"就能使民相爱，君子之德性能使民众追随，而他认为事实绝非如此，美德和爱不能让民众感化，只有刑法和恐惧才能使民慑服。① 这是先秦文献中可见的另一种性善性恶之争，政治思想系统中另一种对"民性"的估计。韩非子的批评是否有道理这里不论，他说儒家有共同的民性善认识，却是出自对儒家文献的真实见解。

孔子思想中也有德性学意义的人性认识，只是未表达为人性论。徐复观等学者认为孟子人性论源于孔子是有道理的。"学"以成德有人性的内在基础，民不愿"学"而愿意向善，这两种意义的人性认识都始于孔子。孔子罕言"性"，《论语》中只记载了一句"性相近也，习相远也"，这应该说的是民性易受环境习俗影响。孔子以后，儒家内部开始谈论人性思想，子贡说："夫子之文章，可得而闻也；夫子之言性与天道，不可得而闻也。"（《论语·公冶长》）他这样说，本身就表明"性与天道"已经是弟子热衷的话题，否则不会无中生有地说夫子未言此话题。子贡说这个话，可能是在孔子去世后，或年老时，但无论怎样，儒门中热议人性思想是较早的事，从孔子及门弟子就开始了。而且"性与天道"相连，孔子弟子谈论的人性问题，应该是与德性学相关。孟子性善论主要是德性学脉络的思想，粗略估计，儒门中议论德与"性"的关系，在孟子以前已有五代人左右的积累。另一方面，政治思想中的民性认识，在孟子以前也有议论。《孟子·告子上》记曰：

公都子曰："告子曰：'性无善无不善也。'或曰：'性可以为善，可

---

① 《韩非子·五蠹》："今儒、墨皆称先王兼爱天下，则视民如父母。……夫以君臣为如父子则必治，推是言之，是无乱父子也。人之情性，莫先于父母，皆见爱而未必治也，虽厚爱矣，奚遽不乱？……今有不才之子，父母怒之弗为改，乡人谯之弗为动，师长教之弗为变。夫以父母之爱，乡人之行，师长之智，三美加焉，而终不动，其胫毛不改，州部之吏，操官兵，推公法，而求索奸人，然后恐惧，变其节，易其行矣。……且民者固服于势，寡能怀于义。仲尼，天下圣人也，修行明道以游海内，海内说其仁，美其义，而为服役者七十人，盖贵仁者寡，能义者难也。……鲁哀公，下主也，南面君国，境内之民莫敢不臣。民者固服于势，势诚易以服人。"

以为不善；是故文武兴，则民好善；幽厉兴，则民好暴。'或曰：'有性善，有性不善；是故以尧为君而有象，以瞽瞍为父而有舜；以纣为兄之子且以为君，而有微子启、王子比干。'今曰'性善'，然则彼皆非与？"①

这三种议论，除第一种可能与德性论有关，第二、第三种都是受政治环境影响的"民性"论。在后来的儒家文献中，"民性""民之性"的概念出现：

《礼记·王制》：司徒修六礼以节民性，明七教以兴民德。
《大戴礼记·子张问入官》：故君子莅民，不可以不知民之性，达诸民之情。
《毛诗·关雎》：故变风发乎情，止乎礼义。发乎情，民之性也。止乎礼义，先王之泽也。

有时"民性"泛指人性，多数时候，"民性"就是作为政治治理对象的人民之品性，《王制》《子张问入官》中都是这个意思，后来董仲舒《春秋繁露》对待教化之"民性"更有大段论述。总之，民性的观念，在先秦儒家文献中有一个前后相续的思想脉络，这一点无可怀疑。

　　儒家文献中的民性观主要包括两个观点，一是被动受环境影响，因此以德治和礼治教化民众非常重要；二是易于教化，乐于向善，因此对德治和礼治的效果充满信心。前一个观点基本一致，后一个观点也大体一致，有少数怀疑，也有文献只说受环境影响，不说易于向善，然而，虽然乐观程度不一，但总体上持乐观态度，是没有疑问的。韩非子的批评，正是基于对儒家民性乐观认识的评价。孟子的民性观，首先是这个思想系统的一部分，并且对民性易于教化向善最为乐观。其次，孟子对民性易于教化向善的乐观，与性善论有密切的关系。但我们仍然要面对一个问题，民性被动又易于教化，是否应该被理解为孟

---

① 第三种是对"文武兴，则民好善"的民性观有怀疑，但仍然是在这个民性观基础上提出的辩论。

子性善论的一个内在部分？

这个问题来自两个事实：第一，孟子说性善，主要是论证德性有内在基础，成就德性不待"外铄"，要靠"尽心"，因此性善与"尽心"内在一体。而民性是不能"尽心"的。第二，从韩非子的批评看，先秦儒法政治思想冲突，有一个基于民性善还是恶的基础判断，儒家对民性的认识虽未表达为"性善"，但与法家观念相对，就是一种民性善的思想认识脉络。这样，就有两种性善思想，一种是孟子性善论，一种是先秦儒家各派有共识的民性善认识。按理说这是两回事，因为孟子性善论毕竟是要与尽心说结合讨论的。可是在孟子思想中，人人有善性，"民之秉彝，好是懿德"一向被理解为性善论的思想基础，所以被动之民性"善"是否应视为孟子性善论的一部分，还需进一步研究。

先天结构性缘境呈现
——孟子性情论的思想特色

● 李景林　四川大学哲学院特聘教授

一

孟子的性善论代表儒家对人性的理解，也构成了儒家道德教化学说的形而上学的根据。关于孟子人性论的讨论，历来是一个热点，有种种不同的说法。但是我觉得也存在很多问题，有很多提法让人于心未安，需要做进一步的讨论。

康德建立道德的根据，是从形式上讲，一方面讲道德法则是自由的认识理由，一方面又讲自由是道德法则的存在理由，这里面有一种循环论证。康德为什么讲道德法则是自由的认识理由？因为他说人对道德法则有直接性的意识，即我们有时能够当下知道我们应当做什么、不应当做什么。根据人对道德法则有直接性的意识这一点，可以说道德法则是自由的认识理由。人对道德法则有直接性的意识，我们据此可以对自由有间接的肯定，所以说道德法则是自由的认识理由。康德又认为人对自由不能有任何直接的意识、任何直接的经验和直观。但是，如果没有自由的存在这个前提，人对道德法则的意识便是不可理解的，所以自由又是道德法则的存在理由。这就是一个循环论证。通过这样一个循环论证，康德想说明道德的实在性。但是，康德所谓的自由其实就是一个公设，因为他认为人对自由没有任何直接的直观，所以是个公设。因而康德所提出的形式性的道德法则，实质上仅仅成为一种道德之所以为道德的理论必要性的条件，却没法给予道德存在必然性的根据和实在性的意义。这就是只从形式，而非内容、实质来理解道德的根据所带来的问题。

这也涉及西方哲学对人性理解的方式，就是采取要素分析和形式的讲法，人被理解为各种属性和共相的集合。受西方哲学的影响，我们通常也采取这样一种方法，即以属加种差这样的形式来表述对人的理解。比如人们经常会说，"人是理性的动物"。在这样一个属加种差的形式表述中，人被理解为一些抽象要素的集合。"人是理性的动物"这样的说法，把人降低到"动物"这样一个现成性上来规定和理解人性的内容和本质。这就使我们对人的理解，失去了它存在的体性和整体性的内涵。在对孟子人性论的研究中，经常看到有人说：人和动物有相同的生物本性，但是人的本质却在于其道德性。这个说法很糊涂，它意味着，道德性只能从人的存在之外"外铄"而来。然而，依据儒家对人性作为"类"性的整体性理解，不可能承认人和动物有相同的生物本性。比如孟子说"形色，天性也，惟圣人然后可以践形"（《孟子·尽心上》），"形色"是人的天性，"圣人与我同类"（《孟子·告子上》），人修养至圣人的高度，乃能把"形色"作为人之天性的固有本质实现出来。儒家并不认为人与动物有一种相同的生物本性。西方哲学从要素分析的角度来讲人性，把人当作一种现成的对象加以分析，讲人有各种属性，有生物性，有道德性，有社会性，等等，这样一种要素分析的方式，我称其为一种"无'我'的人性论"。为什么说是"无'我'的人性论"？因为它以认知为进路，要设定主体和客体，这样，不仅把与"我"相对的"物"视为现成分析的对象，同样也把"我"对象化了。人有自我意识，表现为一种"我意识到某物"意义上的意识。在原初的意义上讲，我意识到一个对象，意识到某物，我也应历时当场性地临在于这个"意识到某物"的境域。但是按照我们刚才所讲的这种主客分立的进路，主体作为"我"，也成为一种反思的对象。我作为反思的对象，脱离了"我"的存在，被把握为"我"的种种抽象的性质、属性或者片段，"我"亦在此退居幕后，隐而不见。这就导致一种无穷后退，不停地把"我"推出去，界定为一种分析的对象，处在一种被述说的对象性的位置，"我"不再出场，因而失去了其作为存在的连续性和当场性，丧失了其体性的充实贯通和内在的整体性。以这种方式来思考的"我"，并不亲临在场，就成为一个不能被认识所把握的抽象的实体，理所当然地落在"奥康剃刀"的剔除之列。这也是当代西方哲学否定实体，否定形而上学的原因所在。儒家哲学以人的存在实现为进路。存在实现，意味着趋赴于一种目的性，一种目的的完成，所以存在实现是价值性的。这个价值不是西方哲学所说事实和价值二分的意义上的价值，这种价值在现代哲学里，被理解为一种相对性的东西。价值相对主义，言人人殊，没有普遍性和必然性。儒家从存在实现的角度理解人的存在和周围的世界。儒家讲人性，是落实到心性的论域，动态地展现人性的整体内涵。这种讲法是内容的讲法，不是形式的讲法。这是儒家哲学理解人性的进路。

我们通常讲人性论，又讲心性论，人性论和心性论是什么关系？儒家讲人性论，是落到心性的论域中来讲的。比如《孟子·尽心上》说"尽其心者，知其性也，知其性，则知天矣"，是落实到心上讲性；《孟子·告子上》说"乃若其情，则可以为善矣，乃所谓善也"，是落到情上讲性善。孟子的人性论，是在心上讲性，在情上讲心。孟子讲情是以性即心而显诸情，就是在情志的活动中动态地展现人性的整体内涵。这样讲人性，是从内容的展开上来讲，而不是从形式上来讲。孟子讲四端，讲不忍之心，讲亲亲，从这样的情态表现上展现人性的整体内涵，这就是我所谓的落实在心性的论域里来讲人性。这里的心性，当然包括性、心、情、气、才在内，它是一个统一的整体。这是从内容上来讲。

二

孟子既基于情感实存之内容以言性,那么,如何理解这个"情",就成了一个重要的问题。

现代学者讲儒家的情感说,常区分道德情感与自然情感。在西方哲学知情或情理二分的观念影响下,学者往往把儒家所讲的情,比如喜怒哀乐、喜怒哀惧爱恶欲等等情感欲望的表现,理解为没有任何内容规定的自然情感。儒家其实并不承认有这样一种自然情感的存在,因为讲喜怒哀乐,讲喜怒哀惧爱恶欲,这是一个抽象的说法。在儒家看来,具体的情感发出来都有因何而哀、因何而乐、因何而喜、因何而怒,有中理不中理、中节不中节这样的问题在里边。因此,情发出来都是有指向性的,有好恶两端。说喜怒哀乐也好,说喜怒哀惧爱恶欲也好,从指向性上来讲,实质上就是好恶。好是迎,恶是拒。好恶两端,就有本然的指向和非本然的指向,所以不能用自然情感这种抽象的中性词,来指称儒家所理解的情感。

有些学者又把孝悌、辞逊这些具有道德规定性的情感,理解为一种经过实践、践行,积习而成的结果。比如学界有所谓的"内化"说、"积淀"说。李泽厚先生就讲内化和积淀,从这个意义上讲,孝悌、辞逊等情感,都成了一种实践学习、内化积淀的结果。这当然不足以说明人性之善。由此,自然会形成如下一类观念:认为儒家讲人性,是说人有和动物相同的生物本性,人和动物的区别则在于其道德性;有人讲先秦儒家人性论的主流是自然人性论;也有把儒家的良心、良知、四端等,理解为一种天赋的道德情感或者道德本能。有种种类似的说法。这种天赋道德情感、道德本能的理解,同样是一种固化的现成性的理解。这样理解儒家的道德情感,是不得要领的。

康德确立他的道德原则,不从实质(质料)或内容上讲,因为他把情感仅仅理解为感性,即自然情感,又把这种情感的表现理解为一种自私和自负的利己主义。因此,他认为人对道德法则的敬重作为一种道德情感,是理智对情感贬损的一种结果，贬损自私自利的倾向，就产生敬重。道德法则有这种力量可以贬损人的自私自利的自然情感，所以会产生出对于道德法则的一种敬重。这种敬重的道德情感不是出于自然的情感，所以康德排斥一切的禀好、一切的本能和冲动，因为这些禀好、本能、冲动都是自私自利的，所以道德法则要瓦解自私，平复自负，这样才能产生对于道德的敬重。而这种对道德的敬重在主体里边并不是先行就有的内容，所以康德说在主体之中并非先行就有敬重的道德情感或者与道德性相称的情感，这是不可能的，因为一切情感都是感性的。

从这个角度来讲，我们一般地从自然情感或者道德情感的分别出发，也无法准确地诠释孟子的性善论。另外，像道德本能这样一类概念，是西方生命哲学所秉持的一种观念。本能对于人来讲，是逐渐消退的，非恒定存在的。对人来讲，因为理性的逐渐发达，本能是逐步减弱的一种存在形式。所以道德本能这个概念，也不足以据以说明孟子的性善论。

讲性善论，有性本善论，有性向善论等等说法，我肯定孟子的性善论是性本善论。我研究孟子的性本善论，提出一个诠释的路径，这个路径，可简单地概括为一种"先天结构性缘境呈现"说。下面就来讲我所理解的孟子的性善论。

三

孟子从心上来讲性，从情上来讲心，孟子的人性论是这样，是以性即心而显之于情。我现在就来讲讲这情怎么显，这是理解孟子性善论的关键的问题。

儒家所讲的道德情感并不是西方非理性派所讲的本能或道德本能，道德本能是现成的。孟子不这样讲。思孟一系学者，用"端"这一概念来指称人心不忍及恻隐、羞恶之心一类情感表现。这一点，就很好地凸显了儒家对道德情感的独特的理解方式。

"羞恶之心"，很多人把"羞恶"读成羞恶（wù），我认为应该读成羞恶

（è），即羞于为恶。孔子讲："士志于道，而耻恶衣恶食者，未足与议也。"（《论语·里仁》）把"羞恶之心"读成羞恶（wù）之心，就不知道他是"耻恶衣恶食"，还是羞耻于做不好的事情，就失去了其本然道德指向或"善端"的意义。

我之所以说这是思孟一系的讲法，是因为简帛《五行》篇也讲到"端"这个概念，这是孟子以前的子思学派的文献。这个"端"，是人心以情应物的当下的显现。孟子论人心的先天的结构，可称其为一个"能-知"一体的结构。我们可以从《孟子·告子上》"牛山之木章"看到这一点："虽存乎人者，岂无仁义之心哉？其所以放其良心者，亦犹斧斤之于木也，旦旦而伐之，可以为美乎？其日夜之所息，平旦之气，其好恶与人相近也者几希。"此处从"才"的角度论性善。这个平旦之气或夜气，不是一种特殊的气，它是人心在不受外物干扰下的一种存在的本然的表现。从上下文来看，"仁义之心"就是"良心"。人心在不受外物干扰时，夜气或平旦之气自然生成，其好恶乃与人相近而指向于仁义。人心在其本然之气上所表现出来的这样一个"好恶与人相近"，表现的就是良心或者仁义之心。这就是"才"。这个"才"，是人可以为善的先天的存在性基础。夜气和平旦之气，是人的存在的本然的表现。概括起来讲，这个"才"，是以气（平旦之气或夜气）为基础，在好恶之情上显现出良心或者仁义之心的一个标志人性（或人的存在）总体的概念。

良心的"良"字，就是先天本有的意思。《孟子·告子上》讲到"良贵"："人人有贵于己者，弗思耳。人之所贵者，非良贵也。赵孟之所贵，赵孟能贱之。"这段话是讲"天爵"和"人爵"。赵孟是晋国的执政，可以给你一个爵位，但也可以把它拿走，这叫"人爵"。"人爵"是别人可以给予你也可以取走的东西，所以并不可贵。"贵于己者"是什么？就是"仁义忠信"。这是"天爵"，它得自于天而内在于己，属于自己，是他人夺不走的东西，所以称作"良贵"。所以，良心的"良"，就是强调"仁义之心"为人先天所本有。人先天本来具有仁义之心，良心就是仁义之心。《孟子》所讲本心、仁义之心、良心，是同一层次的概念。从先天本有而言叫做"本心",从其在己而不在人来讲叫做"良心",从其内容来讲叫做"仁义之心"。

人的良心(仁义之心)会在与人相近也几希的好恶之情上呈现出来,这个良心,包括良知和良能两个方面。《孟子·尽心上》说:"人之所不学而能者,其良能也;所不虑而知者,其良知也。孩提之童,无不知爱其亲者;及其长也,无不知敬其兄也。亲亲,仁也;敬长,义也。无他,达之天下也。""亲亲,仁也;敬长,义也",不是说亲亲就是仁,敬长就是义,而是说亲亲之情、敬长之情,推扩开来,达之天下,可以成就仁义。由此可知,这里所讲到的亲亲、敬长之情,也就是"仁义之端"。从前边所讲到的《孟子·告子上》"牛山之木章"我们知道,良心就是仁义之心。把这个"仁义之端"、亲亲敬长之情推扩开来,就可以达于仁义。从这里可以看到,良心即仁义之心,包含良知和良能两个方面,良知和良能的统一就是良心。人心具有一个"能-知"一体的先天结构。良心内含的"良知"与"良能"为一体,从反身性的自觉来讲叫做良知,从存在性的情态角度来讲叫做良能。孟子所讲的良心,是以良知依止于良能而统合于良心。这个"能",包括情、意,包括前面所讲到的"气"——本然之气,即夜气和平旦之气。它以"能"为体,包含着自觉,"知"即在"能"上表现出的一种心明其义的自觉的作用。"能"是一个存在的概念,也是一个力量的概念。我们有意志,意志有力量,这个力量就是从"能"上来的。这个"能",统括起来讲,也就是"牛山之木章"所讲的"才"。这样一个"能-知"一体,知是依止于能而发用。所以儒家在心上来讲性,实质上是以人心本来具有"能-知"一体的先天逻辑结构,而把不忍、恻隐、辞逊、亲亲等等有道德指向的情感内容,理解为此"能-知"一体的原初结构或者存在方式在具体的情境中的一种当场性和缘构性的情态表现。因而不能把这些情态表现理解为某种现成性的道德本能,也不能把它理解为后天实践习成性的一种情操。这一点,对于理解儒家人性论、心性论具有重要的意义。

四

下面我们再来讲讲如何来理解思孟所谓"端"的含义。

思孟一系儒家用"端"这个概念，来称谓人心诸如不忍、恻隐、羞恶这一类的情态表现。《孟子》中讲到"四端"，首见于《公孙丑上》："人皆有不忍人之心。先王有不忍人之心，斯有不忍人之政矣。以不忍人之心行不忍人之政，治天下可运之掌上。所以谓人皆有不忍人之心者：今人乍见孺子将入于井，皆有怵惕恻隐之心；非所以内交于孺子之父母也，非所以要誉于乡党朋友也，非恶其声而然也。由是观之，无恻隐之心，非人也；无羞恶之心，非人也；无辞让之心，非人也；无是非之心，非人也。恻隐之心，仁之端也；羞恶之心，义之端也；辞让之心，礼之端也；是非之心，智之端也。人之有是四端也，犹其有四体也。有是四端而自谓不能者，自贼者也；谓其君不能者，贼其君者也。凡有四端于我者，知皆扩而充之矣，若火之始然，泉之始达。苟能充之，足以保四海；苟不充之，不足以事父母。"恻隐之心是仁之端，羞恶之心是义之端，辞让之心是礼之端，是非之心是智之端。这四端就像四体一样属于我，而非自外来。将其推扩开来，就可以成就德性，平治天下。这里讲到的"四端"，和《告子上》所讲的"四端"，侧重点有所不同。《公孙丑上》讲"四端"，着重于把四端统归于一个不忍、恻隐之心。是非之心也好，羞恶之心也好，辞让之心也好，都统归为一个不忍恻隐之心。从第一句话就可以看出来这一点，"所以谓人皆有不忍人之心者：今人乍见孺子将入于井，皆有怵惕恻隐之心"，即以"人乍见孺子将入于井，皆有怵惕恻隐之心"来说明人皆有不忍人之心。下面才把"四端"分开来讲，可见它是以"四端"统括于不忍恻隐。这是一个要点。第二个要点就是推扩，"四端"推扩开来，可以达之天下："凡有四端于我者，知皆扩而充之矣，若火之始然，泉之始达。苟能充之，足以保四海；苟不充之，不足以事父母。"

孟子首先提出来"四端"说，是在《公孙丑上》"人皆有不忍人之心章"。

再一处讲"四端",就是《告子上》:"乃若其情,则可以为善矣,乃所谓善也。若夫为不善,非才之罪也。"这里也讲到"才"。这章是落在情上来讲的,这个"情",当然就是指下边所讲的恻隐之心、羞恶之心、恭敬之心、是非之心,这些都属于情。有人把这个"情"字解释为"实"的意思。"情"是可以解释为实,但是看上下文,此处的"情"就是指四端,所以这个"情"是指情感的情,而不好解释为"实"。《告子上》此处讲"四端",特别强调"情"的含义,角度与《公孙丑上》"人皆有不忍人之心章"有所不同。这个"端",有两个含义,第一个就是端绪义。端绪义,是说它是"情"之缘境的一种当下的发见。这里所谓缘境,借用了佛家的说法,"缘"是因缘的缘,因当下所缘境的不同,那个"情"也有不同的表现。第二个是始端义,是说它是我们推扩成德、平治天下的一种初始的情态。

孟子所讲的人心善端,并不是他自己突然提出来的一个概念。子思的《五行》篇里已经用了"端"这个概念。《五行》篇有两个文本,一个是马王堆帛书本,有"经"和"说"两个部分。"经"的内容是提纲性的,提出一些命题和观念;"说"是对"经"的解释和阐发。还有一个是郭店简的文本,大概相当于帛书《五行》的"经"的部分。孟子提出一个"四端"的说法,"四端"说当然是孟子讲人性善的一个根据。但是我们要明白,孟子讲"四端"实质上是讲一个人性的结构和大纲。按朱子的说法,"性是太极浑然之体,本不可以名字言,但其中含具万理,而纲理之大者有四,故命之曰仁义礼智"[1]。孟子举"四端"为例揭示人性本善之义,但在思孟一系的心性思想中,"端"实质上是标志着人心以情应物当下显现的一个普泛的概念,并不局限于"四"。帛书《五行》篇已在这个意义上使用"端"这个概念,孟子也延续了对"端"的这种理解。

我们来看看帛书《五行》篇所讲的"端":"君子杂(集)泰(大)成,能进之,为君子,不能进,客(各)止于其[里]。"帛书《五行》"说"部解

---

[1] 《朱子文集》(全10册)卷之七,中华书局,1985,第287—288页。

释这一段话说:"'能谁(进)之为君子,弗能进,各止于其里。'能进端,能终端,则为君子耳矣。弗[能]进,各各止于其里。不庄(藏)尤割(害)人,仁之理也。不受许(吁)嗟(嗟)者,义之理也。弗能进也,则各止于其里耳矣。终(充)其不庄(藏)尤割(害)人之心,而仁腹(覆)四海;终(充)其不受许(吁)嗟(嗟)之心,而义襄天下。仁复(覆)四海、义襄天下而成,繇(由)其中心行之,亦君子已。"① 这里所说的"能进端,能终端"的"端",就是可以推扩开来达到"仁、义"的一种情态表现。"里"可以参照乡里的"里"来理解,是局限在某一个范围之内的意思。人心表现出来的这个善"端",推扩开来,超越自身之限制("里"),就能实现仁义,兼善天下("仁覆四海、义襄天下"),成就"君子"人格。"弗能进,各各止于其里",是说如不能把它推扩开来,也要保持这个"端"不失。我们要注意的是,这里讲:"不庄(藏)尤割(害)人,仁之理也。不受许(吁)嗟(嗟)者,义之理也。……终(充)其不受许(吁)嗟(嗟)之心,而义襄天下。仁复(覆)四海、义襄天下而成,繇(由)其中心行之,亦君子已。"在经由仁义之端的推扩以成就君子人格德化天下这一点上,孟子和《五行》的讲法是相同的。不过,这里讲的"端",不是"恻隐之心,仁之端也;羞恶之心,义之端也",而是以不欲害人之心为仁之"端",以不受嗟来之食的自尊心为义之"端"。

《孟子·尽心下》也有与《五行》篇类似的说法:"人皆有所不忍,达之于其所忍,仁也;人皆有所不为,达之于其所为,义也。人能充无欲害人之心,而仁不可胜用也;人能充无穿逾之心,而义不可胜用也;人能充无受尔汝之实,无所往而不为义也。""达之于其所忍","达之于其所为",也是在讲善"端"推扩。下边所举例子,"人能充无欲害人之心",讲"仁之端"的推扩;"人能充无穿逾之心""人能充无受尔汝之实",讲"义之端"的推扩。"无受尔汝之实"就是不食嗟来之食,与《五行》所举"不受许(吁)嗟(嗟)之心"意思相同。孟子此处所举"仁之端""义之端",与《五行》同。而其所

---

① 国家文物局古文献研究室编:《马王堆汉墓帛书(壹)》,文物出版社,1980,第22页。

举"义之端",又多出了"无穿逾之心"一例。"无穿逾之心",就是不愿意去偷盗,不愿意挖窟窿打洞去偷人家的东西。由此可见,"端"这个概念意义是很宽泛的,不仅仅局限在"四"端。

所以,人之良心或仁义之心以好恶来应接或迎拒事物(我们讲喜怒哀乐也好,喜怒哀惧爱恶欲也好,实质都可以归结为,对我"好"的对象欢迎之,对我"恶"的东西排拒之),必会由当下具体的情境,而有种种的情态表现,呈现为当下性的种种的"端"。这"端",就是人心作为"能-知"一体的原初存在方式,在具体情境里边一种当下当场性和缘构性的必然情态表现。一方面,因为它是一种当下当场性与境域性的表现,这"端"必然呈现出各各差异而不可重复的不同的样态,决不是拿几种现成的道德情感可以概括尽的。另一方面,这"端"作为人心"能-知"本原一体结构之情态表现,又本具"智"的内在规定,而具有其自身必然的道德指向与决断。

我们看思孟的文献,可以从中归纳出"端"的种种不同的样态。如:不忍、不为、恻隐、羞恶、辞让、恭敬、是非、孝悌、亲亲、敬长、耻、忸怩、无欲害人、无穿逾、无受尔汝、弗受嘑尔、不屑蹴尔等,都可看作此"端"的不同的样态,并可以由此推扩而成德。这里所罗列的上述"端"的表现,也不一定全面,或者说不能完全概括人心应物的所有的情态表现,因为人所面对的情境各不相同,表现出来的情态就有不可重复的差异性。但同时,这些情态表现,又都有必然的道德指向,并可以据以推扩成德,达之天下。譬如孟子讲这个"忸怩"的情态。舜是儒家崇尚的圣王,但舜家"父顽、母嚚、象傲"(《尚书·尧典》),父母和弟弟都很恶,经常合伙去坑他。《孟子·万章上》记述舜的父母和弟弟象骗舜修仓房、浚井,借机害他。舜"吉人自有天相",都能从困境中解脱出来。象以为舜已死,自以为杀害他的哥哥有功劳,要把舜的干戈、琴归自己所有,把舜的两个妻子弄来伺候自己。结果象到舜的住处,见舜正坐在床上弹琴,象就表现出忸怩不安的情态。王阳明亦说过:"良知在人,随你如何不能泯灭。虽盗贼亦自知不当为盗,唤他做贼,他还忸怩。"(《传习录》卷下)顽恶如象,见舜亦不能不生忸怩、不安、羞耻之情。这表明,良知可以遮蔽，却不会泯灭。即便是恶人，也会在特定的情境下，有一种善"端"表现出来。"无受尔汝之实"，与"不食嗟来之食"一样，都是人的自尊心的表现。人都有自尊心，即使是一个乞丐，你对他说"给你个馒头，快滚吧"，他可能宁可饿死也不吃这个馒头。"不食嗟来之食""无受尔汝之实"，就是这类情态表现。这各种各样的情态表现，就是"端"的不同的样态。因为当下的境域不同，这些"端"也呈现出不可重复的差异性。因此"端"是人心当下缘境而生的情态表现，并不局限在"四"端。孟子举"四端"为例以说明人心本具仁义礼智，讲得很有逻辑性，以至于我们常常会局限在"四端"上来理解"端"这个概念。我们读书，不能拘执于字面。

另一方面，这些"端"虽有不同的形态，但又都有本然的指向，就是指向善，而排拒不善，因此都可以推扩开来，成就德性，平治天下。人心具有"能-知"一体的结构，故此"端"作为"能"的情态表现，又本具"智"的内在规定，而必然具有道德的指向与决断。"能-知"本原一体，意谓"知"依"能"发用，所以这个知，并不仅仅是一种认知。它是依"情"而有的一种心明其义或存在性的自觉。"能"是个存在的概念，是一个力量的概念。所以，这个道德的指向和决断，就是有力量的。

这样一个本然的指向，因为有"好、恶"两端，所以必然包含着肯定和否定两个向度。其"好"的一端，由"智"的规定与"是"相应（"是非之心"的"是"）。王阳明讲"良知"即"是非之心"。所以"是"是良知自觉肯定性的一面。"好"与"是"相应，因此构成人心向善的一种存在性和动力性的基础（如不忍之心、恻隐之心、恭敬之心、亲亲、敬长之情等）。"恶"，也因为有"智"的规定而与"非"相应（是非的"非"），构成人性排拒非善的一种自我捍卫的机制（如羞恶、羞耻、不为、忸怩等），这个自我捍卫的机制亦落实在实践上具有动力性、存在性的意义。

所以，思孟一系心性论所言道德情感，指人心"能-知"一体的先天结构以情应物的当下情态显现，即其所谓善"端"，并非一种现成的天赋道德情感或道德本能意义上的道德情感。一方面，它是缘境而生的当下境域性的显现，故其情态有差异不同的表现；另一方面，它又有具有内在必然性的道德或善的指向，是一个始端，由此推扩开来，都可以完成德性，化成天下。

儒家从心性和性情的论域来讲人性，其所言人性，不是根据对象性的认知分析而来的一些抽象的要素和可能性，而是就人作为一个"类"的整体存在而言的概念。孟子说"圣人与我同类者"，圣人只是"先得我心之所同然耳"。"同然"是一个理性的肯定。不仅如此，孟子又说："理义之悦我心，犹刍豢之悦我口。"（《孟子·告子上》）"理义"不仅仅是作为我理性上肯定的一个"同然"，而且是情感上、存在性上的一种实有诸己。理义"悦我心"，我心在情感上同时是"悦"仁义、"好"仁义的，这是在情感实存上一种"类"性的表现。我们可以分析出人性的种种要素，但这个要素，不是可以现成随意归入另外一物的一种抽象同质性或可任意加以综合的东西。它是有"体"性的，这"体"性，表现为一种具有贯通性或者一种染色体意义的"通"性。从这个意义上，儒家不能承认人与动物有相同的生物本性。所以，我把人的肉身、情感欲望称作人的"实存性"，而不愿意用"生物性"这个说法。这样说，好像人有一种抽象的生物性。儒家把人理解为一个"类"的整体的存在，在类的整体性上理解人的各种表现，而非把人理解为各种抽象属性的集合。具体而言，就是在"情"作为人心"能-知"一体结构缘境当下显现的意义上，来理解人的道德情感，这就决定了儒家所讲的性善，一定是一种人性本善论。从这个角度理解善"端"，亦可见思孟所言性善，既是本善，又非现成。宋明理学注重工夫，即工夫而呈现本体，根据也在于此。

五

下面我们再讲讲它的理论意义。

这个人心"能-知"一体的结构，表现在心-物的现实层面上，就是"以情应物"。西方哲学论心物，讲思维和存在、主体和客体的关系，这是一个认知的思想进路。我们不是说儒家哲学没有认知这一层面，但对于儒家哲学而言,以情应物,是人心关涉自身、把握自身存在及其周围世界的最原初性的方式,它是情态性的而非认知性的。《中庸》第一章的"中和"说,是儒家哲学心物关系论的一个最经典的表述。宋儒常常通过对《中庸》"中和"说的诠释来阐发心性的问题,并把形上学、本体论和人性论统一起来讲。按我最敬重的吉林大学邹化政老师的说法,宋明理学是把心性的概念本体化了。[①]《中庸》的"中和"说,讲的就是以情应物:"喜怒哀乐之未发,谓之中;发而皆中节,谓之和。中也者,天下之大本也;和也者,天下之达道也。致中和,天地位焉,万物育焉。"发与未发,都围绕着"喜怒哀乐"也就是从"情"上来讲。按朱子的解释,未发是性,已发是情,心兼赅体用性情。人心表现出来都是一个情。"天下之大本""天下之达道",天下,指人类社会;"天地位""万物育",则关涉整个宇宙。所以,以情应物,成为人关涉自身和周围世界以至宇宙的最原初的方式。

"情"是一个实存或生存性的概念,知内在于情并依情而发用,或表现为在情的实存活动中一种心明其义的自觉作用,并非一个独立的原则。《中庸》讲诚明互体:"自诚明,谓之性;自明诚,谓之教。诚则明矣,明则诚矣。""诚"是人性的实现,"明"则是依此实现而有的生命智慧,这两者互证互体不可或分。人依此以情应物的方式来裁成辅相天地万物的化育生成,人与物、与周围世界的关系,首先表现为一种存在或价值实现的关系,而不仅是一种单纯认识的认知关系。《中庸》说:"诚者,自成也;而道,自道也。诚者,物之终始,不诚无物。是故君子诚之为贵。诚者,非自成己而已也,所以成物也。成己,仁也;成物,知也。性之德也,合外内之道也,故时措之宜也。""时措之宜",就是通过成己而成物的方式,因任人、物的本有之"宜"、之"理"、之"性"而随时随处成就之。这里讲诚是"自成",道是"自道"。自成自道,是因物之宜而任物各自成其性。"合外内之道",就是要在人、物存在或价值实现的前提下达成人我、物我之间一体相通。这个物我一体相通的"通"性,既

[①] 参见邹化政:《先秦儒家哲学新探》第七章第六节,黑龙江人民出版社,1990。

以物我自性差异的实现为前提，同时又构成这自性实现的存在性基础。

这个以情应物的心物关系观念，表现了一种存在实现的哲学进路。人心以情态性的生存方式当场缘构性地涉着于物，因物之性而时措之宜，成己成物而道合外内。人心对此万物一体所呈现的性体、道体之自觉，乃表现为一种生存实现历程中之心明其义的真实拥有；而此性体、道体由是亦在人之实有诸己的存在实现中呈现自身。《易传》讲"成性存存，道义之门"，又讲"继之者善也，成之者性也"。"成性存存"，"成性"，表现为一个生生连续的历程；存者，在也，"存存"，即一个连续性的不断的在在；"道"乃即此而敞开（道义之门）自身。连续性的在在，就是生生。"我"生生而在在，道体性体，总是在这生存的历程之中，常亲临在场。所以，我把儒家的人性论，称作一种"我"之在场或者"在中"的人性论。相较于前面所讲的那种"无我"或"无体"的人性论，也可以说儒家的人性论是一种"有我""有体"的人性论。小程子论中和，说"喜怒哀乐未发，是言在中之义"[①]。这里的"在中"，是借用了小程子的说法。儒家讲天人合一，就是一种有"我"在场的境界。不是说"我"在这边，有一个现成的"道"在对面，"我"去认识那个"道"。人须经由工夫历程才能真实拥有和觉悟那个道。黄宗羲讲"心无本体，工夫所至即其本体"[②]，就是在这个意义上说的。

这样一种我之"在场"或"有我""有体"的人性论，既规定了儒家哲学作为一种教化的哲学或者存在实现意义的哲学这样一个特点，同时也使得儒家的哲学具有一种宗教性的意义，能够代替宗教成为中国文化的教化之本和精神的核心。我认为儒家是哲学，但又具有宗教性。西方哲学循认知进路所建立的形上学，是一种知识和理论形态的形上学，它的人性、本体概念，终归是一种理论的悬设。当代哲学走向形而上学的否定，否定实体、本体、基础，出现所谓后现代主义、后哲学文化的思潮，这应是西方哲学原则及其发展的题中应有之义。海德格尔有一个说法，认为西方的形而上学耽搁了存在的问题，是有道理的。

[①] 朱熹编定：《程子遗书》，华东师范大学出版社，2010，第255页。
[②] 黄宗羲：《黄宗羲全集》，浙江古籍出版社，2012，第136页。

对这一点，一些当代西方哲学家也有反思。我最近读到美国迈阿密大学迈克尔·斯洛特教授的一本书《阴阳的哲学———一种当代的路径》。这位老先生曾经到北京师范大学做过讲座，我也跟他讨论过相关的问题，并为他这本书写过书评。这本书特别强调中国注重情感的阴阳哲学对纠正和调适西方哲学过度的"理性控制"倾向、"重启"未来世界哲学的重要意义。考虑到在当代宗教精神渐趋弱化的背景下，哲学观念上的"无我"和否定形而上学倾向所导致的价值相对主义和人生意义的虚无化，切实思考和重释儒家这种"有我""有体"的人性论及其哲学精神，不仅对中国哲学和文化的当代建构，而且对人类信仰的重建，都具有重要的意义。

静态人性观还是动态人性观
——性善论新解

● 方朝晖　清华大学历史系教授

　　古今对于孟子性善论的解释，多半把孟子的"性"概念理解为静态生命存在的属性，并形成以心善说为主、以人禽之别为要点的多种看法（本文称为静态人性观）。自从 20 世纪 60 年代末以来，葛瑞汉（A. C. Graham）和唐君毅二人明确提出把"性"理解为动态生长过程的特性，对孟子性善论提出了新的解释，并得到了多人的呼应（本文称为动态人性观）。本文在前人基础上，提出一种新的动态人性观，以重新解释孟子性善论。本文认为，孟子所谓的动态人性观如果有的话，应当指先天决定的生命成长法则或恰当生存方式。从这一角度出发，可以发现孟子之所以提出性善论，不仅是由于发现了"四端"和人禽之别，也由于他在有意无意中发现了生命健全成长的一条法则，即"为善可使生命辉煌灿烂"。这一法则是人性的一部分，不管它是否足以证明人性是善的，但在孟子那儿成为他相信人性善的主要原因之一。如果说静态人性观以心善和人禽之别为性善论基础，那么动态人性观以恰当的生存方式或成长法则为性善论基础。前者从静态固有属性出发，后者是从动态成长过程出发。本文认为，这一人性内容，不仅使得性善论的论据大大加强，而且是孟子性善论的所有论据中最有活力、最经得起考验和最有价值的部分。

本文的目的并不在于推翻或否定前人从心善、人禽之辨等角度对孟子性善论的解释,而只是试图揭示孟子性善论赖以提出的另一种深层内涵。事实上,上述静态人性观和动态人性观在《孟子》中也许并存,如果孟子在明确意义上使用静态人性观为性善论论证,那么他同时也在一定意义上使用了动态人性观为性善论论证。

一、动态人性观

所谓动态人性观,指把"性"理解为生命动态成长过程的特性。张岱年曾指出,王夫之在《尚书引义》等书中提出"日生日成"之说,主张从动态过程而不是静态属性来解释"性"概念,[1] 他将王夫之"性"概念之义称为"人类生活必须遵循的规律"。唐君毅特别强调"性"字右半部分之"生"作为生长过程之义,因而"性"被理解为生长过程之特性,[2] 葛瑞汉称之为"恰当的成长过程"[3],安乐哲称其为"教养的产物"(as a cultivated product)[4],信广来称为"一物成长的总体方向""生命作为一总体的方向"或"一物特有的趋势"[5],史华兹称为"与生俱来的、按照预定的方向成长或发展的固有趋势"[6],

---

[1] 严格说来,王夫之强调的是"命日受则性日生",即每日皆在受命中,而非本文所谓成长过程中生命从总体上遵循的法则(参王夫之:《尚书引义》,载船山全书编辑委员会编《船山全书》第2册,岳麓书社,2010,第299—301页)。
[2] 唐君毅:《中国哲学原论 原性篇——中国哲学中人性思想之发展》,香港新亚书院研究所,1968,第9—10页。
[3] Graham, A. C., "The Background of the Mencian Theory of Human Nature," in Studies in Chinese Philosophy and Philosophical Literature, Singapore: Institute of East Asian Philosophies, 1986, p. 10.
[4] Ames, Roger T. "The Mencian conception of Ren xing 人性: Does it mean 'human nature'?" in Chinese Texts and Philosophical Contexts: Essays dedicated to Angus C. Graham, edited by Henry Rosemont, Jr., La Salle, Illinois: Open Court, 1991. p. 158.
[5] Shun, Kwong-loi, "Mencius on Jen-Hsing," in Philosophy East & West, Vol. 47, No. 1, January 1997, p. 1, 10.
Shun, Kwong-loi, Mencius and Early Chinese Thoughts, Standford, California: Standford University Press, 1997. p. 180.
[6] Schwartz, Benjamin I. The World of Thought in Ancient China, Cambridge, Mass. & London, England: The Belknap Press of Harvard University Press, 1985. p. 175.

李景林称之为"生生不已的存在之展开"①,张祥龙称其为"天然趋向"②,江文思称之为开放的动态过程。这是对"性"字比较特别的一种解释。本文把这一类人性概念称为"生长特性"。

需要指出,把"性"理解为生命动态成长过程的特性,是符合"性"字的本义的。因为"性"字从"生","生"作为名词,指"生命";作为动词,指"生长"。在前一种情况下,"性"指生命的属性;在后一种情况下,"性"可指生长的特性。与过去人们从静态立场解释"性"之义不同,所谓"生长特性"是一种对生命总体成长规律的理解。这种规律是先天地决定的,当然也是生命的特性,故也可称"性"。唐君毅举例说,"一物生,则生自有所向,即有性"③。比如草木生长的特性之一就是能开花结果,纵使我们事先不知道,也不能说它没有此性。唐君毅的解读方式,正是把"性"字所从之"生"作动词用,于是"性"可解读为生存、生长之特性。下面我们来比较一下这两种人性观:

静态人性观	动态人性观
以生为名词,指生命	以生为动词,指生长
静态存在的属性	生长过程的特性
如食、色、安佚、四端之类	如山有生木之性、水有就下之性、草木有开花结果之性、心有向善之情、人有趋善之势

然而王夫之、张岱年都不曾使用这一人性概念来解释孟子的性善论。最早从这一动态性概念出发理解孟子性善论的可能是清代学者陈确,葛瑞汉、唐君毅可能是最早使用动态人性观来解释孟子性善论的现代学者。他们的观点,得到了安乐哲、江文思等西方学者,以及傅佩荣、李景林、张祥龙等中国学者的

---

① 李景林:《教养的本原:哲学突破期的儒家心性论》,北京师范大学出版社,2009,第8页。
② 张祥龙:《先秦儒家哲学九讲:从〈春秋〉到荀子》,广西师范大学出版社,2010,第237页。
③ 唐君毅:《中国哲学原论 原性篇——中国哲学中人性思想之发展》,第10页。

呼应。不过，唐君毅在具体解释孟子性善论时，主要还是从"心善"的角度来解读。① 尽管他也确实从"生长方向、特征、潜能"的角度把性善论解释为"趋向于或向往于仁义等"，"人心之趋向与向往其道德理想"，即所谓"趋向之性"，但他更认为"孟子乃即心之生，以言心之性之善"。②所谓"心之生"，他是指心见孺子入井即生恻隐之类，故又谓之"心之直接感应"。可以说，唐的说法前后并不一致，从生长特性解释孟子性善论并不是他的主要目的。陈大齐③、史华兹④也是如此。真正从"趋向之性"出发认真解释孟子性善论的是傅佩荣、信广来、张祥龙等人。下面逐一讨论。

（一）葛瑞汉

我们先来看看葛瑞汉。葛瑞汉虽认为先秦诸子的"性"概念指"生命之恰当的成长过程"（its proper course of development during its process of *sheng*），但他在解释孟子性善论的立论基础时，主要从大小体之说入手，认为孟子发现了人性的两个方面，即感官的倾向和道德的倾向。道德倾向与感官倾向（appetites, natural or physical inclinations）有时未必冲突，但有时会相互冲突。冲突时该怎么办呢？孟子不可能不知道人性的内在复杂性和矛盾性，他认为人需要把这些不同的倾向放在一起，作为一个整体来面对，作出正确的取舍，这才是合乎人性的（accord with our nature）。⑤ 其中人性的道德含义是大体，感性欲望是小体。既然二者都属于人性，当大体与小体不可兼得时，当然是选择大体。葛瑞汉的解释预设了道德属性高于感官属性，特别是二者相互冲突时。

细析可知，葛瑞汉的作为动态过程的"性"概念，主要是想说明，万物都有自身的潜能，而尽性代表将其潜能充分实现的过程。他说，"我们可以根据自己的意愿把'性'理解为趋势、方向、途径、规范或潜能"，理解为"事物

---

① 唐君毅：《中国哲学原论 原性篇——中国哲学中人性思想之发展》，第20—32页。
② 唐君毅：《中国哲学原论 原性篇——中国哲学中人性思想之发展》，第30、515页。
③ 陈大齐：《孟子性善说与荀子性恶说之比较研究》，台湾文物供应社，1953，第19—21页。
④ Schwartz, Benjamin I. *The World of Thought in Ancient China*, pp. 173-185.
⑤ Graham, A. C., "The Background of the Mencian Theory of Human Nature," in *Studies in Chinese Philosophy and Philosophical Literature*, p. 10, 40.

在不受伤害且营养充足的情况下自发的、充分实现潜能的成长","认识人性就是充分地认识人的构成中的全部潜能,无论是寿命方面的还是道德方面的"。①这可以解释他为什么从大小体关系来解释性善论的根据,即大小体都代表人性的潜能,有时不得不舍小取大。

葛瑞汉的这一理解与孟子的本义有悖。因为孟子非但没有强调感官属性与道德属性相互冲突,恰恰相反,从其"形色天性也"、"践形"、睟面盎背、"四体不言而喻"(《尽心上》,下引《孟子》只注篇名),通过心"养吾浩然之气"(《公孙丑上》)等言论,完全可以看出,他认为这两种属性不仅可以相互一致,并且真正合乎人性的理想恰恰是二者高度的统一。关于这一点,唐君毅先生曾专门论证。②而且孟子在与齐宣王的交流中,曾建议国君与民同欲、同乐,可见他的出发点不是要人放弃感官情欲,而是承认它们为人性内容。正如刘殿爵所说,在孟子看来,人是一个完整有机的总体(an organic whole);在这一总体中,各部分之间构成某种复杂的结构;其中虽然有的部分高级、有的部分低级,但是那些对各部分关系处理得当的人,则会让各部分都得到完满的发展,所以才会睟面盎背、施于四体,惟圣人为能践形。③总之,处理得当的人,也会同时兼顾到那些低级的感官需要,让人这个有机的总体各部分得以和谐、全面发展。

事实上,葛瑞汉强调先秦人性概念作为一种生存方式或动态过程,主要是为了破除欧洲人性论的本质主义,而在具体讨论孟子的人性论时,他的动态人性观重在强调人性需要在成长过程中实现其道德的潜能,为此有时不得不付出情欲方面的代价。葛瑞汉并没有认识到:对于孟子来说,人们为善并不是因为道德高于情欲,而是由于为善有利于生命总体朝着更加健全的方向成长。而所谓"健全",是指生命力从总体上更有活力,即所谓"不知足之蹈之手之舞

---

① Graham, A. C., "The Background of the Mencian Theory of Human Nature," in *Studies in Chinese Philosophy and Philosophical Literature*, p. 8, 42.
② 唐君毅:《中国哲学原论 原性篇——中国哲学中人性思想之发展》,第 21—24 页。
③ Lau, D. C. "Introduction", in D. C. Lau, trans., *Mencius*, translated with an introduction by D. C. Lau, London: Penguin Books, 1970, p16.

之"(《离娄上》)、"生则恶可已也"(《离娄上》)、"其为气也……则塞于天地之间"(《公孙丑上》)、"四体不言而喻"(《尽心上》)、"践形"(《尽心上》)等一系列同时融会了感官和精神因素的生命生机盎然的理想,而不需要让感官或生理属性完全被牺牲。须知人的生理属性也是多重多样的,局部生理上的满足未必有利于总体生理上的健康。如果尊重生命作为一个总体的成长法则,则局部感官需要的放弃,可能从总体上更有利于生命的健康成长,其中包括整体生理机体的健康。葛瑞汉从大小体相互冲突的角度来理解性善论的基础,实际上还是把"善"当作一种静态的属性特别是先天的潜能来对待,人们为善只不过是为了把这种潜能挖掘出来,不要浪费了它。而其实孟子的本义却是,为善并不仅是为了挖掘潜能,不使之浪费,还是实现生命健康发展的必要。葛瑞汉诚然也提及,遵循道德更符合生命总体需要,[1]但从来没有把"性"理解为生命健全成长的法则。下面我要说明,对孟子而言,这条法则可能才是理解性善论的最重要线索。

(二)安乐哲

安乐哲(Roger Ames)、江文思(James Behuniak Jr.)对葛瑞汉的观点作了进一步发挥,不仅将孟子的人性概念解读为动态的过程,还强调"性"在孟子处指一种完全开放、没有任何预设的成长过程,从而几乎否定了孟子的"性"的先天含义。安乐哲强烈地表达出来的基本观点是,孟子的人性概念并不指某种先天地、一次性被给定的普遍本质,而是在历史—文化环境中不断变化和创造着的,也正是这个原因使它不能用西方语言中的 human nature 来理解。西方的 human nature 是一种起始心理状态,代表一种内在、普遍而客观的人的概念;而汉语中的"性"则是一种历史地、文化地、社会地呈现出来的人的概念。他说:

> 在古典儒家中,一个人的人性(one's humanity)绝非是前文化的(precultural),而显而易见地是一种文化创造。换言之,"性"决不仅仅是

---

[1] Graham, A. C., "The Background of the Mencian Theory of Human Nature," in *Studies in Chinese Philosophy and Philosophical Literature*, pp. 39-40.

一个起指示作用的标签,而需要从文化学的角度出发,把它作为在共同体中塑造或形成的东西来解释。①

这与孟子本人的用法明显矛盾。华霭仁曾通过一系列原始文献的引用来反驳安乐哲的这一看法,说明孟子的"人性"作为人的普遍属性,虽实现于动态过程,但也来自天命;安乐哲主张孟子的人性概念完全是一种规范性力量,其先天特征并不重要,这是对葛瑞汉的片面解读,后者并未否认人性的先天特征。安乐哲认为在孟子那里,"天命"只是生命的基础条件(basic conditions),真正重要的是后天的发展过程。华霭仁认为这一看法有问题,因为孟子的"性"是"天之所命",决不仅仅是基础条件那么简单。②

本文认为华霭仁对安乐哲(从观点看也包括对江文思,尽管她未提及后者)的批评,是可以接受的。安乐哲、江文思所理解的孟子的性概念,虽有动态含义,却与本文所讲的"生存方式或成长法则"有别。在本文中,一物的恰当生存方式或健全成长法则均是先天决定的,不是事物后天能突破或拒绝的。比如一种草木按照什么样的规律开花、结果,这是先天地决定好的,是由该草木的生理特征所预先决定的。

(三)傅佩荣

傅佩荣在一系列论著中表示,孟子不可能幼稚地认为人性因为有善端就是善的,所以孟子从未提倡过"性本善"。孟子的实际意思是,人心有向善的动力或萌芽,只要顺着这一动力或萌芽的要求去做,自然会实现善。"心就是'不断发出要求的动力状态',也就是显示为人性向善的'向'字……依此了解的本性是什么呢?是向善。如果追问这种向善的本性之根源,则答案是

---

① Ames, Roger T. "The Mencian conception of Ren xing 人性: Does it mean 'human nature'?" in *Chinese Texts and Philosophical Contexts: Essays dedicated to Angus C. Graham*, edited by Henry Rosemont, Jr., La Salle, p. 143.

② Bloom, Irene, 1994. "Mencian arguments on human nature (jen-hsing)," in *Philosophy East & West*, vol. 44, no. 1, January 1994, pp. 19-53.
Bloom, Irene, 1997. "Human nature and biological nature in Mencius," in *Philosophy East and West*, Vol. 47, No. 1, January 1997, pp. 21-32.

'天'。换言之，是天给了人向善之本性。"①

傅佩荣的向善说有两个主要内涵：一方面指生命天生具有善端。他说，"一个人只有善的萌芽或开始，有了内在的向善力量作为基础，然后将它实现出来，才叫做真正的善"②另一方面指生命成长的自然趋向。人只要顺应其善端，即可为善，所以向善说是一种可善说。

然而向善说不是没有问题的。首先，如果是指人有善端的话，和过去人们一贯主张的心善说并无本质差别。因为徐复观③、唐君毅④等人认为孟子以心善说性善，所谓心善就是指人心中有善端（"四端"），他们提出的心善说已包含善端说。傅佩荣本人也同意心善说。⑤

考虑善端说与动态人性观还有所别，我们来看看向善说的另一内涵，即自然趋向说。傅佩荣释"乃若其情"（《告子上》）之"若"为"顺"，⑥以此说明人性向善是指顺应人性之自然，即顺其常性。就好比牛山只要不受人为伤害就自然能长出树木一样，"我反复强调人性就是：只要给他机会，一个人就能够变得真诚，并且真诚地去行善，这不就是'向善'吗?"⑦这一对性善论的理解方式，目前也为张祥龙所认可。不过张祥龙认为，孟子虽从"天然趋向"为性善论立论，但在理论上很难站得住脚。⑧张对自然趋向说的批评，恰好构成了对傅说的批评。同时更重要的是，所谓的"自然趋向说"在《孟子》中是否存在，我认为值得怀疑。

（四）信广来

信广来（Kwong-loi Shun）在其有关先秦性概念的讨论中，曾举出《尚书》

---

① 傅佩荣：《人性向善——傅佩荣谈孟子》，东方出版社，2012，第346页。
② 傅佩荣：《人性向善——傅佩荣谈孟子》，自序。
③ 徐复观：《中国人性论史·先秦篇》，台湾商务印书馆，1978，第163—174页。
④ 唐君毅：《中国哲学原论 原性篇——中国哲学中人性思想之发展》，第22、30页。
⑤ 傅佩荣在《儒家哲学新论》中强调孟子"人之性善在于人之心善"，"我们将设法指出：孟子的'性善论'其实是一种'心善论'"。（傅佩荣：《儒家哲学新论》，中华书局，2010，第57、55页）
⑥ 傅佩荣：《人性向善——傅佩荣谈孟子》，第299页。
⑦ 傅佩荣：《人性向善——傅佩荣谈孟子》，第304页。
⑧ 张祥龙：《先秦儒家哲学九讲：从〈春秋〉到荀子》，第246—251页。

《诗经》《左传》《国语》《吕氏春秋》中有关的材料来证明早期性概念主要指"某物一生成长之方向"（a thing's direction of growth over its lifetime），"生存的欲望和需要"，"典型的趋势或倾向"（its characteristic tendencies or inclinations）。他总结道，"在所有这些情况下，'性'都有一种动态内涵，指的并非固定的性质，而是成长方向、欲望或其他趋势。也许在早期文献中，'性'字一般都确实具有动态的含义"①。在讨论孟子的性概念时，他通过对"君子所性"（《尽心上》）、"尧舜性之也"（《尽心上》）、"尧舜性者也"（《尽心下》）三章的讨论，提出作为动词的"性"字指"通过修身把某物变成自己的一部分"，并说这与先秦性概念的动态含义有关。② 其中"某物"指仁义之类。他也说这一解释接近于安乐哲的说法。这一解释有把"性"理解为后天属性即英文中 second nature（第二性）的嫌疑，与孟子所反对的仁义外在说相近。按照这一说法，"性之"就是"实践……使之成为性"，也即仁义变成"外铄"了。与此同时，他又将孟子的性善论解释为"心向善"，可以说是徐复观的"心善说"与傅佩荣的"向善说"的综合。他说：

> 如果我们同意，孟子认为性由人心的道德禀赋所潜含的发展方向构成，那么宣称"性善"就等于肯定这一发展方向是趋向善的。③
>
> 所谓人可以为善，孟子指的是人的禀赋中有某种情感结构，这种结构趋向于善，借助于它人们就能为善。按照孟子的说法，这就是他所谓的"性善"。④

在此，信广来将"性"的动态性含义主要理解为人心具有道德禀赋（moral predispositions），因而具有一定的方向性或趋势，实际上就是四端所具有的趋向性。正因为他主张的方向性主要指"心"的指向性，所以他批评了傅佩荣

---

① Shun, Kwong-loi, *Mencius and Early Chinese Thoughts*, p. 39.
② Shun, Kwong-loi, *Mencius and Early Chinese Thoughts*, p. 180, 39, 181.
③ Shun, Kwong-loi, *Mencius and Early Chinese Thoughts*, p. 210.
④ Shun, Kwong-loi, *Mencius and Early Chinese Thoughts*, pp. 219-220.

将心本善与心向善对立起来，因为心向善以心本善为基础；性本善即可指性有善端，而不一定指性已充分地善（fully good）。① 由此可知，信广来在用动态性概念来解释性善论时将性的动态含义限制为"心的方向性、趋向性"（在道德意义上），这与本文下面所使用的动态性概念迥然不同。

（五）张祥龙

张祥龙认为，"'性'是中国古人首先用来表达有生命的存在者，特别是人的天生禀赋、天然倾向的这么一个字"②。所谓"天然趋向"，张的解释是"让它处于适宜的天然匹配的条件和环境中，那么这些趋向就会自然地实现出来"，即"无人为干涉、自然发展"。他以此来讨论孟子性善论的立论基础，认为孟子"主张性善是一种天然的趋向，如果让人得到正常的生存和发展，善就会体现出来"，即"苟得其养，无物不长；苟失其养，无物不消"（《告子上》）。但是他认为这是孟子性善论理据中最弱的一个，举出了大量例证有力地说明，究竟什么才是生命的天然趋向，它没有标准可言，可包含完全相反的情形，基本上无法界定。③

然而更大的问题还在于，《孟子》是不是真的用自然趋向来论证过性善论？张祥龙和傅佩荣一样，举出自然趋向说在《孟子》中存在的两个证据：一是孟子说"乃若其情则可以为善矣，乃所谓善也"（《告子上》），他认为"乃若其情"指顺着天生的四端之情往下走即可为善；二是孟子关于牛山之木的讨论。正如张著指出的，"自然趋向"的发展主要靠"得其养"，即在没有受到不应有的虐待的情况下自然出现的生长状况（傅没有借用"得其养"的说法，但也是这个意思），因而主要依赖于适宜的外在环境包括个人努力来实现。换言之，"自然趋向"，包括傅佩荣所谓"内在的向善力量"和信广来所谓"心的方向性"本身是脆弱的。"一个人得到内外环境的滋养，就会向善，才能论证人性本善"，如此论证性善未免牵强。因为环境影响究竟有多大，随解释而变化，

---

① Shun, Kwong-loi, *Mencius and Early Chinese Thoughts*, p. 212.
② 张祥龙：《先秦儒家哲学九讲：从〈春秋〉到荀子》，第237页。
③ 张祥龙：《先秦儒家哲学九讲：从〈春秋〉到荀子》，第243—251页。

这样论证性善，"你怎么讲都行，总能解释，所以实际上也就什么都没解释"。①

从张著对孟子之"性"作为"天然趋向"的界定方式，也确实容易得出它作为性善论的理据很弱的结论来，故张祥龙对此说的批评也构成对傅说的批评，但更大的问题还在于孟子可能并无此思想。我在下面将要论证，傅、张所说的"天然趋向"，作为在动态环境下呈现出来的生长趋势，可以换个角度来解释，即解释为"天然决定的恰当生存方式或成长法则"，这个法则就是：为善可使生命变得辉煌灿烂。生命既然遵循此法则，故可作为性善的一个积极理由（但是否充足则是另一码事）。

（六）李景林

本文将性的动态含义解释为生长特性，具体表现为恰当的生存方式，或健全成长的法则，并从这一角度来讨论孟子性善论的理解问题，在这一问题上，李景林的思路显得比诸位学者更接近于本人。应该说，李景林非常深刻地论证了人性作为一种成长法则与性善论的关系问题。他利用《易·系辞上》"一阴一阳之谓道。继之者善也，成之者性也"及"成性存在，道义之门"来论孔孟性概念，指出：

> "成之者性"，即着眼于过程性、活动性以显性之本真意义。在动态的、历时性的展开、生成中显现其整体性内涵，以确立人的存在的形上基础，这是孔、孟理解人、人性的方式。②
>
> 孔孟凡论"性"，皆从"成性"、"生成"的过程上着眼。③

对于孟子性善论的内涵，他认为其"最根本的观念是伦理道德的规定内在于人的形色实存之性"，因为孟子所谓"根于心"的"仁义礼智"决不是"一

---

① 张祥龙：《先秦儒家哲学九讲：从〈春秋〉到荀子》，第246—251页。
② 李景林：《教养的本原：哲学突破期的儒家心性论》，第7页。
③ 李景林：《教养的本原：哲学突破期的儒家心性论》，第8页。

个和所谓人的'生物本性'无关的道德性;……相反,正是因为孟子把'君子所性'的'仁义礼智'看作人的形色自然实存之内在、本有的规定,才导致了他的'性善'的结论"。①我想他的意思是,孟子认为人性是一完整生成过程,而不是一个固定现成的实体,它要在性与天道相贯的动态过程中方能实现自身,这个过程会通过生理的属性自然而然地展现善,所以有性善论。

李的观点很精彩,但还没有进一步触及:孟子的上述人性观其实来源于同时代的一种人性概念,即把"性"理解为恰当的生存方式或健全成长法则。他强调的是孔孟人性观的独特特点和规范性含义,力图彰显孔孟人性论区别于其他人性论的内在理路,但似乎未触及,孟子的说法只是由于他发现了生命成长的一条普遍法则:为善有利于生命健康成长。不点明这一点就无法揭示孟子人性论与先秦其他人性论(如道家人性论)的内在关联和区别。本文将说明,孟子所发现的成长法则或生存方式意义上的人性观,也一直持续存在于现代人日常具有的人性观中,因而有助于说明性善论的现代意义。孟子的人性论不是凭空产生的,而是其时代人性思潮的产儿;孟子的人性观不是儒家道统内的自说自话,而是包含着某种可以适用于任何一个人的普遍法则,直到今天也未过时。因此,本文对李景林的超越从下述问题开始:孟子的"性"概念与先秦时期人们共同接受的性概念有何关系?性善论是否包含对某种人性成长的普遍法则的发现?从今天的角度看,是否还有一个可以普遍适用的法则?本文试图说明,其实孟子的人性概念可以从更广阔的先秦人性概念,尤其是道家人性概念中得到理解,李景林提出作为"存在之生生不已的展开过程"的人性概念,乃是基于对生命成长法则的一个发现。

本文接下来先从文献入手证明,如果我们把前述动态人性观解释为先天决定的恰当生存方式或健全成长法则,可以发现这一性概念在先秦秦汉时期即已存在,然后尝试从这一角度来分析孟子的性善论。

---

① 李景林:《教养的本原:哲学突破期的儒家心性论》,第 221—222 页。

二、道家性概念

在前面的讨论中，我们说明了前人的动态人性观及其问题，并由此提出一种新的动态人性观："性"指恰当的生存方式或健全成长的法则。这一人性观，我们认为在前人的讨论中，尚未引起充分重视。

下面我们以《庄子》《淮南子》等为例来说明"性"字的这一含义在早期道家或近道家文献中的表现。先看《庄子》：

> 彼民有常性，织而衣，耕而食，是谓同德；一而不党，命曰天放。（《马蹄》）

民之常性，就是民的生存方式。这是针对人，《马蹄》中还有针对动植物的例子：

> 马，蹄可以践霜雪，毛可以御风寒。龁草饮水，翘足而陆，此马之真性也。虽有义台路寝，无所用之。及至伯乐，曰："我善治马。"烧之，剔之，刻之，雒之，连之以羁馽，编之以皁栈，马之死者十二三矣；饥之，渴之，驰之，骤之，整之，齐之，前有橛饰之患，而后有鞭笑之威，而马之死者已过半矣。
>
> 陶者曰："我善治埴，圆者中规，方者中矩。"匠人曰："我善治木，曲者中钩，直者应绳。"夫埴木之性，岂欲中规矩钩绳哉？

这里，将马和树（埴木）的本性理解为其正常的或健全的生存方式再妥当不过了。诚如作者所说，"夫马，陆居则食草饮水，喜则交颈相靡，怒则分背相踶，马知已此矣。夫加之以衡扼，齐之以月题，而马知介倪、闉扼、鸷曼、诡衔、窃辔。故马之知而态至盗者，伯乐之罪也"。伯乐对马的伤害并不仅仅在于局部的生理机能，而是对马的生存方式的颠覆。因此，"性"字之义不当理解为生理属性，而是生存方式。

> 老聃曰："请问，仁义，人之性邪？"孔子曰："然。君子不仁则不成，不义则不生。仁义，真人之性也，又将奚为矣？"……老聃曰："……则天地固有常矣，日月固有明矣，星辰固有列矣，禽兽固有群矣，树木固有立矣。夫子亦放德而行，循道而趋，已至矣。又何偈偈乎揭仁义，若击鼓而求亡子焉？意，夫子乱人之性也！"（《天道》）

上文中，孔子说仁义为"人之性"的理由之一是"不义则不生"。"不生"就是不能健全生存，所以"性"有生存方式之义。所谓"仁义为人之性"，就是指"仁义合乎人的恰当生存方式"，也可以说"符合生命健全成长的法则"。另外，日月有明、星辰成列、禽兽成群、树木有立，都不简单地是自然属性，而有生存方式之义，皆属于"天地之常"。《庄子》又认为，人们贪图名利，追逐仁义，都属于伤性、损性、易性。（《骈拇》）为什么这样说呢？因为违背了生之常然。这个"常然"我认为当指正常的生存方式，也可理解为健全成长的法则。先看《庄子》：

> 且夫待钩绳规矩而正者，是削其性者也；待绳约胶漆而固者，是侵其德者也；屈折礼乐，呴俞仁义，以慰天下之心者，此失其常然也。天下有常然。常然者，曲者不以钩，直者不以绳，圆者不以规，方者不以矩，附离不以胶漆，约束不以纆索。（《骈拇》）

在上段中，如果把"性"理解为生理属性，似乎不如理解为正常的生存方式更通顺。就树木而言，将"削其性"的"性"理解为生理属性未尝不可通；但对人而言，"呴俞仁义"为失其常然，当然不限于指生理属性受伤害，而是指不能健全成长，或正常的生存方式不复存在。所谓"曲者不以钩""圆者不以规"之类，就是指事物皆有自身合适的生存或存在方式。《骈拇》批评"属其性"于仁义、五味、五声、五色，皆非"性命之情"，即有此义。

《淮南子》同样有不少以生存方式或成长法则为性的例子：

> 夫萍树根于水，木树根于土，鸟排虚而飞，兽蹠实而走，蛟龙水居，虎豹山处，天地之性也。（《原道训》）

上段中，若将"性"理解为生理属性似亦可通，但若理解为成长方式显然更顺，特别是"虎豹山处"一句。

> 今夫徙树者，失其阴阳之性，则莫不枯槁。故橘树之江北，则化而为枳；鸲鹆不过济，貉渡汶而死；形性不可易，势居不可移也。（《原道训》）

"形性不可易"若理解为成长方式比生理属性更顺。"阴阳之性"，当指万物阴阳两面交替互动的方式，由此体现了万物的成长方式。从"阴阳之性"术语看，"形性"之性更应当理解为成长方式。

> 广厦阔屋，连闼通房，人之所安也，鸟入之而忧。高山险阻，深林丛薄，虎豹之所乐也，人入之而畏。……形殊性诡，所以为乐者，乃所以为哀；所以为安者，乃所以为危也。（《齐俗训》）

此处"性"可理解为生理属性，但也暗含着由生理属性决定的动物生存方式。①

---

① 葛瑞汉讨论到的先秦秦汉其他文献如《左传》《吕氏春秋》《淮南子》及《庄子》中的动态人性概念，多不能用来说明本文作为成长法则的人性概念，故本文不从。（Graham, A.C., "The Background of the Mencian Theory of Human Nature," in *Studies in Chinese Philosophy and Philosophical Literature*, pp. 9-17.）

三、孟子性概念

葛瑞汉强调，孟子性善论是在对同时代杨朱学派及道家思想的论战中提出来的。① 如果说道家对性作为生存方式或成长法则的发现，是基于对养生之道的重视，那么，孟子对性作为生存方式或成长法则的发现，则是基于对道德基础的探索。孟子发现，为善可使生命辉煌灿烂，也就是合乎生命健全成长的法则，或者说符合人的恰当生存方式。

前述葛瑞汉、信广来、安乐哲、江文思、傅佩荣、张祥龙等人已注意到孟子之性作为动态过程之义，但是抛开其解释中存在的种种问题不说，他们似乎没有明确地从性作为恰当生存方式或健全成长的法则的角度来理解孟子的性善论。本文重点论述孟子在成长法则或恰当生存方式意义上的动态人性观。下面我们从《孟子》原文找出如下材料，试图说明其中包含对生命成长法则的发现。我们并不是说"生存方式或成长法则"是孟子"性"概念的唯一含义（本文并不否认孟子的"性"概念有多重含义）。

（一）杞柳

> 告子曰："性，犹杞柳也；义，犹桮棬也。以人性为仁义，犹以杞柳为桮棬。"孟子曰："子能顺杞柳之性而以为桮棬乎？将戕贼杞柳而后以为桮棬也？如将戕贼杞柳而以为桮棬，则亦将戕贼人以为仁义与？率天下之人而祸仁义者，必子之言夫！"（《告子上》）

什么叫"顺杞柳之性"？什么叫逆杞柳之性？以杞柳为桮棬就是逆其性，让其自然成长是顺其性。然而以杞柳为桮棬必须顺其物理属性，所以"性"不是指物理属性。如果把"性"理解为生理属性，做桮棬当然也是逆性；但是当

---

① Graham, A. C., "The Background of the Mencian Theory of Human Nature," in *Studies in Chinese Philosophy and Philosophical Literature*, pp. 7–66.

性指生理属性时，通常是对事物局部的而不是总体的描述，比如食、色、安佚之类。事实上，做桮棬不仅是对杞柳生理属性的局部破坏，更是对杞柳生长方式的总体破坏。所以，"杞柳之性"中的"性"可以指生理属性，但理解为恰当生存方式或成长法则更顺当。

（二）湍水

告子曰："性，犹湍水也，决诸东方则东流，决诸西方则西流。人性之无分于善不善也，犹水之无分于东西也。"孟子曰："水信无分于东西，无分于上下乎？人性之善也，犹水之就下也。人无有不善，水无有不下。今夫水，搏而跃之，可使过颡；激而行之，可使在山。是岂水之性哉？其势则然也。人之可使为不善，其性亦犹是也。"（《告子上》）

此段以"人性之善"比喻"水之就下"，"就下"乃就水之运动变化法则言。此一法则在告子所列湍水"决诸东方则东流""决诸西方则西流"两例中亦同样体现了。因此，水之性不是指水流向何方，而是无论流向何方，都遵从"就下"这一规律。这也是人性的特征。人性之善，不是指人性一定会走向善，而是指人性成长的法则体现了善。

（三）其情

孟子曰："乃若其情则可以为善矣，乃所谓善也。若夫为不善，非才之罪也。恻隐之心，人皆有之；羞恶之心，人皆有之；恭敬之心，人皆有之；是非之心，人皆有之。恻隐之心，仁也；羞恶之心，义也；恭敬之心，礼也；是非之心，智也。仁义礼智，非由外铄我也，我固有之也，弗思耳矣。故曰：求则得之，舍则失之。或相倍蓰而无算者，不能尽其才者也。《诗》曰：'天生蒸民，有物有则。民之秉彝，好是懿德。'孔子曰：'为此诗者，其知道乎！故有物必有则，民之秉彝也，故好是懿德。'"（《告子上》）

此处的"仁义礼智我固有之",常被理解为孟子以心善喻性善的主要证据之一(徐复观等),结果导致性善论被攻击为知其一不知其二的一偏之见(王安石、司马光等)。殊不知,此处明明以"能为善"("为"做动词,指做)说"性善",不是以四心说性善;以"尽其才"说性善,而不是以四心早有说性善。从上下文看,"乃若其情","情"读为"实",① 则指如其实情。实情可读为人心生长的规律。下面"求则得之,舍则失之"亦是讲人心生长的规律,这与后面"有物必有则"的"则"相应。同时,两次使用的"才",亦喻生命生长的潜力;"非才之罪""不能尽其才"指生命成长的潜力未充分呈现。若"才"为静态存在,"尽其才"则为动态过程,喻生命总体的成长过程。

此处暗示,人的生命若能如其自然地成长,充分彰显潜力,仁义礼智四心会不断生长出来(宛如山木不被斧斤就会不断生长)。人在成长中能不断显露四心,顺之则会为善,此乃我所谓性善。为不善,乃未顺其成长规律。注意"为"两次出现,皆为动词,"则可以为善矣"与"若夫为不善",为善与为不善,均体现出生长的效果。显然,顺其实情(成长法则)即可为善,不顺实情则为不善。因此,"我固有之",不是指四端早已存于我心,而是指四心能不断显露,故为我牢牢据有。《说文》曰:"固,四塞也。""固"进一步训为"坚实",如《公孙丑下》"固国不以山溪之险",《论语·学而》"学则不固"。总之,"固有"不指原来就有,而指有之坚实。如"固有"指早已具有,何以后面又说"舍则失之"(《告子上》)?此心我可以随时"得之"或"失之",然我欲得则必得,可见我之所固有(坚有)之。

结合《公孙丑上》以"孺子入井"论"人皆有不忍人之心",显然仁、义、礼、智四心皆指"心之生"而言(唐君毅);《尽心上》讲"仁义礼智根于心",并不是指心中原有,而是指从心上生出后,导致"生色""施于四体"的一连串过程;"根于心",不指如根存埋于心中,而指以心为根而生,如牛山

---

① 参见戴震:《孟子字义疏证》,何文光整理,中华书局,1982,第41页;牟宗三:《圆善论》,台湾学生书局,1985,第23页;陈大齐:《孟子待解录》,赵林校注,华东师范大学出版社,2012,第7—8页。陈的论证尤为有力。

上的萌蘖因以山为根而不断长出（《告子上》），萌蘖并非早就存埋于根下。故"仁义礼智我固有之"就是"仁义礼智根于心"，都是动态过程。

注意本文有好几个动词，"乃若其情"的"若"（顺），"为善""为不善"的"为"，"我固有之"的"有"，"求则得之"的"求"，"尽其才"的"尽"，"好是懿德"的"好"……均指向生命成长过程中人的作为或表现。人要在此作为中理解、顺应生命成长的法则，让生命的自然潜力充分发挥出来，就会为善。"乃所谓善"是针对"可以为善"而言，非指已然为善；性善非仅指人有此潜能，而喻为善合乎生命成长的自然规律。人们自然地会好懿德，而恶不仁，虽极恶之人亦如此，在此，生命成长的法则体现于"好"字上，而非体现在四心上。

"才"非形上的存在，与才质相连，此处极有深意。为善并不只是顺应了自然生长出来的四心，而是让生命总体——从精神到肉体，从物理到心理——充分地成长起来。"若其情"的"情"训为"实"，亦喻生命成长的总体实情，其中包含"尽其才"。因此，为善方可尽才，也就是说为善方可使生命充分地、健全地、全面地成长。为善符合生命健全成长的法则也。

现在我不把此章读为以心善释性善，而读为为善符合生命健全成长法则，其中包含：四心自然会生长，如山木一般；若顺此生长过程自然展开，则能尽其才，即实现生命总体健康成长。若有人问：四心自然生长，不善之心亦自然生长呀，怎么解释呢？孟子可能说，那样就不能尽其才呀！因此，有此四心是不够的，还要"好是懿德"，才合乎生命健全成长的法则。

（四）山木

孟子曰："牛山之木尝美矣。以其郊于大国也，斧斤伐之，可以为美乎？是其日夜之所息，雨露之所润，非无萌蘖之生焉，牛羊又从而牧之，是以若彼濯濯也。人见其濯濯也，以为未尝有材焉，此岂山之性也哉？虽存乎人者，岂无仁义之心哉？其所以放其良心者，亦犹斧斤之于木也。旦旦而伐之，可以为美乎？其日夜之所息，平旦之气，其好恶与人相近也者几希,则其旦昼之所为,有梏亡之矣。梏之反复,则其夜气不足以存。夜气不足以存,则其违禽兽不远矣。人见其禽兽也,而以为未尝有才焉者,是岂人之情也哉?故苟得其养,无物不长;苟失其养,无物不消。孔子曰:'操则存,舍则亡。出入无时,莫知其乡。'惟心之谓与!"(《告子上》)

此段历来被解释为人性本善,谓山之萌蘖喻良心之固有。此乃误读。孟子明明以山木喻良心("放其良心者,亦犹斧斤之于木"),人们对待良心犹如匠人对待山木。山木不是固有的,可以砍掉,良心也不是固有的,可以"梏亡"。"操则存,舍则亡,出入无时,莫知其乡"体现了良心生灭的方式,可见良心并不是如宋儒所谓的早已存在或先天存在的东西。

那么,所谓性善体现在哪里?注意这里以山之性比喻人之性,山能不断地长出萌蘖,人能不断地生出良心来。山之可贵在于山木被砍伐后仍不断生长,人性可贵在于良心梏亡后仍不断生长。所以这里不是在谈良心先天而有,正如萌蘖不是先天而有一样。这里是在谈论良心为什么总能在梏亡后又生出来。性之善体现在良心总能生长这一规律上,这不正是在谈生命成长的法则吗?安乐哲即曾注意到,此章以山之生长喻人之成长;不过他强调的是生长的无限开放性,而非所谓生长法则。①

本文"情""才"二字再度出现:"人见其禽兽也,而以为未尝有才焉者,是岂人之情也哉?"其中"情"明显当读为实情。何谓人之情?人之情,或曰人之实情,类似山之情。山之情即山之性。山之性、山之情就是山总能在山木被砍伐后长出萌蘖来,因此人之性、人之情就是人总能在良心梏亡后长出良心来。所以山之性、人之性皆喻成长法则。联系《告子上》"乃若其情则可以为善矣,乃所谓善也",我们对其中"乃若其情"之"情"更能理解。孟子实以

---

① Ames, Roger T. " The Mencian conception of Ren xing 人性: Does it mean 'human nature'?" in Chinese Texts and Philosophical Contexts: Essays dedicated to Angus C. Graham, edited by Henry Rosemont, Jr., La Salle, pp. 143-175.

情喻性，而这样做正是因为情代表生命成长的实情。

再看才。孟子同时提到了山之材和人之才，因此山之材与人之才相应。山之材好理解，是从材质言。人之才当然也是就才质言，接近于宋儒所谓"气质"，但并非与后者一样将气质与义理分割为二。《告子上》言"非才之罪"，"或相倍蓰而无算者，不能尽其才者也"，其中的才之义在此得到映证。"人见其濯濯也，以为未尝有材焉，此岂山之性也哉？"山之性是能长出萌蘗（即生出材），人之性是能长出良心（即仁义之心）。才与形、色相连，若结合下面《尽心上》两段引文，更可看出所谓"尽其才"之义。"尽其才""有才"都是指示生命整体的健康、茂盛、蓬勃、有生机与活力的成长，"尽"与"有"均指向动态过程，与主观努力有关，即"其生色也，睟然见于面、盎于背；施于四体"和"践形"之义。

性、情、才三者关系并非如汉以来所理解之义。性代表成长法则，情指生命成长的实情，成长法则正是由此实情体现，故情、性一体；才指生命通过躯体来呈现的总体面貌，接近于《乐记》所言、戴震称道的"血气心知之性"。①

此章"虽存乎人者，岂无仁义之心哉？"一句中，"存"是不是指仁义之心保存在人心之内？此处"存"不当指先天地存在，孟子应无后世先天、先验存在之思想。《说文》："存，恤问也。从子、才声。""存"做动词，有关心、存问之义，指示主观用心做某事，今人有"存心那样做"之语。《尽心上》"存其心"与"求放心"含义一致，"存"亦有主观用心之义。故《告子上》"存乎人者"的"存"，亦当指主观用心。只有这样读，才能与紧接着"其所以放其良心者"顺起来。如读"存乎人者"为"先天地保存于人"，就与下面"放其良心"矛盾。

《孟子》所谓内外之辨中的"内"，后人读为先天存在于内心，可能为误。《告子上》"仁内义外"，实指并非外在强加于人，而是自然而然地呈现出来。"吾弟则爱之……是以我为悦者也，故谓之内"（《告子上》），我自己喜欢他，

---

① 戴震：《孟子字义疏证》，第64页。

不是因别人要求而喜欢，故曰内。这里对"内"的定义很明显，是人自发地体现出来，不是被动地因人之求而为。联系《告子上》"仁义礼智，非由外铄我也，我固有之也"，"固有"之义已如前述，"外铄"就是指外部强加。故内、外之别很清楚。那么，孟子在《尽心上》所谓"不虑而知者，其良知也"该如何解释？所以"不虑而知"，正因为良知能自发生长。良知不虑而知，因为人心中能自然长出来，不是外部强加的。良心是内在的，但这是就后天的发生过程而言，不是就先天的存有而言。另外，此处并未以良知喻性善，故不一定要解释为因为良知本来就有所以性善，也可解释为因为良知能不断生长所以性善。

（五）生色

> 广土众民，君子欲之，所乐不存焉。中天下而立，定四海之民，君子乐之，所性不存焉。君子所性，虽大行不加焉，虽穷居不损焉，分定故也。君子所性，仁义礼智根于心；其生色也，睟然见于面、盎于背；施于四体，四体不言而喻。（《尽心上》）

学者们常以此章为孟子"以心善说性善"的一个证据，这是因为他们常常在"根于心"后加句号。但是事实上，"其生色也……四体不言而喻"紧承"根于心"之后，也是在形容"君子所性"，应当在"根于心""盎于背"后面皆加分号。这样一来，整段话提示我们，性善不限于指心善，而涉及生命总体健全成长的过程问题。如果说"根于心"是指道德属性，那么"面""背""体"的表现已上升到生理属性。"其生色也……施于四体……"一句，证明了一条法则：为善可以使生命辉煌灿烂；人的生命成长既遵循这一法则，所以性善绝非心善那么简单，而是包含生理机能健全发展的问题。如果联系"上下与天地同流，岂曰小补"（《尽心上》）理解，那么"分定"也可解释为先天决定的成长法则，其中既有道德含义，也有生理含义。所以"分定"不仅指"性"中有仁义礼智之端。

形、色，天性也，惟圣人然后可以践形。(《尽心上》)

这段表明孟子并不反对感官属性为性，不过比告子所说的"食色"更进了一步。如果联系《尽心上》上段引文，则"践形"即睟于面、盎于背、四体不言而喻。如果我们把孟子的"性善"理解为就是心善，就无法解释"践形"所标志的形、色与心的统一。

（六）则故

天下之言性也，则故而已矣。故者，以利为本。所恶于智者，为其凿也。如智者，若禹之行水也，则无恶于智矣。禹之行水也，行其所无事也。如智者亦行其所无事，则智亦大矣。天之高也，星辰之远也，苟求其故，千岁之日至，可坐而致也。(《离娄下》)

此句中的"故"，历来歧义极多。① 导致难解的原因有二：一是前面两个"故"与最后讲星辰的"故"是否同义；二是开头"天下言性"是不是针对凡人。赵岐以"故常"释"故"，含义类似"惯例"，今日常说的"规律"与此义近，本文讲成长法则，亦是成长规律之义。后世朱熹②、陆象山③、王夫

---

① 林桂榛讨论了黄彰健、林忆芝、裘锡圭、梁涛、徐圣心、田智忠和胡东海、陈迎年、李锐、徐克谦、任新民等多人的意见。（林桂榛：《〈孟子〉"天下之言性也章"辨正》，《孔子研究》2014年第4期，第66—77页）另参中国人民大学主办的《国学学刊》2014年第3期所载林桂榛、丁为祥等人的文章。葛瑞汉亦认为两个"故"的含义应是一致的。(Graham, A. C., "The Background of the Mencian Theory of Human Nature," in Studies in Chinese Philosophy and Philosophical Literature, pp.49-53.) 梁涛收录黄彰健、林忆芝、裘锡圭、梁涛、李锐等13位现代学者观点，同时汇集了赵岐、孙奭、二程、苏辙、朱熹、陆九渊、张栻、杨简、孙奕、许谦、孙慎行、刘宗周、王夫之、潘平格、毛奇龄、李光地、于鬯、焦循、俞樾、张文虎、康有为、裴学海等23位古代学人解释《孟子》此章的观点。
② 朱熹：《四书集注》，岳麓书社，1987，第426页。
③ 不过，陆象山视"故"与"性"对立，谓"言性者大抵据陈迹言之，实非知性之本"。此与本文之解相反。象山之释非常独特，尤其称"千岁之日至，可坐而致也"，"正是言不可坐而致，此明不可求其故也"，异于古今众家，似与上下文不合。（陆九渊：《陆九渊集》，钟哲点校，中华书局，1980，第415页）

之①、焦循②、康有为③以往事、旧迹、陈迹等训"故"。由往事知其则,则"故"与今日规律、法则义通。今人裘锡圭之文可为旁证。

赵岐以为三个"故"含义一致,首句无贬义:

> 言天下万物之情性,当顺其故,则利之也。改庚其性,则失其利矣。④
> 天虽高,星辰虽远,诚能推求其故常之行,千岁日至之日可坐知也。⑤

朱熹之说实与赵说相契合。朱子将"故"解释为"已然之迹","利"解释为"顺",即"语其自然之势也",并谓"事物之理莫非自然,顺而循之,则为大智"。⑥《语类》又称:"如故,有所以然之意","利顺者,从道理上顺发出来是也,是所谓善也","顺其所以然,则不失其本性矣","毕竟顺利底是善,逆行底是恶"。⑦因此,朱子认为言性之方在从求其生命之故常、故则,知其故常,顺而循之,则不失本性。循此,故、性含义一致,首句言性"则故"与尾句星辰"求故"含义一致,均体现了将性解释为事物后天成长中呈现的故常、惯例,今日亦可说规律、法则。

清人毛奇龄《四书賸言补》认为,首句"观语气,自指泛言性者……至'以利为本',然后断以己意"⑧;谓"是时俗尚智计","孟子言天下言性,不过智计耳。顾智亦何害,但当以通利不穿凿为主"。⑨顺此意,曰"孟子独于

---

① 王夫之:《读四书大全说》,载船山全书编辑委员会编《船山全书》第 6 册,岳麓书社,2011,第 1032—1033 页。
② 焦循:《孟子正义》(全二册),沈文倬点校,中华书局,1987,第 585 页。
③ 康有为:《孟子微》,楼宇烈整理,中华书局,1987,第 42 页。
④ 焦循:《孟子正义》,第 584 页。
⑤ 焦循:《孟子正义》,第 588 页。
⑥ 朱熹:《四书集注》,第 426—427 页。
⑦ 黎靖德编:《朱子语类》(全8册),王星贤点校,中华书局,1994,第 1354、1352 页。
⑧ 此意朱子亦指出过,称"凡人说性,只说到性之故,盖故却'以利为本'"(黎靖德编:《朱子语类》,第 1354 页)。不过这与《集注》说法不太一致,《集注》似将首句"天下之言性"说成君子所为(与赵注同),非凡人所为,谓"天下之言性者,但言其故而理自明,犹所谓善言天者必有验于人也"(朱熹:《四书集注》,第 426 页)。
⑨ 焦循:《孟子正义》,第 585 页。

故中指出利字"，并读"利"为《周易》"元亨利贞"之"利"，"利者义之和也"，"言于故事之中，审其能变化，则知其性之善"。所谓"于故事之中，审其能变化"，当指于事物变化中求其法则，从而知其利与不利，包含于嫁娶中"知有夫妇父子"，于饥食中"知有火化粒食是为利也"；故"非利不足以言故"，"不明其故之利，所以言性恶"；因此，"于故之中知其利，则人性之善可知矣"。① 所谓"明其故之利""于故之中知其利"，指在事物变化中知其规律、法则也（即赵岐所谓"故常"、下文裘锡圭所谓"常规"）。

近来，裘锡圭先生证明"故"可引申为成例、规范，我认为与上述规律、法则之义相通。首先，裘从《郭店简》及大量古书考证，得出先秦古文献中"故"的重要含义之一指"有为为之"，与《荀子》与性相对的"伪"相似，甚为有据。② "故"的本义是有意识的作为，故可引申为"事"或"故事"。所以，他指出，"故"的"有为也者"也引申为指"人们所遵循的成例、规范或制度"，见于《国语·鲁语上》《公羊传·昭公三十一年》《左传·定公十年》《礼记·曲礼下》；更有意思的是，引申为"成例、规范或制度"意义的"故"亦可以与"人为"无关，可指"原故、理由"或"道理、事理"。③ 他解释《孟子》针对星辰"苟求其故"句说：

> 我怀疑此章的"故"指星辰运行的常规，是当成例、规范一类意思讲

---

① 焦循：《孟子正义》，第 586 页。
② "故"作"有为为之""有为也者"之义（如今日"有意为之"之义），可理解《庄子·刻意》及《管子·心术上》中的"去智与故"，及《韩非子·解老》中的"饰智故"，今日汉语中有"故意"一词。方按：《说文》："故，使为之也。"段注："凡为之必有使之者，使之而为之，则成故事矣。引伸之为故旧。"（许慎：《说文解字》，中华书局，1988，第 123 页）可为裘说旁证。裘锡圭由此推测《孟子》"则故而已矣"之"故"当释为"人为的规范、准则"，说孟子批评时人"既把仁义看作规范、准则，就免不了……'往往以利害推说'，往往把义和利联系在一起"。但这一说法与后面求星辰之"故"的说法不太一致，他因此说"天之高也"一句文义也难明。（裘锡圭：《由郭店简〈性自命出〉的"室性者故也"说到〈孟子〉的"天下之言性也"章》，载梁涛编《出土文献与〈孟子〉'天下之言性'章》，人民出版社，2019，第 65、66 页）
③ 裘锡圭：《由郭店简〈性自命出〉的"室性者故也"说到〈孟子〉的"天下之言性也"章》，载梁涛编《出土文献与〈孟子〉'天下之言性'章》，第 59—61 页。

的"故"字的引申用法。"故"的引申用法，其意义可以与"人为"无关，例如"故"的原故、陈旧、固有等义，就往往如此。①

如裘言，"故"指与人为无关的成例、规范，《庄子·达生》"吾生于陵而安于陵，故也；长于水而安于水，性也"，《列子·黄帝》张湛注"故，犹素也"，皆其证。②古文常见的"故曰""故而""以故""因故"之"故"，表达的是事物之间的前后联系，即今日缘故之义，此义当为成例、规范基础上引申出来。前人之所为，后人之所据也（所谓习惯法）。

我以为，后面"求其故"可释为依其过去之迹求其变化法则，因此，这里比较明显地从动态法则或规律角度来理解"性"。而首句"天下之言性也，则故而已矣"，则可读为"天下人若能本着有利原则，效法生命成长的法则，则可以知性"，此即《尽心上》"尽心知性"。据此，则三个"故"均解释为陈迹、故事、故常是可行的，亦符合大禹治水"行其所无事"及本文反对智凿之旨。

此章理解的焦点之一在于："故"作为后天行为何以与先天之性相一致。只有从成长法则角度，才能将性的先天义与故的后天义统一起来。比如《庄子》中多将性理解为成长法则，故《达生》篇中性、故统一。而在其他地方，古人仅从"有为"之义使用"故"，故有"去智与故"（《庄子·刻意》）或"不设智故"（《淮南子·原道训》）之说，则性、故不统一。最后一句"苟求其故……"表明，"求其故"是值得肯定的褒义做法。如本文的"故"都作褒义解，则"性"针对物理现象而言可指变化法则，针对生命而言指成长法则。赵

---

① 裘锡圭：《由郭店简〈性自命出〉的"室性者故也"说到〈孟子〉的"天下之言性也"章》，载梁涛编《出土文献与〈孟子〉'天下之言性'章》，第66页。
② 郭象注此段曰："此章言人有偏能，得其所能而任之，则天下无难矣……何往而不通也！"（郭庆藩《庄子集释》方按："生而陵而安于陵，故也"，"故"可读为故地、素有之地，类似《中庸》"素富贵行乎富贵……无入而不自得焉"之义，言既生此地则安，然亦可读为动词，指"循其故"，即遵循山陵习性；"长于水而安于水，性也"，指既长于水乡，则因水而养成其性，故能安于水。"性"仍指人之天性，但是人在水方面的天性，亦可读为与人相处的恰当方式。"故"读作动词与下文"性"读作动词一致，契合上下文，不当读为名词。

岐、朱熹、王夫之、毛奇龄、焦循皆认为三个"故"含义一致,其所谓故迹、陈迹、故常,我认为可引申为今人所谓规律、法则(裴说可为旁证);以顺释利,或以通释利,就能将后天之故与先天之性打通,先天之性体现为后天成长之法则、规律,正是此法则体现了性善——为善合乎生命健全成长之法则,否则就将不"利"。同样针对物理现象的例子还有《告子上》第 2 章以"就下"为水之性,针对生命现象的例子有《告子上》第 8 章以"生木"为山之性。当然,像毛奇龄等许多人那样,将首句"则故而已矣"理解为针对流俗之人而言的泛言,亦可通,而"故"之义不变。

(七)悦乐

下面几段包含着孟子对于生命健全成长法则的发现。虽然这几段未使用"性"字,但间接揭示了孟子的动态人性观:

> 口之于味也,有同耆焉;耳之于声也,有同听焉;目之于色也,有同美焉。至于心,独无所同然乎?心之所同然者,何也?谓理也,义也。圣人先得我心之所同然耳。故理义之悦我心,犹刍豢之悦我口。(《告子上》)

这章通常也被作为孟子以心善释性善之据。然而,这章并不只讲心之善,还讲到了心之悦。这个"悦"与下面的"乐"(《离娄上》第 27 章、《尽心上》第 4 章)含义相通,都不是道德现象,而是生理现象或精神现象。如果说,四端之心让人们自然而然地行善是一种纯道德现象,那么由四端之心让人们自然而然地感到喜悦,就不纯粹是一种道德现象,而变成对生命健全的认知。为何礼义能使我心愉悦?显然这反映了生命成长的一条法则。

> 反身而诚,乐莫大焉。(《尽心上》)

"反身而诚",就能"乐莫大焉",为什么呢?这里的"乐"当然并不是纯粹的道德现象,而是指由道德行为导致的生理反应。也就是道德行为导致精神幸福,也可以说是暗含着孟子所发现的生命健全成长的法则——为善有益于生命健全成长。

> 乐则生矣,生则恶可已也?恶可已,则不知足之蹈之,手之舞之。(《离娄上》)

此章与"反身而诚,乐莫大焉"、"若决江河"、睟面盎背四体不言而喻(《尽心上》)联系起来理解,皆生动地说明,为善可使生命变得灿烂,让生命得到自身最圆满的实现。这应当是性善本义之一,其中包括性作为生命健全成长的法则之义。

> "何如斯可以嚣嚣矣?"曰:"尊德乐义,则可以嚣嚣矣。故士穷不失义,达不离道。"(《尽心上》)

"嚣嚣",是一种快乐自在的生活状态。为什么尊德乐义就可以嚣嚣?尊德乐义,并不如葛瑞汉所说,因为它们代表"大体",或者说代表道德,而是因为这样做可以"嚣嚣"。"嚣嚣"不是一种道德行为,而是一种生命总体的良好生存状态。因此,可以说,尊德乐义就可以嚣嚣,原因就在于它符合生命成长的法则——为善可使生命健全成长。

(八)自得

> 君子深造之以道,欲其自得之也。自得之,则居之安。居之安,则资之深。资之深,则取之左右逢其原。故君子欲其自得之也。(《离娄下》)

能"左右逢原",即孔子"从心所欲不逾矩"(《论语·为政》)之义,也即适应了生命健全成长的法则。此章与"足之蹈之,手之舞之""若决江河""四体不言而喻"等句子同义。

舜之居深山之中，与木石居，与鹿豕游，其所以异于深山之野人者几希。及其闻一善言，见一善行，若决江河，沛然莫之能御也。(《尽心上》)

本文若联系"尧舜性之也"(《尽心上》)理解，则"若决江河"，"莫之能御"当与"性"之义有关。为何其行善力量"若决江河，沛然莫之能御"？如此巨大的内在力量，若解释为由于其天性中的仁义礼智之端被挖掘，即依据心善说来解释，似乎很难。因为这里"若决江河"标志着一种生理性的反应，与前述因行善而"生色，睟面盎背……"的生理反应类似。这里可见心善说解释力的不足。如果解释为行善由于符合天然形成的生命健全成长的法则，所以有如此巨大的力量，是否更妥？因为这样来解释，"若决江河"这样一种生理反应可解释为生命总体性健全成长的标志之一。

(九) 心气

孟子曰："……昔者曾子谓子襄曰：'子好勇乎？吾尝闻大勇于夫子矣：自反而不缩，虽褐宽博，吾不惴焉；自反而缩，虽千万人，吾往矣。'孟施舍之守气，又不如曾子之守约也。"

曰："敢问夫子之不动心与告子之不动心，可得闻与？"

"告子曰：'不得于言，勿求于心；不得于心，勿求于气。'不得于心，勿求于气，可；不得于言，勿求于心，不可。夫志，气之帅也；气，体之充也。夫志至焉，气次焉。故曰：持其志，无暴其气。"

"既曰'志至焉，气次焉'，又曰'持其志，无暴其气'者，何也？"

曰："志壹则动气，气壹则动志也。今夫蹶者趋者，是气也，而反动其心。"

"敢问夫子恶乎长？"

曰："我知言，我善养吾浩然之气。"

"敢问何谓浩然之气？"

曰："难言也。其为气也，至大至刚，以直养而无害，则塞于天地之间。其为气也，配义与道。无是，馁也。是集义所生者，非义袭而取之也。行有不慊于心则馁矣。我故曰：告子未尝知义。以其外之也。必有事焉，而勿正，心勿忘，勿助长也。无若宋人然。宋人有闵其苗之不长而揠之者，芒芒然归，谓其人曰：'今日病矣，予助苗长矣。'其子趋而往视之，苗则槁矣。天下之不助苗长者寡矣。以为无益而舍之者，不耘苗者也。助之长者，揠苗者也，非徒无益，而又害之。"（《公孙丑上》）

所谓"自反而缩，虽千万人，吾往矣"，正是说明内心的自省能转化出巨大的精神勇气和生理能量。为什么"自反"会有如此强大的效果？浩然之气塞于天地之间，这不是道德现象，而同样是精神和生理现象。这些都说明，内心的修为可以培养出巨大的精神和生理能量。此章常作为孟子以心善释性善之间接材料。然而浩然之气何以能生？难道不正说明了生命成长的法则吗？浩然之气，是生命灿烂的标志，这不是回到恻隐之心，也即回到道德那么简单的事，而是再次说明为善可使生命繁荣灿烂这一法则。这一法则，难道不也应当是"性"之一义吗？若然，岂不说明人性之可爱吗？下面两章与此章可对照阅读，同样可理解为对生命健全成长的道德法则的发现。

夫君子所过者化，所存者神，上下与天地同流，岂曰小补之哉！（《尽心上》）

万物皆备于我矣。（《尽心上》）

君子何以能做到与"与天地同流"，"万物皆备于我"？这种境界与浩然之气塞于天地之间一样，都是一种精神体验，并非日常经验。这当然是生命总体上繁荣灿烂的标志，但同时也是精神升华的结果。从《孟子》全书的内容来看，这种升华的发生，也是养心、正心的结果。然而，为何养心、正心就会产生如此神奇的效果？它不能仅仅通过道德原理本身来解释，我们只能归之于

"天"：这是生命健全成长的一条法则。是老天赋予的，没有什么道理。人们越是能遵从它，越是能健全地成长。

（十）其他

下面这条文献则表明孟子发现了生命成长的另外一条法则，它同样跟道德有关，那就是——每个人都本能地要捍卫自己的尊严。

> 一箪食，一豆羹，得之则生，弗得则死。嘑尔而与之，行道之人弗受；蹴尔而与之，乞人不屑也。（《告子上》）

为何良心或本心能使人舍生取义？并不是因为良心合乎道德，而是因为每个人都需要捍卫自己生命的尊严。然而为什么人都会本能地想捍卫自己的尊严呢？这只能诉诸"天"。人们在某些情况下感到自己"受到了侮辱"，这不能完全解释为"四端"之用，因为尊严是一种"感觉"。诚然，无良心作用，人就不会有尊严感；然而良心何以能导致尊严感，不能仅仅从良心本身来解释，只能解释为先天地决定的、生命成长的一个法则。对于人而言，特定情况下尊严感能自然升起，而对动物来说却不行，所以骂人时常称其为畜生。孟子用这个法则来说明，"万钟则不辨礼义而受之"（《告子上》）是有辱人的尊严的。

> 养心莫善于寡欲。（《尽心下》）

此章与尽心知性、夭寿不贰、修身以俟之（《尽心上》）对照阅读，说明修身必须遵从生命成长的一条法则：纵欲使人无法健康成长。

在上面"悦乐"以下的材料中，孟子并未使用过"性"字，但并不妨碍他实实在在地发现了生命健全成长的法则。至于成长法则的具体内容，除了《离娄上》第27章、《离娄下》第14章外，均包含这样的特点：为善符合生命健全成长的法则（《尽心上》第13章、第4章表面上与性善无关，若联系上下文看，亦如此）。这里，生命的辉煌灿烂是不能仅仅用心善或人禽之别来解释的，后者只说明人性中有高于动物的道德成分，但不能解释为何只有为善才可使生命如此辉煌灿烂。结合孟子使用"性"字并赋予其成长法则之义的其他场合，我们相信：孟子已经有意无意地从恰当的生存方式或成长法则的角度来使用"性"字。

如果说，道家是从生理和心理的角度发现了生命成长的法则，孟子就是从道德或社会的角度发现了生命成长的法则。所以道家所发现的法则可表述为：宁静清虚有助于生命健康成长；而儒家所发现的法则可表述为：为善有助于生命健康成长。

四、重解性之善

现在我们来看看孟子性善论的立论基础问题，分析比较一下迄今可以找到的几种最有代表性的解释，看看从成长法则这一角度解释性善论有什么优势。学者们对孟子的性善论提出了许多不同的解释，这些不同的解释并不一定相互排斥，有时可以并存于同一个人。系统考察这些不同的解释，可以发现它们基本上都建立在两种最有代表性的说法之上，即"心善"和"人禽之辨"。这两者之间并不是矛盾的，而是常被认为共存互补的。

一是认为，人心中先天地包含着善的成分，即所谓仁义礼智之端，故称"心善"。持此说者甚多，其中以徐复观、唐君毅、牟宗三为最典型；海外学者如刘殿爵、信广来亦持此说。历史上持善端说、向善说、有善说、可善说者，也都基本上认为孟子"以心善说性善"。

二是认为，孟子之所以坚持人性善，是因为他发现了人与禽兽的根本区别之一在于人有道德属性（各家说法大同小异），故称"人禽之辨"。从清儒戴震、焦循、程瑶田、阮元到现代如徐复观、牟宗三、张岱年等大批学者，均认为孟子以人禽之别为性善论立论关键或主要依据。从人禽之别理解性善论的学者又分为两派，一派主张孟子承认人的自然属性（如食、色、形之类）为人之性，另一派认为孟子不主张人的自然属性为人之性。本文无暇对这两派之见专门讨论，只讨论其共同之处。

毫无疑问，上述两条都可以在《孟子》找到相当多的证据。其中第一条比较典型地见于《公孙丑上》第 6 章，《告子上》第 4、5、6 章，《尽心上》第 15、21 章，《离娄下》第 12 章，亦间接地见于《告子上》第 7、8、10、11、17 章，《尽心上》第 1、3 章。第二条论人禽之别，见于《离娄下》第 19 章，《告子上》第 7、8 章，《公孙丑上》第 6 章，《尽心上》第 16 章，尤其是前三处。

从今天的眼光看，心善说的最大逻辑问题就是如何能证明人先天地具有仁义礼智之端。严格说来，要证明人先天地具有善端，就必须证明人性在未接物之前的具体内容。而在人未接物之前，其实是无法辨明其内容的。事实上，在著名的孺子入井案例中，恻隐之心显然也是在接物之后形成的，而孟子却用它来证明人的先天属性。宋儒程颢曾说："'人生而静'以上不容说，才说性时，便已不是性也。"这正是针对此而言的。王国维曾借用康德关于物自体不可知的观点说明，"性"字原义之所指，其实不可知。所以苏轼、王国维、梁启超、陈大齐等人都倾向于认为告子"性无善无不善"之说在逻辑上更能站得住脚。因此，虽然孟子似乎试图从心善说性善，但是从今天的角度看，其立论基础是存在问题的。由此我们也能理解，为什么安乐哲、江文思等人试图将孟子人性概念解释为一个完全非先天、非预成的后天过程。其用心何所在？可能是因为他们发现了孟子思想存在的这个逻辑问题，试图在孟子基础上建立一种新的人性论。但由于他们试图把自己的思想立场说成是"孟子本人的"，因而难以成立。

再看"人禽之辨"。孟子确实在《孟子》中几处强调了人与禽兽相差"几希"这一事实，并且认为恰恰是这几希之别构成了人之所以为人的高贵和价值。孟子似乎没有明确地说过，人禽之别是性善论立论的主要基础，但这一思路应当确实包含在其行文中，细读《公孙丑上》第 6 章，《滕文公下》第 9 章，《离娄下》第 19 章，《告子上》第 8 章、第 14 章，《尽心上》第 16 章等可发现这一点。然而一方面，对人禽之别的强调，包含将人性的两个方面，即自然属性（或称生理属性）与道德属性割裂甚至对立起来的倾向。这正是后来宋儒天命之性与气质之性区分说中所存在的问题，王夫之、戴震、颜元等人之所以竭力反驳理气之分、天命气质之分，原因也在于此。事实上，在《孟子》一书中，这二者之间并不是割裂的。我们从他论述"浩然之气"、"践形"、睟面盎背、"四体不言而喻"等行文中，不难发现孟子并未认为二者之间应当割裂，我们需要将二种属性合在一起来完整地理解孟子的性善论。

另一方面，从教育学上说，人禽说也容易导致道德教条主义。即鉴于人与动物有此区别，要真正成为一个人，唯一的道路就是坚守道德。这正是后来程朱理学被批评为"杀人"的根源所在，尽管后者完全超出了理学家的原意。以葛瑞汉为例。葛瑞汉从大小体关系角度论述性善论的基础，已把人禽说的内在问题暴露得清清楚楚。他的"舍小取大"说，暗含着道德目的论倾向，容易导致泛道德主义或道德教条主义。这恰恰是把孟子思想中最精彩、最有活力的部分屏蔽掉了。当然，这不是说孟子没有人禽之别的思想，而只是说孟子性善论不完全甚至不主要建立在人禽之别基础上。

现在我们可以总结一下，本文从生存方式或成长法则这一角度来理解孟子性善论，可以避免上述心善说和"人禽之辨"所存在的理论缺陷；即使从今天的角度看，孟子所发现生命健全成长的法则也是成立的。与道家不同，孟子从道德意义上发现了生命健全成长的法则。这并不是说，成长说给性善论提供了足够充分的证明，但是使它有了更强大的正能量。本文的目的并不是说明孟子的性善论究竟是否成立，也没有认为心善说、人禽说或成长说足以证明性善论成立，而只是进一步挖掘孟子性善论的思想内涵，说明其可能具有的现代意义，特别是教育学上的意义。心善说、人禽说和成长说，在我看来都确实存在于孟子性善论的立论语境中，但其意义是不一样的。

动机效力与规范证成
——黄百锐对孟子"同情心"的诠释及其反省

● 林宏星　复旦大学哲学学院教授
　李斯源　复旦大学哲学学院硕士研究生

通常我们会认为,任何一个有意图的行动都有其理由,没有理由的行动是不可理解的。晚近几十年,西方道德哲学出现的"理由基础主义"(reason fundamantalism)或许从一个侧面说明了理由概念在道德哲学研究中的意义。在理论上,引入理由(reason)概念来说明行动具有两方面的功能,一是解释(explain)行动,一是证成(justify)行动;前者在说明激发某一行动的心理状态(欲望)或动机,后者在为某一行动的"合理化"提供规范证成。因此,行动理由概念的提出在于说明一个理由判断既是实践的,即包含了激发某一行动的心理动机;也是规范的,即包含了提供某种理性标准以评价和约束行动。不过,休谟论者却认为,一个人行动的理由必定是动机理由,与引发行动者行动的内在激情和欲望密切相关,而"理性对于我们的情感和行为没有影响",因为单独的理性"不足以产生任何行为",因此,"理性是、并且也应该是情感的奴隶,除了服务和服从情感之外,再不能有任何其他的职务"。① 显然,按照休谟的看法,理性与情感是相互对立的。② 但是,假如一个人的行动理由仅仅依赖于行动者的激情和欲望,那么,这种行动理由虽然可以说明行动的动力或动机,却无法为某一行动给出理性的标准,换言之,休谟所谓的行动的理由只是说明了理由的实践性,却无法提供理由的规范性。

显然,休谟的主张给我们提出的问题是,一个同时包含证成与解释功能或者一个寓(道德)理由与动机于一体的行动理由概念是否可能?又如何可能?③ 这一问题使得我们有必要从理论上进一步思考孟子的行动理由概念。中外许多学者皆已指出,孟子的同情心或"四端之心"不同于休谟的理论,它排除了将"理由/判断"和"激情/情感"视为相互对立的区分方式,④ 本心的道德实践所关联的道德情感既可以提供规范的证成,又能激发人们行动的动力。不过,如果我们回溯学者的相关研究则不难发现,学者对这一问题的看法有同有异,而相应的理论的效力也各不相同。⑤ 其中,黄百锐(David B. Wong)对孟子的分析深入而富有特色,也引起了学者的注意。⑥ 本文尝试通过对黄百锐的相关论著的梳理,⑦ 并引入西弗(Ste-

---

① 休谟:《人性论(下册)》,关文运译,商务印书馆,1980,第497、452、453页。
② 休谟论者坚持认为,激情和欲望在理性标准的管辖范围之外,不过此一说法所意味的是,只有原初的(original)欲望不受理性的约束,但引生(derived)的欲望却可以构成理性的评价对象,如"我想喝水"是原初的欲望;而"我想喝农夫山泉"则是引生的欲望,它意味着存在不同种类的水,而理性在此发挥了选择和评价的作用。
③ 类似以及相关问题,作为休谟理论的继承和完善者,迈克尔·史密斯在其所著的《道德问题》一书中有所论及,参阅氏著:《道德问题》,林航译,浙江大学出版社,2011。
④ Antonio S. Cua, "Xin (mind / heart) and Moral Failure: Notes on An Aspect of Mencius's Moral Psychology", in *Human Nature, Ritual, and History: Studies in Xunzi and Chinese Philosophy*, Washington, D. C.: Catholic University of America Press, 2005, p. 350.
⑤ 在此一方面,李明辉先生发表了大量的文章,其研究最为系统和深入,可参阅李明辉:《儒家与康德》(增订版),联经出版事业股份有限公司,2018;《四端与七情》,台大出版中心,2005;《孟子重探》,联经出版事业股份有限公司,2001,等等。
⑥ 除国外学者的相关研究和批评外,国内也已有不少学者注意到黄百锐的主张,如吴启超、刘悦笛、章贝妮等,不一一列举。
⑦ 黄百锐的主张主要见于 David B. Wong, "Is There a Distinction between Reason and Emotion in Mencius?", *Philosophy East and West*, 41: 1 (1991), pp. 31-44; David B. Wong, "Reasons and Analogical Reasoning in Mengzi", *Essays on the Moral Philosophy of Mengzi*, ed. by Xiusheng Liu and Philip J. Ivanhoe, Indianapolis: Hackett Publishing Company, 2002, pp. 187-221.

phen Schiffer)的"服从理由的欲望"的说法来理解孟子的同情心的特点,以便进一步呈现孟子的行动理由概念,并作出相应的检讨。

一

众所周知,在孟子的道德哲学中,同情心或恻隐之心既被解释为道德行动的动机,也为道德行动提供了规范理由。以著名的"乍见孺子将入于井"为例,人们见到孺子陷入危难而生起的怵惕恻隐之心,既是援救孺子行动的动机,也为这一行动提供了理由,而且这种理由必定是规范的理由,具有"终极证立"[1] 的性质。

无疑的,从行动理由的角度来解释孟子的同情心概念更多的是国外汉学家所做的工作,[2] 在此,黄百锐的看法值得我们注意。和许多学者的主张大致相同,黄百锐认为,孟子并不像西方伦理学传统那样将理性与情感对立起来,因为孟子承认一种兼具认知与动机功能的情感,如同情心,当然,黄氏的这一主张借助了R. de Sousa 的相关研究且有进一步的发展。在黄百锐看来,孟子的同情心亦即我们通常说的"四端之心"(恻隐之心)既是一种情感,也包含了对以特定的方式行动的理由的认识。通过对"孺子入井"案例的分析,黄氏认为,当人面对这样一种危险的情境,不仅会对处于痛苦和危难中的人产生怵惕和悲伤,如果他能够的话,也会产生对采取行动以防止和结束这种痛苦的理由的认识。他说:

> 同情心通常至少包含着对以特定方式行动的理由的隐性的(未明言的)认识(implicit recognition),在此意义上,如果一个富有同情心的人为他的行动寻求解释(explain)和辩护(justify),他会把他对他人实际或可

---

[1] Kwon-loi Shun, "Moral Reasons in Confucian Ethics", *Journal of Chinese Philosophy*, 16: 3-4 (1989), p.319.
[2] 如倪德卫(David S. Nivison)、柯雄文(Antonio S. Cua)、信广来(Kwong-loi Shun)、万百安(Bryan Van Norden)、任满说(Manyul Im)、田中孝治(Koji Tanaka)、井原敬(Craig Ihara)等都对此有不同程度的讨论,限于篇幅,无法一一涉及。

能遭受的痛苦的感知视作他如此行动的原因（cause）和可证成的理由（reason）。[1]

倘若如此，则孟子的同情心作为行动理由概念似乎可兼具规范理由与实践动力。换言之，同情心既能认识行动的理由，又能提供行动的动力。

在通常情况下，当一个人看到他人处于危难和痛苦的情境而伸手加以援救时，人们问他"为什么会这样做"，他可能会说"每个人在这种情况下都会想这样做"。这样的回答从理论上看较为含糊，因为"都会想这样做"似乎既包含了理由，也包含了动机，而理由赖以确立的基础究竟来自何处似乎并不明朗。此处黄百锐明确将"他人实际或可能遭受的痛苦"作为一个人采取援救行动的可证成的理由，显然有他深熟的考虑。依黄氏，将他人的"痛苦"而不是将解除他人痛苦的"欲望"视为行动的理由，与那种用出于行动者个人欲望的"手段—目的"的模式来理解行动理由的主张具有根本不同的性质，因为若依后者，欲望提供了动机性目的，而实践理性则是去发现手段以实现欲望的目的，那么，对于"孺子入井"的例子来说，同情心是作为欲望提供了救援行动的目的（减少痛苦），而救援行动的理由就成为行动者减少他人痛苦的欲望，如此一来，出于同情心的行动便会以欲望作为中心关切，而不免落入工具理性的框架之中。相反，如果行动者将他人的痛苦而不是将行动者自身解除他人痛苦的欲望视作救援行动的理由，从现象学上看就更为真实，而且也更符合我们一般对富有同情心的人的道德想象。[2] 此外，将解除他人的痛苦作为行动的理由，而不是将行动者自身解除他人痛苦的欲望视作行动的理由，在理论上更符合道德行动对理由的普遍性要求，对此，黄百锐认为：

在同情心包含认知维度的解释中，存在一种适用于这一事实的普遍性

---

[1] David B. Wong, "Is There a Distinction between Reason and Emotion in Mencius?", *Philosophy East and West*, 41: 1 (1991), p. 32.

[2] David B. Wong, "Is There a Distinction between Reason and Emotion in Mencius?", *Philosophy East and West*, 41: 1 (1991), p. 33.

的含义，即他人的痛苦被直接认识为行动的理由。认识到一个情境的某个特征视为以某种特定的方式行动的理由，伴随着这样的假设，一个与之相关的类似情境的特征也会构成同样的行动理由。①

换句话说，同情心聚焦于他人的痛苦，而这一痛苦成为当前情境的特征和行动的理由，那么，在逻辑上意味着，当另外一个人遭受痛苦的情境出现，则那个痛苦也同样给了行动者做出救援行动的理由。反过来，如果在"目的—手段"的模式下思考行动理由，那么，行动的理由就取决于行动者的欲望，但很明显，若理由出于欲望则无法证成理由的普遍性。从理论上看，道德行动理由的功能之一在于为行动者的行动提供指导，因而它内在包含着某种规范标准用以评价和约束行动者的行动。因此，道德行动的理由不仅"解释"行动，而且也"要求"行动，故其规范性内在地具有客观性和普遍性。如果理由只存在于行动者的主观欲望之中，那么，这样的理由便不可避免地带有个私的、相对的性质而不可能符合普遍性的要求。总之，从道德行为的现象学特征和道德理由的普遍性要求两个方面看，黄百锐认为，行动的理由应当是他人的痛苦的事实，而不是行动者的施救的欲望。

然而，问题是，将欲望与行动理由区分开来是一回事，如何将这样的理由与行动的动机关联起来又是另一回事。当我们说，在孟子的同情心中理由与动机具有内在的关联性时，它意味着借由同情心感知到他人痛苦的事实不仅构成了行动的理由，而且这一同情心的感知也具有激发人行动的动力。显然，这两者之间的发生机制还有待说明。黄百锐认为，人类天生地有四端之心，而四端之心所具有的规范性却体现在对特殊情境的感受反应之中，但这些感受反应并不是盲目的，它们包含规范性判断。不过，依黄氏，作为道德培养的开端，这些感受反应也具有不确定性，我们可能在"乍见孺子将入于井"时产生同情的反应，但不是在任何我们应当做出如此反应的情境下都能有如此的反应。那

---

① David B. Wong, "Is There a Distinction between Reason and Emotion in Mencius?", *Philosophy East and West*, 41：1 (1991), p. 34.

么，理由与动机如何结合？对此，黄百锐的看法是，同情心通常包含对处于痛苦或需要帮助的他人处境的感知，但是在"理由"相同的意义上，同情心也包含着他有理由去帮助他人的判断，故而当我们所感知到的关于理由的判断"嵌入到同情心的意向对象之中时，就给了心（heart-mind）一种方向——一种以某种方式作出反应的倾向，如怜悯或援助"①。故而黄百锐认为，当面对他人痛苦的特殊情境时，同情心必定会激发人们做出反应，但同情心也包含着一种对以特定方式行动的理由的"未明言的认识"（implicit recognition）。②

显然，在黄氏的这一说法中，同情心的意向对象是产生行动理由的基础，但它也同时策动或激发"心"作出反应。那么，什么是"同情心的意向对象"？或者说同情心的意向对象具有什么特点？黄氏认为，当我们说同情心有特定的意向对象，即意味着道德情感不是赤裸裸的感受（brute sensations），相反，它们"指向当前（at hand）情境的特定的被感知的特征"③。不同的道德情感指向了不同的被感知的特征，比如说，同情特别关注于有感觉的生物的痛苦，也正是他人的痛苦将同情与其他情感区分开来。基于同情心这种特点，如果我们能进一步确定同情心的意向对象，我们就能有正确的情感反应。

黄百锐此处提出了一个论点，即假如我们的同情心要有正确的反应，那么，确定同情心的意向对象就变得十分重要。然而，这种意向对象如何确定？黄百锐邀请我们设想两种情境，其一是孺子将入于井的情境，其二是我们在街头遇到一个无家可归的乞丐的情境。在前一个情境中，我们很可能并无困难地感到同情，但在后一个情境中，我们可能会感到一种模糊的不安，这种不安可能是出于对陌生人搭讪的厌烦、出于担心受到攻击而害怕，也可能是出于对那个人的同情，甚至于我们可能同时感受到多种情感。这时候，那个无家可归者

---

① David B. Wong, "Reasons and Analogical Reasoning in Mengzi", *Essays on the Moral Philosophy of Mengzi*, ed. by Xiusheng Liu and Philip J. Ivanhoe, p. 195.
② David B. Wong, "Is There a Distinction between Reason and Emotion in Mencius?", *Philosophy East and West*, 41: 1 (1991), pp. 32-33.
③ David B. Wong, "Reasons and Analogical Reasoning in Mengzi", *Essays on the Moral Philosophy of Mengzi*, ed. by Xiusheng Liu and Philip J. Ivanhoe, p. 192.

的痛苦尚不是该情境下的明确突出的特征。只有当我们此时的意向对象确定为同情心所特有的那种形式（而不是厌烦、害怕等情感所特有的形式）时，我们的情感才能被引导为同情心。[1]

基于这一认识，黄百锐将同情心所特有的意向对象的性质设定为"典范情境"（paradigm scenarios）。所谓典范情境，是指"包括提供与论题相关的情感所特有的意向对象的情境类型"[2]，比如在同情心的例子中，"典范情境"（如乍见孺子将入于井）就包含着他人的痛苦。通过专注于典范情境的相关特征，并看到当前情境中也有类似的特征，一个人也就有理由在当前的情境中做出相同的反应。在这个过程中，感受的意向对象确定为同情心所特有的形式，而本能的反应因此也获得了理由的引导。黄百锐借助《孟子·公孙丑上》第二章的志气关系来说明这一点："正是通过以某种方式聚焦于情境特征，如国王的百姓的痛苦，通过进一步确定情感的意向对象，心才'指向'了气所构成的情感的力量，但另一方面，如果没有气所提供的动力，心的指向完全不会达成任何行动。"[3] 也就是说，由于理由嵌入了意向对象，或者说由于意向对象的进一步确定，理由与动机配合了起来："由于本能反应是通过对行动理由的认识而被导入的（channeled），这些反应赋予对理由的认识以动机的效力，亦即一种推动行动者实际行动的能力。而这些反应所具有的内在的动机力量事实上被转变为一种认识：他人的痛苦便是行动的理由。"[4]

具体来说，在"以羊易牛"的案例中，我们看到齐宣王对牛表现出同情，却不对他治下的百姓施以不忍人之心，或实行仁政。那么，从理由与动机的角度上对于这一现象应该如何解释？对此，黄百锐认为：

---

[1] David B. Wong, "Reasons and Analogical Reasoning in Mengzi", *Essays on the Moral Philosophy of Mengzi*, ed. by Xiusheng Liu and Philip J. Ivanhoe, p. 193.
[2] David B. Wong, "Is There a Distinction between Reason and Emotion in Mencius?", *Philosophy East and West*, 41: 1 (1991), p. 35.
[3] David B. Wong, "Reasons and Analogical Reasoning in Mengzi", *Essays on the Moral Philosophy of Mengzi*, ed. by Xiusheng Liu and Philip J. Ivanhoe, p. 194.
[4] David B. Wong, "Is There a Distinction between Reason and Emotion in Mencius?", *Philosophy East and West*, 41: 1 (1991), p. 36.

通过向齐宣王阐明他赦免牛的理由是这个动物的痛苦，并通过使他意识到他最初是被牛与无辜者的比较而感动的，孟子为宣王提供了一种方法，使其本能的同情反应的动机力量能够进入实际的考虑（practical deliberation）之中。有感觉的生物的痛苦，而不仅仅是牛的痛苦，已成为宣王考虑要做什么的一个关切，而且这种关切可以是在动机上有效的，因为它能够导入本能的动机力量。在与孟子交谈之前，宣王对他的人民的同情心在原始意义上是"已经存在"的：在此意义上，已经存在一种解除有感觉的生物的痛苦的天生冲动。但在他与孟子交谈之前，并不存在将这种同情的冲动导入到实际考虑的办法。在他知晓"理解自己的心"已包含对牛的同情之前，在他证实牛的痛苦是自己已有的行动理由之前，他的同情心仍然是萌芽（inchoate stirrings），或许会，也或许不会在行动中正确表现出来。[1]

依黄氏，通过孟子的劝说，齐宣王一方面使本能反应（见牛之觳觫）进入了理性的考虑，另一方面这种理性的考虑又能导入本能的反应，因此实现了动机与理由的结合。此处自然也涉及孟子对宣王的劝说所提出的由对牛的同情转移到对百姓的同情的所谓"推恩"问题的理解，在黄百锐看来，对孟子"推恩"的理解并不是如倪德卫、信广来所说的那样是一种"事件对事件"（case-to-case）的类比推理，或孟子的劝说并不在于试图通过类比原则（an analogical principle）或一致性原则（a principle of consistency）以使宣王实现对百姓的同情与对牛的同情的一致；[2] 尽管艾文贺不同意倪德

---

[1] David B. Wong, "Is There a Distinction between Reason and Emotion in Mencius?", *Philosophy East and West*, 41: 1 (1991), p. 39.

[2] 倪德卫认为："孟子把'推'的概念从辩论的逻辑扩展到对我的意志（按：原文为'dispositions'，当译为'意向'较恰当）的自我控制。看到这个情形（case）（我在这个情形中有主动的同情）和那个情形（我在那个情形中没有主动的同情）的相似性，我把我的同情从这个情形推到那个情形。然后，我就能在那个情形中做（并且以正确的方式要做）我以前认识到应该做但又不愿做并且不能（以正确的方式）做的事情。"参阅〔美〕倪德卫著，〔美〕万白安编：《儒家之道：中国哲学之探讨》，周炽成译，江苏人民出版社，2006，第173页。信广来的看法请参阅 Kwong-loi Shun, "Moral Reasons in Confucian Ethics", *Journal of Chinese Philosophy*, 16: 3-4 (1989), p. 322.

卫以逻辑推理来解释孟子的推恩，进而提出一种"类比共鸣"（analogical resonance）[1] 的观念，但在黄百锐看来，艾氏所谓的"类比共鸣"仍然是一种推理。[2] 黄氏认为，《孟子·梁惠王上》第七章孟子对宣王的劝说并不是一种逻辑意义上的类比推理（analogical reasoning），亦即通过一种用特定的自发（spontaneous）反应和态度作基础的类比推理，换言之，孟子并非试图通过指出宣王对牛的同情与对百姓的无情之间的不一致，并以改变这种不一致来获得道德行动的理由。毋宁说，孟子对宣王劝说的目的是要宣王认识到对牛同情与对百姓漠不关心这种做法不合理，并以此不合理来使宣王认识到行仁政的理由。果如是，则宣王对牛的觳觫的感知以及由此产生的同情心，既是宣王赦免牛的动机，同时也是宣王如此行动赖于证立的理由。顺此逻辑，我们也可以说，假如宣王认识到自己有不忍人之心，并且感知到其治下的百姓的痛苦，那么，宣王就有理由也有动机推其恩于百姓。

二

以上我们只是简单地依照我们所试图处理的主题对黄百锐有关孟子同情心的解释作了梳理，其间当然会遗漏不少重要的论述，但即便如此，就孟子的同情心之所以能够提供行动的动机和理由而言，黄氏的思考不能不说具有相当的哲学和道德心理学的根据。

不过，面对黄百锐的一套解释和论证，学者也提出了不同的意见。井原敬（Craig Ihara）便指出，黄百锐有关对行动理由的（理性）认知具有"导入"本能的动机力量的主张在孟子的思想中缺乏足够的文本支持。[3] 此外，如何理

---

[1] Philip J. Ivanhoe, "Confucian Self Cultivation and Mengzi's Notion of Extension", *Essays on the Moral Philosophy of Mengzi*, ed by Xiusheng Liu and Philip J. Ivanhoe, p. 234.
[2] David B. Wong, "Reasons and Analogical Reasoning in Mengzi", *Essays on the Moral Philosophy of Mengzi*, ed. by Xiusheng Liu and Philip J. Ivanhoe, p. 199.
[3] Craig K. Ihara, "David Wong on Emotions in Mencius", *Philosophy East and West*, 41: 1 (1991), p. 51.

解孟子的四端之心或同情心，黄百锐和井原敬的看法显然互不相同，在井原敬看来，孟子所说的同情心其实具有原始的本能的（primitive）性质，而这样的同情心并不能说必然具有认知的功能。倘若如此，则这种同情心如何具有证立的作用尤可存疑，特别是对孟子来说，同情心其实是更为直觉性的。① 或许在大多数研究孟子的学者看来，我们很难会同意井原敬单从本能的角度去理解孟子的同情心，不过，井原敬的看法也不是孤鸣独唱，德国学者罗哲海似乎可以看作是井原敬的同调。在将荀子与孟子加以比较时，罗哲海首先肯定，"孟子的'性'则意指心中的道德情感与判断"，但他又指出，"孟子虽然含糊地把思考视为道德功能之一，然而其伦理学的核心乃是先于思考的意识与情感……均是指某些天生的、本能的、未经思考而全凭直觉之物"，对此，罗哲海站在荀子的立场提出疑问："在人类的身上是否具有某种先于一切思考，而可以被看做是'善'的东西？"② 对于井原敬的疑问，黄百锐也专门写了一篇文章加以回应，他认为自己并非主张认知条件是同情心的必要条件，而只是说对理由的认识是同情心的典范案例的显著特征，随着道德的发展，行动者可以获得这样的典范性的同情，亦即当对理由的认识以及其他相关显著特征都存在时，我们就有了一个完全确定、毫不含糊的同情心的实例。③

尽管黄百锐对井原敬的疑问作出了回应，但井原敬的批评也引发了我们进一步的思考。我们此处意欲进一步讨论的问题有两个方面，一是黄百锐提出的同情心包含有隐然的理性认识，一是同情心具有激发人的行动的动机效力。就前一个问题而言，依黄百锐，同情心包含的隐然的理性认识具有"导入"（channel）人的本能的动机力量，我们的问题是，这种"导入"是否及如何具有必然性？另一个问题是，就同情心所具有的激发人的行动的动机效力而言，依黄氏，同情心并不包含欲望，这一主张无疑有其深入的理论考虑，只不过，

---

① Craig K. Ihara, "David Wong on Emotions in Mencius", *Philosophy East and West*, 41: 1 (1991), pp. 47-50.
② 罗哲海：《轴心时期的儒家伦理》，陈咏明等译，大象出版社，2009，第276页。
③ David B. Wong, "Response to Craig Ihara's Discussion", *Philosophy East and West*, 41: 1 (1991), p. 56.

孟子多言"道德的欲望",这些欲望又该如何给予妥善的解释?

我们先看第一个问题。依黄氏,同情心能够突出情境中的某些特征,或者说同情心的意向对象能突出情境的某些特征,而对这些特征的感知则可以引发人们行动的动力。不过,正如黄氏自己所说,由同情心所突出的情境特征本身在提供理由以及随之所引发的动机效力方面比较复杂,并不那么清晰和确定,如孺子入井的情境与乞丐行乞的情境。无疑的,对于具有强烈道德感的人来说,他的同情心对意向对象的情境特征的感知是直接的、准确的,具有即感即应、即应即润的特征,如孟子所说:"舜之居深山之中,与木石居,与鹿豕游,其所以异于深山之野人者几希。及其闻一善言,见一善行,若决江河,沛然莫之能御也。"(《孟子·尽心上》)朱子对此注云:"盖圣人之心,至虚至明,浑然之中,万理毕具。一有感触,则其应甚速,而无所不通,非孟子造道之深,不能形容至此也。"① 依朱子,这明显是"造道之深"的孟子对"圣人"的感触所作的描述和说明。只不过,对于一般百姓而言,同情心对意向对象的情境特征的感知是否具有产生理由的确定性?退一步,即便认知到了行动的理由,相关的道德情感、道德行动是否必然会出现?诚然,依黄氏,对当前情境与典范情境的类比论证可以让我们将同情的本能冲动纳入理性的考虑之中,但如果在当前情境中,这种本能冲动本身处于未激活的状态,或者只是原始意义上的"已经存在",它又是怎么确定理由并赋予理由以动力的呢?

让我们回到《孟子·梁惠王上》第七章孟子与齐宣王的对话上来。如果我们认真阅读这一对话,则可以明显地感到,宣王在与孟子交谈之前并没有自觉地认识到自己如何可以做到"保民而王",否则,他就不会有"若寡人者,可以保民乎哉"的疑问。然而,孟子通过"以羊易牛"的故事明确指出,宣王对牛的不忍之心便是足以王天下的同情心,这意味着经由孟子的点示,宣王认识到他自己具有推行仁政的能力。不仅如此,通过孟子对宣王"今恩足以及禽兽,而功不至于百姓者,独何与"的质问,我们也可以推测出宣王已经感知到

---

① 朱熹:《四书章句集注》,中华书局,2012,第331页。

对其治下百姓的苦难应该予以"仁恩"的对待，换言之，这段对话表示出宣王已经认识到应该行仁政的理由。假如借用黄百锐的说法，宣王已经清楚自己对牛的不忍的行动（以羊易牛）理由在于牛的痛苦；同时，孟子在劝说中所做的，是将此"不忍"的本能反应纳入宣王的实际考虑之中，也就是使宣王认识到，不仅牛在遭受痛苦，而且其治下的百姓也正在遭受痛苦，故理应受到仁心的对待，因此宣王认识到了施行仁政的理由。对话至此，我们似乎可以说齐宣王既有行仁政的理由，也有行仁政的动机。然而，齐宣王最终并没有行仁政，其故何也？

黄百锐对此指出，齐宣王的同情心的萌芽，可能并未正确地表现出来，甚至根本没有表现出来，因为它们"可能被来自其他根源的其他冲动所压倒。这说的就是宣王对领土的野心和他对财货和女色的沉溺"[1]。所以，在《孟子·梁惠王上》第七章的后半部分，孟子向齐宣王说明，"他不仅有理由解除他的百姓的痛苦，而且那个理由没有被源于其他欲望和情感的理由所压倒"[2]。不过，很显然，解除百姓的痛苦的理由与扩张领土的理由具有完全不同的性质：前者是规范性理由，提出的是道德要求，"应该实行仁政，因为百姓处于痛苦之中"；后者毋宁说是工具性理由，其中解除百姓的痛苦是为了或是服务于实现宣王自己的欲望的目的，按休谟的说法，宣王自己的野心是"原初的"（original）欲望，而实行仁政只是"引生的"（derive）欲望。若依黄百锐的解释，亦即"使其（齐宣王）本能的同情反应的动机力量能够进入实际的考虑"，那么，这一说法已然包含了规范性的理由与工具性的理由都支持齐宣王施行仁政。然而，如果说理由与动机的配合落入这样的"实际的考虑"，那么，仅仅规范性的理由似乎是无力的、不足以促动行动的，这也可以解释齐宣王之所以最终没有推行仁政的原因。当然我们可以说，孟子之所以说只有仁政才能实现"王之所大欲"（扩展领土的野心），只不过是采取了一种现实的劝说策略，这

---

[1] David B. Wong, "Is There a Distinction between Reason and Emotion in Mencius?", *Philosophy East and West*, 41: 1 (1991), p. 39.

[2] David B. Wong, "Is There a Distinction between Reason and Emotion in Mencius?", *Philosophy East and West*, 41: 1 (1991), p. 39.

并不是孟子核心的道德理论主张。不过，孟子采取这一策略至少就说明，如果"百姓的痛苦"是施行仁政的规范性理由，那么单单这一理由并不足以促动齐宣王实行仁政。若要使此理由有动机力量，则需指出这一理由所支持的行动与齐宣王的个人野心相符合。但倘若如此，这一规范性理由本身岂不是意味着缺乏动机力量？换句话说，即使齐宣王最终施行了仁政，那么，实行这一行动的动机还是在于他个人拓展领土的欲望。此时，如果说百姓的痛苦这一特殊情境的特征给了齐宣王实行仁政的规范性理由，我们也可以指出这一理由与齐宣王的实际动机无关。这样看来，对牛的同情和对百姓的同情的对比所显示的不合理，即便使得齐宣王有了施行仁政的理由，他也没有施行仁政的动机，其中的原因或就在于他没有行仁政的欲望。

由是则转向我们所欲讨论的第二个问题，亦即同情心在激发人行动时如何安顿道德欲望的位置问题。黄百锐或许有见于齐宣王在孟子的劝说下仍然没有推行仁政的原因，亦即齐宣王只有扩张领土的欲望而没有行仁政的欲望，导致道德失败，故而在论述同情心包含理由与动机时并未考虑欲望在行动中的作用。依黄氏，孟子的四端之心（同情心）并不包含欲望。黄氏之所以如此理解，如前所说，是因为在他看来，欲望概念所预设的"目的—手段"关系会导致出于同情心的行动落入工具理性的框套之中。我们说过黄氏的这种理解无疑有其理论上深入的考虑。只不过当黄氏一概排除欲望概念时，则必须对孟子的相关文本作出必要的交代，因为在孟子那里，"欲望"只是一个中性概念，可以上下其讲，既存在满足于感官的、非道德的欲望，也存在"由仁义行"的道德的欲望。正如孔子说"我欲仁，斯仁至矣"（《论语·述而》）一样，孟子也主张"求则得之"（《孟子·尽心上》）的道德欲望。但黄氏既一概排除欲望概念，则如何解释孟子思想中的道德欲望呢？这一问题指向同情心的动机效力或者说道德欲望如何安立的问题。

孟子对道德欲望的论述所在多有，今以"鱼我所欲也"章为例。孟子云：

鱼，我所欲也；熊掌，亦我所欲也。二者不可得兼，舍鱼而取熊掌者也。生，亦我所欲也；义，亦我所欲也。二者不可得兼，舍生而取义者也。生亦我所欲，所欲有甚于生者，故不为苟得也；死亦我所恶，所恶有甚于死者，故患有所不避也。如使人之所欲莫甚于生，则凡可以得生者何不用也？使人之所恶莫甚于死者，则凡可以辟患者何不为也？由是则生而有不用也，由是则可以辟患而有不为也。是故所欲有甚于生者，所恶有甚于死者。非独贤者有是心也，人皆有之，贤者能勿丧耳。(《孟子·告子上》)

古今中外的学者对此段已有深入的解读，今不赘。而万百安（Bryan Van Norden）则认为，孟子此段与荀子"欲不待可得，而求者从所可"(《荀子·正名》)的论述完全不同，荀子将行动的动机理解为出于心的理性认可，而孟子则"是在断言有关人之主体的一个论点，亦即人必定求其所甚至欲（human must seek that which she desires the most）"[1]。不仅如此，万百安还指出，在孟子那里，人其实内在地具有"道德的欲望"，所以孟子说欲义甚于欲生之心是"人皆有之"。万百安甚至由此区分孟、荀的不同。依万氏，在有关道德行动的动机方面，"孟子会说，一个人行善是因为他欲求行善（desire to do good）；而荀子则会说，一个人行善是因为他认可行善（'approves of' doing good）"[2]。有一点至少可以确定，翻阅《孟子》一书，我们不难发现，孟子看到了人的欲望不仅有感官的欲望，也有道德的欲望，而万氏的主张则提醒我们，欲望概念在孟子的道德动力的图景中具有重要的地位。

不过，黄百锐并不支持万百安关于"人必定求其所甚至欲"的观点。黄百锐认为，在万百安的解释下，孟子的心只是在道德欲望与感性欲望发生冲突时做出选择，而"心的判断的最终的动机力量衍生（derive）于欲望"[3]。黄百锐

---

[1] Bryan Van Norden, "Mengzi and Xunzi: Two Views of Human Agency", in *Virtue, Nature, and Moral Agency in the Xunzi*, ed by T. C. Kline III and Philip J. Ivanhoe, Indianapolis: Hackett Publishing Company, Inc., 2000. p. 109.

[2] Bryan Van Norden, "Mengzi and Xunzi: Two Views of Human Agency", in *Virtue, Nature, and Moral Agency in the Xunzi*, ed by T. C. Kline III and Philip J. Ivanhoe, pp. 123–124.

[3] David B. Wong, "Xunzi on Moral Motivation", in *Virtue, Nature, and Moral Agency in the Xunzi*, ed by T. C. Kline III and Philip J. Ivanhoe, p. 141.

指出，在孟子"从其大体为大人，从其小体为小人"（《孟子·告子上》）的说法中，差别来自心是否发挥其思考的功能，因此"我们不需要把孟子解释为相信我们只是根据当下最强烈的欲望行动这样的观点。相反，他允许心的认可对我们欲求什么产生影响"①。因此，在黄氏看来，孟子的心的认可有根源性的动机力量，这一动机力量不必从欲望中衍生出来。

黄百锐反对"心的动力的最终力量衍生于欲望"的说法，与其反对以"手段—目的"的模式理解行动理由的主张相一致，因为如果心的判断只是衍生于欲望，则理性判断与欲望的关系未免变成了"手段—目的"的关系，如是，心的判断变成手段，而欲望的满足则成为行动目的。在黄氏看来，如果肯定心的认可的功能，就不能认为孟子主张"人必定求其所甚至欲"，"一个人行善是因为他欲求行善"。

不过，在孟子那里，承认心的认可的动机性力量与声称"一个人行善是因为他欲求行善"并不冲突，原因就在于，"欲求行善"的欲望，亦即道德的欲望，本身就包含乃至遵循心的道德判断和认可，而不像非道德的欲望那样，只以理性为实现自身目的的手段。因此，承认道德的欲望的动机意义，并不会使心的判断功能只沦为实现欲望的手段。故而当黄氏一概把欲望概念排除在道德行动之外时，也遮蔽了道德欲望在道德行动中的应有地位。

通过前面对同情心如何激发行动这个问题的检讨，我们至少可以看到，道德欲望概念在孟子的思想中具有重要的地位。为了推进相关的思考，我们可以对道德欲望作进一步的分析。

三

如果我们把理由和动机联系起来考虑，就理解道德的欲望而言，西弗关于"服从理由的欲望"与"提供理由的欲望"之间的区分或许会对我们有所启

---

① David B. Wong, "Xunzi on Moral Motivation", in *Virtue, Nature, and Moral Agency in the Xunzi*, ed by T. C. Kline Ⅲ and Philip J. Ivanhoe, p. 142.

发。在"欲望的悖论"一文中,西弗认为,存在两种并不相同的欲望:

[服从理由的欲望:] 如果一个人对"去做 φ"的欲望是一个服从理由的欲望,并且如果一个人事实上做了 φ,那么存在一个理由,它既是一个人想要去做 φ 的理由,也是一个人的 φ 的行动的理由,而这个理由在逻辑上将完全独立于一个人想要去做 φ 的事实。一个人认为自己的 φ 的行动在某方面是可欲的 (desirable),而且正是因为这个人的 φ 的行动被他认为在那方面是可欲的,所以他既渴望去做 φ,也渴望 φ 的行动;并不是因为那个人想要去做 φ,才发现自己的 φ 的行动是可欲的;当一个人的欲望是服从理由的欲望时,他认为即使他没有这个欲望,也有理由去拥有它。

[提供理由的欲望:] 当一个人基于一个提供理由的欲望"去做 φ"来行动时,此人 φ 的行为的理由、特别是他必须做 φ 的唯一理由,完全由那个人想要做 φ 的欲望来提供……①

根据西弗的说法,提供理由的欲望与服从理由的欲望的根本区别就在于,提供理由的欲望之所以可欲,乃是由于其被主体所欲,这样的欲望当下即是推动其行动的理由;而服从理由的欲望则不同,它意味着当我们欲求一可欲的对象时,我们便有理由拥有此一对象,只是因为它是可欲的,我们才欲求它,在此意义上,作为可欲的欲望对象同时构成了我们的行动理由。西弗举例说,像口渴这样的欲望并非服从理由的欲望,而是提供理由的欲望。口渴也就是想喝水,这个欲望的理由就是口渴本身,因此,口渴构成了其喝水行动的理由。若口渴是一个服从理由的欲望,那么口渴的欲望需要遵循这样一个理由,即主体期望喝水是愉快的;然而,口渴不能从这样的期望中衍生出来,因为口渴(或者说想喝水的欲望)本身就是不适,而预期的快乐本身就是满足喝水欲望的快乐;换句话说,口渴不是因为期待从喝水中获得快乐,恰恰相反,从喝水中获

---

① Stephen Schiffer, "A Paradox of Desire", *American Philosophical Quarterly*, 13: 3 (1976), pp. 197-198.

得快乐是因为口渴。

西弗对两种欲望的区分有其特殊的理论意图，今且不论，而这个区分或许有助于我们理解孟子关于道德欲望的主张。《孟子·告子上》云：

> 公都子问曰："钧是人也，或为大人，或为小人，何也？"
> 孟子曰："从其大体为大人，从其小体为小人。"
> 曰："钧是人也，或从其大体，或从其小体，何也？"
> 曰："耳目之官不思，而蔽于物，物交物，则引之而已矣。心之官则思，思则得之，不思则不得也。此天之所与我者，先立乎其大者，则其小者弗能夺也。此为大人而已矣。"

朱子对此注云："钧，同也。从，随也。大体，心也。小体，耳目之类也。"[①] 就"大体"表现为"心"，"小体"表现为"耳目之官"而言，我们也可以将两者分别称之为道德的欲望与感官的欲望。正如黄百锐所说，"从其大体"或"从其小体"的区别的关键在于心有没有发挥思考的功能（"心之官则思"）。感官的欲望易被外物所吸引，且不具有反思的性质；感官欲望本身就为其存在提供了理由（如口渴的欲望），但这种"理由"并非规范性理由，不能向行动者提出要求。而道德的欲望则建立在心的反思基础之上。如果按照黄百锐的主张，这样的反思实际上"专注于那些内在于人天赋的道德情感的理由，而通过这一专注，人学会把那些理由扩充到新的案例中"[②]。也就是说，同情心通过对典范案例的特征的反思，行动者理解了道德行动的理由；而且，孟子还主张"思则得之"，理由与动机是紧密相连的，因此，当心做出了充分的反思，也就得到了一个发动行动的道德欲望。由于道德的欲望服从于道德行动的理由，所以道德的欲望也可以被视为服从理由的欲望。因此，"从其大体"之"从"的

[①] 朱熹：《四书章句集注》，第341页。
[②] David B. Wong, "Reasons and Analogical Reasoning in Mengzi", *Essays on the Moral Philosophy of Mengzi*, ed. by Xiusheng Liu and Philip J. Ivanhoe, p. 196.

本质意义是通过心的理性判断功能将对道德的欲望提升、转化并落实为自己行动的意志，换句话说，此时行动者不仅欲求道德的欲望，还因其可欲求而欲求之，所以这种道德的欲望同时也是行动的理由。

承认道德欲望的存在，也有助于我们回答齐宣王何以对民众的痛苦无动于衷或假行仁义以实现自己的私利。真正有道德的君主，其实是基于"百姓的痛苦"这一事实（理由）而行仁政的，而非出于君主个人的私欲，因此其行动的欲望是一个"服从理由的欲望"，在此，百姓的痛苦作为可欲的对象可以独立于我们的感官欲望之外，但同情心却将百姓的痛苦这一事实看作是我们采取行动的理由，亦即解除百姓的痛苦，所以服从理由的欲望也就是道德的欲望。然而，齐宣王却并没有这样的欲望，相反，他只有"提供理由的欲望"。若齐宣王确实施行仁政，也不是因为他"想"（morally desire）行仁政，而是因为他想扩展疆土，一统天下，因此，齐宣王的"扩展疆土"本身既是他的欲望，也是他如此行动（行仁政）的理由。

基于以上的论述，我们想指出，黄百锐对孟子有关同情心包含动机理由和规范证成的分析不仅具有理论的一贯性，也在相当程度上表现出其理论的深入和严格。不必讳言，他的思考为我们进一步理解孟子道德哲学中理由与动机的一致性提供了很大启发。当然，我们在阅读过程中，对黄氏的相关主张也产生了一些有待进一步澄清的疑问，比如同情心包含的隐然的理性认识具有"导入"人的本能的动机力量是否具有必然性？若将欲望排除在同情心之外，我们又该如何对孟子文本中对道德欲望的论述在理论上作出必要的交代？这些疑问本身或许就值得疑问，但将之呈现出来供学者进一步批评，应当是一件有意义的工作。

论孟荀性善恶论的内在线索

● 赵亚婷　南京大学历史学院博士研究生

　　孟子性善论与荀子性恶论，基本被视为儒家人性论的两大对立分野。近年关于性善论之"性善"，及荀子人性论是否可以"性恶"定性多有新论，但基本围绕孟荀人性思想的哲学义理阐发，很少有人讨论二者人性意识是否存在某种历史联系。荀子以生理欲望言性，而孟子以德言性，这的确是人性立场的截然二分。可是孟子和荀子论人性并非只是全然对抗，事实上，二人对于性善恶的态度之区分，有深层的内在关联。我们研究孟荀人性论，不能只看其区分，更应思考是何种历史内面影响和塑造了孟子和荀子对于人性善恶的思考，这种思考又与儒学思想理路有何种关联。

一、时代人性幽暗意识与早期儒家人性论理路

　　与学者们关注义理理路不同，笔者将视角投诸历史背景，探寻孟荀所处的时代人性思想语境，以见其对人性问题的思考与探索。这种人性论语境分为两个部分。

　　一是战国时代普遍的人性幽暗意识，指向对人的现实"私""恶"表现之

洞察乃至宣扬。

　　检阅文献可见，诸子（除儒家外）的人性意识可大致分为三种类别：首先是现实主义政治家，多探讨作为政治治理对象的民的人性之趋利避害等现实本能。如《墨子·尚同上》言："古者民始生未有刑政之时，盖其语'人异义'。是以一人则一义，二人则二义，十人则十义，其人兹众，其所谓义者亦兹众。是以人是其义，以非人之义，故交相非也。是以内者父子兄弟作怨恶，离散不能相和合。天下之百姓皆以水火毒药相亏害，至有余力不能以相劳，腐朽余财不以相分，隐匿良道不以相教，天下之乱，若禽兽然。"人们在没有规章制度的情况下各有不同的评价标准，以此互相区分、对抗以致相互毒害，最终导致社会混乱。这是将社会动乱的根源追溯到人们各自的个体立场，是以墨家"交相利"的人之心理动机预设为基础，肯定人作为生物群体的自利取向。杂糅各家思想的《管子》则有基于政治取向的对人性的现实经验观察："人故相憎也，人之心悍，故为之法。"（《管子·枢言》）"众人之用其心也，爱者憎之始也，德者怨之本也。其事亲也，妻子具则孝衰矣。其事君也，有好业、家室富足则行衰矣，爵禄满则忠衰矣。"（《管子·枢言》）"夫凡人之情，见利莫能勿就，见害莫能勿避。"（《管子·禁藏》）"人心之变，有余则骄，骄则缓怠。"（《管子·重令》）"民，利之则来，害之则去。"（《管子·形势解》）"夫民者信亲而死利，海内皆然。民予则喜，夺则怒，民情皆然。"（《管子·国蓄》）《管子》的人性论述集中于对"人情""民性"之讨论，多有意凸显人现实经验的趋利避害取向，并利用人的这种世俗心理对其进行操控以方便政治治理。《商君书》亦有不少类似见解："民之性：饥而求食，劳而求佚，苦则索乐，辱则求荣，此民之情也。"（《商君书·算地》）"民之生：度而取长，称而取重，权而索利。"（《商君书·算地》）"天地设而民生之。当此之时也，民知其母而不知其父，其道亲亲而爱私。亲亲则别，爱私则险民众，而以别险为务，则民乱。当此之时，民务胜而力征。务胜则争，力征则讼，讼而无正，则莫得其性也。"（《商君书·开塞》）"夫人情好爵禄而恶刑罚，人君设二者以御民之志而立所欲焉。"（《商君书·错法》）这些论述与《管子》中的立场近似，均刻意凸显人趋利避害、自私争斗的一面,以为政治操控民众张本。介于道、法之间的《慎子》亦有言:"人莫不自为也,化而使之为我,则莫可得而用矣。是故先王见不受禄者不臣。禄不厚者,不与入难。"(《慎子·因循》)此论亦是基于政治立场论述统治者要利用人们自为、自利的心理,其基本人性预设也是人们倾向于"自为""自私"。战国晚期法家集大成者韩非对人性的认识更为阴暗,以极端的性恶意识彻底否定人的任何光明美善之可能,① 其性恶意识可视为战国现实主义政治家人性论发展最终走向之参考。

第二类以道家、隐者等人为代表,倡导人的"自我",虽有对人性本真及生命清新的追求,但其心理出发点是个体之"为我"这一自利倾向。如杨朱持极端"为我"之论,倡言"全性保真,不以物累形"(《淮南子·氾论训》),"拔一毛而利天下,不为也"(《孟子·尽心上》),"不以天下大利易其胫一毛"(《韩非子·显学》);其他隐者有倡导节欲、寡欲以养生者,陈仲子之隐居僻匿(见《孟子·滕文公下》),宋钘之"见侮不辱"(《庄子·天下》),均首要追求自我生命延长;他嚣、魏牟等人则追求欲望之满足,也不离乎"为我"这一个人主义自利视角。稷下道家论人性多言:"人之可杀,以其恶死也;其可不利,以其好利也。"(《管子·心术上》)"闻誉则悦,闻毁则戚,此众人之大情;有同己则喜,异己则怒,此人之大情。"(《尹文子·大道下》)"人皆自为,而不能为人。"(《尹文子·大道下》)"人莫不自为也,化而使之为我。"(《慎子·因循》)肯定人性的"自为""好利"。道家中最特异者为庄子,他主张生命的根本清新论,是基于深刻认识到人性有根深蒂固的为我自私之恶,② 故追求"无我"之超越,其性恶意识为先秦思想家中最深刻者。

---

① 关于韩非的极端性恶意识,学界讨论很多,如郭沫若即言韩非"在骨子里是把荀子的'法后王'和'性恶'说作为现实的根据而把自己的学说建立了起来"(郭沫若:《中国古代社会研究(下)》,河北教育出版社,2002,第952页)。劳思光则直言韩非的主张是"极端性恶之论,而视一切善行德性为不可能"(劳思光:《中国哲学史》第一卷,香港中文大学崇基书院,1971,第287页)。颜世安老师亦有十分深刻的论述(见颜世安:《荀子、韩非子、庄子性恶意识初议》,《南京大学学报(哲学·人文科学·社会科学)》2010年第2期)。
② 庄子论人性恶,见颜世安:《庄子性恶思想探讨》,《中国哲学史》2009年第4期;《荀子、韩非子、庄子性恶意识初议》,《南京大学学报(哲学·人文科学·社会科学)》2010年第2期。

第三类是以纵横家为代表的战国游士，奔走于各国君主及权贵要臣之间，以追求利禄显达为基本目标，亦以利益抉择为游说之基础心理预设，如苏秦直言："夫士业已屈首受书，而不能以取尊荣，虽多亦奚以为！"① 无名鄙人则言："何知仁义，已向其利者为有德"②，也是类似视角。这些并不算人性论说，但对人现实趋利避害选择的认知及取向构成其对于人的自我理解之本质，与现实主义政治家对臣民趋利避害的人性预设呼应，也正是后者人情观察的基本视野。

以上论说除庄子外，均有一内在倾向是，把人的本质简单化、肤浅化，拒绝对人性真正深度及人性可能的探讨，刻意凸显人利己的一面，或利用人性的利己为自己及政治牟利。这些认知很难以"性恶"概括，但对人性之自我、自私这一"恶"的倾向的基本认知，成为共识性的人情观察，甚至成为人性的基本预设，故在这个意义上，它是一种偏好"恶"的人性预设，表现为一种普遍的人性幽暗意识，这是战国诸家人性意识非常值得注意的方面。

二是早期儒家讨论人性问题的基本理路。

最首要者，是儒学自孔子开始，即有不重人性之传统，认为在君子成德过程中人性问题并不重要，踏实的学习、修养及道德实践才是决定人之最终走向的关键。孔子言："性相近也，习相远也"（《论语·阳货》），则明示他更重视人与人因学习修养与否所致文化及精神格局的区分，人性只是充当精神塑造的基本材质，并不在君子成德中发挥重要作用。子贡言"夫子之言性与天道，不可得而闻也"（《论语·公冶长》），这句话的意思是孔子罕言"性与天道"还是孔子有提及"性与天道"而子贡不能明晓不可确知，但如果孔子思想中人性论十分重要，在《论语》中没有明显表露则不太可能。

孔子逝后，早期儒家基本继承了这一思路。《性自命出》论人性言："凡人虽有性，心亡奠志，待物而后作，待悦而后行，待习而后奠。"③ 直言人性并不

---

① 《史记》卷69《苏秦列传》，中华书局，1982，第2241页。
② 《史记》卷124《游侠列传》，第3182页。
③ 刘钊：《郭店楚简校释》，福建人民出版社，2005，第88页。

主动表达，需经由心对外物的感应才会引动，"待习而后奠"则表明人性要经过操习活动后才能稳定下来，故人性的最终表现须经由逐渐积累的过程。又言："牛生而长，雁生而伸，其性使然，人而学或使之也。凡物无不异也者，刚之柱也，刚取之也。柔之约〔也〕，柔取之也。四海之内，其性一也。其用心各异，教使然也。"① "凡性，或动之，或逆之，或交之，或厉之，或出之，或养之，或长之。凡动性者，物也；逆性者，悦也；交性者，故也；厉性者，义也；出性者，势也；养性者，习也；长性者，道也。"② 这道出了影响人性表达的各种因素，"其用心各异，教使然也"表明后天教化是影响人性最终表达的关键，"动""养""长""故""义""道"均指向"教"的活动，并未对人性在人格塑造中发挥何种作用有所阐发。《成之闻之》论人性则言："圣人之性与中人之性，其生而未有别之。即于儒也，则犹是也。唯其于善道也亦别。有怿，娄以移也。及其博长而厚大也，则圣人不可由与效之。此以民皆有性，而圣人不可慕也。"③ 这是说，圣人和普通人刚生下来本性都差不多，但对于善道的态度则不同，圣人受善道影响变得博长而厚大，普通人便不可追随仿效圣人。本篇的思路与《性自命出》近似，认为人的本性并无本质不同，道德的"博长而厚大"要靠对善道的学习，亦持教化培养重于人性之论。

传世文献中有关早期儒学直论人性者很少，《论衡·本性》载："周人世硕以为'人性有善有恶，举人之善性，养而致之则善长；（恶）性，养而致之则恶长'。如此，则（情）性各有阴阳，善恶在所养焉。故世子作《养（性）书》一篇。宓子贱、漆雕开、公孙尼子之徒，亦论情性，与世子相出入，皆言性有善有恶。"④ 又《申鉴·杂言下》曰："公孙子曰性无善恶。"⑤ 这里的公孙子是否即为公孙尼子不可确知，目前来看多数学者认为此公孙子即为公孙尼

---

① 刘钊：《郭店楚简校释》，第88—89页。
② 刘钊：《郭店楚简校释》，第89页。
③ 此处参照郭沂先生的校定，见郭沂：《郭店竹简与先秦学术思想》，上海教育出版社，2001，第218—219页。
④ 王充著，黄晖撰：《论衡校释》卷3《本性》，中华书局，1990，第132页。
⑤ 荀悦撰：《申鉴》卷5《杂言》，黄省曾注，孙启治校补，中华书局，2012，第198页。

子或其后学。① 无论如何，这些早期儒家先哲及其门派应有关于人性善恶的意识。世硕，《汉书·艺文志》有"《世子》二十一篇"之载，班固自注言其为"名硕，陈人也，七十子之弟子"②，学界多认为，此世硕即世子。世子有《养（性）书》一书，他认为"举人之善性，养而致之则善长；（恶）性，养而致之则恶长""善恶在所养焉"，可见此派认为人的最终善恶表现要靠教化"养""致"的后天工夫。漆雕开，韩非子言其"不色挠，不目逃，行曲则违于臧获，行直则怒于诸侯"（《韩非子·显学》），郭沫若言其矜气尚勇的态度近于孟子所言"北宫黝之养勇"，③ 丁四新认为漆雕开应是通过刚强不动的心志对体气的控制来养勇，在儒家内部近于子夏、北宫黝，重一肤一目的细节锻炼，④ 此言很有道理，可见漆雕开亦重道德的培养修持，甚至外在的细节锻炼。公孙尼子亦有养气之论，《春秋繁露·循天之道》记公孙之养气言："里藏泰实则气不通，泰虚则气不足；热胜则气□，寒胜则气□，泰劳则气不入，泰佚则气宛至，怒则气高，喜则气散，忧则气狂，惧则气慑。凡此十者，气之害也，而皆生于不中和。故君子怒则反中而自说以和，喜则反中而收之以正，忧则反中而舒之以意，惧则反中而实之以精。"⑤ 可见公孙尼子的养气重体气对身体的养护，及以中和调节喜怒忧惧的情绪表达。《礼记·乐记》基本被认为与公孙尼子学派有关，可能为公孙尼子后学所作，该篇亦重以礼乐熏陶化育人性的好恶情欲表达，很可能承自公孙尼子的思路。总的来说，上述几人虽有对人性善恶、阴阳的表述，但基本态度仍是重视教化对人的塑造，而非肯定人性对人格养成之作用。

---

① 蒙文通指出《论衡》所言"宓子贱、漆雕开、公孙尼子之徒"论性与世子"相出入"，"是亦大概之辞，未必相同"。（蒙文通：《儒学五论》，《中国哲学思想探原》，台湾古籍出版有限公司，1997，第125页）李锐则认为《论衡》所言"宓子贱、漆雕开、公孙尼子之徒"可能不是宓子贱、漆雕开、公孙尼子本人而是其后学。（李锐：《孔孟之间"性"论研究——以郭店、上博简为基础》，清华大学博士学位论文，2005年，第110页）
② 《汉书》卷30《艺文志》，中华书局，1962，第1724页。
③ 郭沫若：《十批判书》，东方出版社，1996，第148页。
④ 丁四新：《论早期先秦儒学的养气说与养性说》，《陕西师范大学学报（哲学社会科学版）》2007年第4期。
⑤ 董仲舒著，苏舆撰：《春秋繁露义证》卷16《循天之道》，钟哲点校，中华书局，1992，第447页。

早期儒家虽持不重人性之态度，但在战国讨论人性的大风潮中亦对人性问题有不少回应，比较有代表性的是性有善有恶、无善无恶等说法，如宓子贱、漆雕开、公孙尼子等人，这种人性表述均归结于后天教化重于初始人性，《性自命出》《成之闻之》等篇也是同一思路，均是一种君子成德的视角。但儒家还有一个人性讨论传统隐藏在性善恶讨论之外未被学界重视，即对于"民性"之讨论。这种讨论基本围绕两点，一是论证君子莅民需要了解民情、民性，① 二是论述民众有趋利避害的现实取向，故需要礼的规范和引导。② 这一思路是礼制治民的思路，对民性趋利避害的分析与墨、法等现实主义政治家合流，只是政治措施落脚点不同。但儒家对民性趋利避害的分析，实际上也是承认"民性"的情欲本能是造成社会混乱的重要原因，同时也是在普遍性恶潮流中承认人有基本的情欲之"恶"端。

　　故儒家对人性的分析实有君子成德及君子治民两种思路，这两种思路中对君子人性的态度是暧昧不清的：成德思路中人性问题并不被重视，君子人性好坏与最终人格养成无关；治民思路中只讨论民性之自利而不讨论君子人性，乃是认为君子可以超越人的情欲自利取向。而事实上早期儒家对君子成德中的情欲问题又有强烈的戒备心理，那么君子情欲如何戒备、是否如民众一样需要礼制治理，早期儒家并未明说，潜在意思是认为君子可以在修身中自我戒备，超越其生理欲望。这样，在对人性情欲的论述中"君子"事实上是含糊甚至缺失

---

① 如《大戴礼记·于张问入官》记孔子语："故君子莅民，不可以不知民之性，达诸民之情，既知其以生有习，然后民特从命也。"（方向东：《大戴礼记汇校集解》，中华书局，2008，第802页）《逸周书·常训解》则言："天有常性，人有常顺，顺在可变，性在不改。不改可因，因在好恶。好恶生变，变习生常。常则生丑，丑命生惑。明王于是生政以正之。"（黄怀信、张懋镕、田旭东：《逸周书汇校集注（修订本）》卷1《常训解》，上海古籍出版社，2007，第41—42页）表明政教需顺民之性并正民之常，民性是统治的基础所在。

② 如《逸周书·度训解》言："凡民生而有好有恶，小得其所好则喜，大得其所好则乐，小遭其所恶则忧，大遭其所恶则哀。"（《逸周书汇校集注（修订本）》卷1《度训解》，第8页）《逸周书》全书论人性均为民性，许多篇章均指出了民众贪生怕死、虚伪争乱的一面。《礼记·坊记》则有更为极端的表述："子言之：'君子之道，辟则坊与？坊民之所不足者也。'大为之坊，民犹逾之。"（孙希旦撰：《礼记集解》卷50《坊记》，沈啸寰、王星贤点校，中华书局，1989，第1280页）《坊记》是儒家文献中对民众最失望的，该篇指出即便有礼仪的各种规范及君子的教化引导，民众还是会违反礼制甚至作乱，防不胜防，大有无可遏止的暗中意味。

的。这种含糊不一定是早期儒家人性思考本身的含糊，而是在普遍人性幽暗意识思潮下，儒家不得不为时代混乱做出人性这一溯源性解释，但始终不敢突破儒家道德底线，将欲恶归诸君子之本质，亦不会承认人性本恶。根本原因是儒家对君子有极高的道德期待，在心理逻辑上有对人性有善及道德至善的坚守，而这一坚守在战国普遍人性幽暗思潮下事实上很难实现，故退守到君子之学领域，只是未明言。

正是在上述战国时代的人性幽暗意识风潮和儒家内部对待人性问题及人性欲恶问题的双向背景下，孟子和荀子对人性之善恶做出了不同的思考。

二、孟子明提"性有善"及规定"性善"

孟子之思路，在以"性善"之宣扬乃至规定坚守儒学道德底线，为时代指明道德的方向。① 首先，不同于早期儒学不重人性及对人性善恶问题的暧昧态度，孟子明确否认人性无善之说，直言"乃若其情，则可以为善矣，乃所谓善也。若夫为不善，非才之罪也"（《孟子·告子上》）。反对将时代幽暗归诸人性，明确肯定人性有善，以坚守儒学道德底线，并以种种激烈、强势的论辩引人承担善道之责任。

其次，孟子思想更深刻之处，在于对"性善"之深层规定，从根本上正视人性在儒家道德实践及德性实有的核心作用。孟子意识到，诸家肯定乃至凸显人性有"恶"对道德前景有巨大冲击，他深入思考了时代的道德困境以及人们说性"恶"的后果乃至说性"恶"的心理预设，故他有一个大胆的极端认知，即认为在道德昏暗的环境下，说人性的不好是为自己不去做善事找借口，"言如此，则天下之人皆以仁义为害性而不肯为，是因子之言而为仁义之祸也"②。孟子所担忧的这种心理乃是人的正常反应甚至是普遍反应。可是孟子认为有这

---

① 关于孟子论"性善"的时代背景及其幽隐思考，笔者曾写专文分析，见《何以为性善？——战国时变下的儒学生态及德性坚守》，《南京大学学报（哲学·人文科学·社会科学）》2020年第4期。
② 朱熹：《四书章句集注·孟子集注》卷11《告子章句上》，中华书局，1983，第325页。

种想法就是为自己选择"恶"而不去选择"善"找借口,是为自己求"利"。由此,他进一步对人性做出了更深层的思考——不能说人性为"恶"乃至人性有"恶",说人性的不善都是自私之为。孟子认为,谈论人性"恶"具有"祸仁义"的道德危险性,这是基于讨论人性"则故而已矣",未曾思考作为人的本质的东西究竟是什么。为了人类道德的可能,孟子对人性做了深层的规定——作为人的唯一深层本质的"人性"是"善"且只为"善",这是孟子对人性含义的新的阐释。

此论学界讨论很多,以徐复观和牟宗三的论述为先声,学界多将孟子前后的人性论定义为"以生言性"及"以德言性"之区分,这种区分很有道理,但是何为"以生言性"、何为"以德言性",其间有什么根本区分,仍有研究的空白。徐复观认为德性论是孔子开创的。[1] 诚然,孔子开道德内觉之先且承认道德为人应追求的深层本质,但其仍为"以生言性",他并不认为人性是道德实践及完成中的重要部分,这是早期儒家对人性论的基本定位。这种定位既植根于"以生言性"的大传统,又是儒家重视以"礼"的规范为核心的朴素道德实践的基本路径。牟宗三言"以生言性"是儒家人性论的消极面,德性论才是儒家人性论的正统。[2] 就先秦儒学而言,此论有待商榷。告子言"生之谓性",为当时比较流行的说法,后荀子则曰:"生之所以然者谓之性。"张文渊指出,荀子此言仍承"以生言性"的传统,[3] 此论不虚。但学界似乎未注意到,"以生言性"本就是先秦人性论的基本传统乃至基本人性讨论语境,儒学肯定人的道德通达可能,承认人性有善是基本路径,并不一定建立在否定"以生言性"的基础之上。孟子超越"以生言性"的传统,并非因为他继承早期儒学的人性论路径提出明确的德性论,而是因为"以生言性"这一人性讨论语境在现实人情之幽暗表现及政治赏罚诱导中导向了道德实践困境,使得人性幽暗

---

[1] 徐复观认为,孔子实持性善论,其对仁的开辟"奠定了尔后正统的人性论的方向"。见徐复观:《中国人性论史·先秦篇》,九州出版社,2014,第90—92页。
[2] 牟宗三:《心体与性体》,吉林出版集团股份有限公司,2010,第187页。
[3] 张文渊:《从"以生言性"的传统看荀子对告子人性论的发展》,《燕山大学学报(哲学社会科学版)》2013年第1期。

意识成为时代思想问题。基于这一考虑,孟子意识到"人性"尤其是"人性有恶"甚或"人性为恶"问题与道德实践困境息息相关,而后者的人性觉察正是基于"以生言性",也即"则故而已矣"(即仅根据人表现出来的生物现实讨论人性,而不思考何为人的本质即"人性")。这里涉及人的"实然"与"本然"问题,孟子认为人性是人的"本然"而非人的"实然",追溯人的"本然"也就是他所说的"苟求其故",即人之为人的特性,"人最为天下贵者"。他对人性概念做了一种转换,但这个转换并非知识性探讨,而是深切的道德规定。

如果按照早期儒学的传统,提出一种德性论是明确提出人性有善并指出人性有善是道德的可能,可是道德为何是人的深层本质无法解答。孟子则直接跳过了讨论人性有善这一步骤,直言"人性"就是人的深层本质且就是"善"。关于孟子对性善之规定,学者们也多有讨论,如徐复观即言"孟子对性之内容赋予了一种新的限定"[1],"要了解人之所以为人的本性,只能从这一点点上去把握"[2];牟宗三言"孟子把性视为'道德的善'本身","视性为'道德性'之性"[3];安乐哲亦直言性善论是特定文化、社会、历史中的条件限定——最大程度地扩展其可能性、实现完满道德的规范的人性论[4];梁涛则言"孟子实际是以内在道德品质、道德禀赋为善","孟子性善论实际是以善为性论"[5];丁为祥言孟子论人性是一种"当下确认——主体的抉择与肯认"[6] 也是类似意味。但学者们对性善论规定性的阐发只是从孟子对人性的选择、概念新创或"性"的过程、关系而非本质含义入手,学者们论孟子性善论是"性本善"也多基于一种哲学阐述,并未深入探究何以孟子有此人性规定。而孟子的抉择背

---

[1] 徐复观:《中国人性论史·先秦篇》,第148页。
[2] 徐复观:《中国人性论史·先秦篇》,第151页。
[3] 牟宗三:《中国哲学的特质》,《牟宗三全集》第28册,联经出版事业有限公司,2003,第65页。
[4] 安乐哲:《孟子的人性概念:它意味着人的本性吗?》,见〔美〕江文思、安乐哲编《孟子心性之学》,社会科学文献出版社,2005,第86—124页。
[5] 梁涛:《孟子"道性善"的内在理路及其思想意义》,《哲学研究》2009年第7期。
[6] 丁为祥:《历史危机、人生信念与实践抉择——儒家性善论的发生学分析》,《哲学研究》2017年第5期。

后实有深重的幽隐。丁为祥指出"孟子并不否认现实的恶,而只是批评性恶;又不明确地规定性善,而只是肯定'乃若其情,则可以为善也'"①,但并未解释清楚孟子这种矛盾背后的幽隐心理。事实上孟子看似模糊、矛盾但饱含忧惧意识的"性善"之倡言背后有一个深层的心理预设是,决不能承认"恶"是人的本质也即人性,即在人性中不为"恶"留下任何合法性空间。一旦肯定"恶"是人性,哪怕是人性的表现之一,则人们很容易为人之为不善找借口,这是孟子道性善的一个隐秘心理预设,也是他说天下人言性是"以利为本"的根本原因。

孟子说:"口之于味也,目之于色也,耳之于声也,鼻之于臭也,四肢之于安佚也,性也,有命焉,君子不谓性也。仁之于父子也,义之于君臣也,礼之于宾主也,智之于贤者也,圣人之于天道也,命也,有性焉,君子不谓命也。"(《孟子·尽心下》)"中天下而立,定四海之民,君子乐之,所性不存焉。君子所性,虽大行不加焉,虽穷居不损焉,分定故也。君子所性,仁义礼智根于心,其生色也,睟然见于面,盎于背,施于四体,四体不言而喻。"(《孟子·尽心上》)"不谓性""不谓命""所性"即是一种规定性选择,是对人性的预设和规定。又言:"体有贵贱,有小大。无以小害大,无以贱害贵。养其小者为小人,养其大者为大人。"(《孟子·告子上》)"体"暗示的也是人性,但是"大者"才是真正的人性,他认为人的任何私己欲望都是屈从"小体""贱体"的道德妥协,不能公然承认其合理性,所以坚决把它们排除在"人性"这一合法性之外。孟子事实上是指出,承认人性为"为己"或指出人性之"恶"的不可拯救,不承认人自身的"善"可以战胜"恶",本身就是屈从自我欲望的隐藏私意,是为自己求"利"。孟子在刻意避免将任何"利""恶"或"不善"与人性关联,要求人在内心觉察上拒斥"小体""贱体",不给任何"利"的动机和行为找寻人性本质的借口。孟子曰:"言人之不善,当如后患何?"(《孟子·离娄下》)对于这一"后患",陆九渊一针见血地指出:

---

① 丁为祥:《孟子如何"道性善"?——孟子与告子的人性之辩及其不同取向》,《哲学研究》2012年第12期。

"盖孟子道性善，故言人无有不善。今若言人之不善，彼将甘为不善，而以不善向汝，汝将何以待之？故曰：'当如后患何？'"① 陆氏可谓道出了孟子的深层心理动机，即孟子担心一旦言性稍有不善（非仅言性不有善），则人很容易甘为不善，而无视人的道德自立这一根本深度。故孟子坚决不承认人性之"不善"，正是为道德的"后患"寻找解决办法。

孟子论人性有善，是针对非儒群体，意在吸引人选择为善之路，解决时代道德的迫切性及儒学被动性问题。孟子对"性善"的规定，则主要针对的是儒家道德实践及通达思路，也即君子成德之学，人性为善可谓贯穿道德通达的全部过程。孟子本人对于"性善"的论述十分模糊，由孟子反复强调的话语所见，他事实上不断论证的是性有善，但他进一步将善设定为人性唯一之本质，人性的其他部分不能被承认，以一种评价立场对"性"及内心选择方向暗示了规范及诫示意味，由此创造了一种道德紧张感。虽则孟子并未明言，善为人性本质只为先知先觉者所能理解和坚守，而在君子内部，因为道德实有的困难及当时精神的迷离，人性之善成为事实上道德的希望和精神的支撑，故孟子以"性善"为道德之可能创造了新的途径。因为"性善"的规定，"善"事实上成为一种精神信仰及心理暗示，对道德实践有极强的规范及诫示作用。而这种规范及诫示事实上开辟了儒学道德践履及道德实有问题的新方向，最终成为儒家德性体系的根本内核。

三、荀子论人性、情欲与"恶"的问题

与孟子激烈规定"性善"不同，荀子则展现出更为理智慎思的人性态度。荀子人性论，传统认知为"性恶"论。但事实上深研《荀子》文本可知，荀子真实人性论不能以"性恶"概括，《荀子》中明提"性恶"者仅《性恶》篇，该篇认为人向善是因为性恶，与其他篇认为人向善是出自深谋远虑的理性

---

① 陆九渊：《陆象山全集》，世界书局，1936，第 263 页。

思虑这一逻辑明显相悖。除《性恶》篇外，《荀子》其他篇章论人性均有缜密而深刻的思路，《性恶》篇显得极其稚嫩，殊为可疑。"性恶"之说更似荀子学派激进者为与孟子性善说争辩而作，不似成熟之论。除《性恶》篇外，《荣辱》等篇论人性，指向的是人的趋利避害等现实生物本能倾向，它的根本论述是以人性为情欲，而非性恶。在此，荀子指出情欲与"恶"的关联并非要提出一种人性论，而是为礼制的政治规划进行人性溯源。荀子的核心关怀是人类的欲望和自利及其所导致的社会冲突，其政治哲学的出发点是欲多而物寡所导向的社会争乱。[1] 且荀子即便有这种欲乱的人性溯源，但并未真正视"恶"为需要警惕的重要问题，甚至在他看来，只要人稍加努力，"恶"并不难被战胜。[2] 因此"恶"并非荀子关注的核心，他真正关注的是如何看待作为人性的情欲问题。

荀子论人性以肯定情欲之必然及关注人性之生物性、现实性为基础。他说："生之所以然者谓之性"，这是说，人生而即有的种种生命状态之"所以然"，即其背后的根源、本质是人性。不同于早期儒家对君子情欲态度的暧昧，荀子指出情欲乃人之必然，"人生而有欲"（《荀子·礼论》），"饥而欲食，寒而欲暖，劳而欲息，好利而恶害，是人之所生而有也，是无待而然者也，是禹、桀之所同也"（《荀子·荣辱》）。以对情欲的肯认为基础，荀子人性论主要在如下两个层面展开。

其一，荀子深切意识到，拥有自然情欲本能之人必然走向社会，构成社会秩序之基架，与社会治乱有内在关联。但他并未将社会治乱之责任归诸情欲，其论人性情欲之目的是客观摆正情欲之位置，指出人应真正努力的方向。

荀子基于对人性的分析指出社会混乱的原因，即人人有基本情欲，人的欲求无尽而社会物资不足，故造成资源的不对等而产生争乱。荀子言："求而无度量分界，则不能不争；争则乱，乱则穷。"（《荀子·礼论》）"埶位齐而欲恶

---

[1] 东方朔：《"欲多而物寡"则争——荀子政治哲学的逻辑前提和出发点》，《社会科学》2019年第12期。
[2] 关于此点，颜世安先生有十分精彩的论述，见颜世安：《"性恶"说的实质及在诸子人性思想中的位置》，《中国哲学史》2018年第1期。

同,物不能澹则必争;争则必乱,乱则穷矣。"(《荀子·王制》)"欲恶同物,欲多而物寡,寡则必争矣。"(《荀子·富国》)荀子之意,在客观看待情欲与社会治乱的原因,为当时秩序之崩坏做出人性之溯源。与墨、法等现实主义政治家将社会混乱归于人性本身不同,荀子正视情欲与导向社会混乱的原因,但并不认为情欲是造成社会混乱的唯一原因,而是认为应客观看待情欲与社会治乱之间的关系,正视情欲问题。"有欲无欲,异类也,生死也,非治乱也。欲之多寡,异类也,情之数也,非治乱也。"(《荀子·正名》)欲望是人的客观生物现实,是"生死"之事、人之常情,不是导致国家治乱的主因,不能把政治混乱的责任转嫁到欲望也即人性上。"欲不待可得,所受乎天也;求者从所可,所受乎心也。"(《荀子·正名》)欲"受乎天",非人力所能及。"心"才是治乱与否的关键,与欲望关联不大。通过"心"引导,"欲虽不可尽,可以近尽也。欲虽不可去,求可节也。所欲虽不可尽,求者犹近尽;欲虽不可去,所求不得,虑者欲节求也"(《荀子·正名》)。任何时候人均有相同的欲恶,这些作为人的生物现实无法改变,但可以在人为的努力即"心"的作用下实现欲望的合理表达。荀子这么说,是希望人们承担改变社会的责任,而非将责任推到人性上。荀子是以冷静而理智的态度找寻人类道德秩序崩坏的根源,指出人应担负的责任所在。情欲作为人的生物必然性是导向争斗的部分原因,但是情欲无可避免,也无法减少或根除,而人的努力与责任担当是我们可以控制的。

其二,对于人作为自然个体及精神主体,荀子肯定人性的基本材质和能力,但认为人生之发展、实现要靠外向的习得积累而非依靠人性自身。

与对欲望的分析并行,荀子对人的内在行动力来源及其作用机制进行了深入分析。人除了有基本情欲之外,也有贵为天地之灵的内在特质。人有知性材能,能够觉察和认可人群交往的基本合作机制(义),并在群居活动中创造规范秩序,由此协调人类互异而利己的社会活动,进一步经过审慎的思考做出更理智的决策,合理安排欲望,并通过规范和秩序合理安排人之"分",使有限的"物"得到有序分配,不致出现争斗和混乱。

而在个体道德路径中,荀子虽言人人有基本情欲及知性材能,但亦明确指出，人与人的区分并不在人性而是在后天之行为取向。情欲及材能构成社会崩坏及秩序之可能，但真正为世界带来改变的是人的后天努力及选择。"人伦并处，同求而异道，同欲而异知，生也。皆有可也，知愚同；所可异也，知愚分。"(《荀子·富国》)人与人的基本追求（情欲）相同，但"所可"即人所肯定和选择的方向不同，由此决定了人此后的发展方向及最终成就。君子小人在品性材质上并无不同，将他们进行区分的关键是后天的"注错习俗"，"人无师法则隆性矣，有师法则隆积矣。而师法者，所得乎积，非所受乎性。性不足以独立而治。性也者，吾所不能为也，然而可化也。积也者，非吾所有也，然而可为也。注错习俗，所以化性也；并一而不二，所以成积也"（《荀子·儒效》)，人最终的成就来自积习而非本性。"故圣人也者，人之所积也"(《荀子·儒效》)，圣人亦不是先天形成而是人的积习努力所得。

对于人性与后天之积习，荀子有明确的"性""伪"之界定区分。"生之所以然者谓之性；性之和所生，精合感应，不事而自然谓之性。性之好、恶、喜、怒、哀、乐谓之情。情然而心为之择谓之虑。心虑而能为之动谓之伪。虑积焉，能习焉，而后成谓之伪。"(《荀子·正名》)"凡性者，天之就也，不可学，不可事。礼义者，圣人之所生也，人之所学而能，所事而成者也。不可学，不可事，而在人者，谓之性；可学而能，可事而成之在人者，谓之伪。是性伪之分也。"(《荀子·性恶》)"性"为人天生的，"不事而自然"，无须学习与适应，亦非人为所能决定。"伪"则在乎人为，是人可控、"所可"的后天取向，依靠人自身的抉择。"心"主导思考和抉择，且会在思考行动中逐渐形成新的行动机制，"心虑而能为之动"即是"伪"。由此，持续理性的决策与行为最终会改变人本身，最终实现一种由积习构筑的人格成就，亦称之为"伪"。故"伪"是人在后天的思考、抉择中培养的能力和人格积聚，人的最终表现全赖"伪"的积习过程，"性"只是充当基本材质。

由上，荀子以性、情、欲为一体，又对人性有生、气、知、义等综合讨论。我们很难以性恶、性朴、性善或情欲等某个单一方面概括荀子人性论，毋宁说，从发生学角度来看，荀子对人性之探索与思考深受战国中后期时代人性思想环境和儒家人性理路之影响，而展现出多层复杂的面向。荀子并不言"性恶"，但其人性思想与战国时期的人性幽暗意识有莫大关联。荀子的主要人性意识是，客观看待人性中的"恶"端或可能向"恶"的倾向与社会治乱的关联，他并非要提出一种"性恶"论或"性有恶"论，甚至其根本态度是不要过度看重人性问题。这是回归早期儒家不重人性而重踏实实践的朴素路径，早期儒学亦不认为人性在个体成长中充当重要作用，更重要的是在礼的规范下努力积习及踏实实践。正如傅斯年所言，"荀子之论学，虽与孟子相违，然并非超脱于儒家之外，而实为孔子之正传，盖孟子别走新路，荀子又返其本源也"①，"在人论上，遵孔子之道路以演进者，是荀卿而非孟子"②。但早期儒学重君子成人及修身自治，并未对小人之学过多着墨，亦对君子情欲问题不甚讨论，甚至在严苛的成德之路中对情欲问题极为警惕。③ 早期儒学这一态度，有一种深层心理动机是不敢正视情欲问题对君子成德的干扰，更不敢将"恶"归诸君子之人性，故对君子情欲问题态度始终模糊。与早期儒家对情欲问题的暧昧不明不同，荀子正是在普遍人性情欲讨论的背景下，认识到情欲乃人之内有本质，对其进行了综合、客观审视。同时，在普遍人性幽暗思潮中，荀子亦与孟子激烈反抗人性欲恶之正当性不同，他对人性与社会道德及政治架构问题进行了深入反思，而以一种更加理智的态度和开阔的胸襟大胆承认人性情欲之实然，正视情欲与人的道德败坏、社会败坏之关系，故有对情欲及人性的客观分析。

四、再论孟荀性善恶意识之分野及其在儒家思想史中的意义

概言之，孟子和荀子实共处同一思想背景，他们的论说均是对战国时代性恶意识风潮及其背后的整个时代思想风潮的思考及回应。以宣扬人的功利性、

---

① 傅斯年：《性命古训辩证》，《傅斯年全集》第二卷，湖南教育出版社，2003，第640页。
② 傅斯年：《性命古训辩证》，《傅斯年全集》第二卷，第618页。
③ 参考颜世安论文：《肯定情欲：荀子人性观在儒家思想史上的意义》，《南京大学学报（哲学·人文科学·社会科学）》2015年第1期。

脆弱性为内核的时代人性讨论肯定或凸显人的生物欲望，尽管乱世中人的深层幽暗极端暴露于现实世界，但当时的人性讨论风潮实际上是对人性的情欲追责，背后是道德的堕落、责任的推卸。孟子于激愤中深入反思人们思考和讨论"人性"问题之本质，意识到不能将欲恶归诸"人性"而令其具有道德推卸的"合人性"心理，故对人性进行"善"之深层规定，试图以人性之善重唤时代道德之光。而荀子则基于深沉的现实经验视角认识到人性情欲之必然性及合理性不可否认，故以其宽广的胸怀和理智的担当意识大胆承认"人情之不美"，指出人们应正视人之情欲及其与"恶""乱"的真实关系，但不可过度在意情欲，而应将重心投诸人的努力与责任担当。在宣扬人的主体道德担当而非推卸人性责任这一点，孟子和荀子有根本共通性，只是思考路径不同。再次思考孟荀人性论，我们可以探索出比所谓"性善""性恶"之分野更多的东西。

孟子以"善"规定人性，视人性为君子道德通达之根本路径，此论与早期儒学不重人性的朴素路径并不相通，在先秦儒学为特异之论。但自宋儒启儒学德性内求之新途，视孟子为儒学正统，性善论成为后世儒学之主流，深刻影响了儒学德性追寻及践履的基本方向，"性善"之规定亦成为儒家思想的核心特质所在。荀子对人性的根本态度也是不重视人性在君子成德及秩序创建中的作用，更重视后天的教化、培养、规范、秩序，这是对主流儒学人性论传统的回归。但荀子以宽广的胸怀真正正视人的情欲之必然，故其不重人性虽仍沿袭早期儒学朴素传统，但实具有更深重的担当意识。而荀子对"性""伪"之分、"天""人"之分及情欲问题的完善理论建构，则将先秦儒学人性论推向了新的理论高度。

孟子和荀子人性论代表了先秦儒学对"性恶"问题的两种截然不同态度，一是坚决否弃"恶"在人性结构中的合理性，一是承认并正视情欲在人性结构中的必然性及其与"恶"的关联，因此虽则孟子不言"恶"、荀子亦非性恶论，人性与"恶"的关联始终是先秦儒学思考和应对的问题。如今儒学正面临当代价值观的巨大冲击，其中深受性善论影响的儒学对"性恶"的暧昧态度与当代民主精神正视人性幽暗的警惕意识之对比引起广泛讨论。① 儒学是否具有开辟现代民主的可能、性善论对"恶"的回避是否陷入结构性虚伪及自欺是古典儒学融入当代精神生活需要面临的重要问题。② 有学者提出结合孟荀的思路，认为荀子对"性恶"及情欲的正视或许对儒学回避"人欲"所面临的伦理及社会生活问题有所裨益。这一思路有很大启发意义，可是在讨论这一问题之前，还是要回归孟子和荀子对"性恶"态度的根源及其着力点。孟子高扬并规定"性善"，所重在君子成德。"恶"在性善论的理路中似乎处于边缘位置未被正视，可是事实上孟子否认"恶"在人性结构中的合理性是担心承认"性恶"会给道德软弱寻找人性的借口，其根本目的是以善胜恶，"恶"是时刻需要警觉和战胜的存在，并非居于边缘地位，相反是道德关切的核心。君子对"善"的坚持及信仰并非无视"恶"的简单乐观，而是把一切"恶"的责任归诸自己，其间有深沉的道德担当意识。"性善"是一种道德坚守和意志督促，不断提醒和指示道德行为的践行，远非一种自欺或伪善所能解释。而君子只对自己有道德要求，并不会对民众有道德要求，故其人性幽暗警觉只针对君子群体。荀子承认情欲与"恶"的客观性，但主要着力点是情欲之私及社会资源之有限这一矛盾所致社会结构性秩序混乱，荀子并未对情欲或"性恶"是否导向个体道德败坏做出真正解答，而以人的深谋远虑这一理智计算为君子选择承担道德责任提供心理动机基础。荀子构想中对人的情欲约束也偏重于一种外在的制度规范而非内在的主动自我规范，甚至以"养欲""纵其欲，兼其情"等心理态度向情欲"妥协"，故有对君子内在道德的疏忽。荀子的道德目的论终究归为一种外在目的论，"善恶观念不是从主体而是落实在一个外在、客观的标

---

① 这一问题始自海外学者张灏。张灏著《幽暗意识与民主传统》一书，指出基督教以生命沉沦为出发点，对人性之恶的警惕是其开创现代民主的重要原因；与之相反，儒家自正面肯定人性，尽管仍有与成德意识相伴随的幽暗意识，但只是间接的映衬或侧面的影射，这种对人性深层幽暗之恶的忽视，某种程度上局囿了民主之萌生。这一说法引起极大反响。见张灏：《幽暗意识与民主传统》，新星出版社，2006，第32—42页。
② 这个说法由邓晓芒提出来，他认为儒家过度相信人性本善，有对君子能够达到至善的自我欺瞒，未能反省人性中根本的恶，存在一种"结构性伪善"。见邓晓芒：《从康德的道德哲学看儒家的"乡愿"》，《浙江学刊》2005年第1期。

准之上"①，甚至会落入一种功利的道德动机论，② 以荀学式规范思路寻求道德内有反易导向道德之不"诚"。故荀子对于德性领域有所欠缺，其思想更多与政治问题挂钩，它适用于伦理规范，却未必能应用于个人内在道德。而在其政治架构中，情欲虽被正视，但"恶"并不被真正重视，自然也不会萌生西方式对人性幽暗的根源性警惕及以完善制度防范人心并规划权力的可能。故儒家孟荀之学均不具备开创现代民主的西方式人性幽暗意识，但这并不代表儒家的政治规划欠缺合理价值或其道德学说陷入"结构性伪善"，古典儒家学说有其深沉的复杂性，很难用当代价值观简单定性。但笔者认为，重新思考孟荀性善说的时代背景及内在关联，是我们探究古典儒家思想特质的重要切入点。

---

① 路德斌：《荀子"性恶"论原义》，《东岳论丛》2004年第1期。
② 关于此点，参考何益鑫的观点。何先生虽认为荀子的道德动机论介于功利论与道义论之间，但亦指出，"荀学在功利与道义之间的摇摆最终顺应着时代的要求而落入功利的一面"，见何益鑫：《功利与道义之间——荀子关于道德动机的学说》，《道德与文明》2013年第4期。

君主"尽心"责任的独特性

● 李探探　南京大学历史学院博士研究生

一

孟子思想，学界已经有非常多的研究，但至今仍有一些思想线索未被揭示和探究。因为资料缺少，这些思想线索要完全理清是不容易的，但是可以提出值得关注的问题，拓展孟子思想研究的视域。本文讨论一个问题："尽心"作为一种道德责任，对于君子和君主其实有不同的要求。

这个问题，首先从"尽心"作为一种责任说起。"尽心"是性善论的一个重要组成部分，"尽其心者，知其性也"（《孟子·尽心上》）。人人有天生善性，但天生之善是"善端""萌蘖"，还不是成熟的人性，需要努力使之成熟。这种努力可理解为一种道德责任，首先不是对他人和社会的责任，而是对自己的责任，使天性最重要的东西成长为成熟的秉性。一个人只有先承担对自己的责任，然后才能承担对他人和社会的责任。这种自我承担道德责任的努力，《孟子》文中有多种表达：尽心、存心、养心、求其放心、思则得之、求其大体，等等。我们以"尽心"为代表性的说法。"尽其心者，知其性也"，要有尽心的努力，一个人才能知道自己的本性，使"善"成为现实。

性善包含"尽心"的责任，这是孟子人性论的基本内涵，说起来没什么特别的。可是把"尽心"确定为一种自我的道德责任，沿着这个问题，就会有一些以往不大被注意的思想线索浮现出来。首先一个线索是，"尽心"作为一种个人对自己的道德责任，是人人都应该承担的吗？孟子明确说，人人有善性，也明确说，人人能成圣贤，① 这似乎就是说，人人都能"尽心"，人人也应该"尽心"。学术界研究孟子心性学，研究"尽心"的"功夫论"，一向不区别主体，似乎就是不言自明地把"尽心"理解为一个指涉所有人的全称命题，而不是只涉及部分人的特别问题。可是孟子思想的原意未必是这样。

孟子明确说到，事实上很多人是不能"尽心"的，也就是不能承担对自己的责任。例如说："大人者，不失其赤子之心者也。"（《孟子·离娄下》）这就是说，"大人"之外的人都丢失了"赤子之心"。"君子所以异于人者，以其存心也。"（《孟子·离娄下》）这是说，君子之外的人是未能"存心"的。"人之所以异于禽兽者几希，庶民去之，君子存之。"（《孟子·离娄下》）人之异于禽兽就在天生的善性，只有君子能保存，其他人都丢失了。"无恒产而有恒心者，惟士为能。若民，则无恒产，因无恒心。"（《孟子·梁惠王上》）"尽心"作为道德责任是绝对的，没有恒产也要"尽心"，但事实上只有士能做到，民是做不到的。在这些说法中，实际上包含一层意思："尽心"的道德责任，是对少数人而言。性善的道德责任是对少数人而言，其中又有一个以往不大被注意的思想线索：少数人还分两类，简单说就是君主与君子，即有政治权势的人和有学问德性的人。他们的"尽心"有不一样的要求。

孟子用以称少数人的词有：大人、君子、士、豪杰，其中"大人"即含两类，"说大人，则藐之，勿视其巍巍然"（《孟子·尽心下》），是说有政治权势者，从孟子的交往对象看，主要是君主；"唯大人为能格君心之非"（《孟子·离娄上》），是说君子、士。有时"大人"可能泛指二者，如前引"大人者，不失其赤子之心"，但"大人"含两类人毋庸置疑。这两类人的关系，是孟子思想中的大问题，其实也是孔子以来早期儒学发展中的大问题。本文不讨论两类人的关系，只分析与性善论有关的一个问题，就是性善的道德责任，对两类人有不同要求。

性善含"尽心"，"尽心"的展开就是孟子的修身之学，有丰富内涵，我们取主要的原则，大概有这样几层意思："不失其赤子之心"（《孟子·离娄

---

① 《孟子·告子下》中，曹交问曰："人皆可以为尧舜，有诸？"孟子曰："然。"

下》),"体有贵贱,有小大。……养其大者为大人"(《孟子·告子上》),"心之官则思,思则得之"(《孟子·告子上》),还有"善养吾浩然之气"(《孟子·公孙丑上》)。把这几层意思再简化,主要是两个意思:赤子之心和养其大体,前者是说保持天然本心,后者是说戒备欲望即"小体","思则得之""集义所生""浩然之气"都是养"大体"戒"小体"这一思路的不同表达。学术界讨论孟子心性之学、"尽心"之学,都是侧重普遍义理,假设是一种对所有人可行的道理。可实际上,虽然"尽心"对所有人可行,但在孟子的本意,却只对其所言"大人"可行,而且有时面对"大人"中的君主,又别有一种进路,只说保持扩充本心,不说戒备"小体"、持养"大体"。也就是说,孟子对君主说的"尽心"自成一格,这里面的思想内涵和关联意义,是值得探讨的。

二

"孟子道性善,言必称尧舜"(《孟子·滕文公上》),是性善论最有名的一句话,最初是对滕国世子说的,时间当在孟子政治游历的早期。[①] 滕世子即后来的滕文公,是小国君主。孟子言仁政主要对象是齐、梁之君,希望以大国为基础行仁政于天下。小国势弱,生存都是问题,但孟子仍对滕国未来君主勉以尧舜之道。可知性善说的提出,与对国君言仁政有关。

性善论内涵丰富,包含恻隐之心、羞恶之心、恭敬之心,是非之心,"四心"相合而成的"善",其实是对接孔子以来儒家所言之"德"。性善的理论,主要是说德性不是"外铄",是天性固有,提出儒家德性学一个独特的根源理论。基本可以相信,性善论的提出,不是来自游说君主,是孟子作为儒学传人,在共同学术圈子内思想辩驳激荡产生出来。[②] 但是对滕国世子"道性善,

---

[①] 滕文公见孟子是在宋国,孟子游历宋国,是在宋王偃称王并欲行仁政的时候,时间在孟子第一次游历齐国以后,见梁惠王和齐宣王之前。
[②] 学术界研究孟子思想的来源,一般认为是早期的儒学思想。也有学者在讨论孟子之前的人性思想时,提到杨朱派。参见〔英〕葛瑞汉:《论道者:中国古代哲学论辩》,张海晏译,中国社会科学出版社,2003,第140、146页。

称尧舜"指示一个信息:性善论的提出,与游说君主也有特别的关系。而游说君主的性善论,与接续儒家德性学的性善论,明显有不同。

《孟子》书中游说君主多章,主要说仁政,有些章说到君主有行仁政的内在品性根据,"不忍"之心、"恻隐"之心,即是性善论的内容。其中道理讲得最明白的是《孟子·梁惠王上》第七章孟子与齐宣王的对话。这一章对话发生的时间,在孟子游历诸侯中较晚,应是孟子成熟时的思想。① 此章较长,内容丰富,简单概括,孟子主要对齐宣王说三层意思:第一,民生苦难,行仁政是君主的责任,首先要制民之产;第二,行仁政不仅是君主的责任,也是君主"王天下"的唯一途径;第三,王有不忍之心,此为行仁政的内在根据。三层意思是混在一起说的,不是前后相续的,其中第三层意思即说到性善论。本章中的一些说法,历来被视为性善论的重要观念,如"不忍""见牛未见羊""老吾老,以及人之老"等,为后世儒家言心性开一重要源泉。但与各章言性善的说法比较,本章实有独立思路。

孟子之性善,综合恻隐、羞恶、恭敬、是非"四心",其"善"接续孔子以来儒家所说的"德"。本章重恻隐,渲染同情、关爱、救助,实际上接近现代语义的"善"。孟子对君主在这个意义上"道性善",也有道德责任的意思,君主有天生的不忍之心,要扩而充之,施及民众,这就是君主的"尽心"。但是对君主"道性善"有一独立的方向,只强调同情心、"不忍"之心,却没有传统儒学追求美德的内容。当然,扩充"不忍"也是美德,但没有戒备欲望和战胜自身弱点、提升品性意义的美德。《孟子》其他章言性善尽心,肯定是有这一层意思的,而且可以说是主要意思。最具代表性的是"大体""小体"说,"从其大体为大人,从其小体为小人"(《孟子·告子上》),"大体"是"心之官则思","小体"是"耳目之官不思,而蔽于物",即感官欲望。毫无疑问,《孟子·告子》等章中所说性善尽心,是要以"大体"战胜"小体"。战胜"小体"是最简单的说法,其中当然内涵丰富,后世学者的解释更是开掘

---

① 孟子第二次游历齐国,与齐宣王有几次对话,其中提到齐国伐燕,此事在齐宣王五年。孟子生卒年无定说,一般认为在公元前300年以前。

各种胜境。但无论怎样深奥，基本意思是要战胜小体，这一点是不会错的。"大体"战胜"小体"，就是接续儒学的德性之学。可是从"齐桓晋文之事"章看孟子对君主言性善，就是只说"不忍"、关爱与救助，不言战胜"小体"这个意义的美德。也许有人说，没有提到不代表没有要求，但综合看孟子对君主言仁政各章，可以确信，他对君主所说就是仁政爱民，确实从未提儒家式的修养品性。不仅如此，有些章偶然涉及感性快乐（小体）与修身（大体）之间的冲突，更能显示孟子的意思。

《孟子·梁惠王下》"庄暴见孟子"章，孟子听庄暴说齐王好音乐，认为是说动齐王行仁政的机会。"他日，见于王曰：'王尝语庄子以好乐，有诸？'王变乎色，曰：'寡人非能好先王之乐也，直好世俗之乐耳。'"齐王见孟子问乐而变色，当然是以为孟子大儒，一定会来说他不爱听的先王古乐，岂知孟子说，王喜好音乐，齐国有希望了，今乐古乐没关系，"今之乐犹古之乐"，关键是要"与众乐乐"，与民共享同乐。在儒家语境中，今乐古乐之别是十分重要的，今乐是愉悦感官的，古乐则是礼乐文化，代表古典修养。先秦儒家文献多有说到二者区别的意义。《礼记·乐记》记魏文侯师子夏，"端冕而听古乐"，就是君主受儒家引导以古乐提升修养。孟子说"今之乐犹古之乐"在儒家内部真是惊人之语，后世的注释，除了赵岐正面说明，其他各家大多未能正面解释，因为今乐古乐之分，在儒家有底线原则的意义，解释和维护孟子之说比较困难。[1] 其实观孟子各章，他也不是不尊古典礼乐，只是对君主言仁政循特别思路，只谈关爱民生，古典修养和戒备小体则可以不提，即使对方提到也明说不重要。《孟子·梁惠王下》还有"齐宣王问明堂"章，表达同样的意思。齐宣王说仁政虽好，但"寡人有疾，寡人好货"，"寡人有疾，寡人好色"，这就

---

[1] 朱熹《孟子集注·梁惠王章句下》："今乐，世俗之乐。古乐，先王之乐。"不解释孟子为何说"今之乐犹古之乐"，后面引范氏曰："孟子切于救民，故因齐王之好乐，开导其善心，深劝其与民同乐，而谓今乐犹古乐。其实今乐古乐，何可同也？但与民同乐之意，则无古今之异耳。若必欲以礼乐治天下，当如孔子之言，必用韶舞，必放郑声。"（朱熹：《四书章句集注》，中华书局，1983，第213—214页）朱熹大概是同意范氏之解，但不明确解释"今之乐犹古之乐"，显然是难以正面赞同这个说法。

是说，自己德性不够，恐难以实行大儒所说的好政治。这显然是知道儒家修身为治国之本的道理。岂知孟子回答，好货好色都没关系，好货能让百姓也有货，好色能让百姓也婚嫁，就是仁政。君主不必战胜"小体"的欲望，只要扩充"不忍"之心，关爱民生就行。

对比这些章，再回到"齐桓晋文之事"章，可知孟子对齐宣王言仁政，说到性善尽心，却从头至尾不提"大体""小体"意义的问题，不是偶然缺失，而是明确的思路。孟子对君主所说的"尽心"责任，就是扩充"不忍"，"老吾老，以及人之老"，没有戒备和战胜"小体"。还有一点可注意，孟子对齐宣王强调此事甚易，"非挟太山以超北海之类也……是折枝之类也"，此语主要是说仁爱能得民心，但可能也暗含无需严格修身、警戒小体的意思。

在《孟子·公孙丑上》"人皆有不忍人之心"章，孟子似乎提到了对君主的德性要求。可是这一章不是一次对话的记录，而且前后之间语义有一个突然跳跃，应如何理解，需要斟酌。本章的前半部分：

> 人皆有不忍人之心。先王有不忍人之心，斯有不忍人之政矣。以不忍人之心，行不忍人之政，治天下可运之掌上。所以谓人皆有不忍人之心者，今人乍见孺子将入于井，皆有怵惕恻隐之心。非所以内交于孺子之父母也，非所以要誉于乡党朋友也，非恶其声而然也。

到这里说的都是不忍之心、恻隐之心，与其他章对君主言仁政性善一样。可是接下来的说法不一样：

> 由是观之，无恻隐之心，非人也；无羞恶之心，非人也；无辞让之心，非人也；无是非之心，非人也。恻隐之心，仁之端也；羞恶之心，义之端也；辞让之心，礼之端也；是非之心，智之端也。人之有是四端也，犹其有四体也。有是四端而自谓不能者，自贼者也；谓其君不能者，贼其君者也。

这里提到著名的"四端",天生善性不仅含恻隐,而且还有羞恶、辞让、是非之心,这就不只是扩充"不忍",而且是要君主扩充"四端",修行儒家式的美德。可是这一章前后之间的衔接是跳跃的,前面部分说不忍,以"有人乍见孺子将入于井"为例,后面突然就说,"由是观之",不忍之心与羞恶、辞让、是非之心都是人之天性,人人能够扩展,君主也能。言下之意,君主也当提升德性。这前后两部分,不像是一次对话的记录,而是后来编纂拼到一起的。孟子何以这一次提到君主也当修身,也许这本来就是儒家的共同意见,孟子也从人性论角度解说一下。但是前面的讨论应该可以确定一个事实,孟子对君主言仁政,主要强调君主的责任是保民爱民、制民之产,不强调修身。

客观地说,说"四端"都是天生就有,有些武断,经验上很难举证"辞让"之心等(天生就知道辞让)。容易举证的是"恻隐""不忍",孟子提到的例证都是这一类,不忍牛之"觳觫"、见孺子入于井、"其颡有泚"等。羞恶、辞让、是非之心,很难说不教而能,天生就有,所以孟子没有提供经验例证。孟子把"四心"放在一起,是要以性善论证儒家传统的德性学,而不只是不忍之心。这是儒家德性学发展史上的大问题,涉及许多待讨论的问题,如孟子何以用"性善"支撑德性学,这种支撑在理论上的理由何在,对后世儒学天理心性之学的影响是什么,等等,因在本文论述线索之外,这里不谈。只提一点,"四端"说涉及儒家德性学,包含修身(包括大体、小体)的丰富内容,孟子为什么对君主提到?尽管在《孟子》中只有一次提到君主可以扩充四端,也就是说君主可以像儒者那样修身,其他都是对君主只提"恻隐"一端,不及其他。这个问题现在难有答案,姑且推测两种可能:第一,这不是孟子当时对齐君说话的记录,是后来的追记,把两段不同的话合在一起了,因为确有逻辑联系;第二,孟子主要希望君主扩充不忍之心行仁政,但有时也会希望君主能成为儒家理想中的圣贤。

三

对君主言"尽心"与对君子言"尽心",有两个不同的思路,这一点可以确定。两个思路之间的关系，涉及不少有意思的问题。现在因文献资料稀少，不易深入展开，但至少可以把问题提出来，有助于拓展我们研究性善论思想的视野。这里尝试提出几个问题待以后深耕相关资料文献，再作进一步探讨。

一个问题是性善论中的主动与被动。性善包含一种道德责任，需要"尽心"的努力。不是所有人都能"尽心"，孟子也不要求所有人都"尽心"，这里含有一种人性认识，主动性与被动性，或者说，英雄性与平庸性的认识。虽然人人都有善性，但多数人是平庸和被动的，"待文王而后兴者，凡民也"（《孟子·尽心上》）。孟子并未指责被动，既是人性特征，指责也无益。孟子事实上认为只有少部分"大人""豪杰"应负"尽心"之责，他们是"虽无文王犹兴"。从这个分野看，君主在道德责任谱系中的地位就比较特别。君主肯定是属于"大人"一类，孟子对君主说性善，激励他们扩展不忍之心，"老吾老，以及人之老"，就是要求他们"尽心"。但有时，孟子认为君主是缺乏主动性的，是被动与平庸的。

孟子曰："无或乎王之不智也，虽有天下易生之物也，一日暴之，十日寒之，未有能生者也。吾见亦罕矣，吾退而寒之者至矣。吾如有萌焉何哉！……"（《孟子·告子上》）

孟子谓戴不胜曰："子欲子之王之善与？我明告子。有楚大夫于此，欲其子之齐语也，则使齐人傅诸？使楚人傅诸？"

曰："使齐人傅之。"

曰："一齐人傅之，众楚人咻之，虽日挞而求其齐也，不可得矣；引而置之庄岳之间数年，虽日挞而求其楚，亦不可得矣。子谓薛居州，善士也，使之居于王所。在于王所者，长幼卑尊皆薛居州也，王谁与为不善？在王所者，长幼卑尊皆非薛居州也，王谁与为善？一薛居州，独如宋王何？"（《孟子·滕文公下》）

上述两章提到的齐王和宋王，都是孟子游说的对象，尤其是齐王，"老吾老，以及人之老"就是对他说的，但孟子认为他们都是被动的，要受周围人影响。这个问题涉及君子与君主的定位，"无文王犹兴"的豪杰之士，说的是君子，他们是完全主动的。君主是行仁政的主体，孟子以"恻隐"之心说动他们，希望激发他们"尽心"的责任感、主动性。但多数时候，孟子与君主言仁政，不是从性善入手，而是从保民责任入手。虽然也是责任，但这是在其位要担其责的责任，与扩展内心的恻隐、不忍还是有不同。更多的时候，孟子是从行仁政无敌于天下的政治前景说，等于不提道德责任，只以功利效果打动君主。这样对比，可以理解为，孟子未把君主归为完全有主动性的一类人。但性善论是发扬内心、自我激励的，有一种大的精神力量，除了职位责任和王天下目标，孟子也尝试以性善激发君主之内心。性善尽心承儒家德性思想而来，有追求美德的丰富内涵，追求美德就要克制自身弱点，以"大体"战胜"小体"，正因孟子未以君主为"尽心"的主动者，只是尝试以"不忍"之心说动他们的内心，所以对君主不言"小体"问题，实质是不言身心修养，只言同情与关爱，且明说其容易，"非挟太山以超北海之类也"，"是折枝之类也"。"皆有不忍人之心"章说到君主也当扩充"四心"，不只恻隐，可能只是循儒家以德性说服君主的惯例。

另一个问题，孟子于君主不言修身，一个初步的感觉，是对君主的要求简单，没有大体小体说那样严格的自律，君主的"尽心"就是扩充不忍之心、保民爱民。这种特别的尽心说，是不是可以理解为君子尽心说的简化版，好像君主的尽心责任，只是君子尽心责任一个缩减的部分？似乎不全是这样。一方面是有简化的意思，可是还有另一个问题要注意，就是在君主的尽心学，在政治领导者的责任意识里，提出了一个道德的新维度——同情、关爱和救助意义的善。这在早期儒家思想发展中有重要意义。

在现代汉语中，"善"主要是一个对他人有爱心、同情心的概念，在古汉语中并不是。古汉语的"善"，大体与"德"含义相同，主要是一个品性的概念，不是侧重同情与关爱。① 孟子性善论中的"善"包含仁义礼智，也是一个德性的概念，但开始突出同情和关爱。这种突出，主要就体现在与君主言性善。用现代概念作一说明，孟子对君主言性善，讲不忍之心，体现了一种人道精神。这种人道精神首先是在仁政学说中，君主的尽心学则展示了这种人道精神的情感根源。从此以后，以"恻隐"为基础的人道精神，不仅是儒家仁政思想的理论基础，而且对君子德性学说也有深远影响。

孟子以前，儒家思想里人道精神尚未成为重要原则，孔子思想主要是人文主义的。② 这一点学界无异议，但以往不大在人文与人道分野的意义上理解这一说法。本文特别说明，孔子的人文取向，是说孔子主要的关切是继承和改造文化传统，落实于教育与品性，其中同情与救助的人道意识不强。孔子有"仁者爱人"之说，内容不详，如果以"忠恕之道"理解孔子说的仁爱，主要是人文主义的，"己欲立而立人，己欲达而达人"，"己所不欲，勿施于人"，不是落实于同情和救助，而是落实于教育和品性。如《礼记》中所说，是要"爱人以德"，而不是"爱人以姑息"。③ 不是说孔子思想中没有同情与救助意义的人道，但这确实不是孔子的主要关切，所以很少说到。

孔子至孟子之间的儒家文献至今不能完全确定，即使把所有可能的文献都列出，也很难找到以同情救助为主要关切的资料。在儒家之外，墨家"兼爱"说可视为古代人道思想的滥觞，而且墨家批评儒家，一个主要攻击点就是礼乐繁盛却不顾民生疾苦。孟子是严厉"辟墨"的，但实际上孟子的仁政思想是受

---

① 略引几例，说明古文中"善"通常指美德，《左传·宣公二年》："人谁无过？过而能改，善莫大焉。"《礼记·大学》："大学之道，在明明德，在亲民，在止于至善。"《礼记·中庸》："回之为人也，择乎中庸，得一善，则拳拳服膺，而弗失之矣。"《论语·季氏》："益者三乐……乐节礼乐，乐道人之善，乐多贤友。"《论语·子张》："君子尊贤而容众，嘉善而矜不能。"
② 现代汉语的"人文"和"人道"，语义由英文 humanism 和 humanitarianism 翻译而来。古汉语"人文"与"人道"二词，语义与现代汉语不同。"人文"相近，"人道"基本不同。
③ 《礼记·檀弓上》记：曾子寝疾，病，乐正子春坐于床下，曾元、曾申坐于足。童子隅坐而执烛。童子曰："华而睆，大夫之箦与？"子春曰："止！"曾子闻之，瞿然曰："呼！"曰："华而睆，大夫之箦与？"曾子曰："然。斯季孙之赐也。我未之能易也，元起易箦。"曾元曰："夫子之病革矣，不可以变。幸而至于旦，请敬易之。"曾子曰："尔之爱我也不如彼。君子之爱人也以德，细人之爱人也以姑息。……"孙希旦撰：《礼记集解》，沈啸寰、王星贤点校，中华书局，1989，第 177 页。

了墨家影响。这个问题不仅涉及仁政思想来源，也涉及性善论的来源，当有专文讨论。这里说一点，孟子对墨家的回应，在人道思想上有一个重要发展，是提出了人道意识的情感基础。中国古代同情与救助民生疾苦的人道主义思想，是在孟子这里形成系统，对后世产生了深远影响。

仁义而已

亲亲而仁民，仁民而爱物
——《孟子·尽心上·亲亲仁民爱物章》的儒家文明图式

● 杨海文　中山大学哲学系教授、山东省泰山学者团队核心成员

本文对于《孟子·尽心上》第45章，标题称作《亲亲仁民爱物章》，行文简称13·45①。此章四言"而"字，前二者有断开而转折之意，后二者有接上而转进之意。先看前两个"而"字："君子之于物也，爱之而弗仁；于民也，仁之而弗亲。"译文可作："君子对于万物，爱怜它们然而不仁善；对于人民，仁善他们然而不亲昵。"再看后两个"而"字："亲亲而仁民，仁民而爱物。"译文可作："亲昵亲人，继而仁善人民；仁善人民，继而爱怜万物。"孟子原创性建构了"亲亲而仁民，仁民而爱物"的儒家文明图式：亲亲是血缘伦理之基，仁民是王道政治之本，爱物是自然生态之根；爱物、仁民、亲亲是由外而内的充实，亲亲、仁民、爱物是由内而外的推扩，充实、推扩均是仁的呈现与敞开。纵览孟学史，此章的解释学资源极为硕富：它的主旨是以"亲亲"而"距墨"吗？"爱物"比"仁民"更难吗？能够从中得出"万物一体"吗？孟

---

① 此种序号注释，以杨伯峻译注《孟子译注》（中华书局2010年第3版）、《论语译注》（中华书局1980年第2版）为据，下同。

学史的守正性重构看似是将简单的问题复杂化，其实是在丰富并深化孟子原创性建构的儒家文明图式。

一、此章盖为墨氏而发

《孟子》13·45 有其汉学解释系统。先看《孟子正义》卷 27《尽心上·四十六章①》录赵岐（？—201）注。其一指出："物，谓凡物可以养人者也。当爱育之，而不如人仁，若牺牲不得不杀也。"其二指出："临民以非己族类，故不得与亲同也。"其三指出："先亲其亲戚，然后仁民，仁民然后爱物，用恩之次也。"其四指出："《章指》言：君子布德，各有所施。事得其宜，故谓之义也。"② 再看焦循（1763—1820）的《孟子正义》卷 27《尽心上·四十六章》。其一指出："下言牺牲，则物可以养人，谓六畜牛羊之类也。"其二指出："此云爱之而弗仁，是仁与爱别。盖有爱物之爱，有爱人之爱，爱人之爱则谓之仁。"其三指出："爱在人乃谓之仁，然则爱在物，不谓之仁矣。爱物者第养育之，不同于爱人之为仁。故云：'当爱育之，不如人仁。'"其四指出："亲即是仁，而仁不尽于亲。仁之在族类者为亲。其普施于民者，通谓之仁而已。仁之言人也，称仁以别于物；亲之言亲也，称亲以别于疏。"③ 我们将赵注、焦疏视作汉学解释《孟子》此章的代表。这些解释就像与孟子促膝谈心，人们不觉其有丝毫隔阂之感。

但是，从《孟子》13·45 的解释史看，汉学属于循规蹈矩的类型，旨在敞开原文本意；理学属于融会贯通的类型，旨在揭橥"距墨"大义。此章并未明言墨子，理学解释系统为何将两者关联起来呢？

先看以下文献：一是《河南程氏遗书》卷 23《伊川先生语九·鲍若雨录》指出："不敬其亲而敬他人者，谓之悖礼；不爱其亲而爱他人者，谓之悖德。

---

① 《孟子正义》将《孟子》13·36 分作两章，所以其后的章数标识依次增一。
② 焦循撰：《孟子正义》下册，沈文倬点校，中华书局，1987，第 948、949、949、950 页；按，个别标点符号略有校改。
③ 焦循：《孟子正义》下册，第 948、949、949、949 页；按，个别标点符号略有校改。

故君子'亲亲而仁民,仁民而爱物'。能亲亲,岂不仁民?能仁民,岂不爱物?若以爱物之心推而亲亲,却是墨子也。"① 二是《河南程氏文集》卷9《伊川先生文五·答杨时论西铭书》指出:"《西铭》之为书,推理以存义,扩前圣所未发,与孟子性善、养气之论同功,(二者亦前圣所未发。)岂墨氏之比哉?《西铭》明理一而分殊,墨氏则二本而无分。(老幼及人,理一也。爱无差等,本二也。)分殊之蔽,私胜而失仁;无分之罪,兼爱而无义。分立而推理一,以止私胜之流,仁之方也。无别而迷兼爱,至于无父之极,义之贼也。"② 三是《王阳明全集》卷1《语录一·传习录上》指出:"父子兄弟之爱,便是人心生意发端处,如木之抽芽。自此而仁民,而爱物,便是发干生枝生叶。墨氏兼爱无差等,将自家父子兄弟与途人一般看,便自没了发端处;不抽芽便知得他无根,便不是生生不息,安得谓之仁?孝弟为仁之本,却是仁理从里面发生出来。"③ 四是唐文治(1865—1954)的《孟子大义》卷13《尽心上·第四十五章》指出:"此所谓等也,平等之说,实始于墨氏之爱无差等。论者因欲以家庭之爱情,移之于社会;社会之爱情,移之于国家。不知家庭自有家庭之爱情,社会自有社会之爱情,国家自有国家之爱情。其说固已浅陋矣。至欲以亲亲之事行之于仁民,仁民之事行之于爱物,则尤不通之甚者也。夫亲亲、仁民、爱物,皆发于不忍之心,所谓理一也。然亲亲有亲亲之道,仁民有仁民之道,爱物有爱物之道,各有其等差而不可越,各有其秩序而不容紊,所谓分殊也。夫人道,天地间之最贵者也。然言人道而至于无别,将以施之于父母兄弟者,施之于途人,无论其理之不可也,其事岂可继乎?近世墨氏之学盛行,平等之说尤炽,吾惜其不读《孟子》也。夫孟子之学说,所以维人道于不敝者也。"④ 五是姚永概(1866—1923)的《孟子讲义》卷13《尽心章句上》指

---

① 程颢、程颐著:《二程集》第1册,王孝鱼点校,中华书局,1981,第310页;按,个别标点符号略有校改。
② 程颢、程颐:《二程集》第2册,第609页;按,个别标点符号略有校改。
③ 王守仁撰:《王阳明全集》上册,吴光、钱明、董平、姚延福编校,上海古籍出版社,1992,第26页;按,个别标点符号略有校改。
④ 徐炜君整理:《唐文治四书大义·孟子大义》,上海人民出版社,2018,第503页;按,个别标点符号略有校改。

出："此章盖为墨氏而发。"① 六是何漱霜（生卒年不详）的《孟子文法研究·同时学说之批评编·杨墨篇》指出："本章为当世惑于'兼爱'、有似于'二本'者发，先逆推，后顺说。"

尽管《孟子》13·45没有明确提到墨子，但此章与《孟子》"距墨"的四章（5·5，6·9，13·26，14·26）实则彼此呼应、相互支援。② 所以，在程颢（1032—1085）、程颐（1033—1107）、王阳明（1472—1529）等解释者看来，儒家的"亲亲"是爱有差等的仁爱、"一本"，而不是墨子爱无差等的兼爱、"二本"；所谓"此章盖为墨氏而发"，儒墨之分昭然若揭。

与"距墨"相关联，孟学史常以"理一分殊"诠释"亲亲而仁民，仁民而爱物"，由此彰显仁为活水源头、事必循序渐进之义。这是理学解释系统极为看重的一面。譬如，《河南程氏外书》卷2《朱公掞问学拾遗》指出："仁推之及人，若'老吾老，以及人之老'，于民则可，于物则不可。统而言之则皆仁，分而言之则有序。（正叔。）"③《杨时集》卷11《语录二·京师所闻》指出："河南先生言'理一而分殊'，知其'理一'，所以为仁；知其'分殊'，所以为义。所谓'分殊'，犹孟子言'亲亲而仁民，仁民而爱物'。其分不同，故所施不能无差等。"④ 张栻（1133—1180）的《孟子说》卷7《尽心上》指出："理一而分殊者，圣人之道也。盖究其所本，则固原于一；而循其所推，则不得不殊。""亲亲而仁民，仁民而爱物，由一本而循其分，惟仁者为能敬而不失也。"⑤ 真德秀（1178—1235）的《孟子集编》卷13《尽心章句上》指出："天下之理一，而分则殊。凡生于天壤之间者，莫非天地之子，而吾之同气者也，是之谓理一。然亲者，吾之同体；民者，吾之同类；而物，则异类

---

① 姚永概撰：《孟子讲义》，陈春秀校点，黄山书社，1999，第244页。
② 相关研究，参见杨海文：《"距杨墨"与孟子的异端批判意识》，《北京师范大学学报（社会科学版）》2014年第2期，第78—89页；杨海文：《"本心之明"的遮蔽与唤醒——夷子在"亲亲"等问题上"逃墨归儒"的伦理学解读》，《哲学研究》2019年第9期，第37—44页。
③ 程颢、程颐：《二程集》第2册，第364页；按，个别标点符号略有校改。
④ 杨时撰，林海权整理：《杨时集》第2册，中华书局，2018，第297页。
⑤ 张栻著：《张栻全集》中册，杨世文、王蓉贵校点，长春出版社，1999，第492、493页。

矣。是之谓分殊。以其理一，故仁爱之仁无不遍；以其分殊，故仁爱之施则有差。若以亲亲之道施于民，则亲疏无以异矣，是乃薄其亲；以仁民之道施于物，则贵贱无以异矣，是乃薄其民。故于亲则亲之，于民则仁之，而于物则爱之。合而言之则皆仁，分而言之则有序，此二帝三王之道所以异于杨、墨也。"① 吕留良（1629—1683）的《四书讲义》卷42《孟子十三·尽心上·孟子曰君子之于物也章》指出："儒者理一而分殊，只是推得去；异端二本而无分，只是推不去。两句中两'而'字，正是说推得去也。异端所不解在'分殊'处，秀才所不解在'理一'处。故讲此章者，不怕不明等杀，但不能于等杀上，见得个浑仑一件耳。"② 唐文治的《孟子大义》卷13《尽心上·第四十五章》指出："夫亲亲、仁民、爱物，皆发于不忍之心，所谓理一也。然亲亲有亲亲之道，仁民有仁民之道，爱物有爱物之道，各有其等差而不可越，各有其秩序而不容紊，所谓分殊也。"③

现将"理一分殊"精准翻译为："至理（产生世界的本原）是唯一的，性分（分享至理的事物）是万殊的。"理学借此解释《孟子》13·45，达成的结论有三：第一，"仁爱之仁无不遍""皆发于不忍之心""合而言之则皆仁"，是谓"理一"；第二，"仁爱之施则有差""各有其等差而不可越""分而言之则有序"，是谓"分殊"；第三，"由一本而循其分""儒者理一而分殊，只是推得去""不怕不明等杀，但不能于等杀上，见得个浑仑一件耳"，是谓"理一而分殊"。质言之，仁为活水源头，事必循序渐进，目的在于将"距墨"进行到底。

二、仁民易而爱物难

孟学史解释《孟子》13·45，包含详略之辨、难易之辨。所谓详略之辨，

---

① 真德秀撰：《四书集编》下册，陈静点校，福建人民出版社，2021，第832页；按，个别标点符号略有校改。
② 吕留良撰，陈鏦编：《四书讲义》下册，俞国林点校，中华书局，2017，第1003页；按，个别标点符号略有校改。
③ 徐炜君：《唐文治四书大义·孟子大义》，第503页；按，个别标点符号略有校改。

是指孟子原本通过"仁"而将"亲亲""仁民""爱物"等量齐观,但孟学史侧重"亲亲""爱物"而省略"仁民"。① 所谓难易之辨,是指孟子原本通过"仁"而视"亲亲""仁民""爱物"循序渐进,但孟学史侧重仁民易而爱物难、爱物必因世界大同而由难转易。由等量齐观而有详略之辨,尤其是由循序渐进而有难易之辨,朱熹(1130—1200)、张栻、康有为(1858—1927)的观点具有代表性。

《四书》仅有《孟子》一言"爱物"。《孟子》13·45 的全部文字为:"孟子曰:'君子之于物也,爱之而弗仁;于民也,仁之而弗亲。亲亲而仁民,仁民而爱物。'"对此,《孟子集注》卷 13《尽心章句上》的全部释文为:

> 物,谓禽兽、草木。爱,谓取之有时、用之有节。程子曰:"仁,推己及人,如'老吾老,以及人之老',于民则可,于物则不可。统而言之则皆仁,分而言之则有序。"杨氏曰:"其分不同,故所施不能无差等,所谓理一而分殊者也。"尹氏曰:"何以有是差等?一本故也,无伪也。"②

《四书章句集注》仅有《孟子集注》五言"爱物"。一是《孟子》1·7 指出:"今恩足以及禽兽,而功不至于百姓者,独何与?"对此,《孟子集注》卷 1《梁惠王章句上》指出:"盖天地之性,人为贵。故人之与人,又为同类而相亲。是以恻隐之发,则于民切而于物缓;推广仁术,则仁民易而爱物难。"③ 二是《孟子》1·7 重言:"今恩足以及禽兽,而功不至于百姓者,独何与?"对此,《孟子集注》卷 1《梁惠王章句上》指出:"不能推恩,则众叛亲离,故无以保妻子。盖骨肉之亲,本同一气,又非但若人之同类而已。故古人必由亲亲推之,然后及于仁民;又推其余,然后及于爱物。皆由近以及远,自

---

① 以民为本的"仁民"情怀遍布《孟子》全书的字里行间,所以《孟子》13·45 的单章解释史对此多有省略。
② 朱熹:《四书章句集注》,中华书局,1983,第 363 页;按,个别标点符号略有校改。
③ 朱熹:《四书章句集注》,第 209 页。

易以及难。"① 三是《孟子》1·7指出："权，然后知轻重；度，然后知长短。物皆然，心为甚。王请度之！"对此，《孟子集注》卷1《梁惠王章句上》指出："今王恩及禽兽，而功不至于百姓。是其爱物之心重且长，而仁民之心轻且短，失其当然之序而不自知也。故上文既发其端，而于此请王度之也。"② 四是《孟子》13·46指出："知者无不知也，当务之为急；仁者无不爱也，急亲贤之为务。尧、舜之知而不遍物，急先务也；尧、舜之仁不遍爱人，急亲贤也。"对此，《孟子集注》卷13《尽心章句上》引丰氏（丰稷，1033—1107）指出："智不急于先务，虽遍知人之所知、遍能人之所能，徒弊精神，而无益于天下之治矣。仁不急于亲贤，虽有仁民爱物之心，小人在位，无由下达，聪明日蔽于上，而恶政日加于下。此孟子所谓不知务也。"③ 五是《孟子》14·1指出："仁者以其所爱及其所不爱，不仁者以其所不爱及其所爱。"对此，《孟子集注》卷14《尽心章句下》指出："亲亲而仁民，仁民而爱物，所谓'以其所爱及其所不爱'也。"④

一方面，针对《孟子》一言"爱物"，朱熹将它解释为禽兽、草木取之有时、用之有节；又引程颐、杨时（1053—1135）、尹焞（1071—1142）之言，揭明亲亲、仁民、爱物既有统分又有差等。另一方面，细究《孟子集注》五言"爱物"，朱熹以人为贵，侧重轻重、缓急、难易之辨，一则剖析齐宣王"爱物之心重且长，而仁民之心轻且短"，二则辨析仁民、爱物"恻隐之发，则于民切而于物缓；推广仁术，则仁民易而爱物难"，三则判析亲亲、仁民、爱物"由近以及远，自易以及难"。由此，"亲亲、仁民、爱物"的儒家文明图式获得了难易之辨的共时态表述：亲亲，近且重、急、易；仁民，次之；唯独爱物，远且轻、缓、难。朱熹这一卓见后来逐渐成为理学的共识。

物必爱，何以难？张栻的《孟子说》卷7《尽心上》指出：

---

① 朱熹：《四书章句集注》，第209—210页；按，个别标点符号略有校改。
② 朱熹：《四书章句集注》，第210页。
③ 朱熹：《四书章句集注》，第363页；按，个别标点符号略有校改。
④ 朱熹：《四书章句集注》，第364页；按，个别标点符号略有校改。

夫君子之于物，无不爱者，犹人之一身，无尺寸之肤而非其体，则无尺寸之肤不爱也。然曰"爱之而弗仁"，何也？夫爱固亦仁也，然物对人而言，则有分矣。盖人为万物之灵，在天地间为至贵者也。人与人类，则其性同；物则各从其类，而其性不得与吾同矣。不得与吾同，则其分不容不异。仁之者，如老其老、幼其幼之类，所以为交于人之道也。若于物而欲仁之，固无其理；若于人徒爱之而已，则是但以物交，而人之道息矣。故程子曰："人须仁之，物则爱之。"①

物必爱，如何易？康有为的《孟子微》卷1《总论第一》指出：

然天地者生之本也，祖宗者类之本也。知尊祖者，则爱同类，四海之内皆兄弟也；知尊天者，则爱同生，我受天之气而生，众生亦受天之气而生，是各生物皆我大同胞也，既我同胞，安有不爱？但方当乱世、升平，经营人道之未至，民未能仁，何暇及物？故仅能少加节制以减杀机。故钓而不纲，弋不射宿，鱼鳖不尺不食，不殀不卵；秋气肃杀，乃伐山林、捕鸟兽，春、夏则禁为之。至于太平世，众生如一，必戒杀生。当时物理、化学日精，必能制物代肉。则虎豹豺狼之兽久已绝种，所余皆仁兽美鸟，众生熙熙，同登春台矣。佛之戒杀，在孔子太平世必行之道，但佛倡之太早，故未可行。必待太平世，乃普天同乐，众生同安，人怀慈惠，家止争杀，然后人人同之也。②

综合张栻、康有为的观点，一方面，人与物不属于同类，加上世运又在据乱世、升平世，爱物自然不能等同于亲亲、仁民，否则有违人道，所以爱物难，爱物只是有限、局部之举；另一方面，假定世运已经达至太平世，众生如

---

① 张栻：《张栻全集》中册，第492—493页；按，个别标点符号略有校改。
② 康有为著：《孟子微 礼运注 中庸注》，楼宇烈整理，中华书局，1987，第11页；按，个别标点符号略有校改。

一,爱物如果不能等同于亲亲、仁民,同样有违人道,所以爱物易,爱物成为无限、全局之事。由此,"亲亲、仁民、爱物"的儒家文明图式获得了难易之辨的历时态表述:人物异类,世运未至,爱物必难,这是历史与现状;世运已至,众生如一,爱物必易,这是未来与愿景。

三、水木之喻与万物一体

放眼孟学史,朱熹对于"亲亲、仁民、爱物"的儒家文明图式,其理解之深、影响之巨可谓无出其右者。这一解释学资源不仅寄寓于《孟子集注》以及《四书章句集注》,而且蕴藏于《朱子语类》。《朱子语类》总体论述"亲亲,仁民,爱物",有以水比喻三事先后之序的,有以木比喻三事实华之别的,特别值得人们关注。

先看《朱子语类》卷20《论语二·学而篇上·有子曰其为人也孝弟章》(对应于《论语》1·2)如何以水比喻三事的先后之序。其一指出:"但是爱亲爱兄是行仁之本。仁便是本了,上面更无本。如水之流,必过第一池,然后过第二池、第三池。未有不先过第一池,而能及第二、第三者。仁便是水之原,而孝弟便是第一池。不惟仁如此,而为义、礼、智亦必以此为本也。"其二指出:"仁如水之源,孝弟是水流底第一坎,仁民是第二坎,爱物则三坎也。"①

再看《朱子语类》卷56《孟子六·离娄上·仁之实章》(对应于《孟子》7·27)如何以木比喻三事的实华之别。其一指出:"如仁是'亲亲而仁民,仁民而爱物',义是长长、贵贵、尊贤。然在家时,未便到仁民爱物;未事君时,未到贵贵;未从师友时,未到尊贤。且须先从事亲从兄上做将去,这个便是仁义之实。仁民、爱物、贵贵、尊贤,是仁义之英华。"其二指出:"须是理会得个'实'字,方晓得此章意思。这'实'字便是对'华'字。且如爱亲、仁

---

① 黎靖德编:《朱子语类》第2册,王星贤点校,中华书局,1986,第463、463页;按,个别标点符号略有校改。

民、爱物，无非仁也。但是爱亲乃是切近而真实者，乃是仁最先发去处；于仁民、爱物，乃远而大了。义之实亦然。"其三指出："向亦曾理会此'实'字，却对得一个'华'字。亲亲，仁也；仁民、爱物，亦仁也。事亲是实，仁民、爱物乃华也。"[1]

在朱熹看来，"亲亲，仁也；仁民、爱物，亦仁也"，即是"理一"在于仁；"孝弟是水流底第一坎，仁民是第二坎，爱物则三坎也"，即是"分殊"在于先后之序；"事亲是实，仁民、爱物乃华也"，即是"分殊"在于实华之别。如果考虑到《朱子语类》卷60《孟子十一·尽心上》缺少"君子之于物也章"（对应于《孟子》13·45），那么，这里以水喻三事的先后之序、以木喻三事的实华之别，就可略补其阙。

从守正性重构孟子"亲亲而仁民，仁民而爱物"的儒家文明图式看，朱熹认为亲亲、仁民、爱物有着先后之序，亲亲与仁民、爱物有着实华之别。这既是我们固守此一儒家文明图式的金刚钻与理论原则，也是我们敞开此一儒家文明图式的指南针与精神方向。原因在于《孟子》13·45关涉"天人合一"的中国古典哲学大智慧，其间既有呵护自然的向度，更有万物一体的向度。

先看呵护自然的向度。《诗经·大雅·文王之什·旱麓》指出："鸢飞戾天，鱼跃于渊。"[2]《孟子》13·45指出："亲亲而仁民，仁民而爱物。"张载（1020—1077）的《正蒙·乾称篇第十七》指出："民吾同胞，物吾与也。"[3] 这三句话的意思是说：鸟儿天上飞，鱼儿水里游；亲爱亲人继而仁爱人民，仁爱人民继而爱惜万物；人民是我的同胞，万物是我的朋友。

再看万物一体的向度。《河南程氏遗书》卷2上《二先生语二上·元丰己未吕与叔东见二先生语》指出："所以谓万物一体者，皆有此理，只为从那里来。"[4]《河南程氏文集·遗文·礼序》指出："人者，位乎天地之间，立乎万

---

[1] 黎靖德：《朱子语类》第4册，第1332、1333、1333页；按，个别标点符号略有校改。
[2] 阮元校刻：《十三经注疏（附校勘记）》上册，中华书局，1980，第515页下栏—516页上栏。
[3] 张载著：《张载集》，章锡琛点校，中华书局，1978，第62页。
[4] 程颢、程颐：《二程集》第1册，第33页。

物之上；天地与吾同体，万物与吾同气，尊卑分类，不设而彰。"①《河南程氏粹言》卷1《论道篇》指出："仁者以天地万物为一体，莫非我也。知其皆我，何所不尽！不能有诸己，则其与天地万物，岂特相去千万而已哉？"②《王阳明全集》卷1《语录一·传习录上》指出："仁是造化生生不息之理，虽氤氲周遍，无处不是，然其流行发生，亦只有个渐，所以生生不息。（按："氤氲"今作"弥漫"）"③《王阳明全集》卷26《大学问》指出："大人者，以天地万物为一体者也。其视天下犹一家，中国犹一人焉。"④ 刘宗周（1578—1645）的《论语学案卷三·颜渊第十二》指出："天地以生物为心，人也。万物资生，人与万物皆生于仁，本是一体。故人合下生来便能爱，便是亲亲。由亲亲而推之，便能仁民；由仁民而推之，便能爱物。故仁者以天地万物为一体。天地以生物为心，人亦以生物为心，本来的心便是仁，本来的人便是仁。"⑤ 刘宗周的《答履思五（壬申）》指出：" '仁者以天地万物为一体。'乃人以天地万物为一体，非仁者以天地万物为一体也。若人与天地万物本是二体，必借仁者以合之，蚤已成隔膜见矣。人合天地万物以为人，犹之心合耳、目、口、鼻、四肢以为心。今人以七尺言人，而遗其天地万物皆备之人者，不知人者也；以一膜言心，而遗其耳、目、口、鼻、四肢皆备之心者，不知心者也。学者于此信得及、见得破，我与天地万物本无间隔，即欲容其自私自利之见以自绝于天而不可得。不须推致，不烦比拟，自然亲亲而仁民、仁民而爱物，义、礼、智、信一齐俱到，此所以为性学也。"⑥ 吕留良的《四书讲义》卷42《孟子十三·尽心上·孟子曰君子之于物也章》指出："亲亲、仁民、爱物，必如此剖别分明，才成得浑仑一件，所谓仁也。异端不知此理，以平等普度，无别择，为广大，

---

① 程颢、程颐：《二程集》第2册，第668页。
② 程颢、程颐：《二程集》第4册，第1179页。
③ 王守仁：《王阳明全集》上册，第26页。
④ 王守仁：《王阳明全集》下册，第968页；按，个别标点符号略有校改。
⑤ 吴光主编：《刘宗周全集》第1册《经术》，浙江古籍出版社，2007，第432页；按，个别标点符号略有校改。
⑥ 吴光：《刘宗周全集》第3册《文编上》，第312页；按，个别标点符号略有校改。

不道正是其不仁处。譬之人身，自首至足，官骸分位，高卑清浊，迥然各用，却只是一体。然必如此分位各用，乃所以为一体。若倒屙出口，扪舌置尻，岂复成人哉！异端究不能自平其首足、官骸之等，即可以信其理之必无，而说之不可行矣。"①

孟子绝非生态学家，但其生态智慧的点睛之笔是"仁民爱物"。② "仁民爱物"不仅旨在呵护自然，而且指向万物一体。从前者看，将"鸢飞鱼跃""仁民爱物""民胞物与"置于同一儒家文明图式之中，就是守正性重构；从后者看，将"仁民爱物""万物一体"置于同一儒家文明图式之中，尤其是像刘宗周、吕留良那样直接打通两者，更是守正性重构。职是之故，"鸢飞鱼跃""仁民爱物""民胞物与""万物一体"堪称中国传统文化标识"天人合一"的四大箴言。

综上所述，《孟子》13·45 原创性建构了"亲亲而仁民，仁民而爱物"的儒家文明图式，并被孟学史予以守正性重构。孟学史对于此章的守正性重构包括三大议题：第一，基于亲亲与兼爱的对决，此章盖为墨氏而发；第二，基于仁民与爱物的对比，仁民易而爱物难；第三，基于亲亲、仁民、爱物的对举，先后之序、实华之别昭然若揭，呵护自然、万物一体呼之欲出。从《孟子》13·45 的单章研究看，孟学史的守正性重构丰富并深化了孟子原创性建构的儒家文明图式，守正性重构最能夯实并彰显原创性建构的历史进程及其时代价值。经典因解释而与时俱进、生生不息，《孟子》单章研究必将或曰正在成为凸显原创性建构、活化守正性重构的必由之路。

---

① 吕留良：《四书讲义》下册，第 1003 页；按，个别标点符号略有校改。
② 参见杨海文：《"仁民爱物"与孟子的生态智慧》，《中共宁波市委党校学报》2018 年第 5 期，第 48—54 页。

论孟子的"安宅"观

● 张茂泽　西北大学中国思想文化研究所教授

孟子说:"夫仁,天之尊爵也,人之安宅也。"(《公孙丑上》,下引《孟子》只注篇名)又说:"仁,人之安宅也;义,人之正路也。旷安宅而弗居,舍正路而不由,哀哉!"(《离娄上》)"安"有安全、安静、安乐诸义,"宅"即"居",是人们出生、成长的基地,生产生活的家,人们精神上的家即精神家园。"安宅",就是安身立命的精神家园。在孟子看来,人的精神家园不是空旷的家人住宅,而是实有其物在内,这就是"仁"。换言之,"仁"就是儒家安身立命的精神家园。

"仁"何以能为人的精神家园?因为孟子的"仁",就是他所谓的良知、良心,也是"禹稷颜回同道""圣人与我同"的统一性的"道",即人天赋"固有"的至善本性。因为"仁"源于"天",是天对人的位分规定,故谓之"天爵";天给人的位分规定被认为高贵于世俗爵位,故曰"天之尊爵"。人在现实世界努力求得的地位、位分或爵位,只是天爵的部分实现。天爵完全实现,便是圣人。天爵规定了人在现实世界生活的可能性、准则和最高理想,故天爵可以成为人之所以为人的规定性或统一性,充当人成为理想的人的逻辑根据,是谓"道"或"理义";天爵又是人在现实世界生产生活的出发点、方向、主宰和最高境界,故天爵可以成为人之所以为人的真主体,充当人境界提高的主宰者,是谓"良知"或"良心"。天爵、理义、良知,其实质内涵都是"仁",只是从人性的来源、本质、主体方面分别言之罢了。朱熹注解此句甚好,曰:"仁、义、礼、智,皆天所与之良贵。而仁者天地生物之心,得之最先,而兼统四者,所谓元者善之长也,故曰尊爵。在人则为本心全体之德,有天理自然之安,无人欲陷溺之危。人当常在其中,而不可须臾离者也,故曰安宅。"①

孟子尊崇尧舜、商汤、文武,相信五百年必有王者兴。他"私淑"孔子,可谓民间尊孔第一人。其言论多次称引《诗》《书》,他又提出"尽信《书》,则不如无《书》"(《尽心下》),相信经典而又理性对待之,是推动儒家经学诞生的关键人物。自孟子开始,"安宅"又成为儒家思想的关键词。这表明,孟子是儒家思想史上的重要人物。研究孟子的"安宅"观,意义重大。

孟子说:"乃所愿,则学孔子也。"(《公孙丑上》)孟子自觉学习孔子,其学问主要源于孔子。孔子传承尧舜、三代历史文化,改造三代宗教思想,创立理性儒学,建构起以仁义道德为核心的精神家园思想体系,提供了古代中华民族共同体精神上的安身立命之所,展示了儒学理性学术思想、民众精神家园的双重文化功能。孔学传人很多,曾子、子思可以作为早期代表。但从儒家精神家园思想史看,孟子提出"安宅"概念,才标志着先秦儒家精神家园理论在表达形式上的完成。

学界一直关注孟荀比较。大家皆知双方有性善性恶之争、心性礼法之别,在理论性质上也有唯物唯心、理想现实之分。其实,孟荀皆儒学大家,作为先秦儒学样本,他们阐发仁义道德的意义,各有侧重。荀子所重在经验实证,在实践而有实效,关注个人节操和礼法结合;孟子则强调先验理想的意义,比较关注人们精神上的安身立命问题,希望人们大气磅礴,志坚而行笃。故孟子思想更多关涉精神家园建构。从精神家园思想角度,观察孟子的学术思想,揭示

---

① 朱熹《孟子集注》卷三,《四书章句集注》,中华书局,1983,第239页。下同,只注书名、卷数、页码。

其学思特质，是很合适的。

一、"正命立命"的"安宅"依据论

孔子提出"知天命"说，要求理性认识把握人之所以为人的性命、社会分工规定的角色使命，也要虚怀承受人为努力之后的最终结局。孟子承认最终结局的天命，尽力发挥天命的性命、使命意义。他说："莫非命也，顺受其正。是故知命者，不立乎严墙之下。尽其道而死者，正命也。桎梏死者，非正命也。"(《尽心上》)朱熹注："人物之生，吉凶祸福，皆天所命。然惟莫之致而至者，乃为正命，故君子修身以俟之，所以顺受乎此也。"[1] 命有普遍性，人能顺应天行天生，正常发挥、实现天赋，"尽其道而死"，就是正命；正命有成，是立命。知，主要是认识活动；正、立，落脚在实行、实践。如此，孔子"知命"主要应在人性命的自觉，孟子正命立命则可谓人性命觉悟基础上的实践和实现。

孔子承认子夏"死生有命，富贵在天"说，在人生穷达贫富、社会和战治乱等最终结局上，人无能为力。而孟子提出"尽其道而死"，在命运作为社会人生最终结局意义上，增加了人的道德修养比重，提高了人在天命面前的地位。孟子天命观中人文理性因素的增长，曲折反映了战国时期社会生产力的进步。换言之，在孟子那里，"安宅"建立在正命、立命修养基础上，是人们进行正命立命修养达到的精神境界，也是人们进行文明教化建构的精神家园。"安宅"观可谓孟子儒学的精神家园形态。

和孔子"知天命"说比较，孟子的"正命立命"说有几个突出特点：

(一) 道德使命意识突出

向孔子学习，希贤成圣，是孟子一生的追求。孟子生当战国中期，当时战乱频仍，杀人盈野，杀人盈城。孟子努力道性善，言必称尧舜，希望以此改变

---

[1] 《孟子集注》卷十三，《四书章句集注》，第349—350页。

时局，拨乱反正。他要求人们有做人成人的使命感，尽力进行道德修养；人人从我做起，逐步影响周围的人。这样坚持下去，最终自会见效。他说："求则得之，舍则失之，是求有益于得也，求在我者也。求之有道，得之有命，是求无益于得也，求在外者也。"（《尽心上》）朱熹注："在我者，谓仁义礼智，凡性之所有者。有道，言不可妄求。有命，则不可必得。在外者，谓富贵利达，凡外物皆是。"[1] 在我者，指人以仁义道德为核心的至善本性，乃天命于人，为人性先天固有，它待求、可求，一旦我们追求之，则必有所得，是为人的性命和使命。在外者，富贵利达，外在环境条件，乃天命于人，为命运之既定者，却非人之固有，乃后天求得，它也待求、可求，但我们如果追求之，却并不必得。这是人的宿命吗？使命可以用力，人们尽力，定可实现；宿命不可改，故人们不必尽心用力于此，只是虚怀承受即可。孟子提倡的天命论和孔子的接近，这是一种主张进行道德修养以把握人生、社会命运的人学思想。天生人成、天命人性、天意民心，是先秦哲学天人合一的几种形态。天命人性，主要指天命人以仁义道德；而人则以道德修养把握人生命运，以道德教化把握家庭、国家、天下的命运。儒家天人合一理论强调道德和天命的内在关联，也应是孔子"知天命"说的精髓所在。至于天生人成、天意民心两种天人合一理念，在汉代儒学、张载关学、陆王心学等处，才得到比较充分的发掘。

孟子建议滕文公："苟为善，后世子孙必有王者矣。君子创业垂统，为可继也。若夫成功，则天也。君如彼何哉？强为善而已矣。"（《梁惠王下》）他主张治国者应该"为善""强为善"以治国，要求以道德修养、道德教化把握国家命运。至于人生际遇、社会结局，皆"非人所能"，乃天命决定。只是相信，顺天为善，或可成功；逆天为恶，必不能成。顺天为善，或不成功，乃天意如此耳；逆天为恶，或偶然逞其私欲，而社会大众、文明历史受其害，亦命数使然。后起者继续顺天为善，必可拨乱反正，而治国平天下，此即善之胜恶、正之胜邪，成就、实现天命之人性，发展完善文明之历史。这实际上是要求人们

---

[1] 《孟子集注》卷十三，《四书章句集注》，第350页。

重视道德修养，至于才能、机遇、贵人、平台等，则有偶然性，不必斤斤计较于此。为人做事，不走后门、拉关系，只是"居易以俟命"，决不"行险以徼幸"。(《礼记·中庸》)

(二) 政治天命被分割、抑制

在孟子之前，思想家们思考政权获得和更替的原因，一般归诸天命。孟子做了富有新意的解释。他认为，尧禅让舜，是"天与之"的表现；天与之，就是以天地变化、情事转变暗示之。具体言，就是"尧荐舜于天而天受之，暴之于民而民受之"，如尧使舜"主祭而百神享之，是天受之；使之主事而事治，百姓安之，是民受之也"。"民受之"的第一个表现是"主事而事治，百姓安之"；第二个表现是"舜相尧二十有八载，非人之所能为也，天也。尧崩，三年之丧毕，舜避尧之子于南河之南。天下诸侯朝觐者，不之尧之子而之舜；讼狱者，不之尧之子而之舜；讴歌者，不讴歌尧之子而讴歌舜"。(《万章上》) 舜相尧二十八年，非一般人所能，孟子认为这是天意；尧驾崩后，天下朝觐、讼狱、讴歌，都去找舜，孟子认为这是"民受"的证据；而民受，民众广泛接受，根本上说也是天意的表现。因为《尚书·泰誓》言"天视自我民视，天听自我民听"，民心民意反映的就是天意。孟子还进行了更深入的诠释，他说："尧舜，性者也"(《尽心下》)，尧舜禅让只是自然表现了人性本质，所以成为最高理想人格。尧舜作为效法对象，便如工匠之规矩，"规矩，方员之至也；圣人，人伦之至也。欲为君尽君道，欲为臣尽臣道，二者皆法尧舜而已矣"(《离娄上》)。圣人正是人性的理想典型，我们做人成人，也只是效法尧舜，"天下为公，选贤与能"(《礼记·礼运》)而已。尧舜公天下，政权转移，也是公共权力的转移，并无个人名利的考量、犹豫。

可见，孟子理性解释权力交接现象，抑制了政治活动中的天命因素，降低了"天命"的政治影响力。他提出君权来源于"天受"和"民受"，可谓天民各半，神人以和。虽然如此，在神权占统治地位的时代，也只能说，这种"天"的观念只有微弱的神权色彩，而突出了人文的地位和作用。这当然是人理性政治能力提高，能够解决更多现实问题的反映。

（三）鬼神人文化

孔子承认鬼神，参与祭祀，祭神如神在，但他所重在以"知生""事人"为先，对待鬼神，则敬而远之，不语不祈。在孟子那里，神则被划分为两类：一是作为祭祀对象的神灵。如他说："虽有恶人，斋戒沐浴，则可以祀上帝。"（《离娄下》）又说："牺牲既成，粢盛既洁，祭祀以时，然而旱干水溢，则变置社稷。"（《尽心下》）对这类鬼神（上帝、社稷），孟子只是客观描述当时社会现象而已。二是人们进行道德修养，达到圣人境界时，理想人格便有"圣而不可知"的神奇特征。孟子曰："圣而不可知之之谓神。"（《尽心下》）朱熹注："程子曰：'圣不可知，谓圣之至妙，人所不能测。非圣人之上，又有一等神人也。'"① 这是孟子提倡的，以内在心性修养为基础达到的理想人格，它其实不是神，只是有类似于神的"不可知"性而已。

（四）天人关系论

在孟子那里，"安宅"蕴含的哲学思想主要是天人关系论。而孟子提出的"正命""立命"等修养，正是天人合一的桥梁，也可谓天人统一的枢纽。正命立命说反映的天人合一关系，内容丰富。在他看来，有修养的人"强为善而已"，致力于"创业垂统"，努力行善，最后结局，交给天命即可。（《梁惠王下》）这是孟子天人关系论的基本看法。

人性论是孟子思考天人关系最富有新意的内容，其"性善"说也可谓先秦儒学最为精彩的华章。孟子所谓人性在外延上至少有三义：一是物性，如"形色，天性也"（《尽心上》），食色等是其表现。物性属于性，但又是命定的，非人力所能左右。所以，有修养的君子一般不将物性看作人性。若一定将物性看作人性，如告子，则人性便无善无恶等。二是德性，含仁义礼智等，今人所谓理性在其中。孟子曰："仁也者，人也。合而言之，道也。"（《尽心下》）朱熹注："仁者，人之所以为人之理也。然仁，理也；人，物也。以仁之理，合于人之身而言之，乃所谓道者也。"② 仁是人之所以为人的本质内涵，其德性即

---

① 《孟子集注》卷十四，《四书章句集注》，第370页。
② 《孟子集注》卷十四，《四书章句集注》，第367页。

善，故人性善。这就为人在现实世界行善、求善提供了对象依据。三即心性，即以"浩然之气"为代表的成圣成贤的主体性。这就为人能够在现实世界里行善、求善提供了主体依据。

关于三性之间的关系，物性有践形的要求，而践形则需要人们认识上的明理和实践上的追求目标；德性要求认识觉悟、遵循、爱好、实现等修养努力，这需要以理想为主要内容的主体性支持，也必须有以形色为主要内容的物性做事实基础；心性要求觉悟、树立、爱好、追求等，而这又直接建立在德性修养的逻辑基础上，也间接建基于物性事实。孟子所谓性善，主要针对德性、心性而言。盖就物性而言，也是就人事实上的生活状态而言，无所谓善恶，可以说无善无恶、或善或恶、可善可恶、善恶混等；这样的人性强调了人和动物相同的"食色"等物性或生物性因素，和禽兽无本质区别。若就人不同于其他物的特性而论，则德性、心性自当为主。德性以规范（规律、规矩、制度、习惯等）为基本内容，而规范所指向的就是善本身，也就是说，符合规范的，就是善的。心性以主体性（自在、自觉、自主、自由）为基本内容，而主体就是善价值的承载者，可谓善者自身。其实，善的和善者，当然关系紧密：善的可谓抽象的理，善者可谓抽象理的主体性表现，也是理的主体性实现。后人将这种关系概括为"心即理"，也就是说，人的心性，实质就是人的德性，可谓至当不移。如此看来，三性统一，不可分割。分则各自皆非人性全部，而只是人性的某一要素；合才是真正全面的人性。在三者构成的合一体中，心性为本原、依据、本质、主体，物性只是存在基础而已。

人性三要素统一的体用结构，可谓孟子以仁义道德为根本的天人合一关系论的部分表现。细究起来，孟子天人关系论有几个特点：其一，仁义内铄，道德"固有"。孔子首次明言"天生德于予"（《论语·述而》），孟子更言仁义道德天生固有。他说："仁义礼智，非由外铄我也，我固有之也，弗思耳矣。"（《告子上》）耳目口鼻之欲，有修养的人不把这叫做性，而视为命中注定的事情。（《尽心下》）其二，在天人合一结构中，孟子明言"天时不如地利，地利不如人和"（《公孙丑下》）。孟子和孔子一样，都强调人为努力的积极意义，认为天自然如此,有既定规则,而人能弘道,人有主体性。人主体性的依据就是至善本性或良知良能,主要内容就是其天生道德的存养扩充、固有仁义的发荣滋长。其三,人为努力的方向,只能"顺天"而不能"逆天",因为"顺天者存,逆天者亡"(《离娄上》)。孔孟强调的,依然是天与人和谐统一、有机一体。其四,所谓顺天,不是顺应高高在上外在必然的天,而是觉悟和实现内在抽象的至善本性,这就是孟子的"反身而诚"论。孟子深刻揭明:"万物皆备于我矣。反身而诚,乐莫大焉。强恕而行,求仁莫近焉。"(《尽心上》)什么是"万物皆备于我"?朱熹注:"此言理之本然也。大则君臣父子,小则事物细微,其当然之理,无一不具于性分之内也。"就是"性即理也""万物之理具于吾身",人性中有天理,人性的本质就是天理,而天理也是万物的本质。"反身而诚",诚即实,"言反诸身,而所备之理,皆如恶恶臭、好好色之实然,则其行之不待勉强而无不利矣,其为乐孰大于是"。强,勉强;恕,推己及人。"反身而诚则仁矣,其有未诚,则是犹有私意之隔,而理未纯也。故当凡事勉强,推己及人,庶几心公理得而仁不远也……体之而实,则道在我而乐有余;行之以恕,则私不容而仁可得。"① 易言之,顺天,正命,只是人性真理的觉悟和实践而已。

孔孟之道是先秦儒学的主要内容,也可谓先秦儒家精神家园理论的代表。孔子传承尧舜三代历史文化,改造传统宗教信仰,创立儒学,提出"知天命"作为儒家精神家园的大纲节目,《大学》提炼出内圣外王之道作为儒家精神家园理论的思想框架,《中庸》开掘出儒家中道(中庸)思维的理论高度。孟子以"正命""立命"等命题为核心,具体展示了社会人生历史命运乃是天人、内外、体用、主客的辩证统一体,人们只要努力提高人性修养,进行文明教化,就可以在根本上把握自身的命运。孔孟之道由是完成,孟子"安宅"中的天人关系内容也由此完备。

---

① 《孟子集注》卷十三,《四书章句集注》,第350页。

二、"求其放心"的"安宅"修养论

人性是人们建立"安宅"的内在基础,人性论自然成为孟子"安宅"观的理论前提。孟子相信并断定,"道一而已"(《滕文公上》),此"道一"就是天人合一的至善本性,尧舜是其理想人格和社会政治代表。但在现实中,人"浑然至善"的本性或因"汨于私欲而失之,尧舜则无私欲之蔽,而能充其性"。[1] 孟子对此至善本性体认甚深,曰:"人之所以异于禽兽者几希,庶民去之,君子存之。舜明于庶物,察于人伦,由仁义行,非行仁义也。"(《离娄下》)仁义即人的本性。圣人依据仁义而认知、言行,让仁义本性自然表现出来;非如常人,要有意识地实行仁义。

在孟子那里,依据"道一"信念,人性修养最基本的理论根据便是"圣人与我同类"(《告子上》)的人性论断定。这个断定肯定:圣人是人,人人可以学而至。但一般人却缺乏人的应有修养,"行之而不著焉,习矣而不察焉,终身由之而不知其道"(《尽心上》)。其实,不论人得志与否,都应有人之所以为人的人性修养,如"古之人,得志,泽加于民;不得志,修身见于世。穷则独善其身,达则兼善天下"(《尽心上》)。

孟子界定"善"概念说:"可欲之谓善。"(《尽心下》)人的至善本性表现为人性的可欲性,人们在现实生产生活中需要人性支持,这是人们认识、爱好、发展、实现人性的基础。人的所有心理活动根本上说以至善本性为本原、基础,则心性本一体;此心便是道心、本心,此"可欲"之欲便是道的运动表现。

分析地看,孟子主张"人之性善",反对其他人性论,这并不意味着孟子只认识到人性中的形而上部分,他也注意到了人性中的形而下部分,此即人的物性;只是他认为君子不将人的耳目口鼻、饮食男女等物性当作人性内容。其

---

[1] 《孟子集注》卷五,《四书章句集注》,第251页。

次，孟子主张性善，并不是只认识到人性中善的部分，忽视或贬低非善的部分，而是为了强调或突显人性中的善性——德性和主体性对于人之所以为人的根本、主体意义。

孟子人性修养内容可划分为几个层次：第一，物性乃自然生成，船山谓之曰生日成；其养在身体锻炼、健身、延年益寿。第二，知言知性知天修养：乃就物形身体活动而认识德性，朱熹称为格物穷理；其养在认识如实、合理、有效。第三，养气或养心修养：乃就德性的主体性进而体验心性，阳明谓为致良知；其养在立志、寡欲、动心忍性、专心致志等。

和孔子、荀子等比较，孟子人性修养论有几点特别之处：一是强调良知觉悟的根本性。在孟子看来，良知觉悟可以张大视野心胸，规划人生格局，确立奋斗方向。他说："志至焉，气次焉"，"持其志，无暴其气"。（《公孙丑上》）人都有"是心"，"所欲有甚于生者，所恶有甚于死者"，只是"贤者能勿丧耳"。（《告子上》）未放心则"专心致志"，已放心则"求其放心"。（《告子上》）具体内容是"造道"而能自得；若能自得，则"居之安"，"居之安，则资之深；资之深，则取之左右逢其原"。（《离娄下》）人欲造道，则需读书、知人，尤其需要自我反省，"先立乎其大者，则其小者弗能夺也"（《告子上》）。其大者就是良知本性的觉悟、成圣成贤远大理想的树立、做大丈夫的主体性挺立。

二是"动心忍性"的心理训练，也是养气修养，包括"苦其心志，劳其筋骨，饿其体肤，空乏其身，行拂乱其所为，所以动心忍性，曾益其所不能"（《告子下》）。朱熹注："动心忍性，谓竦动其心，坚忍其性也。然所谓性，亦指气禀食色而言耳。"[①] 动心忍性，乃磨炼物性，锻炼意志而成就心性也。养心之法，对本心，不外觉悟挺立，"扩而充之"（《公孙丑上》）；对目标，必须专心致志，而又"勿忘，勿助长"（《公孙丑上》）；对人心，则既要读书知人论世，又要克己"寡欲"（《尽心下》）；对私意，则毫不留情，清除干净。

---

① 《孟子集注》卷十二，《四书章句集注》，第348页。

在意志训练中,"存心"是标准,"自反"是方法。孟子说:"君子所以异于人者,以其存心也。君子以仁存心,以礼存心。……有人于此,其待我以横逆,则君子必自反也:我必不仁也,必无礼也,此物奚宜至哉?其自反而仁矣,自反而有礼矣,其横逆由是也,君子必自反也:我必不忠。自反而忠矣,其横逆由是也,君子曰:'此亦妄人也已矣。如此则与禽兽奚择哉?于禽兽又何难焉?'是故君子有终身之忧,无一朝之患也。乃若所忧则有之:舜人也,我亦人也。舜为法于天下,可传于后世,我由未免为乡人也,是则可忧也。忧之如何?如舜而已矣。"(《离娄下》)朱熹注"存心"曰:"以仁礼存心,言以是存于心而不忘也。"① 如此,存心就是树立成贤成圣的远大理想,为之奋斗不已,永不忘怀。

三是"尽心知性知天""存心养性事天"的心性综合修养。孟子曰:"尽其心者,知其性也。知其性,则知天矣。存其心,养其性,所以事天也。夭寿不贰,修身以俟之,所以立命也。"(《尽心上》)修身以待的立命工夫,内容丰富。朱熹注:"存,谓操而不舍;养,谓顺而不害。事,则奉承而不违也。"尽心知性而知天,主要是认识人性真理的活动;存心养性以事天,主要是实践人性真理的活动。人们认识把握人性真理后,信而"不动心",行而不疑惑("不贰"),知行并进,终身以之,"全其天之所付,不以人为害之"。② 从发展进程看,孟子的人性修养有其要点:反面是"求其放心",正面是存养扩充仁爱心。孟子说:"人能充无欲害人之心,而仁不可胜用也。"(《尽心下》)扩充善端,积累善念善行,自然有成。仁胜不仁,如水救火。但杯水车薪不行,必须修养日进,日新不已,达到德盛、仁熟的境界方可。(《告子上》)

从实际效果言,孟子的人性修养也可谓"安宅"修养。人性修养实为"安宅"建立的基础和源泉。孟子说:"有诸己之谓信。"(《尽心下》)信,诚信,信任,信义,既是信德,也是信仰、信心。照孟子看,其本原、基础、依据,就是人们在现实生产生活中实"有诸己"。"有诸己",有之于己;结合孟子此

---

① 《孟子集注》卷八,《四书章句集注》,第298页。
② 《孟子集注》卷十三,《四书章句集注》,第349页。

言的语境，即有"可欲"之"善"者于己；结合孟子人性修养论，即人性修养有得，实有至善本性的自觉和实现，亦即至诚，反身而诚。表现出来，就是有"不忍人之心"，有仁爱心，恻隐、羞恶、辞让、是非四端是部分表现。实有诸己，便实有其信，也就实有其自信。换言之，信仰是人性修养的收获，也是进行人性修养的前提。信仰的依据在人性修养，而人性修养活动，也只是信而知之、信而行之、信而言之，以此提升和实现人性修养而已。在信而言行的人性修养活动中，理性的读书学习、为善集义，只是"充实""光辉"此浩然信心而已。比如，孟子相信《尚书》经典，多次称引，但并不独断，又理性分析对待之，提出"尽信《书》，则不如无《书》"命题。这表明，在孟子的"安宅"里，理性和信仰不矛盾，而是有机统一为笃实信心。

故在孟子看来，有"安宅"的人，具备若干心理特征。其一，安身立命，首要在安心。有"安宅"的人心安理得，决不心浮气躁。如何才能安心？需要学习、寡欲等造道修养；不断修养积累，终必有得。安心的一个情感标志是快乐。孟子三乐之"二乐"，是"仰不愧于天，俯不怍于人"（《尽心上》）。朱熹赞同"其可以自致者，惟不愧不怍而已"[①]说。人性修养有得，自能俯仰无愧，便如俗云岂能尽如人意，但求无愧我心。人若俯仰无愧，自能心安理得，心宽体胖。

修养安心，重在安己，这或许只是个人行为。一旦和国家制度、政策结合，安心修养转变而为安人措施、安民工程，便可以为更多的人达到安心境界提供现实基础。孔子德治、孟子仁政，皆立足于此。孔子言"里仁为美"（《论语·里仁》），"里仁"即居仁；又有"修己以安人""修己以安百姓"（《论语·宪问》）说，皆以"仁"为"安"的根据、基础。孟子赞成此说，又进一步发挥，认为治国者应实行仁政，"与民同乐"，如周文王、周武王"一怒而安天下之民"，其结果是仁者无敌而王天下。这是因为"乐民之乐者，民亦乐其乐；忧民之忧者，民亦忧其忧。乐以天下，忧以天下"（《梁惠王下》）。发挥不忍人之心，与民同喜乐、共悲苦，正是治国者得民心合民意的捷径。汉

[①]《孟子集注》卷十三，《四书章句集注》，第354页。

初贾谊总结秦朝灭亡教训，提出"牧民之道，务在安之而已"（《史记·秦始皇本纪》），可视为孟子"安宅"观的政治应用。

其二是"有恒心"，有理想信念，心理、言行活动有稳定性。孟子言："无恒产而有恒心者，惟士为能。"（《梁惠王上》）又言："民之为道也，有恒产者有恒心，无恒产者无恒心。苟无恒心，放辟邪侈，无不为已。"（《滕文公上》）朱熹注："恒心，人所常有之善心也。士尝学问，知义理，故虽无常产而有常心。"① 恒心，比较稳定的心理状态，包括认识、意志、欲望、情感等在内。作为精神特质，恒心乃人性修养的自然结果。因为"士"若修养有得，不管有无恒产，皆能有恒心；没有修养或修养不足，不论是不是"民"，都会没有恒心，心理状态随有无恒产而变化。有恒心的人，由于"知言"（《公孙丑上》），有学问，知义理，其精神状态便能改进其物质生活，安乐便成为心理特征。有恒心的精神状态，便可谓有"安宅"。无恒心的人，物质条件完全决定了其心理状态，他们也就只能生活在表象的、眼前的、功利的世界里，不安、烦躁、畏惧、痛苦等，是其常见情绪。无恒心，便可谓无"安宅"。

其三是有"大丈夫"气概。在孟子看来，有安宅的人，并非"以顺为正"，事事低眉顺眼，没有个性，恰恰相反，应该"居仁由义"（《尽心上》），有"平治天下""舍我其谁"（《公孙丑下》）的高度自信。何谓"大"？"充实而有光辉之谓大。"（《尽心下》）具体内容是："居天下之广居，立天下之正位，行天下之大道。得志与民由之，不得志独行其道。富贵不能淫，贫贱不能移，威武不能屈。此之谓大丈夫。"（《滕文公下》）大丈夫既乐天，又畏天。"浩然之气"有刚大、普遍特征，"配义与道"，符合道义。（《公孙丑上》）浩然之气使人的自然生命升华为道德生命，所以有浩然之气的人总是容易快乐开心，充满生命活力，富有人格魅力。

---

① 《孟子集注》卷一，《四书章句集注》，第211页。

三、"先知觉后知"的"安宅"感化论

在孟子那里,儒家思想的传播根本上说是文明教化;从"安宅"角度说,儒家思想的传播则可谓"安宅"感化。综观孟子的"安宅"观,可以发现,孟子已经有传承道统、文明教化意识;有尊经崇圣意识,有至大至刚的浩然正气,但没有唯我独尊意识。总的看,孟子的"安宅"感化思想,包含先知觉后知、尽心行礼、施行仁政几个部分。其中,先知觉后知是"安宅"感化的传播路径,尽心行礼是"安宅"感化的实践方式,施行仁政则可谓"安宅"感化的政治方略。

(一)先知觉后知说

"安宅"感化只是表象,其实质是以先知觉后知,以先觉觉后觉。先知觉后知是孟子进行文明教化、"安宅"感化的基本路径。孟子借伊尹的口说:"天之生此民也,使先知觉后知,使先觉觉后觉也。予,天民之先觉者也,予将以斯道觉斯民也。非予觉之,而谁也?"孟子接着说:"思天下之民匹夫匹妇有不被尧舜之泽者,若己推而内之沟中。其自任以天下之重如此,故就汤而说之以伐夏救民。"(《万章上》)孟子记载,伊尹自认为是天民的先觉者;他所觉悟的内容就是"斯道",即仁义道德;伊尹将"以斯道觉斯民"作为神圣使命;以斯道觉斯民,在伊尹那里不仅是宣传真理,而且是实践真理,即"伐夏救民",让匹夫匹妇"被尧舜之泽"。

在孟子看来,推己及人可谓先知觉后知的基本原则。这一原则的逻辑实质就是"举斯心加诸彼",展开来就是"老吾老,以及人之老;幼吾幼,以及人之幼"(《梁惠王上》)。孟子言:"亲亲而仁民,仁民而爱物。"(《尽心上》)又言:"中道而立,能者从之。"(《尽心上》)先知觉后知实际上是一种以理性认识为主要内容的文明传播活动;而此理性认识,正是儒家仁义道德知识,也叫德性之知,核心是"斯道"或"中道"觉悟和实践。

可见,孟子"安宅"感化的传播模式,主要不是传,而是教;其教又主要

不是宣传、灌输，而是启迪人们，令其反省觉悟。这是以民众为本的理性传播方式，没有唯我独尊的傲慢、霸凌，或驱使、利用。

（二）尽心行礼观

礼仪制度是"安宅"感化的基本规范，尽心行礼则可谓以理性实践为主要内容的文明传播活动。尽心行礼，从礼仪制度角度说，也可谓礼仪制度对人精神世界的渗透和升华。作为人文修养，经过此渗透、升华，礼乐制度由外在规范的束缚，进展为内在自觉的自然，主体欲望和礼仪规范实现更高层次的统一，即孔子所谓"从心所欲不逾矩"。

荀子认为礼仪制度本于天地、先祖、君师，其实，它也本于人情，用心学的话说，就是发于本心。孟子认为，在认识和遵循礼仪制度中，人们也应"尽于人心"。孟子曰："古者棺椁无度，中古棺七寸，椁称之。自天子达于庶人。非直为观美也，然后尽于人心。"（《公孙丑下》）行使礼仪，不只在仪式美观，更要"尽于人心"，表达后人对前人的思念、缅怀之情，令人心安。孔子将"礼"建立在"仁"的基础上，并强调"仁"意义中的"安"（心安）内容。孟子沿着孔子开创的礼仪人文化、理性化道路，进一步突出了"仁"意义的精神性和主体性（"心"）因素，这些因素都是人文的基本要素。礼仪的功能在情感的慰藉，使"人子之心""快然无所恨"。[①]

孟子的"尽心行礼"观完全不是让人迷信教条，遵守清规戒律，亦步亦趋，如履薄冰，而是仁爱传递，礼法规范的自由遵守，是人性张扬，主体挺立。

（三）实行仁政

实行仁政是"为善"思想的运用，是主体仁爱情感的政治实践应用和社会广泛传播，也是"安宅"感化的政治主渠道。孟子劝勉滕文公"为善"（《梁惠王下》），如何为善？自然表现自己的"不忍人之心"而已。孟子说："人皆有不忍人之心。先王有不忍人之心，斯有不忍人之政矣。以不忍人之心，行不

[①] 《孟子集注》卷四，《四书章句集注》，第245页。

忍人之政,治天下可运之掌上。"(《公孙丑上》)运用仁爱心治国理政,自然爱民如子,有民饥己饥、民溺己溺之同情心。

具体而言,要保障民众基本生活,使之食物、财用不尽,"使民养生丧死无憾",这正是安民心的第一步。在孟子看来,仁政的底线是"保民",在"保民"基础上施行王道政治,"莫之能御",天下无敌。此外,还要有相应的政治经济措施配套。生产上"深耕易耨",政治上"省刑罚,薄税敛"(《梁惠王上》),不误农时,不因政治、军事等活动而耽误生产活动,以解决温饱问题,应让民众有恒产,确保他们"仰足以事父母,俯足以畜妻子,乐岁终身饱,凶年免于死亡"(《梁惠王上》),然后办学校,进行教化。大家"出入相友,守望相助,疾病相扶持,则百姓亲睦"(《滕文公上》),形成社会和美安宁的民俗风尚,进而实现"人人亲其亲、长其长而天下平"(《离娄上》)的社会理想。

孔子有人口增加基础上"富之"而后"教之"之说,孟子继承之,并将"富之"解释为有恒产,能自己解决温饱问题。孟子这一解释,针对当时民众"仰不足以事父母,俯不足以畜妻子,乐岁终身苦,凶年不免于死亡"的困苦状况,他们"救死而恐不赡,奚暇治礼义哉?"(《梁惠王上》)这体现出孟子文明教化观有很强的现实针对性,也有因时制宜的灵活性,并非蹈空虚论。

从"安宅"角度看,仁政的高线是使民众"心服"。孟子猛批霸道政治以力服人,认为这即使能服人,也"非心服也,力不赡也"。他提倡王道政治,要求治国者进行道德修养,施行仁政,"以德行仁",达到"以德服人"效果;其社会心理状态是,民众"中心悦而诚服也,如七十子之服孔子也"。(《公孙丑上》)治国者诚有人性修养,自然表现于外,爱民如子。民众"中心悦而诚服",精神上愉悦,内心真实信服。"以力假仁"则不同,治国者"本无是心"[1],缺乏内在人性修养基础,只凭借体力、武力、财力、魅力等表象因素,假借"仁"的美好口号,有意识、有计划地追求眼前功利。

---

[1] 《孟子集注》卷三,《四书章句集注》,第235页。

作为我国古代精神家园样本，孟子"中心悦而诚服"的"心服"说不仅有政治心理意义，而且也有"安宅"心理意义。和"中心悦而诚服"相类似的描述还有："得道者多助，失道者寡助"（《公孙丑下》），"莫之能御"（《公孙丑上》），"民之悦之，犹解倒悬"（《公孙丑上》），"箪食壶浆以迎"（《梁惠王下》），"民望之，若大旱之望云霓也。归市者不止，耕者不变"（《梁惠王下》），"民归之，由水之就下，沛然谁能御之"（《梁惠王上》）等。

概括地看，孟子提供的"安宅"有几个特点：

一是儒家精神家园有普遍性。精神家园针对的对象，不是个人，它不只关乎个人的心理活动或个人的精神家园，尤其关涉全体国民的民心或民意，涉及"自西自东，自南自北"（《公孙丑上》"诗云"）的全体国民共有精神家园的建设问题。这意味着，经过孟子提倡，儒家个人修养以建设精神家园，可以扩展为全民修养以建设全民共有精神家园。精神家园建设从此有了全民性或民族性烙印，孟子"安宅"观也由此可能成为先秦中华民族精神家园的理论代表。

二是儒家精神家园有抽象性。它主要是"心"的，非身的；是精神的，非物质的。孟子"安宅"观提供了中华民族精神家园建设的样板。它属于深层次的精神追求的范围，在学术上则主要由哲学、历史、文学、艺术等精神科学或人文学科承担。这是孔子开启的信仰理性化道路的强力延续。

三是儒家精神家园是愉悦的、安乐的，而不是悲观、悲壮、悲剧的，这就和悲观主义者划清了界限；是有恒心的，有稳定性的，不是摇摆不定的，这就和日常观念、迷信有区别；是有大丈夫气概的，不是小我当家、心胸狭窄的，和自私自利的迷信活动有根本不同。

四是儒家精神家园是由"诚"（笃实、虔诚）的信服构成的信念和言行活动。它主要不是指人对神的虔诚信仰，而是指人对道的认识和实践，尤其包括民众对符合道义的政策、政府、官员的虔诚信服，属于政治信念的一部分，政治性强；也是人对道或良知的人生信念在现实政治活动中的表现，人文色彩浓郁。

孟子以心言性之义命观

——从修其"天爵"到"俟命""立命"为讨论核心

● 孔令宜　台湾淡江大学中国文学系兼任教授

一、前言

中国人性论史的发展，① 逐步由人格天转向形上实体的天，经由天道性命相贯通的过程，过渡到以人为中心。至孔子提出"仁"的核心思想，始建立人的主体性、自觉性，道德实践所以可能的根据。孟子曰："乃所愿，则学孔子也。"(《孟子·公孙丑上》) 孟子以"心性论"深化证成，对宋明理学影响深远。南宋陆象山曰："夫子以仁发明斯道，其言浑无罅缝；孟子十字打开，更无隐遁。"② 北宋张载对于告子"生之谓性"提出"气质之性"的解释，对于"性善"提出"义理之性"的说法，无论是主张"性即理"的理学还是主张"心即理"的心学，均建立在孟子心性论的基础上。孟子"良知""良能"的

---

① 徐复观：《中国人性论史·先秦篇》，台湾商务印书馆，1999，第 15—62 页。
② 陆九渊：《象山全集》卷 34，台湾中华书局，1979，第 3 页。

理论，更影响了明代王阳明"知行合一""致良知"的学说。关于心性良知的说法，孟子还有"天爵"一词的使用，① 指内求诸己，相较于"人爵"的外求于人。君子在修身行道的实践过程中，会有命限的实存感受。先秦诸子的"天命观"，有孔子的"知命"、墨子的"非命"、孟子的"立命"、庄子的"安命"、荀子的"制天命"等。继承儒家创始人孔子的知"命"尽"义"，孟子除了有看似消极的"俟命"观念之外，还有更进一步积极的"立命"思想，义命合一的价值观，影响着两千多年来君子安身立命之道。

二、"天爵"的意义及其性质

（一）良心本性的同义语

1. 天爵

孟子的价值观之一，有所谓的"天爵"与"人爵"。

> 孟子曰："有天爵者，有人爵者。仁义忠信，乐善不倦，此天爵也；公卿大夫，此人爵也。古之人修其天爵，而人爵从之。今之人修其天爵，以要人爵；既得人爵，而弃其天爵，则惑之甚者也，终亦必亡而已矣。"（《孟子·告子上》）

孟子所谓"天爵"，如仁义忠信，乐善不倦，本乎天性的良贵，是人性中天生本有的尊贵。所谓"人爵"，如公卿大夫，人所赋予的爵位，是阶级制度上的尊贵。朱注曰："天爵者，德义可尊，自然之贵也。"爵者，贵也。天爵是道德人格上的尊贵，本心所发的仁义忠信之德，先天的，具有永恒不变的价值，内在于己，反求诸己，求则得之。人爵是名利权势上的尊贵，后天的价值是人给予的，具有变动性，外求于人，求而不可必得。

---

① 关于"天爵"的性质，参见蔡仁厚：《孔孟荀哲学》，台湾学生书局，1999，第204页。

古之学者为己，修养天生的良心本性，修其天爵而人爵从之，禄在其中矣，理想上人爵不求而至。今之学者为人，修其天爵以要人爵，以修德作为获取名利的手段，成为理性工具，甚至达到人爵的目的后，便不再修德，可谓迷惑不智，最后，连已获得的人爵亦亡失，无法保住。

中国古代包含"天"的词语，如：天爵、天理、天伦、天道、天命等，细究有何区别？牟宗三先生以为，天爵、天理、天伦的"天"，是虚位的形容词，不等同于天道、天命的"天"，后者是实位字。何谓也？盖以为天爵、天理、天伦的"天"，系以"天"来形容之，乃强调定然义、固有义。若照字面的解释，天爵是上天所赋予的爵，天理是上天所规定的理，天伦是上天所规定的伦，如此而言虽无不可，然并无实义，凡此用语系表示其固有且定然如此的意思。其本身就是终极的、最高的、至上的，是自然而然如此的，非由外力规定如此的，故为自律道德，而非他律道德。

至于天道、天命的"天"，是超越意义的天，是实位字。依儒家传统而言，天道创生万物，具体的个体物形成万物。然而天爵、天理、天伦，不是具体的个体物，是道德所表现的精神价值中的实事实理，非由天道创生而来。本体包含工夫，使本体成为实理；工夫预设本体，使工夫成为实事。故吾人可肯定一超越的实体，由天道创生之，此系由人的道德心灵所创造的。易言之，天道创生万物的意义，并非存有论的解释，而是价值论的解释，不是思辨理性所认识的对象，而是实践理性的肯认，由吾人的道德创造心性加以证实。天命于穆不已，默运造化，大用流行，圣人之心纯亦不已。天命不已即是本心真性的客观而绝对地说，本心真性即是天命不已的主观而实践地说。实理实事由此心性而创造出来，转而润泽此已有的存在成为价值性的存在。斯为主观而实践地说，亦即客观而绝对地说是无执的存有论。[1] 儒家的形上学，不是形上学的道德学，而是道德的形上学。

---

[1] 牟宗三：《圆善论》，台湾学生书局，1996，第132—134页。

2. 良贵

孟子的"天爵",为本心所发的仁义忠信之德。另有"良贵"的说法。

孟子曰:"欲贵者,人之同心也。人人有贵于己者,弗思耳。人之所贵者,非良贵也。赵孟之所贵,赵孟能贱之。诗云:'既醉以酒,既饱以德。'言饱乎仁义也,所以不愿人之膏粱之味也;令闻广誉施于身,所以不愿人之文绣也。"(《孟子·告子上》)

孟子所谓的"贵于己者",即指天爵;所谓的"人之所贵者",即指人爵。贵于己者,固有的仁义忠信之德,人皆有之。人心常往外求,没有反思内省,于是放其心。欲贵不欲贱,乃人之常情。但人之所贵者,一般人所认为的良贵,却是指名利爵位,是由他人所给予的人间名位。这种外在尊贵的得失,不是先天本有的良贵。人若能"饱乎仁义",充尽人人所固有的仁义之德,德性的光辉,晬面盎背,施于四体,温润其身,自然可以不再羡慕别人的锦衣玉食。故所谓的"良贵",是道德的、品格上的尊贵,而非政治的、社会上的尊贵。孟子曰:"富贵不能淫,贫贱不能移,威武不能屈,此之谓大丈夫。"(《孟子·滕文公下》)外在的富贵、贫贱、威武所迫,都不能动摇内在的心志,孟子为一俨然如泰山、具有英气的大丈夫。

3. 良知、良能

孟子的本心即是"良知",本心即是理,心之至善为良知。

孟子曰:"人之所不学而能者,其良能也;所不虑而知者,其良知也。孩提之童,无不知爱其亲者;及其长也,无不知敬其兄也。亲亲,仁也;敬长,义也。无他,达之天下也。"(《孟子·尽心上》)

孟子对"良知""良能"加以定义,不虑而知的是良知,不学而能的是良能。朱注曰:"良者,本然之善也。"由此可见,良知是先验的道德,具有普遍性、永恒性，不是后天的经验和经过思辨而获得的知识。本心即是良知，良知之知是一种明觉之知，良知所知是仁义礼智之理。本心即是理，良知是觉知其自己。良知不仅是知是知非的良知，亦是好善恶恶的良能。如见父自然知孝，便会有孝顺的行为；见兄自然知悌，便会有友爱的行为。本心之不容已，产生实践不已的动能。孟子是"由仁义行"，"非行仁义"。

王阳明"知行合一"的学说，就是源自本章的"良知""良能"。孟子本心扩充至极的工夫，即王阳明晚年专以一句"致良知"教人之旨。王阳明曰："吾心之良知，即所谓天理也。致吾心良知之天理于事事物物，则事事物物皆得其理矣。致吾心之良知者，致知也。事事物物皆得其理者，格物也。"[①] 王阳明解释《大学》的"致知"为"致良知"。"致"是动词，推致的意思。"良知"是心之至善。"格"是正的意思。"物"是意之所在的物，物即事。推致吾心之良知于事事物物，事事物物皆得其理，就是王阳明言"格物致知"与"致良知"之旨。

4. 四端之心、仁义礼智

孟子以著名的孺子将入于井之例，证明恻隐之心是仁之端，"人皆有不忍人之心"。

孟子曰："人皆有不忍人之心。先王有不忍人之心，斯有不忍人之政矣。以不忍人之心，行不忍人之政，治天下可运之掌上。所以谓人皆有不忍人之心者，今人乍见孺子将入于井，皆有怵惕恻隐之心。非所以内交于孺子之父母也，非所以要誉于乡党朋友也，非恶其声而然也。由是观之，无恻隐之心，非人也；无羞恶之心，非人也；无辞让之心，非人也；无是非之心，非人也。恻隐之心，仁之端也；羞恶之心，义之端也；辞让之心，礼之端也；是非之心，智之端也。人之有是四端也，犹其有四体也。有是四端而自谓不能者，自贼者也；谓其君不能者，贼其君者也。凡有四

---

① 王守仁撰，吴光等编校：《王阳明全集》（上）卷2"语录"2，上海古籍出版社，2016，第51页。

端于我者，知皆扩而充之矣，若火之始然，泉之始达。苟能充之，足以保四海；苟不充之，不足以事父母。"（《孟子·公孙丑上》）

孟子该章伊始，是一个三段论法。大前提：人皆有不忍人之心，小前提：先王有不忍人之心，结论：斯有不忍仁之政矣。故不忍人之心，是实现王道仁政的根据。

孟子接着举例证明人皆有不忍人之心，孔子从三年之丧以不安提撕仁心，孟子以不忍指点恻隐之仁，实则不安与不忍一也。"乍见孺子将入于井"的"乍"字，表示突如其来的意思，人忽然看见小孩子将掉入井里，都会立刻产生惊惧伤痛之心。朱注曰："怵惕，惊动貌。恻，伤之切也。隐，痛之深也。"当下动机单纯，本心流露，真诚恻怛，没有目的性、利害性。救人动机：其一，不是想要与孺子的父母结交情；其二，不是想要求得邻里的赞誉；其三，不是讨厌被冠上见死不救的恶名。腔子里的不忍人之心是自然而然、不假思索的，孟子举此例证明人人皆有怵惕恻隐的仁心，来论证性善。

孟子以此推论，恻隐之心是仁之端，羞恶之心是义之端，恭敬之心是礼之端，是非之心是智之端。性是潜隐的本体，性不可见，透过活泼泼的本心发用呈显，由心而见。"端"是端绪、发端的意思，从恻隐、羞恶、恭敬、是非四端之心可以呈现端倪，仁、义、礼、智之心即是仁、义、礼、智之性，孟子以心着性，以心善言性善。孟子主张"仁义内在"，不同于告子的"仁内义外"。四端犹如四体，此心体与性体是本体，要有工夫修养。人常受到欲望障蔽，故要致力推扩本心，四端呈现、发用，动力如源泉滚滚，盈科后进，沛然莫之能御。

（二）天爵的性质

1. 超越义

孟子对于大人与小人的区别，提出"大体"与"小体"的说法，强调"心之官"是"天之所与我者"，并可见立志的重要。

孟子曰："从其大体为大人，从其小体为小人。"曰："钧是人也，或从其大体，或从其小体，何也？"曰："耳目之官不思，而蔽于物，物交物，则引之而已矣。心之官则思，思则得之，不思则不得也。此天之所与我者，先立乎其大者，则小者弗能夺也。此为大人而已矣。"（《孟子·告子上》）

孟子所谓的"大体"，指的是心之官；所谓的"小体"，指的是耳目之官。大人从其大体，作生命的主宰，能遵从本心天理，遂成为大人；小人从其小体，不遵从本心天理，顺从官能私欲，遂成为小人。为什么有的人选择从其大体，作生命的主宰；有的人却选择从其小体，生命不能自作主宰？因为耳目之官不能思，无法自觉，容易受到外物的遮蔽，容易受到外在物象的牵引，不能自己停止。心亦随耳目之官的物欲而外驰，心的灵明觉性受到障蔽，无法彰明灵明的德性。

心之官则思，"思"指自觉的工夫，一念反思，天理当下呈显；一念沉沦，天理当下不能呈现。孟子强调此"心之官"是"天之所与我者"，相当于《中庸》首章首句的"天命之谓性"，是上天所赋予我的本心良知，指出本心良知的形而上根源，推扩至极可体现道德的普遍义。所以读书立志，必要先立乎其大。

陆象山的学问，自云为"因读孟子而自得之"，由孟子的义理思想而深造自得。陆象山曰："此天之所以予我者，非由外铄我也。思则得之，得此者也。先立乎其大者，立此者也。"[①] 陆象山此段话根据孟子本章而来。心之官是大体，就是仁心良知，而且是天之所赋予我的。陆象山之学，简易直截，本心是我固有的，本心呈现，道德之理即可呈现。学者勿转向歧出，往外穷理，端绪不明，愈学愈迷，此心即理。发心立志，超拔自我。

儒家的圣贤之学，即是成德之教。《王阳明全集》记载："尝问塾师曰：'何为第一等事？'塾师曰：'惟读书登第耳。'先生疑曰：'登第恐未为第一等事，或读书学圣贤耳。'龙山公闻之笑曰：'汝欲做圣贤耶？'"[②] 王阳明十二

[①] 陆九渊：《象山全集》卷1，第1页。
[②] 王守仁：《王阳明全集》（下）卷33"年谱"1，第1346页。

岁左右时，曾经问其私塾老师，什么是天下第一等事？老师回答说，只有读书科举考试上榜，才是天下第一等事。小时的王阳明即有所怀疑，认为天下第一等事，是读书学习当圣贤。王阳明的父亲龙山公听闻，笑问王阳明说，你真的想当圣贤吗？王阳明仅十二岁，尚未必真能契会何谓圣贤，却立志成圣成贤。圣人，指人格圆满之人。读书顶多中状元，然千古圣贤难遇。王阳明鄙视的是读书以干禄，他自我期许的是读圣贤书以成圣成贤。宋明理学的工夫预设为圣人可学而致，学习圣贤乃成德之教。王阳明老师所谓的天下第一等事，是及第干禄，相当于一般人所追求的人爵；王阳明所谓的天下第一等事，是当天下第一等人，学当圣贤，修身行道，即孟子所谓的修其天爵。

2. 内在义

孟子认为人先天固有的本心良知，是"万物皆备于我矣"。

> 孟子曰："万物皆备于我矣。反身而诚，乐莫大焉。强恕而行，求仁莫近焉。"（《孟子·尽心上》）

所谓"万物皆备于我矣"的"物"，传统上有两种解释。一种解释是事物之理。朱注曰："此言理之本然也。大则君臣父子，小则事物细微，其当然之理，无一不具于性分之内也。"程伊川、朱熹主张"理一分殊"，具体之气各自殊异，万物的现象统一于抽象的理。每一个存在之事物，皆有其所以然的存在之理。如父子的存在之理就是仁，君臣的存在之理就是义，五伦之理，为性分所固有。心为性寓寄之所，心不是理，心若能具有理，心之本体为性，性即理。"格物穷理"的命题，遍格物理，贯通天理，心中之理即道德之理即可豁然开朗。

另一种解释是仁心感通万物。程明道《识仁篇》曰："孟子言'万物皆备于我'，须反身而诚，乃为大乐。若反身未诚，则犹是二物有对，以己合彼，终未有之，又安得乐？"[1] 达到浑然与物同体的境界，浑然无物我、内外的相对

---

[1] 程颢、程颐：《二程集》（一），汉京文化事业有限公司，1983，第17页。

分别，方为仁的境界。

王阳明《大学问》的"一体之仁"，都是以仁心感通万物，合外内之道。王阳明曰："大人者，以天地万物为一体者也，其视天下犹一家，中国犹一人焉。若夫间形骸而分尔我者，小人矣。"① 以天地万物为一体者，即是"大人"。王阳明一体之仁，达到仁者的境界，"大人"即是圣人。"小人"执着于感官私欲，为躯壳起念而为私欲所障蔽，主客二分。"小人"失一体之仁，为有限的存在。"大人"以天地万物为一体，有限即无限。

理学与心学的两种意义可以相通，一切的道德之理皆具于吾心，一切的存在物皆在吾心的发用中感通无隔。"反身而诚"的"反"，是一念警策，反省察识，牟先生言逆觉体证的工夫。至诚的仁者，人我感通无隔，达到与天合德的大乐。若是仁心障蔽，与物有对，必须勉强行恕，推己及人，"感通之无隔，觉润之无方"，才是最切近的求仁之方法。

3. 普遍义

孟子的四端之心，善性为人所本有，是"我固有之也"且"人皆有之"。

> 孟子曰："乃若其情，则可以为善矣，乃所谓善也。若夫为不善，非才之罪也。恻隐之心，人皆有之；羞恶之心，人皆有之；恭敬之心，人皆有之；是非之心，人皆有之。恻隐之心，仁也；羞恶之心，义也；恭敬之心，礼也；是非之心，智也。仁义礼智，非由外铄我也，我固有之也，弗思耳矣。故曰："求则得之，舍则失之。"或相倍蓰而无算者，不能尽其才者也。《诗》曰："天生蒸民，有物有则。民之秉夷，好是懿德。"孔子曰："为此诗者，其知道乎！故有物必有则，民之秉夷也，故好是懿德。"（《孟子·告子上》）

孟子以为顺着实情，就人性之实，人人都可以为善，这就是所谓的性善。不因

---

① 王阳明著：《新刊阳明先生文录续编》卷之1"文类"，王力、孙玉婷点校，孔学堂书局，2020，第2页。

资质的智与愚、气禀的清与浊而本性有所不同。如果有人不肯为善，并不是其本性的罪过，① 而是受到欲望遮蔽，无法自觉，不能尽其性。恻隐、羞恶、恭敬、是非四端之心就是仁、义、礼、智之心，仁、义、礼、智之性可透过四端之心呈现，经由四端之心彰显道德之理，心即性，心即理。

仁义礼智之心性，道德创造的心性，并非外加于我的，是我本来固有的。"思"与"求"为工夫义，一念自觉，当下呈现；一念不自觉，当下亡失。《诗经·大雅·烝民》有言：天生众民，事物有其存在的法则，一切存在有其所以然之理。人民循理而行，百姓秉执常性（"夷"亦作"彝"，常也，日用彝伦之性），真是嘉美的德行。孔子认为创作此首诗的人，一定有形而上的智慧。在孔孟之前的《诗经》《尚书》年代，已逐步有天道天命下贯而为性的趋势，孟子引此诗以证其性善。

四端是本心活动的四种形态，由四端之心体证明性体之善。人心之本然，内在于人的生命先天之善。人性之善是天生本具，善心善性为天生本有。先天本具内在于人的善心善性，人心所同然的本心之良、天性之善。从本体上所言的内在道德心，就是实体性的道德本心。本心就是性，心即性，心性为一。心是主观地说，性是客观地说，主客为一。

综言之，孟子以心言性，天爵、良贵、良知、大体、心之官、四端之心、仁义礼智等，名言不同，实质的内容为一。孟子所言的心性具有三义：超越义、内在义、普遍义。如"此天之所与我者"，天是本心善性的形上根源，为心性的超越义；如"我固有之也"，仁义礼智非由外铄我也，心性本具，为心性的内在义；如"人皆有之"，四端之心人皆有之，人皆有不忍人之心，人人皆可为尧舜，为心性的普遍义。

此天之所予者，我固有之也，万物皆备于我矣，人皆有之，先天的、本有的、同然的。人人皆有先天善的道德心性，成为道德实践可能的根据。兴起希圣希贤之志，实有成圣成贤之本。张载千古之言"为天地立心"，实乃高明博厚。

---

① 关于孟子心、性、情、才是一的说法，见牟宗三：《心体与性体》（三），正中书局，1999，第416—424页。

三、性命对扬

君子修其天爵，修道行道，理想上德福一致，道德生活却不一定顺遂，应然与实然不相即，于是有"命"的限制。

> 孟子曰："求则得之，舍则失之，是求有益于得也，求在我者也。求之有道，得之有命，是求无益于得也，求在外者也。"（《孟子·尽心上》）

孟子引孔子语："操则存，舍则亡。"（《孟子·告子上》）来说明"求则得之，舍则失之"。若去寻求，就能得到；若是舍弃，就会亡失。何以故？因所求分为两种：一种是内求，另一种则是外求。所求仁义礼智，仁义礼智之本心为我固有的，也就是如仁义忠信之德的天爵，内在于己，反求诸己，求而必得，此种求有益于得，能掌握于己。只要能求其放心，便能将心失而复得，仁心便会呈现。子曰："我欲仁，斯仁至矣。"（《论语·述而》）

可求而得于内，是我能掌握的；不可求而得于外，非我能掌握的。所求名利权势，也就是如公卿大夫的人爵，外在于己，非我固有的，求而不可必得，此种求无益于得，不能掌握于己。子曰："富而可求也，虽执鞭之士，吾亦为之。如不可求，从吾所好。"（《论语·述而》）不合于义的为妄欲，合于义的为正欲。不义而富且贵，于我如浮云。求之有道，求之而不必得。无论妄欲还是正欲，得不得皆有命。孟子亦非反对追求富贵，但即使用正当的方法追求，得之与否却有命。孟子以求于内与求于外、有益于得与无益于得的对比，来彰显内在道德的价值。

（一）君子不谓性、君子不谓命

"性"与"命"是一组重要的概念，孟子有性命相对扬显的说法。

> 孟子曰："口之于味也，目之于色也，耳之于声也，鼻之于臭也，四

肢之于安佚也，性也，有命焉，君子不谓性也。仁之于父子也，义之于君臣也，礼之于宾主也，智之于贤者也，圣人之于天道也，命也，有性焉，君子不谓命也。"（《孟子·尽心下》）

依孟子的思想，"性"有两层意义：一是自然之性，另一是义理之性。感性方面，孟子不反对人有基本的感官需求，相当于告子的生之谓性。在经验现象之上，理性方面，相当于天命之谓性，孟子追求人存在的价值意义，由此而言性善。这两层意义的"性"，皆有"命"限制的概念。

口、目、耳、鼻、四肢为感觉器官，各有所好。口好美味，目好美色，耳好美声，鼻好香味，四肢好逸，都是生而即有的自然之性，所以说"性也"。虽是生而即有的生理欲求，此种求不可必得，因为求之于外，得不得有命的存在、命的限制义，所以说"有命焉"。不是我性分固有的，非仁义礼智之本性，人生的价值意义不在于斯，君子不以之为性，所以说"君子不谓性也"。

仁、义、礼、智、天道（天道性命相贯通之意）为内在道德，仁是道德感情，义是道德理性，礼是道德秩序，智是道德知识，天道是道德体验。应然方面，父子相处应尽仁，君臣相处应尽义，宾主相处应尽礼，贤者应尽智，圣人应完全地体证天道。实然方面，父子之间未必能尽仁，君臣之间未必能尽义，宾主之间未必能尽礼，智者未必能尽智，圣人未必能完全地体证天道，五伦于生活中能否尽性、表现得多少，却都有命的限制，所以说"命也"。虽表现得如何有命的存在，无法尽如人愿实践，仁义礼智为我性分固有的，本心不容自已的要求，可反求诸己，以各尽其性分，所以说"有性焉"。无可奈何的限制，却重性不重命，进德修业不已，君子不以之为命，所以说"君子不谓命也"。

孟子以"性"与"命"对扬的方式，指出真实的人性之所在，不在于自然之性，而在于义理之性。孟子曰："君子所性，虽大行不加焉，虽穷居不损焉，分定故也。君子所性，仁义礼智根于心。"（《孟子·尽心上》）指性分所固有的仁义礼智之性。自然之性为形躯生命而有限，落于命的限制中不能自作主宰；义理之性为性分本具而无限，方为人生的价值意义所在，本章义理闳深。

牟先生言张横渠理气，分为"以理言"之命与"以气言"之命。① 命运、命定之命不等于命令、本分之命。告子生之谓性，宋明儒言气质之性，命的命定义，如命限、命运、命遇之命，指的是"气命"。《中庸》天命之谓性，《易传》继善成性，宋明儒言义理之性，天道天命流行于吾人生命之中而成为吾人之性，命的命令义，如天命、性命之命，指的是"理命"。

"命"既不是先验抑或经验的规律，亦不是知识的概念，为一个修行上的虚概念，不是理性所能掌握的，属于气化，名曰之"命"。包括个人内在生命气禀的厚薄、清浊，如贫富、贵贱，以及外在偶发事件的遭际，指所乘之势与所遇之机，如吉凶、祸福，甚至是必然不存在之中如何地不存在，如死生、夭寿，都有一种超越的限定，形成个体生命的命运、命遇，此是以气言之"气命"。"气"，天的气运，不能违背。有气命存焉，有一种"是求无益于得也"的命存在。"气"无穷地复杂，"气命"是综合问题，不是分析问题。

统于神、理的天命、天道之于穆不已，与心体、性体创造之纯亦不已，为同一意义，指的是"理命"。"理"，人的本心性体即是天，天地也不能违背本心性体。性分为我固有的，"是求有益于得也"的命。纯内在化者是以理言之天，与心体、性体意义相同的天。先天定然之善，自觉的创造性之善。"理命"是分析问题，不是综合问题。

"天"不一定偏于理说，亦可偏于气说，统于神、理而偏于气说的命。此种命虽以气言，却不能割掉其神、理。"死生有命，富贵在天。"（《论语·颜渊》）此气命亦在天，不能纯以理言。凡孔子所说的"知天命""畏天命""不知命无以为君子"等，孟子所说的"求之有道，得之有命""性也，有命焉""命也，有性焉""莫非命也""所以立命也"等，超越的限定对吾人有一种庄严的意义，值得敬畏，不免有所慨叹。孔子的"践仁知天"，孟子的"尽心知

---

① 牟宗三：《心体与性体》（一），正中书局，1999，第522—529页。

性知天"，所知之天既是同于仁心本心之天，亦是不离神、理而无穷复杂之气，两面浑而为一，斯为天的超越意义与严肃意义。蔡仁厚先生以为，牟先生论"以理言"之命与"以气言"之命时，指出有第三种意义的命："统于神理而偏于气"而言的命。①

"命"是道德实践之中一个限制的概念，于道德生活中愈有实存感受之人愈能体悟。孔子自述一生的成德历程，五十知天命是其关键，晚年韦编三绝。孔子一生跌宕起伏，不免对天表露深心之感叹，但即使面对死生大事，危急存亡之秋，他仍认为"斯文在兹""天生德于予"等，② 表达对文化道统的自信。孔子义所当为，"义"与"命"分立的两端，遂于"即命显义"的实践过程之中逐渐消融，两端而一致。③ 黄俊杰先生以为，孔孟生死观建立在天命观上，

---

① 蔡仁厚：《孔孟荀哲学》，第237页。另请参阅蔡仁厚：《宋明理学 北宋篇》，台湾学生书局，2002，第159页。
② 子畏于匡。曰："文王既没，文不在兹乎？天之将丧斯文也，后死者不得与于斯文也；天之未丧斯文也，匡人其如予何？"（《论语·子罕》）子曰："天生德于予，桓魋其如予何？"（《论语·述而》）
③ 孔令宜说：孔子一生栖栖遑遑，"知其不可而为之"的精神，只是义所当为，无可奈何的客观命限与为所当为的主观理想之间，呈现实然与应然之间吊诡的关系。非人力所能完全主宰，这种客观存在条件的限制，谓之为"命"。孔子面对无可奈何的命限时，以安命、知命化解其存在上的限制，对于可以操之在我的部分，则是致力于人间日用伦常的努力。命限乃是生命存在不可避免的事实，而义理乃是贞定生命的价值意义，所以"命"属于现实层面的问题，"义"属于价值层面的问题，人所能掌握的为尽其在我的部分。道之行废与否，乃是就经验事实而言价值意义是否能够被彰显出来。孔子为与不为的抉择判准存乎一心，也就是能不能安的问题，迄乎孟子更明言"居仁由义"大丈夫。孔子这种虽千万人吾往矣的精神，有为者亦若是，道是通过行义的方式才能达之于天下，作为总体根源的道，必须经由合理合宜的言行，开显于世间，一则以显有义，一则以显实践义。在《论语》中，"知天命"可分为两义：当强调客观存在条件限制时，此时的"命"是一种命限、命定，为形而下的"气命"；当强调主体道德修养的体证时，此时的"命"是来自天的使命，就是义理上的使命，为形而上的"理命"。所以当命限发生时，诚然突显人的有限性，但知天命的君子，定能转而致力于可以操之在我处，由一己肫肫之仁体证那于穆不已的道体，生生不息地去创造价值与顺成之，主体自觉心自证其无限性。近人劳思光与牟宗三先生的理命观，分属两种义理型态，劳先生以为孔子的理命观是"理命分立"，以此建立儒家的人文精神面向，而独尊主体的价值自觉；牟先生则以为孔子的理命观是由"性命对扬"进而言"德福一致"，以此建立儒家宗教式的情怀，而阐明主体的价值自觉仍贯通于天道性命，分别显显孔子不同的侧重面向。"义"与"命"分立的两端，遂于"即命显义"的实践过程之中逐渐消融，两端而一致。义命对扬，彰显仁者在气命的限制之中的生生仁德的生命体证，以生生仁德的义理之命贞定仁者的生命。见氏著：《孔子义命对扬之生生仁德的生命体证》，《中国文化大学中文学报》第35、36期合刊，2018年6月，第187—188页。

两者有深刻的关系，亦即"义""命"分立之说。①

（二）正命、非命

孟子言"命"，有"正命"与"非正命"的区别。

> 孟子曰："莫非命也，顺受其正。是故知命者，不立乎岩墙之下。尽其道而死者，正命也。桎梏死者，非正命也。"（《孟子·尽心上》）

孟子本章言"知命"与"尽义"。"莫非命也"，中文语法，一切没有不是命，就是一切都是命。莫非是命，"命"指外在的限制，人生一切的遭逢境遇，所乘之势与所遇之机，人不能自作主宰，所以要"知命"。知命的人不会因有命存焉，而立于危墙之下。"莫非命也"，要由"顺受其正"来规定。人固然无法完全自己决定遭遇，这非我能掌握的，但是人自己的所处之道，却能自作主宰。何以能自作主宰？因为"顺受其正"指的是顺受人自己的本心良知而行，本心良知，内在于己，求则得之。顺从本心良知的决定而行，即循天理而行，人面对遭境有合理的所处之道。

所谓的正不正，攸关何种"命"。《中庸》曰："义者，宜也。""义"指合理合宜的行为，尽义而为，尽其义所当为。合理合宜尽所当为的命，称为"正命"；不合理合宜未尽所当为的命，称为"非正命"。易言之，本于良知天理而行，无论结果是吉是凶，都是尽道而死的正命；违背良知天理而行，无论结果是吉是凶，都是桎梏而死的非命。"顺受其正""尽道而死"，所以要"尽义"。

杨祖汉先生以为，命固然是限制，但因吾人尽其在我以对应，显出人的自由与价值，故命之限亦可是人之德性价值的完成。进一步言之，若君子于一切

---

① 黄俊杰说："孔孟生死观的主要命题，……第一，孔孟生死观建立在天命观上，两者有深刻的关系，亦即'义'、'命'分立之说。……第二个重要命题是：'死'的意义在'生'之中彰显。……第三个命题，孔孟认为道德价值优先于生理的生命之价值，所以他们主张'舍生取义'、主张'杀生成仁'。……第四个命题是，孔孟在社会文化脉络中处理生死问题。"见氏著：《深叩孔孟》，联经出版事业股份有限公司，2022，第290—294页。

境遇中都能顺受其正、顺其道，则一切的境遇，都成为君子成德的场所。① 吾人以义回应命，一方面正视命的限制，吾人不狂妄自大；一方面尽义而为，吾人不妄自菲薄。尤有进者，命已不唯是外在遭际的限制，亦是内在本心对自己所下达的命令。本心的自命，即天对人所下达的命令。人可将命视为天命对人的召唤，此时命限已不成为限制。纯亦不已的圣人之心，回应于穆不已的天命，完成自我的价值，回应天命的召唤，成就的是吾人的德性生命。

四、尽心知性知天

孔子以仁的指点语而言心，孟子继承孔子之仁而言心性论，建构孟子的义理规模。孟子内圣之学的义理纲维，一言以蔽之，"尽心知性知天"。

> 孟子曰："尽其心者，知其性也。知其性，则知天矣。存其心，养其性，所以事天也。夭寿不贰，修身以俟之，所以立命也。"（《孟子·尽心上》）

（一）尽心知性知天

孟子以心言性，心性是一，以心善言性善。"尽"是充尽，扩充至极的意思。"心"指本心，总的说是本心，散开地说是四端之心。恻隐之心是仁之端，羞恶之心是义之端，恭敬之心是礼之端，是非之心是智之端。"知"是证知。"性"指本性，是心之理。"尽心"是能充分地体现本心，即能证知本性。能充尽恻隐之心就知仁，能充尽羞恶之心就知义，能充尽恭敬之心就知礼，能充尽是非之心就知智，故能充分地体现四端之心，即能证知仁义礼智之性。

心是人生命的主宰，心为主观面。性是心之理，性为客观面。天是道体，天为超越面。尽心是实践的活动，而非认知的活动，所以在实践之中证知，而

---

① 杨祖汉：《孟子"莫非命也"章略解》，《鹅湖月刊》第97期，1983年7月，第34页。

非以理智去认知。知性是体知人之所以为人的本性，人之异于禽兽几希之所在，人生的意义价值之所在。尽心是主观的道德实践，即客观的道德之性的呈现，亦是超越之天理的呈现。能尽心便可知性，能知性便可知天。尽心是知性的充分条件，① 尽心是知性、知天的关键所在，能尽心实则是性理与天道在一心的朗现。工夫至极，过化存神，上下与天地同流，人参赞天地之化育，心、性、天通而为一，名言不同，实质的内容为一。

程明道曰："尝喻以心知天，犹居京师往长安，但知出西门便可到长安。此犹是言作两处。若要诚实，只在京师，便是到长安，更不可别求长安。只心便是天，尽之便知性，知性便知天，当处便认取，更不可外求。"② 程明道以京师与长安之喻，北宋的京师在汴京，汉唐的京师在长安，"以心知天"，犹言两处，教人当下认取，不可外求于心。说明心与天虽为两名，"只心便是天"，是究竟语，心与天的内容实质为一。程明道以为人的本心与本性皆是来自天理本体，主张本心与本性咸为天理。心性是一，心就是天，天人都是同一本体，程明道天人一本论的圆教模型，由孟子心、性、天是一的思想为其肇端。

陆象山曰："孟子云：尽其心者知其性，知其性则知天矣。心只是一个心。某之心，吾友之心，上而千百载圣贤之心，下而千百载复有一圣贤，其心亦只如此。心之体甚大，若能尽我之心，便与天同。为学只是理会此。"③ 依陆象山的思想，心外无物，性外无物，道外无物。宋明理学六百年，内圣之学的本质唯在道德的实践相应于道德的本性，纯亦不已的本心即是于穆不已的天道。道德行为的不容已只依超越的本心之自律而行，本心之自律即表示：本心即是理。④ 内圣之学，心只是一个心，只应首先通透此超越的本心。天道创生万物的创造性由心之道德的创造性来证实，尽心知性可证知天之所以为天。

牟先生于本章有先天义与后天义的说法。⑤ "尽心知性知天"，表现人生命

---

① 王邦雄、曾昭旭、杨祖汉：《孟子义理疏解》，鹅湖月刊社，2007，第8页。
② 程颢、程颐：《二程集》（一），第15页。
③ 陆九渊：《象山全集》卷35，第10页。
④ 牟宗三：《心体与性体》（二），正中书局，1999，第187—188页。
⑤ 牟宗三：《心体与性体》（一），第527—528页。

的先天义；"存心养性事天""修身不贰立命"表现人生命的后天义。依先天义，保持道德创造之无外；依后天义，保持宗教情操之敬畏。依先天义，保持道德我之无限性；依后天义，保持我之个体存在之有限性。《周易·乾卦·文言》曰："夫大人者，与天地合其德，与日月合其明，与四时合其序，与鬼神合其吉凶。先天而天弗违，后天而奉天时。天且弗违，而况于人乎？况于鬼神乎？""先天而天弗违"，是以理说，天内在化，天与人拉近，根本是一，相当于先天义；"后天而奉天时"，是以气说，天运不可违，天与人拉远，相当于后天义。

（二）存心养性事天

孟子操存保养的工夫就是存心养性。操存本心，涵养本性，勤于事天。朱注曰："存，谓操而不舍；养，谓顺而不害。事，则奉承而不违也。"操存本有的良心而不舍弃，顺着本有的善性而不戕害，这样就是奉承天命而不违。存心的工夫在于求其放心，被欲望障蔽而本心放失，一念自觉省察，故曰：求则得之，舍则失之。养性的工夫是在心上做，天心真性必须有操存保养的工夫才能体现出来。

所谓事天，依儒家传统的说法，天道创生万物，天命之谓性。天是客观而绝对地说，本心本性是主观而实践地说，人于道德实践证知天之所以为天，心性的创造性即是天道的创造性。价值上尊奉天，黾勉努力事天，必须由自律道德加以贞定。所以事天之道，唯在存心养性。

从后天义来说，现实上人是有限的存在，对无限的天保持敬畏之心。"存心养性事天"，可见心性与天有所距离。但"存心养性事天"的工夫，正是"尽心知性知天"之所以可能的根据，一体之两面。

《易传》中的大人等同于圣人，圣人之心纯亦不已，"与天地合其德"，德行纯亦不已体证天命于穆不已，大人之德同于天地之德，天人合德。"与日月合其明"，大人心性所发的光明同于日月所发的光明。"与四时合其序"，大人的道德生活秩序同于四季递嬗更迭的秩序。"与鬼神合其吉凶"，大人的心灵吉凶感应同于鬼神的吉凶感应。"先天而天弗违"，指大人心性的道德创造性，先于天地而存焉，天地也不能违背。"后天而奉天时"，指大人的道德生活，大人的现实生活后于天地而存焉，也不能违背天地之序，要奉天时而行。道德秩序即宇宙秩序，宇宙秩序即道德秩序。

（三）修身不贰立命

孟子的义命观为"立命"。① 本来从理而言，尽心道德实践，天理流行。但从气而言，气化流行，产生种种限制。贫富、贵贱、吉凶、祸福、幸不幸，最严重的死生、殀寿，非人力所能掌握的，有命存焉，"莫非命也"。"殀寿不贰"，殀，指短命；寿，指长命。朱注曰："贰，疑也。"贰，二也，有歧出义、疑惑义。人若因夭折或寿考，就对天道彝常有所二心加以怀疑，便是不知有命的存在，并非修身之道。反之，君子不论或殀或寿，不改日用伦常之道，方为知命，斯为修身之道。《周易·说卦传》曰："穷理尽性以至于命。"已穷理尽性，尽一切人为之努力，仍感无可奈何之际，方是命限之所在。

"修身以俟之"的"之"，呼应的是"殀寿"。"俟之"，等待命限的来临，看似消极义，实则非也。何以故？前提是加上"修身"，德润其身，转化为积极义。"修身以俟之"，呼应的是"不贰"，不因殀寿就贰其心而改常道。孟子曰："君子行法以俟命。"（《孟子·尽心下》）《中庸》曰："君子居易以俟命。""俟"是动词，等待的意思。"俟之"与"俟命"是同义语。或殀或寿既是命定，不论如何忧惧皆无济于事。命运愈多舛，愈能呈显人的德性生命之可贵。"所以立命也"，君子不论殀寿，无有二心不改彝常之道，修道行道以俟殀寿的自然到来，所以是确立命限的唯一途径。

较之"安命"而言，安之若命，尚有无可奈何的消极义。"俟命"非消极义，实为积极义，"立命"则更具积极义。君子穷则独善其身，达则兼善天下，君子不怨天尤人。子曰："不怨天，不尤人。下学而上达，知我者其天乎！"（《论语·宪问》）整本《论语》末篇末章首句，子曰："不知命，无以为君子也。"（《论语·尧曰》）孔子一生致力于道德实践，尽义"知命"，遥契天道。

---

① 王邦雄：《缘命之间》，远流出版事业股份有限公司，2020，第165—167页。

孟子不贰其心，心志专一，修身成德，为所当为，得其"正命"，确立命限。自孔孟发轫，尽义知命，义命合一，张载言"为生民立命"，"立命"于道德实践中确立命限，彰显人的主体价值，人生有限即无限，君子安身立命之道。

五、结论

中国心性论，以孔子、孟子、《中庸》、《易传》至宋明儒为主流，以理言性，义理之性为第一性，是道德实践所以可能的根据。孟子曰："乃所愿，则学孔子也。"孔子提出"仁"的中心思想，孟子以"心性论"深化证成，建构孟子的义理纲维。孟子所谓的"天爵"，如仁义忠信，是人性中天生本有的尊贵，内求于己；所谓的"人爵"，如公卿大夫，是阶级制度上的尊贵，外求于人。孟子以心言性，天爵、良贵、良知、大体、心之官、四端之心、仁义礼智等，心、性、天是一，名言不同，实质的内容为一。此天之所予我者，我固有之也，万物皆备于我矣，人皆有之，先天的、本有的、同然的，具有超越义、内在义、普遍义。孟子"性命对扬"的命题，从理而言，内在的道德心即是内在的道德性，工夫至极，上下与天地同流，天爵内在于己，人能自作主宰，求则得之。义理之性，是"有性焉，君子不谓命也"；从气而言，所乘之势与所遇之机，人爵外在于人，人不能自作主宰，求而不可必得。自然之性，是"有命焉，君子不谓性也"。贫富、贵贱、吉凶、祸福、死生、殀寿、幸福不幸福、五伦能否尽性等，非人力能完全掌握的，有命存焉。"命"是道德实践之中一个限制的概念，于道德生活中愈有实存感受之人愈能体悟。孔子"践仁知天"，孟子"尽心知性知天"。"殀寿不贰，修身以俟之，所以立命也。"君子不论或殀或寿，"莫非命也"，不贰其心，心志专一，不改日用彝常之道，修道行道以俟命的自然到来，穷理尽性以至于命，义所当为，得其"正命"，确立命限，义命合一。"俟命"非消极义，实为积极义，前提是加上"修身"，德润其身，转化为积极义。"立命"则更具积极义，孟子的义命观为"立命"。子曰："吾少也贱，故多能鄙事。"孟子曰："所以动心忍性，曾益其所不能。"每辄风檐展书读，未尝不汗颜于圣贤的天地之心。孟子以其独一无二的生命人格，以大丈夫之姿挺立于世，到体大思精的宋明理学，别开生面，迄乎当代新儒学，感召着后代的儒者：我虽一无所有，却能顶天立地。诚如北宋大儒张载四句教所言的孔孟心传："为天地立心，为生民立命，为往圣继绝学，为万世开太平。"

家国天下

孟子天下治理观及其对孔学的继承与发扬

● 杨兆贵　澳门大学教育学院副教授

观念史是思想史研究的一个重要组成部分。对个别观念的内涵及其演变进行研究，有助于加深我们对思想史的了解。往哲时贤曾做过这方面的研究，如唐君毅先生的《原性篇》《原教篇》《原道篇》、张岱年先生的《中国古典哲学概念范畴要论》、张立文先生编著的《中国哲学范畴发展史（天道篇）》等，都是这方面的典范。先秦诸子争鸣，百花齐放，九流十家于焉形成，争辉竞艳。诸子多关心家国天下大事，希冀以一家之言而改易天下，希望其说得到诸侯国君重用，进而以其学说为指导思想，统一天下。

"天下"是诸子极关心的一个观念，也是中国传统政治思想中一个极重要且又独特的观念。学者多研究诸子政治、经济、社会、伦理、三才等思想，相较而言，对诸子天下观的研究极少。

一、研究回顾

研究天下与天下治理观的论文不多，大都从民族或族群（华夷）关系、行政管理（中央与地方）关系、政治地理学来论述。

专门论述天下观内涵演变的，举其要者，如顾颉刚先生研究先秦大小九州岛的地理范围。① 钱穆先生指出天下观古已有之，阐释家国与天下的关系。② 邢义田先生指出商代已有五方（东、西、南、北、中）观念以构成他们的中央及四方的世界观；周人有"中国"、夏夷、内外服等观念，以中国、华夏为中心，有优越的文化自豪感，且配有尊尊亲亲的观念。③ 罗志田先生认为殷周两代各有服制，且体现内外之分，上古各文化民族都自视本族群所居之地为中央，其外缘地理是可以伸缩波动的。④ 赵伯雄先生对西周至秦汉"天下"概念进行简单梳理（主要偏重在地理范围）。⑤

尹建东先生指出"天下观"与"华夷之辨"是先秦以来以华夏为中心认识和看待华夷地域差异、文化差别的重要思想，目的是保证天下秩序的稳定与华夏的优势地位。⑥ 李宪堂先生探讨了天下观的起源，指出其内涵包括天圆地方的空间结构、天人一体的有机秩序、道王合一的绝对中心。商周之后它成为先王之道（礼教）所灌注的文化和制度的世界。⑦ 张颖先生认为传统"天下"不以既定地理疆域为界，而随着儒家教化辐射范围扩大而扩展，王朝随之把国家权力贯彻到辐射范围内。儒家教化起着重要的作用。⑧ 袁宝龙先生指出天下观形成是一个漫长的过程，五服与九州是天下观理论体系组成的部分，前者侧重夷夏分布格局，后者偏重设置行政区域以便管理。⑨ 梁治平先生指出天下观念极丰富，战国时天下或指王者治理的世界（王天下），或为兆民，或为文明

---

① 顾颉刚：《秦汉统一的由来和战国人对于世界的想象》《州与岳的演变》《汉代以前中国人的世界观念与域外交通的故事》，三篇见《顾颉刚全集》卷5，中华书局，2010。
② 钱穆：《晚学盲言》，广西师范大学出版社，2004，第175页。
③ 邢义田：《天下一家：皇帝、官僚与社会》，中华书局，2011，第86—109页。
④ 罗志田：《民族主义与近代中国思想》，三民书局，2011，第1—30页。
⑤ 赵伯雄：《西周至秦汉间天下观之演变》，载《郑天挺先生110周年诞辰中国古代社会高层论坛会议论文集》，天津，2009年9月18日—20日，第490—498页。
⑥ 尹建东：《天下观念与华夷边界：从先秦到秦汉的认识转变》，《云南民族大学学报（哲学社会科学版）》2011年第4期。
⑦ 李宪堂：《"天下观"的逻辑起点与历史生成》，《学术月刊》2012年10月号。
⑧ 张颖：《"天下观"：中国单一制选择的历史基因》，《湖南社会科学》2014年第6期。
⑨ 袁宝龙：《五服与九州：建构天下观的两种视野》，《中国石油大学学报（社会科学版）》2018年第1期。

及道德秩序。① 路振召先生指出儒家天下观是以文化论民族、以礼义辨夷夏的。② 干春松先生指出儒家天下观是以体认人类命运共同体为基础，继而发展出有层次的制度、秩序体系。③ 甘怀真先生编的《东亚历史上的天下与中国概念》收集一些学者的论文，如平势隆郎先生论述先秦天下、德的内涵，王健文先生论述帝国秩序与族群想象。④

高明士先生从天下秩序原理角度指出构成天下秩序的有结合原理、统治原理、亲疏原理、德化原理，天下观是由政治的君臣关系与伦理的父子关系共同维持的。他把政治与伦理观念融入天下观的讨论。⑤ 张其贤先生从政治地理学角度厘定天下在西周、春秋、战国不同时期的不同地理范围。⑥

学者多从政治地理学、行政管理学、民族学、文化学、礼学角度来论述天下观，但几乎没有论述先秦诸子的天下观，极少论述孟子天下观。⑦ 笔者认为，天下观内涵应包括地理（范围），也包括天下治理观，它包括政治秩序［社会治理、秩序（天子的理想政治是养民治民）］，民族与文化、文明（包括华夏意识，夷夏意识，道统、正统观念等），宗教（天命观，国家祭祀制度等）。学者对先秦诸子天下观的研究不多，对孟子天下观与天下治理观研究也极少，本文做这方面的研究，可补孟子研究的一点空白。

二、孟子的"天下"含义与天下治理观

孟子是战国中期儒家，自称私淑孔子之学（《孟子·离娄下》，以下凡引此

---

① 梁治平：《"天下"的观念：从古代到现代》，《清华法学》2016 年第 5 期。
② 路振召：《略论儒家天下观》，《地方文化研究》2018 年第 5 期。
③ 干春松：《儒家"天下观"的再发现》，《探索与争鸣》2019 年第 9 期。
④ 甘怀真：《东亚历史上的天下与中国概念》，台大出版中心，2007，第 1—180 页。
⑤ 高明士：《天下秩序与文化圈的探索：以东亚古代的政治与教育为中心》，上海古籍出版社，2008，第 3—17 页。
⑥ 张其贤：《"中国"与"天下"概念探源》，《东吴政治学报》2009 年第 3 期。
⑦ 查中国知网，只有陈学凯《孟子天下观与战国儒学的思想转换》（《南开学报》2017 年第 4 期）一文研究孟子天下观。

书，只注篇名），推崇孔子为圣之集大成者（《万章下》），反对杨朱、墨子之说（《滕文公下》），提出性善论、行仁政说、养浩然正气说。孟子对天下的看法，多继承孔子。

下文先简论孟子的"天下"的内涵，次论其天下治理观。

（一）"天下"含义

学者对商、西周、春秋、战国"天下"的含义已有不少研究，本节直接就《孟子》一书相关材料论释孟子对天下的看法。

1. "天下"指战国时期周朝统治的疆域（应包括黄河、长江流域）。

《梁惠王上》记孟子告诉梁惠王说："王无罪岁，斯天下之民至焉。"当时周室虽然势衰，但仍然是天下共主。所以，当时的"天下"即周的统治疆域。魏国处于黄河流域，天下人当指从黄河、长江流域而来的百姓。《梁惠王》上、下两篇所说的"天下"的含义都是相同的，如《梁惠王上》记孟子说："天下之欲疾其君者皆欲赴愬于王"，《梁惠王下》："今王亦一怒而安天下之民，民惟恐王之不好勇也。"

推而广之，"天下"当指战国时期在周朝统治下的整个领域里的诸侯国，尤指华夏民族所居之地。如《梁惠王上》记孟子说："晋国，天下莫强焉。"晋国即梁国，孟子称许梁国是当时周朝统治下最强大的侯国，只要梁王推行仁政，就能一统天下。

2. "天下"指中央政府、政权，最高权力。

《梁惠王上》记孟子答梁襄王"天下恶乎定"之问，曰："定于一。"孟子主张天下只有一个最高权力者、一个政权。这也是他主张推行仁政的基本前提。孟子在其他篇章也使用了相同的含义，如《公孙丑上》："武丁朝诸侯有天下，犹运之掌也"，"行一不义、杀一不辜而得天下，皆不为也"。

3. "天下"指整个政权、政治社会秩序、所有国家机器及百姓，与诸侯国（邦）相对。

《梁惠王上》有句家喻户晓的话："老吾老，以及人之老；幼吾幼，以及人之幼。天下可运于掌。"这是孟子主张推行仁政的一个说法：大家都有恻隐之心、爱心，爱施自亲始，推己及人。若侯君能这样做，有这样的爱心，推行这样的政策，必然使天下人都来归附，此侯君就能成为天子了。"天下可运于掌"，"天下"就是最高权力。

由此而推，天下除了指整个政权、政治社会秩序外，它还指百姓的命运、福祉。《梁惠王下》记孟子说："乐以天下，忧以天下，然而不王者，未之有也。"君王要以天下为自己的乐、忧。很明显，"天下"当指百姓的命运、福祉。这是孟子继承、发扬了孔子学说。

4. "天下"指天下的人。

《梁惠王下》记孟子称赞成汤："天下信之，'东面而征，西夷怨；南面而征，北狄怨'。"说成汤得到天下人信任，大家希望他成为天子，希望他早点带军队到自己生活的地方来，"民以为将拯己于水火之中也，箪食壶浆，以迎王师"。

（二）天下治理观

1. 华夏诸侯对华夏国家、百姓推行仁政，就能统一天下、加强中央政权。

孟子认为当时华夏地区诸国混战，能救百姓斯民于水火之中的，是有志于一统天下的华夏诸侯推行仁政。行仁政是诸侯得天下进而巩固天下的不二法门。仁政有广泛性、普遍性，可以在任何地域任何时间实施。所谓行仁政，内容不复杂，首先满足人性的基本需求，解决人类的基本生存问题，尤其是百姓温饱问题，"民事不可缓也"（《滕文公上》）。这样，重视生产，发展农业，是解决温饱的重要方法，也是"王政之本，常生之道"[1]。

孟子很重视农产，说："圣人治天下，使有菽粟如水火"（《尽心上》），"五亩之宅，树之以桑"，这样的效果是使"五十者可以衣帛矣"；"百亩之田，勿夺其时，数口之家可以无饥矣"，加上"鸡豚狗彘之畜，无失其时"，这样，"七十者可以食肉矣"。（《梁惠王上》）当时普通农民、社会下层的生活维艰，钱穆先生指出：

---

[1] 赵岐：《孟子注》，台湾商务印书馆《四库全书》（下文直称《四库全书》）影印本，第195册，第33页上。

从孔子以来，中国北方民食，实大率以粗粮为主，而自孔子以前，则此所谓粗粮者，古人固视之为美品，不觉其为粗粮也。民食之维艰，民生之不裕，此为考论中国远古之农事，与夫考论中国文化之渊源者，斯义所当常悬在心，不可片刻而忘。①

《汉书·食货志》"民三年耕，则余一年之畜"至"四时之间亡日休息；又私自送往迎来，吊死问疾，养孤长幼在其中。勤苦如此，尚复被水旱之灾"云云一段，②说明先秦到西汉，农民维生不易。孟子提出"五十衣帛，七十食肉"，这对农民来说已是一种比较理想的生活境况了。

孟子强调仁政的首务在于解决民生问题、重视民生，这不仅是他的思想特色，也是我国传统政治、儒家政治思想的特色之一。这是深具我国特色的思想，与西方倡导民主的路向不同。孟子认为，能解决人民的温饱问题，就是一个好政府，也是一个政府"受天命""得天命"的表现。诗评家黄彻在《碧溪诗话》卷一评论如此贴切："《孟子》七篇，论君与民者居半，其余欲得君，盖以安民也。"杜甫"志在大庇天下寒士"，"老杜似孟子，盖原其心也"。③

其次是推行教育教化，满足人类的精神生活、对精神有较高追求的人性需求。它包括兴建学校或在民间推行伦理教育，"谨庠序之教，申之以孝悌之义"，"壮者以暇日修其孝悌忠信"（《梁惠王上》）。孝、悌、忠、信是三代以来的传统美德，是儒家推崇的个人修养的德目，是人伦之教。解决人民的温饱后，就要教以礼乐仁义，使他们明白人伦，"人伦明于上，小民亲于下"（《滕文公上》），否则，即使人民已"饱食、暖衣"，也会"近于禽兽"。

孟子除了推崇孝悌忠信，还指出它们背后仁爱之义的道德意蕴："亲亲，仁也；敬长，义也"（《尽心上》），仁、义表现在亲亲、敬长的行为上，个人的道德修养就能形成良好的社会风气，收到"颁白者不负戴于道路矣"（《梁惠王

---

① 钱穆：《中国学术思想史论丛（一）》，东大图书公司，1976，第16页。
② 《汉书》，中华书局，1962，第1123—1132页。
③ 黄彻：《碧溪诗话》卷一，载丁福保辑《历代诗话续编》，中华书局，1983，第347页。

上》)之效,把它们推而广之,"达之天下也"(《尽心上》),更能收到"教稼明伦,以成唐虞之治"[1] 之效。孟子特别重视敬老尊老。老人长辈的经验是年轻后辈学习、进步的借鉴,年轻后辈需要长辈的指导。自周公以后,敬老对治天下有很好的作用,[2] 这种风气一直延续下来。张九成(1092—1159)认为这是王道的重要内容,能使五十岁者衣帛、七十岁者食肉,已是达到一定的治境:"行王道而使老者皆安,有衣有肉有食,有代其劳者,则雍穆之风、和平之状可知也。""所谓王道者,其忠厚和乐乃至于此也",其他国家百姓听闻此国如此重老尊老,也会闻风而来,愿当国民。[3] 这是孟子屡屡提到"民归之""天下之民至焉"(《梁惠王上》)的原因。

另外,孟子强调诸侯仁君要特别关照鳏("老而无妻")、寡("老而无夫")、独("老而无子")、孤("幼而无父")等弱势群体,"此四者,天下之穷民而无告者。文王发政施仁,必先斯四者"(《梁惠王下》)。然后把自己的恻隐之心推而广之,以横向的方式、别爱的原则去爱护其他家族的老幼,"老吾老,以及人之老;幼吾幼,以及人之幼",这样就可以得到很多人的肯认,得到民心,"可使制梃以挞秦楚之坚甲利兵矣","天下可运于掌"。(《梁惠王上》)

孟子指出推行仁政的本心,就是诸侯推广自己的天生的恻隐之心、不忍人之心。(《公孙丑上》)人同此心,心同此理。推行仁政,就是以心比心,以心得心,可以得天下。因此,得天下最重要的是得民心:"得天下有道:得其民,斯得天下矣;得其民有道:得其心,斯得民矣;得其心有道:所欲与之聚之,所恶勿施尔也。"(《离娄上》)民之所欲,就是得到温饱,活得有尊严。诸侯推行仁政,就是解决百姓的温饱问题;教化庶民,就是使百姓知道、践行做人道理,上下和睦。

孟子认为,天下百姓早就不想生活在战乱里,如果诸侯推行仁政,"威天

---

[1] 崔纪:《读孟子札记》,《丛书集成续编》第37册,新文丰出版公司,1988,第275页上。
[2] 杨兆贵:《儒家修齐治平思想溯源——论周公对孔、孟及其他儒家的影响》,《云南大学学报(社会科学版)》2022年第2期。
[3] 张九成:《孟子传》,《四库全书》影印本第196册,第238页上。

下不以兵革之利"(《公孙丑下》),不发动战争,百姓则极想归附这些有仁爱之心的侯国国君,"今夫天下之人牧,未有不嗜杀人者也,如有不嗜杀人者,则天下之民皆引领而望之矣"(《梁惠王上》),"今天下之君有好仁者,则诸侯皆为之驱矣"(《离娄上》),"仁人无敌于天下。以至仁伐至不仁,而何其血之流杵也"?(《尽心下》)

孟子认为,诸侯根据四民的不同特点、要求,推行相应的措施,必使当时社会不同阶层的四民都乐意投归此仁政之国:"今王发政施仁,使天下仕者皆欲立于王之朝,耕者皆欲耕于王之野,商贾皆欲藏于王之市,行旅皆欲出于王之涂,天下之欲疾其君者皆欲赴愬于王。"(《梁惠王上》)

《公孙丑上》更明确、详细地说明了招徕五民的措施,以收一统天下之效:"尊贤使能,俊杰在位,则天下之士皆悦而愿立于其朝矣。市廛而不征,法而不廛,则天下之商皆悦而愿藏于其市矣。关讥而不征,则天下之旅皆悦而愿出于其路矣。耕者助而不税,则天下之农皆悦而愿耕于其野矣。廛无夫里之布,则天下之民皆悦而愿为之氓矣。信能行此五者,则邻国之民仰之若父母矣。率其子弟,攻其父母,自生民以来,未有能济者也。如此,则无敌于天下。"清代喇沙里指出,"天下虽大,不外此五者之人",王者推行仁政,"使商贾行旅耕农居民各得其所"。[1] 战国之时诸侯只想侵人土地,不得民心,孟子认为"但行仁政以恤其民,使邻国之民仰之若父母",如此则天下之民也仰之若父母而来归附。[2]

以上是孟子就华夏国家如何统一天下进而治理天下提出他的看法。可以概括地说,孟子的天下治理观有这样几个特点:

① 它是以华夏为中心的仁政天下观。它是针对当时战争混乱的局势而提出的和平秩序,是针对人欲膨胀恶化、侯权腐朽而提出的仁爱关怀,是继承、发扬自三代圣王所形成的优良传统、儒家的人文关怀,是以华夏文化为核心的道德文化,是以人伦精神为主导的政教结构。

---

[1] 喇沙里、陈廷敬等:《日讲四书解义》,《四库全书》影印本第208册,第389页上。
[2] 孙奇逢:《四书近指》,《四库全书》影印本第208册,第773页上。

② 它具有普遍性、广泛性、实用性。仁爱是最高的意识凝聚，仁政是最高的政治原则。

③ 在仁爱、仁政作为最高原则的指导下，上自天子，下至普通百姓，都讲仁义，行孝悌，把道德与政治、宗法与家庭（族）、修身与治平这些纵、横关系交加重叠在一起，也即治理天下贯穿着这几种关系。这些关系共同构成治理的原则，包括德治原则、伦理与政治结合等原则。

④ 建立一个超越七国的新的大一统的中央政府，并由此政府总揽一统、治理天下的政务。这个中央政府是大一统的，也即孟子提出的"定于一"（《梁惠王上》）的"一"。它经过战国七雄战争的洗礼，其实力、权力、政策执行权都应比周王朝强大有力。它的出现，标志着最高权力从比较散弱且组织规模较小的阶段而进入权力相对集中、政府规模较大的阶段。这样它有较高的权威，有较大的能力治理天下。在这里，大一统与天下治理有重叠的密切的关系（这值得探讨，须另文研究）。根据孟子对当时侯国国君的强烈呼吁，主张推行仁政，相信孟子认为地方政府政权应与中央政府保持高度一致，推行仁政，惠施百姓。他坚决反对那些只为私欲、扩展势力的侯国。

⑤ 儒家一直很重视礼乐，礼乐应用在社会各个方面，但孟子的天下观没有在这方面详细着墨。①

2. 华夷关系。

孟子的仁政天下观是针对整个华夏地域、百姓而发的。华夷关系则是中央政府如何处理与少数民族关系的问题，是历朝历代的重要国策，也是天下观的重要组成部分。据《尚书》记载，自舜、禹以来，华夷关系就一直是一个重要的问题。

孟子接受"用夏变夷"，反对"变于夷者"（《滕文公上》）之说。关于"夏"的含义，历代学者的看法逐步深入展开：汉代赵岐把"夏"解为诸夏的

---

① 《孟子》一书所重的礼，是士礼、仕礼，而非治天下的礼乐。参见钱穆：《国学概论》，台湾商务印书馆，1987，第55—57页。礼对仁治有很大的作用，顾炎武说："不遗亲，不后君，仁之效也"（顾炎武著、陈垣校注：《日知录校注》，安徽大学出版社，2007，第405页），论说礼对治国之效。若孟子同时并重礼治的大用，天下治理效果应更大。

礼义，而不是华夏民族："当以诸夏之礼义化变蛮夷之人耳。"① 朱子（1130—1200）继承赵岐之见，进一步认为是礼义教化："夏，诸夏礼义之教也。变夷，变化蛮夷之人也。"② 他没有具体解释怎样变化蛮夷之人。同时代的张栻（1133—1180）的解释比朱子更进一步，指出诸夏是"礼义之所宗"，是"圣帝明王之道，中正和平"："诸夏者，圣帝明王之道，中正和平，礼义之所宗也。夷狄者，背礼而弃义者也。《春秋》之法，以诸夏而由夷狄之为则夷狄之，以夷狄而知礼义之慕则进之，俾万世为治论学者兢兢焉，率循其则以自免于夷狄禽兽之归也。"③ 喇沙里、陈廷敬等《日讲四书解义》这样注解："中国之所以异于蛮夷者，以其有圣人礼义之教，辨名分，正体统，尊卑相承，贵贱有序耳。"④ 他们把"诸夏"解为"中国"，指出"中国"与蛮夷不同的是中国有"礼义之教"（赵岐、朱子也这样解），并进一步解释"礼义之教"的内容包括：辨名分，正体统，尊卑相承，贵贱有序。这个解释比较符合原文原意（"夏"当解为民族或地域之名，而非文化）。另外，有的学者用礼、俗来分辨夏、夷之别："夏以礼义之教言，夷以风俗言。"⑤

可见，孟子和后世注家都从礼义文化角度来分辨夏、夷之别，认为华夏文化比夷狄文化优越，其重要的内容是华夏有礼义，有圣王之道，这是夷狄所没有的。事实上，自三代至战国，礼可以包括一切社会制度、历史、文明进展等。⑥ 它是三代以来圣王所创建的文化，历时长久，经得起风浪。自春秋以来，礼崩乐坏，礼乐文化受到空前的挑战。孔子深揭背后的真义（仁），孟子继承、发扬孔学，对礼乐也有相当的信心。可以说，他从仁、人性、历史角度出发，相信华夏的礼乐是先贤的心血结晶，具有重要的人文历史价值，且能在动乱的战国时期经受洗礼而重生。孟子对华

---

① 赵岐：《孟子注》，第128页上。
② 朱熹：《四书章句集注》，中华书局，1983，第260页。
③ 张栻：《癸巳孟子说》，《四库全书》影印本199册，第393页下。
④ 喇沙里、陈廷敬等：《日讲四书解义》，第431页下。
⑤ 陆陇其：《四书讲义困勉录》，《四库全书》影印本第209册，第590页下。
⑥ 钱穆：《国学概论》，九州出版社，2011，第22页。

夏礼乐文化充满信心，也即对传统文化有自信，犹如他相信人性有向善的可能。

孟子只在文化上认为华夏文化比夷狄文化优越，他没有民族、族群优劣的看法。他说："舜生于诸冯，迁于负夏，卒于鸣条，东夷之人也。文王生于岐周，卒于毕郢，西夷之人也。地之相去也，千有余里；世之相后也，千有余岁。得志行乎中国，若合符节。先圣后圣，其揆一也。"（《离娄下》）他认为舜是东夷人，文王是西夷人。虽然他俩不是华夏之人，但是都成为圣人，"得志行乎中国"。可见，只要修身向善，孜孜不息，自然有可能成为圣人，甚至成为圣王，成为政治上、社会上的最高层人物，成为对历史产生巨大影响的大人物，而不论他的出身背景、出生地、种族。这也是孟子对人类所有不同民族的信心，他的理想的圣人、圣王不只归华夏人所有，而是归属于全人类、全社会。

从天下一家的角度出发，孟子基本上把戎夷当成天下的一部分。他说："《书》曰：'汤一征，自葛始。'天下信之。'东面而征，西夷怨；南面而征，北狄怨。曰，奚为后我？'民望之，若大旱之望云霓也。"（《梁惠王下》）成汤征伐夏桀的方国，目的是逐步铲除那些方国，最后推翻夏朝，在黄河流域建立一个新的王朝。孟子说西夷、北狄抱怨成汤不先去推翻他们的部落盟主，可见他认为当时西夷、北狄之民认同成汤是可以领导他们的领袖，他们愿意在成汤领导下成为新王朝的一个方国或地方政权。

孟子认为，在历史上，华夏诸国一直善待四夷，有的国君"以大事小"，如成汤与文王："惟仁者为能以大事小，是故汤事葛，文王事昆夷。"（《梁惠王下》）文王的周国对昆夷来说，是大国。但是文王以仁爱之心善待昆夷，没有以大压小，霸道欺凌，反而能"以大事小"，这是"乐天者"的表现，苏辙说："乐天者非有所畏，非不得已，中心诚乐而为之也。"[①] 这样，文王"乐天者保天下"（《梁惠王下》）。

---

① 苏辙：《孟子解》，《四库全书》影印本第196册，第55页上。

不仅文王善待四夷，其子周公也复如此。孟子在"予岂好辩"章批评杨、墨之言，赞扬大禹治水、周公驱害、孔子作《春秋》，主张代有圣王、圣人出，"总论诸圣之功，以见己辟邪卫正之非得已也"①，他自信自己继承大禹、周公、孔子三圣，说："禹抑洪水而天下平，周公兼夷狄驱猛兽而百姓宁，孔子成《春秋》而乱臣贼子惧。"(《滕文公下》)对于周公"兼夷狄"的"兼"，学者有几个解释：赵岐解为"兼怀"②，朱子解为"并之"③，史次耘先生解为"摒绝"④。根据上下文之意，孙奇逢说大禹治水是"定人心"，周公驱害是"悦人心"，孔子作《春秋》是"惧人心"。⑤ "悦人心"，是周公的举措使内、外都心悦诚服，所以，周公当以华夏王者之尊，兼容夷狄。可见，孟子认为周文王、周公父子对夷狄的态度、举措是一脉相承的，没有以大欺小，反而以仁事小，使夷狄心悦诚服。孟子更没有提出以武力、战争强迫夷狄接受华夏文化，而是华夏君王以仁爱之心去改变夷狄，提高夷狄的文化素养，使他们更好地融入华夏大家庭，成为华夏的一族，与华夏平起平坐，和平共处。

（三）小结

《孟子》里的"天下"有几个内涵，大多偏重在政治方面。在天下治理方面，孟子提倡以华夏为中心的仁政天下观，以仁政为最高的政治原则，以仁爱为最高的意识凝聚，把道德与政治、宗法与家庭（族）、修身与治平这些纵横关系重叠在一起，构成天下治理原则（德治原则、伦理与政治结合等）。在华夷关系上，孟子认为华夏的文化比较优越，但在天下一家的原则下，他没有民族、地域等方面的偏见，而是认为华、夷之人都可成为圣人、圣王。文王、周公父子更以仁爱之心，以大国服事夷狄的小国，使华、夷建立和睦的关系。他主张华夏以仁爱之心而非武力或战争改变夷狄，"以夏变夷"，使夷狄的文化水平与华夏相同，进而融入华夏大家庭，成为华夏一员，华夷和平共处，共享共

---

① 喇沙里、陈廷敬等：《日讲四书解义》，第454页上。
② 赵岐：《孟子注》卷六下，第152页上。
③ 朱熹：《四书章句集注》，第273页。
④ 史次耘：《孟子今注今译》，三民书局，1978，第164页。
⑤ 孙奇逢：《四书近指》，第784页上。

同发展。

孟子对"天下"的看法、天下治理观,是对周公、孔子学说的阐扬。下文就孟子的"天下"内涵、天下治理观的理论渊源,上溯孔子及清华简《天下之道》篇。[1]

三、孟子天下治理观对孔学的继承

孟子私淑孔子,对孔学有深入理解。他的天下治理观也继承、发展了孔学。

(一)孔子对"天下"含义的几种看法

在论述孔子天下观之前,先简介其前的天下观及其特点。天,罗振玉释甲文说:"人所戴为天",徐中舒另释为大。[2] 可知凡天之下、大地之上的事都是先哲所关心的,此含有宗教之意;因而有方位的概念,而殷周先哲特重地域之"中"。"中"成为中国传统思想中一个极重要的观念。它被应用在政治思想(有五行之中、中央,尊崇中央政府等观念)、哲学思想(如中和)、地域行政与管理思想(天下之中,首善之都,内服外服,中国)、民族族群(华夏与夷狄)等方面上。天下观的出现与形成,融入了殷周哲贤的宗教、政治、伦理、文化、社会等思想观念,致力于使天下不同地域、文化、族群、政治制度、生活习惯的人能和谐交融、相处,以臻进大同世界(这也有大一统思想)。

孔子深入了解三代礼乐文化,也了解三代天下观。他的思想言行主要记载在《论语》里。《论语》是记载孔子思想的一手材料,《孔子家语》(下简称《家语》)中有些材料也可视为一手材料。[3] 本节探讨孔子的天下观,以《论语》所载相关材料为主,《家语》为辅。孔子的天下观对先秦诸子起着极重要的典范与奠基作用,兹综合相关材料,详论孔子的天下观。

---

[1] 孟子一些思想观念继承和发扬了周公的思想,详杨兆贵:《儒家修齐治平思想溯源——论周公对孔、孟及其他儒家的影响》,《云南大学学报(社会科学版)》2022年第2期。此不赘。
[2] 古文字诂林编纂委员会编纂:《古文字诂林》第2册,上海教育出版社,2000,第19、27页。
[3] 杨兆贵、吴学忠:《〈春秋〉三传"孔子曰"研究》,《人文论丛》2018年第1辑。

1. "天下"指王朝所统治的疆域、国土。这是从政治地理概念来说的。

夏商之时尚未有国土、疆域观念,但周代已有国土、疆域之实。周武王、周公推行封建制,每个封国都有其疆域,这一点《春秋大事表》有专节表述。① 周代(包括东周)人也渐渐有了国土观念及对此国的感情,春秋时孔子对鲁国产生"爱国"之情,"孔子之去鲁,曰:'迟迟吾行也。'去父母国之道也。去齐,接淅而行"(《尽心下》)。他离开鲁国时慢慢走,表示对故国的依恋。这是现代家、国之情的蕴涵。

孔子认为"天下"指王朝统治的疆域,如《论语·泰伯》记他称赞周文王"三分天下有其二,以服事殷",此"天下"即指纣王时殷的疆域。朱子还特地注明文王当时统六州、纣王统三州。②《家语·相鲁》记孔子为中都宰,在社会秩序、礼乐制度治理方面取得成效,其他侯国效法。鲁定公问孔子说:"学子此法以治鲁国,何如?"孔子说:"虽天下可乎,何但鲁国而已哉!"③ 孔子认为,他治理中都的方法可以推行于天下,何况是鲁国呢!此"天下"乃指当时周的疆域。

2. "天下"指周朝统治的疆域,与在此疆域里生活的百姓(兆民),及其社会、政治、伦理秩序。这是从政治地理、社会秩序、兆民的角度来说的。

承上所说,孔子所说的"天下"又扩指疆域及其兆民、秩序伦理等。《论语·八佾》记仪封人与孔子交谈后,告诉孔门弟子说:"二三子,何患于丧乎?天下之无道也久矣,天将以夫子为木铎。"杨伯峻把"天下之无道也久矣"译为"天下黑暗日子也长久了"④。所谓的无道即指在周王朝统治下政治、社会秩序(礼乐制度)失去原有的功能、作用,百姓生活在这种"黑暗日子"里。

《论语》其他篇章屡屡谈到"天下"而有相同含意的,如《论语·季氏》记孔子说:"天下有道,则礼乐征伐自天子出;天下无道,则礼乐征伐自诸侯出。"孔子提到"天下有道""天下无道"这对概念。如《论语·泰伯》"天下

---

① 顾栋高辑:《春秋大事表》,吴树平、李解民点校,中华书局,1993,第495—547页。
② 朱熹:《四书章句集注》,第108页。
③ 杨朝明、宋立林主编:《孔子家语通解》,齐鲁书社,2013,第2页。
④ 杨伯峻:《论语译注》,中华书局,1980,第33页。

有道则见，无道则隐"，朱子注："天下，举一世而言"，指天下乃"一世"时间，恐所言太狭窄。孔子把政治、社会秩序的治、乱分为"天下之道""天下无道"两种。此"天下"指整个周朝政权、政治社会秩序，是与诸侯国（邦）相对的一个概念。《论语·泰伯》记孔子说："天下有道则见，无道则隐。邦有道，贫且贱焉，耻也；邦无道，富且贵焉，耻也。"天下太平就出仕，天下不太平就隐居。先有天下，然后有邦。这里"天下"指周朝礼乐制度、秩序，邦则是天下的一个侯国。

3. "天下"可指中央政权（周朝），也可指侯国地方政权。

《论语·泰伯》记孔子称赞泰伯说："泰伯，其可谓至德也已矣！三以天下让，民无得而称焉。"泰伯时，周仍是一个侯国。所以，孔子称赞泰伯不当周侯，是"以天下让"，则"天下"指侯国地方政权。朱子解释"夫以泰伯之德，当商周之际，固足以朝诸侯有天下矣"，说泰伯可以当诸侯而一统天下。

4. "天下"指最高权力。

承上所论，天下指最高权力、权位。《论语·泰伯》记孔子称赞其心中的理想圣王舜、禹说："巍巍乎！舜禹之有天下也，而不与焉！"舜、禹贵为天子，富有四海，朱子注"不以位为乐也"，"位"指天子之位。杨伯峻译："一点也不为自己。"① 《论语·颜渊》记"舜有天下，选于众，举皋陶，不仁者远矣"，此"天下"也指最高权位。

5. "天下"指空间（天、地）、时间（古、今），相当于宇宙。

《论语·里仁》记孔子说："君子之于天下也，无适也，无莫也，义之与比。"君子对于天下的事情，"于无可无不可之间，有义存焉"，"没规定要怎样干，也没规定不要怎样干，只要怎样干合理适当，便怎样干"②。这是孔子对君子处理天下事的看法，所谓天下之事，此"天下"当没有时、空限制，也即有无限的时、空（宇宙）。《家语·始诛》记孔子诛少正卯后告诉子贡说"天下

---

① 杨伯峻：《论语译注》，第 83 页。
② 杨伯峻：《论语译注》，第 37 页。

有大恶者五"云云，而少正卯兼此五恶，所以可得而诛之。① 此"天下"也指没有时、空之限的宇宙。

6."天下"指天下的人。

《论语·颜渊》记载了一段极其有名的回答，孔子回答颜回："一日克己复礼，天下归仁焉。"现代一些学者把此句解为孔子、儒家实现天下观的措施、途径，但杨伯峻认为此句的意思是：一旦这样做到克己复礼的地步，"天下的人都会称许你是仁人"②。宋代人也有这样的译法，如朱子。③ 所以，此"天下"指天下人。《家语·五仪解》记孔子对贤人的看法："所谓贤人者，德不于逾闲，行中规绳，言足以法于天下而不伤于身。"④ 所谓"法于天下"，即为天下人所效法。《孔丛子·刑论》记孔子回答武伯关于孟氏之臣叛乱的看法时说："人臣而叛，天下所不容也。"⑤ 天下人不能容忍家臣叛乱的行径。

综上所论，孔子主要从政治地理、社会伦理秩序、个人修养等方面来讲"天下"，其含义包括：疆域，此疆域里的百姓及其社会秩序，周朝政权及政治社会秩序，政权（可包括诸侯国的地方政权），最高权力、权位，无限的时空，天下的人。

孔子生于礼崩乐坏的时代，他对天下及天下的兆民如此关心，这寄寓着他对重建礼乐制度的殷切热诚与希望，对继承、完善传统文化（周礼）的强烈的人文历史关怀，对百姓兆民生活福祉的关切，可以说，孔子的天下观包含了他的人文历史关怀观、统一观、幸福观、民本观、政治社会稳定观，对后世诸子的影响很大。下文简论孔子天下治理观。

（二）孔子天下治理观

孔子针对他所处的时代问题，主要从礼乐方面提出他的天下治理观。

---

① 杨朝明、宋立林：《孔子家语通解》，第11页。
② 杨伯峻：《论语译注》，第123页。
③ 朱熹：《四书章句集注》，第132页。
④ 杨朝明、宋立林：《孔子家语通解》，第59页。
⑤ 傅亚庶：《孔丛子校释》，中华书局，2011，第80页。

1. 以仁义之道得天下

《论语·泰伯》记孔子说："才难，不其然乎？唐虞之际，于斯为盛。有妇人焉，九人而已。三分天下有其二，以服事殷。周之德，其可谓至德也已矣。"这章应谈怎样得天下。孔子主张须以仁心得天下。他称赞周文王虽然已占有天下三分之二的疆域，但仍然"服事殷"，没想过用武力推翻纣王。刘宝楠说文王三分天下有其二而仍然服事殷，"与泰伯之以天下让无以异，故夫子均叹为至德也"。他还指出，文王虽有这样的势力、力量，但未打算动用武力，是出于策略的需要："文之服事，非畏殷也，亦非曰吾姑柔之，俟其恶盈而取之也。"①

2. 治天下

① 以宗教禘礼治天下

有人向孔子询问有关禘礼的思想大要。孔子回答说："不知也。知其说者之于天下也，其如示诸斯乎！"（《论语·八佾》）本章是从天下秩序、天下治理（建立宗教、祭祀制度尤其是禘礼）角度来说的，主张通过宗教、禘礼以建立天下秩序，治理天下。

后代注释者从不同角度对本章进行阐释。朱子从理学角度解释，"先王报本追远之意，莫深于禘"，因此，"知禘之说，则理无不明，诚无不格，而治天下不难矣"。这和《大学》心正、身修、家齐、国治、天下平说是相通的。所以，孔子极重视禘礼。钱穆先生从礼治角度解释了禘礼与天下的关系。他解释，了解禘礼就能把整个天下摆在手掌上的原因，是孔子主张以礼治天下。"礼治即仁治，即本乎人心以为治。礼本乎人心，又绾神道人伦而一之，其意深远。"② 以礼治天下，礼治即仁治，仁治必须本乎人心。要人心纯正，报本追始是其中重要的一项。而禘礼是礼治的一种，据西汉孔安国（前156—前74）的说法，"禘祫之礼，为序昭穆也"③。通过重视昭穆之制，建立礼制重视尊卑

---

① 刘宝楠撰：《论语正义》，高流水点校，中华书局，1990，第312—313页。
② 钱穆：《论语新解》，生活·读书·新知三联书店，2002，第64页。
③ 何晏集解，皇侃义疏：《论语集解义疏》，《四库全书》影印本第195册，第360页。

等级秩序。另外，它另一个精神是"追本乎始祖之所自出"，最能表现追本返本之意。

可见，孔子早已指出禘礼对维持天下秩序的作用，也即强调宗教对维持天下秩序的作用。天、人关系对维持、巩固天下秩序起着重要的作用。

② 重建天子权威

孔子说："管仲相桓公，霸诸侯，一匡天下，民到于今受其赐。微管仲，吾其被发左衽矣。岂若匹夫匹妇之为谅也，自经于沟渎而莫之知也。"（《论语·宪问》）

这里强调天子、周天子、中央政府的权威。建立中央政府的权威，一是尊周室，使周室重新成为诸侯的宗主，也即恢复周公、周初建立的礼乐制度，这就是"一匡天下"。二是从礼乐文化方面来说的，而不是单从霸政武力来说的。孔子称赞管仲"一匡天下"的效果是"民到于今受其赐"，此"民"指当时中国之民。所谓的"赐"，即"微管仲，吾其被发左衽矣"，也即中国之民保留了自己的服饰传统，没有被夷狄同化。所以，孔子重视文化观念尤甚于民族、氏族观念。① 这里说明"一匡天下"，即重建（或恢复）周礼的成效是保留"中国"的传统文化。

3. 华夷关系

一是孔子重文化甚于重民族。他强调保留中国的传统礼乐文化（服饰），认为华夏民族的文化比夷狄的文化高。二是他认为华夏与夷狄都有相同的人性，所以说："言忠信，行笃敬，虽蛮貊之邦行矣。"（《论语·卫灵公》）三是他主张"修文德以来之"（《论语·季氏》）。既然华夷同为人类，夷狄可通过教化以提高文化水平。他不主张以武力统治夷狄，而是主张以文治，通过文化的力量来改变夷狄，进而使他们与华夏相同。

综上所论，孔子的天下治理观主要是希望以仁义之道得天下，以禘礼治天下，并重建天子权威。在华夷关系上，他主要通过文化水平高低来区别华夷，

---

① 钱穆《民族与文化》，《钱宾四先生全集》第 37 册，联经出版事业股份有限公司，1998，第 4 页。

并主张以文治（文化力量、道德力量）来改变夷狄。孟子对"天下"的看法和他的天下治理观，在很大程度上继承了孔学。

结语

先秦诸子都有"以其言易天下"的雄心壮志，有自己的天下观。孟子针对战国动乱局势，提出以仁得天下、以仁政治天下的天下治理观。它是以华夏为中心而在当时的"天下"范围里实施仁政。仁政的落脚点是让老百姓丰衣足食，关爱弱势群体，均衡分配财富，[①] 重塑强而有力的中央政府，构建和平秩序，施以儒家人文关怀、道德教化，构建祥和的四民社会。仁爱是最高的意识凝聚，仁政是最高的政治原则。在华夷关系上，孟子主张"以夏变夷"，华夏以先进优越的文化感化、改变夷狄，并视华夷为一家，不对夷狄的民族、风俗、地域有歧视之见，而是坚持性善说，相信无论是华或是夷，只要通过努力，都能成为"百世之师"的圣人。（《尽心下》）

孟子对"天下"的看法与其天下治理观，继承、发扬了孔子这方面的思想。孔子从礼乐、宗教、重建天子权威、社会秩序角度阐论天下观，孟子主要在仁爱方面发扬了孔子天下观。

---

① 孔德立：《孟子仁政学说的内容及其价值》，中国共产党新闻网。

从《孟子》论战国时期诸侯国君的政治素养

● 魏衍华　尼山世界儒学中心孔子研究院研究员

　　在传世本《孟子》七篇中，涉及不少人物，按类型划分大体有以下几种：一是尧、舜、禹以及三代时期的"天子"，他们处于金字塔式为政体系的最顶端，是先秦时期儒家尊崇和效仿的对象；二是周天子所分封诸侯国的国君，比如梁惠王、齐宣王、鲁平公等，他们本有向周天子朝聘、纳贡以及屏藩周室等职责和义务（按：战国时期该项制度早已名存实亡），在各自受封的领土范围内则拥有至高无上的特权，是国家运行的决定者和普通百姓命运的主宰者；三是在周王室、诸侯国朝堂中任职的百官有司，是周王和诸侯国君政令的草拟者和实施者，是普通百姓与天子、诸侯国君沟通交流的桥梁和纽带。《孟子》中涉及的为政者，尽管有不少是战国时期的士大夫，但最核心的仍然是孟子周游列国期间接触到的齐宣王、梁惠王、滕文公、邹穆公和鲁平公等诸侯国君。在与诸侯国君的问对中，孟子特别强调"仁义""仁政"和"权变"等核心思想。在这些问对言语的背后，则是孟子对诸侯国君政治素养的一种期许，也是助推其"仁政"学说在诸侯国内得以落实的底气、霸气和勇气。只是与"务于合从连横，以攻伐为贤"（《史记·孟子荀卿列传》）的战国社会大环境不合，孟子被迫退居故里，专心教学，并将他的政治理想注入《孟子》这本经典之中。本文试图通过分析各位诸侯国君为政的措施，阐释战国时期为政队伍的思想状况。

一、注重眼前小利

《孟子》开篇记述孟子与梁惠王之间的对话，首句是梁惠王问："叟不远千里而来，亦将有以利吾国乎？"(《孟子·梁惠王上》，下引《孟子》只标注篇名)求"利"或者有明确的功利性是战国时期诸侯国国君集团普遍存在的一种现象。这里的"利"就是朱熹等人注解的"盖富国强兵之类"[1]的事情，并非后世不少人理解的国君单纯追求个人的利益或者私欲。因为传统社会中的家、国是一体的，特别是在"杀人盈野""杀人盈城"(《离娄上》)的战国社会，梁惠王向孟子求"利国"似乎属于一种再正常不过的事情了，本身并无可厚非。当然，正如赵岐解释说"以利为名，则有不利之患矣"[2]，国君单纯求利，就像达摩克利斯之剑高悬一样，会形成一种极为不良的连锁反应，引发国内的士大夫、百姓竞相求"利"。

从魏国面对的内外困境来看，梁惠王向孟子咨询富国强兵之类的"利"，无疑是一种最迫切的诉求。梁惠王曾向孟子诉苦，说："晋国，天下莫强焉，叟之所知也。及寡人之身，东败于齐，长子死焉；西丧地于秦七百里，南辱于楚，寡人耻之，愿比死者壹洒之，如之何则可？"(《梁惠王上》)梁惠王带着一种极为悲壮的心情，"言欲为死者雪其耻也"[3]，也就是时刻准备着与秦国、楚国等大国进行决战。这既是作为大国国君应有的一种尊严，更是作为父亲的一种责任。然而，孟子却有不同的意见，他认为魏国当下应该做的事情是"施仁政于民"，也就是"省刑罚，薄税敛，深耕易耨"，使国内百姓特别是青壮年能

---

[1] 朱熹：《四书章句集注》，中华书局，2012，第201页。
[2] 焦循撰：《孟子正义》，沈文倬点校，中华书局，1987，第36页。
[3] 朱熹：《四书章句集注》，第206页。

进入"以暇日,修其孝悌忠信,入以事其父兄,出以事其长上"(《梁惠王上》)的生活状态,以形成强大的战斗力,进而从根本上战胜秦、楚的坚甲利兵。应该说,孟子给魏国开出的药方是适用于这个国家的,是具有早期儒家思想特色的善政之治。

然而,由于梁惠王的格局太小,再加上国内混乱的秩序,导致魏国逐渐由大国、强国行列走向任其他诸侯大国宰割的困境,这或许也与他的为政理念有关。在与孟子交谈中,梁惠王特别提到一件令他倍感困惑的事情,他说:"寡人之于国也,尽心焉耳矣。河内凶,则移其民于河东,移其粟于河内。① 河东凶亦然。察邻国之政,无如寡人之用心者。邻国之民不加少,寡人之民不加多,何也?"(《梁惠王上》)其实,这既是梁惠王一人的困惑,有可能也是战国时期所有诸侯国君的困惑。究其原因,应该是他们"尽心"的格局太小,他们对战争胜利有极度渴望。在这样的环境中,很少有国君能关注到普通百姓的利益,战争导致民不聊生,民不聊生则促使战争更加恶化。孟子认为,走出此等困境最好的办法,就是"不违农时",从根本上使本国的百姓富起来,从而在国内形成一种人心向背的凝聚力和向心力。

可惜的是,梁惠王并未能够听从孟子的建议,一方面是因为他的思想过于保守,认为孟子提出的"仁政"蓝图并没有秦用商君"富国强兵"、楚魏用吴起"战胜弱敌"、齐用孙子和田忌"诸侯东面朝齐"(《史记·孟子荀卿列传》)等更加直接与实惠;另一方面是他的年龄有点偏大,于周慎靓王二年(公元前319年)就去世了。更可悲的是,此后即位的梁襄王格局比他的父亲还要小,而且给孟子的第一印象就非常差。孟子拜见梁襄王,出门后便给人讲:"望之不似人君,就之而不见所畏焉,卒然问曰:'天下恶乎定?'"(《梁惠王上》)朱熹解释此语说:"不似人君,不见所畏,言其无威仪也。卒然,急遽之貌。

---

① 这里有一个几乎尚未被学者们关注的问题,梁惠王所说的"河内凶,则移其民于河东,移其粟于河内",此处的"其"字究竟何指?就文本解读,第一个"其"字应是指"河内",第二个"其"字无疑是指"河东"。如果此处的推断没有大误,那么梁惠王"尽心"的事情,或者说从事的工作,就相当于今天的搬运工,似乎没有从公家的仓廪中拿出一粒粮食用于赈灾。

盖容貌辞气，乃德之符。其外如此，则其中之所存者可知。"① 所以，孟子感到在魏国没有实施他"仁政"学说的可能性，而且继续待在这里极有可能会遭遇不测，便很快从大梁重新回到齐国的都城临淄，开启了游说齐宣王的人生之旅。

二、追求奢靡生活

追求奢靡生活是战国时期诸侯国君、士大夫等为政阶层普遍存在的一种现象。比如梁惠王立于沼上以见孟子，"顾鸿雁麋鹿"，曰："贤者亦乐此乎？"（《梁惠王上》）赵岐注解说："王好广苑囿，大池沼，与孟子游观，顾视禽兽之众多，心以为娱乐，夸咤孟子曰，贤者亦乐此乎？"追求这种奢靡生活者不只是梁惠王一人，而差不多是战国时期诸侯国君的通病。比如齐宣王召见孟子于雪宫，曰："贤者亦有此乐乎？"（《梁惠王下》）赵岐注解此语说："雪宫，离宫之名也。宫中有苑囿台池之饰，禽兽之饶，王自多有此乐，故问曰贤者亦能有此乐乎。"从赵岐的"王自多有此乐"一语可以推测，有离宫、别苑在当时大国诸侯国中很常见。在纷乱的战争环境下，诸侯国君们对享受此等短暂安宁的生活却乐此不疲。②

作为大国国君的齐宣王，他对此等离宫生活或许情有独钟，而且还特别喜欢享受户外狩猎的快感。如齐宣王曾问孟子，周文王是否有"方七十里"的苑囿？孟子回答说："于传有之。"齐宣王接着问："若是其大乎？"孟子回答说："民犹以为小也。"齐宣王心怀不满地说："寡人之囿，方四十里，民犹以为大，何也？"孟子回答说：

  文王之囿方七十里，刍荛者往焉，雉兔者往焉，与民同之；民以为

---

① 朱熹：《四书章句集注》，第 206 页。
② 焦循：《孟子正义》，第 44—45、118 页。

小，不亦宜乎？臣始至于境，问国之大禁，然后敢入。臣闻郊关之内，有囿方四十里，杀其麋鹿者如杀人之罪；则是方四十里为阱于国中，民以为大，不亦宜乎？（《梁惠王下》）

在孟子看来，天子诸侯修建苑囿自古就有，是否能从猎杀动物中获取特殊的快乐和刺激，并非取决于他苑囿的大小、猎物的寡众，而是取决于君主能否"与民共之"。齐宣王的苑囿尽管只有四十里，但他将它视为私人专享之地，自然就会遭受士人甚至是国内普通百姓的诟病。

齐宣王不仅有他专属的苑囿，而且还有绝大多数国君皆有的特别嗜好。如当孟子劝说他施行"仁政"时，齐宣王的推辞将他特殊的嗜好展现得淋漓尽致，如"暴见于王，王语暴以好乐""寡人有疾，寡人好勇""寡人有疾，寡人好货""寡人有疾，寡人好色"（《梁惠王下》）。这里的"乐"是指战国时期流行的"世俗之乐"，"勇"是指"血气所为"，"货"是指"取民无制"，"色"是指"心志诱惑，用度奢侈"。正如姚永概先生在注解"好货""好色"时说："宣王……似可以信王道之确有效果。乃仍有好货、好色之说，其实止是苦其难为，故作推辞语耳。孟子各就其病，引一古圣以勉之，救世之心可谓切矣。"[①] 孟子之所以如此引导齐宣王，从根本上说是因为他看到齐宣王有"不忍人之心"，具备实施"仁政"的内在潜质，这也算是一种预设的智力和情感投资。

尽管孟子千方百计地引导齐宣王，希望他能够效仿三代时期的"明王"们，落实孟子的"仁政"学说，但齐宣王最终还是不了了之。追根求源，主要是各种声、色、犬、马的诱惑，使这些国君们逐渐忘却了天下国家是如何来的，忘却了天下国家政权建立的初衷。正如《孔子家语·礼运》篇描绘的那样："今大道既隐，天下为家，各亲其亲，各子其子，货则为己，力则为人，大人世及以为常，城郭沟池以为固。"[②] 随着天下国家

[①] 姚永概撰：《孟子讲义》，陈春秀校点，黄山书社，1999，第27页。
[②] 杨朝明、宋立林主编：《孔子家语通解》，齐鲁书社，2009，第365页。

政权的巩固，随着世袭制度的世代延续，当朝执政的国君们似乎就将"家天下"视为生来如此，视为理所当然。沉迷于这种奢靡生活的享受，甚至有些忘乎所以，主要是由诸侯国君的狭小格局所决定的。当"大德"的缺失影响到百姓生活、影响到社会正常运转时，就会有像三代时期的明王——禹、汤、文、武等人横空出世，从而再造中国传统士大夫们心中向往的"大道之行"的"太平盛世"。

三、奢望天下统一

如果说孔子生活的春秋末期天下统一还没有真正提上日程的话，那么孟子生活的战国中期天下重新统一的趋势则日益明显。在与梁襄王的对话中，孟子明确提出了"一天下"的思想。梁襄王向孟子请教，曰："天下恶乎定？"孟子对曰："定于一。"梁襄王曰："孰能一之？"孟子回答说："不嗜杀人者能一之。"（《梁惠王上》）正如王保国先生解释说："孟子时代，兼并规模越来越大，华夏民族走向新的统一已经是大势所趋，孟子敏锐地观察到了这一点。……在现实生活中，君主们嗜杀成性，'能臣'个个是'民贼'，如果出现一位不嗜杀人的仁者，那么统一的功绩就非他莫属了。"[①] 从孟子强调"不嗜杀人"者可以"定于一"推测，战国社会"杀人盈野""杀人盈城"的现象可能并非孟子的夸大其词。

尽管梁襄王曾向孟子请教天下如何"定于一"的问题，但是从魏国当时国家的运行状况来看，他的想法只能是一种空言，只能是一种奢望。据《史记·魏世家》记载，梁襄王在位期间（公元前318年—公元前296年），在与秦、楚、齐等大国的数次战争中可谓屡战屡败，并丧失了大片的国土。如梁襄王五年"秦败我龙贾军四万五千于雕阴，围我焦、曲沃。予秦河西之地"；六年，"秦取我汾阴、皮氏、焦"，"魏伐楚，败之陉山"；七年，"魏尽入上郡于秦。

---

① 王保国：《论先秦儒家的国家统一思想》，《贵州社会科学》2009年第9期。

秦降我蒲阳"；十二年，"楚败我襄陵"；十三年，"秦取我曲沃、平周"。① 周赧王十九年（公元前 296 年），梁襄王在忧愤中去世，他所奢望的"定于一"与他再无瓜葛。

当然，天下统一或者是侵占其他国家的土地、百姓和财物，成为当时各诸侯大国国君的津津乐道的追求。比如《梁惠王上》篇记孟子游说齐宣王实施"仁政"。然而，孟子的说辞最终并未打动齐宣王，就是因为这不符合他的"大欲"。在几经交流之后，孟子大胆地猜测说："然则王之所大欲可知已，欲辟土地，朝秦楚，莅中国而抚四夷也。"赵岐注解说："莅，临也。言王意欲庶几王者，莅临中国，而安四夷者也。"② 与梁襄王的直接相比，齐宣王"定于一"的想法表达得则相对含蓄一些，他希望能占领其他国家更多的土地、财物和百姓，能够使当时公认最强大的秦国和楚国都折服于他。尽管齐宣王的想法相对来说更为实际，但是如果不能推行"仁政"，在孟子看来也只是"犹缘木而求鱼"，他最终的结果会与梁襄王的命运殊途而同归。

当然，孟子欲通过游说梁惠王、齐宣王这样的大国国君施行他的"仁政"学说，是希望从根本上实现真正的"天下定于一"。这种"统一"与秦、楚、魏、齐等国家的"大欲"存在根本的不同，它是"行仁政的自然结果"，就像三代明王时期"保民而王""得乎丘民而为天子"的"定于一道"。③ 在当时的诸侯国君看来，孟子的"仁政"学说或许是见效太慢，无法实现他们"辟土地，朝秦楚，莅中国而抚四夷"的"大欲"，更无法满足他们"好货""好色""好乐"等的"私欲"，所以面对孟子的游说，他们的态度通常是充耳不闻或者置若罔闻。因此，孟子欲借助"仁政"实现天下"统一"也成了一种奢望。孟子对此逐渐醒悟，最终发出了"夫天未欲平治天下，如欲平治天下，当今之世，舍我其谁也"（《公孙丑下》）的时代强音。

---

① 《史记》，中华书局，1961，第 1848—1849 页。
② 焦循：《孟子正义》，第 90 页。
③ 吴昕春：《"定于一"命题与孟子的政治思想》，《学术界》1995 年第 3 期。

四、官吏管控不力

当季康子问政时,孔子回答说:"政者,正也。子帅以正,孰敢不正?"(《论语·颜渊》)宋代范祖禹解释此章说:"未有己不正而能正人者。"胡寅则说:"鲁自中叶,政由大夫,家臣效尤,据邑背叛,不正甚矣。故孔子以是告之,欲康子以正自克,而改三家之故。惜乎康子之溺于利欲而不能也。"① 这里强调的是为政者在治国理政中率先垂范的引领作用,这也是早期儒家为政思想的共同特点,要求君主对其属官进行严格的管控和监督,以免他们的不当行为影响到社会稳定和国家命运。如孟子就曾对齐宣王说:"王之臣,有托其妻子于其友而之楚游者,比其反也,则冻馁其妻子,则如之何?"齐宣王回答说:"弃之。"孟子又问:"士师不能治士,则如之何?"齐宣王回答说:"已之。"孟子接着问:"四境之内不治,则如之何?"最终的结果是,齐宣王"顾左右而言他"。(《梁惠王下》)

在孟子的逼问下,齐宣王逐渐陷入尴尬的境地。究其原因,主要是因为齐宣王本人追求奢靡的生活,使齐国的官场上下互相效仿,导致官不守责,吏不爱民,甚至是浑浑噩噩,最终导致社会状况越来越糟糕。正如姚永概先生注解此章时说:"比,至也。弃之,绝不与为友也。士师,狱官也。其属有乡士遂士之官,士师皆当治之。已之者,去之也。境内之事,王所当理,不胜其任,王之罪也。孟子问及此,王不能答,惭而言他事以乱之。"② 在孟子看来,天下国家运行的最佳状态应该是焦循所阐释的"君臣上下,各勤其任,无堕其职,乃安其身也"③,这与孔子所说的"为政以德,譬如北辰"(《论语·为政》)的思想应是一脉相承的。

如果说齐国官场的混乱很大程度上是齐宣王放松约束造成的话,那么邹国

---

① 朱熹:《四书章句集注》,第138页。
② 姚永概:《孟子讲义》,第27页。
③ 焦循:《孟子正义》,第142页。

官场不治很大程度上是基层官员不作为的结果。邹、鲁曾发生了一场边境之战，结果是邹国的官兵死了三十三人，而老百姓却无一伤亡。邹穆公"忿其民不赴难"，便请教孟子曰："诛之则不可胜诛，不诛则疾视其长上之死而不救，如之何则可也？"孟子回答说：

> 凶年饥岁，君之民，老弱转乎沟壑，壮者散而之四方者，几千人矣。而君之仓廪实，府库充，有司莫以告，是上慢而残下也。曾子曰："戒之戒之！出乎尔者，反乎尔者也。"夫民今而后得反之也，君无尤焉？君行仁政，斯民亲其上，死其长矣。（《梁惠王下》）

在孟子看来，普通百姓之所以不愿意与自己的地方长官共同赴国难，而选择冷眼旁观，是因为这些官吏平时就不关心百姓的疾苦。邹国基层官吏与百姓关系的冷漠，一方面说明基层官吏的政治素养极为糟糕，另一方面也说明邹穆公平时对官吏的约束和监管不够，归根结底还是邹穆公本人的疏忽造成的。

从总体上说，由于此时大国的诸侯国君们差不多皆忙于兼并战争，忙于侵占别国的领土、财富和百姓；小国诸侯国君则不得已忙于自保，设法在大国之间斡旋以获得生存的机会，根本无暇顾及基层官吏的管理和普通百姓的生活，使得当时社会整个官场陷入一种混乱不堪的状态。如何拯救近乎崩塌的官僚体系，如何给百姓创造良好的生活环境，从而实现孔子、儒家追求的"修己以安人""修己以安百姓"的理想，是孟子首先要考虑的现实问题。在齐宣王请教"交邻国有道乎"时，孟子给出了"惟仁者为能以大事小""惟智者为能以小事大"（《梁惠王下》）的回答，意思是要力求做到无论是大国还是小国，都能相安无事，才能给百姓创造安定的环境，至少能够保证他们过上"以暇日，修其孝悌忠信，入以事其父兄，出以事其长上"（《梁惠王上》）的寻常生活。

五、轻信佞臣谗言

与孔子极为相似，孟子周游列国二十余年，始终没有得到所到诸侯国国君的真正信任，始终未能得到施展他"仁政"理想抱负的政治舞台。究其原因，极有可能是司马迁所总结的"天下方务于合从连衡，以攻伐为贤，而孟轲乃述唐、虞、三代之德，是以所如者不合"（《史记·孟子荀卿列传》）。无论是战国时期的大国还是小国国君，他们首先希望解决的皆为《梁惠王上》开篇所说的"利吾国"的问题，这也是诸侯国国君们无法回避的时代难题。此外，还有一个重要原因，就是诸侯国国君们受到身边佞臣的蛊惑甚至是欺骗，使孟子"仁政"蓝图的推行受到难以想象的阻力。

比较典型的例子应是《梁惠王下》篇所记孟子与鲁平公的一次交往。在与孟子私下约定了见面的时间和地点后，鲁平公便乘车要出门了。这时，鲁平公的宠臣臧仓请曰："他日君出，则必命有司所之；今乘舆已驾矣，有司未知所之，敢请？"鲁平公曰："将见孟子。"臧仓曰："何哉！君所为轻身以先于匹夫者，以为贤乎？礼义由贤者出，而孟子之后丧逾前丧。君无见焉。"乐正子入宫见鲁平公，询问他没有去见孟子的原因。鲁平公答曰："或告寡人曰：'孟子之后丧逾前丧。'是以不往见也。"很显然，由于臧仓的阻挠，鲁平公最终未能去会见孟子。这里的"逾前丧"指的是孟子为母亲操办丧事所用的"棺椁衣衾之美"超过了父亲。后来乐正子将此事转告给孟子。孟子表面上对此看得很超然，并将此次的"不遇"归咎于"天"。赵岐注解说："孟子之意，以为鲁侯欲行，天使之矣。及其欲止，天令嬖人止之耳。行止天意，非人所能为也。"[①] 孟子之所以能如此洒脱，是由他的修养决定的，是由他的格局决定的，但此次不遇，嬖人臧仓起着非常关键的作用。

如果说鲁臣臧仓的谗言只是导致孟子"不遇"，使他错过一次"冀得行

---

① 焦循：《孟子正义》，第170—171页。

道"① 的机会，那么齐宣王听从臣子谗言讨伐燕国则造成了整个社会的混乱，最终致使军队和百姓皆有很大的伤亡。据《史记·燕召公世家》记载，齐宣王"令章子将五都之兵，以因北地之众以伐燕。士卒不战，城门不闭，燕君哙死，齐大胜"②。在进攻燕国之前，齐国国内曾有人劝告宣王"勿取"，但是也有人劝宣王"取之"。齐宣王最终决定伐燕，在某种程度上也是听取了近臣的谗言，鬼使神差地"以万乘之国伐万乘之国"。从其他诸侯国"将谋伐寡人者"的局势来看，齐国发动此次战争具有不小的政治风险，甚至会削弱其大国的信誉和地位。正如孟子所预言，齐国此战最终以失败告终，不能不说是一种两败俱伤的可耻行为。（《梁惠王下》）

六、拘泥于古之制

孟子所处的时代是旧的社会秩序已经基本瓦解，新的政治经济秩序正在酝酿并已见雏形的过渡期。然而，不少诸侯国的国君和士大夫们仍然抱着旧有的思想观念不放，极力干涉国家的上层决策，甚至能够影响整个国家的前途命运。如据《滕文公上》记载，滕文公还是世子时，在前往楚国的途中路过宋国，曾经拜见正在当地讲学的孟子。经过短暂的交流之后，世子为孟子的"道性善，言必称尧舜"理论所深深折服。从楚国返回时，世子再次会见了孟子。孟子告诉他："今滕绝长补短，将五十里也，犹可以为善国。"滕定公去世后，滕文公派他的老师然友去邹国拜访孟子，请教办理父亲丧事的仪程。

孟子结合三代时期的丧礼规定，告诉然友："诸侯之礼，吾未之学也。虽然，吾尝闻之矣：三年之丧，齐疏之服，饘粥之食，自天子达于庶人，三代共之。"当然友回国后，根据孟子的建议，滕文公为他的父亲确定了"三年之丧"的礼仪，然而却遭到"父兄百官"的一致反对，他们的理由是："吾宗国鲁先

---

① 焦循：《孟子正义》，第 171 页。
② 《史记》，第 1557 页。

君莫之行，吾先君亦莫之行也。至于子之身而反之，不可。且《志》曰：'丧祭从先祖。'"① 滕文公不得已再次派然友向孟子请教。孟子回答说：

> 然，不可以他求者也。孔子曰："君薨，听于冢宰。"歠粥，面深墨，即位而哭，百官有司莫敢不哀，先之也。上有好者，下必有甚焉者矣。君子之德，风也。小人之德，草也。草尚之风必偃。是在世子。

在孟子的再三鼓励下，滕文公下定了决心，说："然，是诚在我。"当滕文公冲破国内旧势力的重重阻力，真正落实"三年之丧"时，滕国的局面竟然焕然一新："五月居庐，未有命戒，百官族人可谓曰知。及至葬，四方来观之，颜色之戚，哭泣之哀，吊者大悦。"（《滕文公上》）

应该说，滕文公并未辜负孟子的期许，在滕国逐步推行孟子的"仁政"措施。在经济上，滕文公按照孟子"有恒产者有恒心"的原则，推行国野制、井田制，并且根据滕国的实际情况进行具体调整；在赋税制度上，积极实行什一税，推行"制民之产"的措施，百姓的衣食住行都得到了保障；在教育上，"设为庠序学校以教之"，以引导士人、百姓能够"明人伦"，从而形成朴实、醇厚的社会民风。正如赵岐概括此章章旨说："尊贤师，知采人之善，善之至也。修学校，劝礼义，敕民事，正经界，均井田，赋什一，则为国之大本也。"② 由于滕文公抓住了治理国家的根本，而且推行措施也有力有效，孟子"仁政"思想在滕国得到了部分落实。滕国的成功也备受南方楚地许行、陈相等远方学者的尊崇，他们将滕文公尊称为"圣人"，自愿到滕国为臣民。当然，滕文公所取得的成绩，是冲破国内旧势力、旧思想的束缚之后的结果，是三代

---

① 滕国父兄百官此处的论述极具诱惑性，常被后世学者作为反驳孔子、孟子"三年之丧，天下之通丧"的有力证据。然而，这里的"先君"究竟何指？是自周初封周公旦于鲁、封错叔绣于滕以来的国君从未实行过，还是自周平王东迁以来的鲁国、滕国的国君从未实行过，抑或是在礼崩乐坏背景下的两国的国君都没有执行？我们认为，至少应是"礼乐征伐自诸侯出"甚至是"陪臣执国命"以来，各诸侯国不遵守或者无暇顾及传统的三年之丧礼制，并且为国家《志书》所记载，成为此后君主遵循的一种新传统，即"丧祭从先祖"。
② 焦循：《孟子正义》，第362—363页。

"明王"之道与滕国实际相结合的产物。

总而言之,滕文公以外的诸侯都没有能够按照孟子设定的"仁政"蓝图施政,不得不说是一种遗憾。在孟子看来,无论是齐宣王、梁惠王这样的大国诸侯,还是像邹穆公、鲁平公这样的小国诸侯,只要能按照帝尧、帝舜等圣王所确立的"王道"施政,就皆可以像周文王一样为自己的国家开创一种新命。比如当齐宣王问"交邻国有道乎"问题时,孟子回答说:"惟仁者为能以大事小,是故汤事葛,文王事昆夷;惟智者为能以小事大,故大王事獯鬻,句践事吴。"朱熹注解说:"仁人之心,宽洪恻怛,而无较计大小强弱之私。故小国虽或不恭,而吾所以字之之心自不能已。智者明义理,识时势。故大国虽见侵陵,而吾所以事之之礼尤不敢废。"[①] 不幸的是,孟子时期的大国诸侯少有"仁德",小国诸侯则缺乏"智德",最终导致大国之间战争不断,小国在夹缝中也很难寻得生存下去的空间,天下国家皆陷入了一种空前混乱的局面。这种困境的产生,究其原因主要是与当政诸侯国君的政治素养有关,而孟子的政治智慧也只能交付给历史,交付给后世的知己,期待后来者能听从这位"亚圣"的悉心教导。

[①] 朱熹:《四书章句集注》,第215页。

论孟子政治学在先秦儒学史上的转折
——以孟子基层治理论说的缺环为中心

● 宋化玉　山东师范大学历史文化学院副教授

一、问题的提出

孟子作为先秦儒学史上的重要代表人物,其政治学说历来不乏关注和讨论。学者多以孟子为孔子后一人,并将孔、孟的政治思想视为继承发展的关系。[1] 近年随着郭店楚简等出土文献的发现,更有学者认为思孟学派之间的学术谱系得以填补,并有许多重写先秦儒学史的尝试。就政治论而言,晚近发现的"地下材料"并不能为孟子研究提供太多有价值的内容。[2] 以往学界的研究多侧重于"有什么",即将《孟子》一书中所呈现的政治主张与其他儒学原典进行比较,从而

---

[1] 在已出版的儒学史专著中,多将孟子放在孔子之后讨论,并将二者思想视为一系。如认为孟子发展了孔子"仁"的思想而有"仁政"学说,发展了孔子的心性学说而有"性善论",等等。
[2] 如关于郭店楚简,海内外的研究专著、论文就有数百种之多。如《中国哲学》第20辑便是"郭店楚简研究专辑";2000年,湖北人民出版社出版《郭店楚简国际学术研讨会论文集》;2008年,山东师范大学齐鲁文化研究中心和哈佛大学燕京学社编有《儒家思孟学派论集》;梁涛教授也著有《郭店竹简与思孟学派》一书(中国人民大学出版社,2008)。这些探讨多集中在郭店简与战国儒家心性论的关系,较少涉及儒家的政治论。

发现它们之间的思想关联，却很少关注孟子思想中"没有什么"，以及这种"没有什么"对于孟子学说以及儒学发展史的意义。孟子基层治理论说的缺环便是其中一个重要问题。所谓"缺环"，有两层含义：一是孟子偏重讨论王国层面的治理，较少论及基层的治理；二是在为数不多的基层治理讨论中，孟子主要讲国君的仁政作用于基层，而不太重视基层长官和地方精英的作用——也即不太关注基层自身的治理。在《论语》中，孔子经常与弟子们探讨小区域、小范围的治理问题，并开创了儒家以君子治理小邦的政治学传统；春秋末至战国早期的礼治派儒家（以《仪礼》学派为代表），也倡导由底层的士人引领乡治。而孟子似乎有意忽略或是回避了这一儒家传统政治学思路。孟子将天下政治的希望寄托于国君，认为只要国君实行仁政，国家就能得到治理。但这从实践层面上来讲是有问题的。因为国君发政施仁，不可能直接作用于所有民众，王国的治理需要各种中间环节，特别是需要通过底层的职官与民间精英来实现。除孟子而外，在战国儒学各派中，基层自身的治理大都会被提及。如《周礼》中专有一套负责乡治的职官体系，《荀子》中也有相当的篇幅来讨论乡治与国家政治的关系。孟子为何很少讨论乡治，基层治理的缺环在孟子政治学说中意味着什么、能否代表先秦儒学史上的某种转捩，这是本文所拟讨论的问题。

二、"前孟子时代"的儒家基层治理论说

孟子以前最为重要的两部儒家典籍，一是《论语》，一是《仪礼》。《论语》记载孔子及其弟子的言行，通过该文本可以考察儒学肇生时代的政治思想体系；《仪礼》则是儒者对于社会治理的详细礼仪设计，据学者考察，该书中的多数篇章撰作于战国中期以前，[1] 是探讨孔子以后早期儒

---

[1] 在学界诸多关于《仪礼》作者及成书的考察中，沈文倬从礼制比勘、文献考辨等多个角度，对《仪礼》的成书时代进行了细致的分析，认为《仪礼》是在公元前五世纪中期至公元前四世纪中期，由孔子的弟子及后学编纂而成。（参见氏作：《略论礼典的实行和〈仪礼〉书本的撰作》，载《菿闇文存》，商务印书馆，2006，第1—58页）该书论据翔实、考证周密，其观点迄在当今学界具有重要影响力。本文也认同这一观点。

家礼治派思想的重要文献。在这两部文献中，都对基层的治理进行了大量的探讨。

《论语》中所呈现的孔子政治思想主要有两个方面，一是关心上层政治，希望把权力收归天子，恢复礼乐繁盛、君权独尊的西周盛世，进而实现"天下有道"的政治局面。也即孔子所言的"从周"。① 这一方面多体现在孔子与鲁哀公、季康子等高层执政的对话之中。孔子关注大规模的政治局面，这一思路被孟子所继承，正因如此，学者才多将孔、孟政治思想视为一脉。但孔子政治思想中更为重要的一个面向，是孔子与其弟子关于"小邦君子政治"的探讨。孔子期待自己的弟子融入底层小邦邑之中，参与政治事务，在一城一地做好表率，治理好底层地方。这一思想线索在《论语》中有大篇幅的呈现，如《先进》篇中的"子路、曾皙、冉有、公西华侍坐"章，冉有谓"方六七十，如五六十，求也为之，比及三年，可使足民。如其礼乐，以俟君子"；在《公冶长》篇中，孔子评价冉有亦谓之"千室之邑，百乘之家，可使为之宰"，两处可相互印证。方圆五六十里、六七十里或千室之邑、百乘之家的地域范围相当于一个小的城邑，这是当时士阶层最有可能的入仕之选，因此冉有的回答得到了孔子的默许。而如子路所言的"千乘之国，摄乎大国之间，加之以师旅，因之以饥馑；由也为之，比及三年，可使有勇，且知方也"，超出了他们之间讨论治理问题所预设的地域范围，故而遭到了孔子的哂笑。《泰伯》篇中，曾子道"可以托六尺之孤，可以寄百里之命"。这里的"百里之命"即孔子平时小邦政治之教的写照。孔子有时甚至把治理范围缩小到一家之中，认为在家做好孝悌也是为政，② 这是对做好小范围表率一种近乎极端的表述。综合来看，孔子伤感春秋后期的礼崩乐坏，期待天下政治的井然有序，是一个宏观的政治愿景，而要实现这种局面，恐怕还得落实到一个个小邦邑的治理中。

---

① 孔子政治思想中的"从周"，多为史家注意，如萧公权便将此作为孔子思想的一大主线。见氏著：《中国政治思想史》，商务印书馆，2011，第64页。
② 《论语·为政》：或谓孔子曰："子奚不为政?"子曰："《书》云：'孝乎惟孝，友于兄弟，施于有政。'是亦为政，奚其为为政?"

孔子对当时的高层执政并不抱有太大的希望，他主要把政治的希望寄托于地方上的基层长官，寄托于士君子的出现。换言之，孔子是寄希望于其弟子。他希望弟子们学习礼乐文化，修养自身德行，然后成为小范围政治的主导者，进而带动底层政治的良性运作。孔子的"小邦君子政治"思路，将政治的动力之源赋予底层的士君子，为后来儒家基层治理思路的展开提供了理论上的先导。[①]

孔子以后，儒家分为各派，儒门弟子的遭遇也各不相同，司马迁称孔子弟子"大者为师傅卿相，小者友教士大夫，或隐而不见"[②]。但真正做到师傅卿相者凤毛麟角，绝大多数儒者是居于底层乡间、隐而不见的。底层的儒士群体传承至战国早期，而有《仪礼》学派的发展壮大。《仪礼》中所载礼仪甚为复杂，自士阶层至大夫、诸侯都有涉及，而该书中有相当一部分篇目记载乡中礼仪（以下简称"乡礼"）[③]，这些篇目应是《仪礼》编纂的原初规模，也是《仪礼》的主体内容。《仪礼》中乡礼的编纂，是在春秋后期贵族不再崇尚礼制之际，儒士依托较为宽松的底层政治环境，撰作了一套适用于自身阶层的乡中礼仪。《仪礼》乡礼的主旨，是由儒士阶层引导乡中礼仪秩序，从而实现乡治。在《仪礼》中并没有太多国家政治力量渗入乡中的痕迹，该书中的乡礼具有非常浓厚的自治色彩，宗族是乡礼的主导力量，掌握礼仪的士人则是乡礼的主要参与者。[④] 战国初期的《仪礼》学派，关注底层的乡里组织，将政治的希望寄托于礼仪的实施，而乡礼的主导者，是处在底层的儒士，这与孔子"小邦君子政治"的思路是一脉相承的。孔子的弟子及再传弟子们，生活在春秋末至战国早期，彼时古老的氏族组织尚未完全瓦解，底层尚有自治的政治空间。《仪礼》学派的学者依托于这种宽松的政治环境，编撰与之相应的礼典，希望

[①] 关于孔子"小邦君子政治"的探讨，可参考宋化玉：《关于孔子"帮助乱党"问题的历史考察》，《政治思想史》2021年第3期。
[②] 《史记》卷一二一《儒林列传》，中华书局，1963，第3115页。
[③] 《仪礼》中的乡礼主要包含冠、婚、丧、祭、乡、射六种，另涉乡人平时相见、交往的礼仪等。这些内容在今本《仪礼》中占一大部分。
[④] 参见宋化玉：《早期儒学乡治论的演变与实践》，南京大学博士学位论文，2021年。

能在小范围内建立礼仪秩序,①《乡饮酒礼》《乡射礼》便是该派学者欲以礼仪规范乡中秩序的代表之作。《仪礼》中的乡礼,重士阶层、重宗族、重乡间本身,希望在礼教君子的引领下,实现乡中的治理。可以说,关注基层的礼治,是孟子以前儒家政治学的主流。

三、孟子政治论的转折

如果从《孟子》一书出发,我们可以看到,孟子的政治学思路与孔子以及战国早期的儒家礼学派迥乎不同。孟子很少谈及基层的治理,在为数不多的讨论中,《孟子·滕文公上》篇中对井田制的回顾算是一例:

> 方里而井,井九百亩;其中为公田,八家皆私百亩,同养公田。公事毕,然后敢治私事。

这里孟子所讨论的井田,是对民间土地的管理方式,虽然也涉及基层的治理,但这是站在大的国家层面来讲的。井田的实现,由王国统治者颁布政令、整齐划一地贯彻施行,着眼点是在国家的高层执政。《孟子·梁惠王上》篇谓"五亩之宅,树之以桑……谨庠序之教,申之以孝悌之义",也是面向君王的言说,看不到底层乡官的作用。孟子很少站在底层官员或者民众的立场上来谈治理问题,《孟子》一书中谈到基层的治理,或是一带而过,或是将此作为君王仁政的附属品。如谓:"君行仁政,斯民亲其上,死其长矣。"(《孟子·梁惠王下》)也是不提治理的中间环节,而将民众的治理完全当作国君仁政自然而然的结果。再如:"尊贤使能,俊杰在位,则天下之士皆悦,而愿立于其朝矣。"

---

① 《史记》载:"孔子去曹适宋,与弟子习礼大树下";《礼记·射义》载:"孔子射于矍相之圃,盖观者如堵墙。"孔子有带领弟子演习礼仪的事迹,其身后儒家礼学派的情况亦可想见。这说明儒家的底层礼治设计不仅存留在文本之中,而且很有可能在战国早期有过小范围的实践。可惜文献阙如,我们无法对此进行详细考察。

（《孟子·公孙丑上》）就善政的施行容易使士人、百姓对统治者产生向心力这一点而言，孟子与孔子思想有继承的关系。但孟子的主张是一种自上而下的覆盖，即由最高执政者发政施仁，民众趋而之善；孔子的主张则是一种自小而大的蔓延，即由君子带动小邦治理，不断影响周边政治，最终实现天下的治理。《孟子·公孙丑下》篇中谓：

> 天下有达尊三：爵一、齿一、德一。朝廷莫如爵，乡党莫如齿，辅世长民莫如德。

乡党之中按照年齿高下确定相互间的关系，年长者处于尊贵地位，年幼者要礼敬长者，这是由地缘氏族社会发展而来的一种天然秩序，由这种年齿秩序而产生的礼仪制度，是战国早期儒家重点讨论的对象，而孟子将其与"爵""德"同列，并且一带而过，其在孟子政治思想中不占主位。综括而言，孟子学说是一种"上行"的政治学思路，它将天下政治的治理归于大国君主，而不对小范围的治理多费口舌。这与先前的礼治派儒家是大不相同的。

儒学发展到孟子，出现如此重大的转变，外部的原因是战国中期政治生态的改变。儒学创立之初，正值春秋之末，彼时分封制度瓦解，天子、诸侯政治权力削弱，古老的氏族组织活跃在底层的邦邑之中，邑宰以及乡中长老拥有实际的行政权。① 至春秋晚期，权力大如南蒯者，甚至可以据邑称兵、对抗季氏。② 有学者称这一时期进入"邑宰政治"的阶段。③ 在这一时代背景之下，儒士成为基层地方长官、主导一地政务是常有之事，孔子的很多弟子便是如此。④ 而至战国时期，随着各国中央集权化程度加深，氏族组织向地域行政组

---

① 参见增渊龙夫：《春秋战国时代的社会与国家》。
② 事见杨伯峻：《春秋左传注·昭公十二年—昭公十四年》，中华书局，1990，第1335—1338、1343、1364页。
③ 饶龙隼：《孔圣小疵释例》，《朱子学刊》2000年第1期。
④ 如：卜商为莒父宰，冉求为季氏宰，仲由为季氏宰、为卫蒲大夫，宰予为临菑大夫，言偃为鲁武城宰，曾参仕齐为吏，宓不齐为单父宰，高柴为费郈宰，等等。

织过渡，原先具有自治性的"国民"也逐渐变为地方政府之下的"编户"。在这种情况下，儒士想要进入基层为官，需要经过诸侯国中央政府的认可，而且严格受其管理。儒者在基层独立施政的空间不复存焉。战国初年的礼治派儒家其实是在政治权力之外，编撰乡中礼仪、规范基层秩序。他们抱有治道理想，但其礼治主张并不被时人认可接受。其他学派批评他们"繁饰礼乐以淫人，久丧伪哀以谩亲，立命缓贫而高浩居，倍本弃事而安怠傲"（《墨子·非儒》）、"擅饰礼乐，选人伦，以化齐民，不泰多事乎"（《庄子·渔父》），列国统治者对于儒者这种在民间擅自规划礼仪秩序的行为也是不解和警惕的。《礼记·儒行》篇中的鲁哀公常"以儒为戏"[1]；《荀子·儒效》篇中的秦昭王认为"儒无益于人国"。在战国时代的集权环境中，儒者的政治境遇是十分艰难的。特别是到了孟子的时代，各国纷纷变法，"中央—地方"层级式行政机制业已定型，儒士群体再要绕开集权政府，在底层行使礼教，不仅十分艰难，而且会招致国君的厌烦。底层自治空间的收缩，是孟子放弃以往儒家乡治思路一个可能的原因。

孟子所处的时代，战乱频仍，民众"如水益深，如火益热"（《孟子·梁惠王下》），这与孔子所处的时代是不同的。春秋时期虽号称"礼崩乐坏"，但列国纷争基本还是遵循霸政原则，战争也经常是以使对方屈服为目的，较少有大规模、长时段的灭国之战，参战的主体是国内的各大氏族，底层民众并未卷入战事中来。但至战国时代，列国纷纷变法，氏族组织代之以编户齐民，各大诸侯为了开疆扩土、消灭敌国，对底层民众横征暴敛、索取无度，民生疾苦成为一个显著的时代问题。孟子之前的礼治派儒家，秉着"礼闻来学，不闻往教"（《礼记·曲礼上》)的姿态，仍旧关注儒士群体的德性修养和小范围的礼教问题。他们注重经典的传承，对于从政十分谨慎，[2] 并未对民生疾苦有所回应。这使儒学与社会严重脱节，跟不上时代的潮流。墨子学派便对儒家安居高

---

[1] 《儒行》记载孔子向鲁哀公解释何谓儒者之行。是篇不见得是实录，鲁哀公起先对儒者不友好的态度，反映了战国时期统治者对儒者的一般印象。

[2] 关于战国时代"传道派"儒家的探讨，可参见武黎嵩：《战国秦汉间的文学之士——对早期儒者民间活动的一种历史考察》，《南京大学学报（哲学·人文科学·社会科学）》2012年第2期。

傲、不问民生的态度提出严厉批评，我们在文献中还可以看到当时两家争论的蛛丝马迹。① 墨子是战国诸子中较早关注民生疾苦者，墨家许多政治学主张都与救民于水火相关。正因如此，墨学在战国时期的支持者甚众，成为当时的"显学"。而在儒学内部，最先摆脱抱经沉潜、不闻政事的人，便是孟子。② 在《孟子》一书中，随处可见孟子对民生疾苦的关怀，他希望民众摆脱水深火热的惨境，希望儒家学说可以救世、可以解民倒悬。面对统治者大多不喜欢儒学甚至警惕儒者在底层擅自实践礼乐的政治生态，他必须对先前的儒家学说做出反思和改变。基层的礼治，便成了孟子政治学所放弃的对象。非惟基层礼治，孟子对王国的礼仪也很少去讨论。这是因为当时列国变法如火如荼，诸侯多对儒家繁琐的礼仪制度并无好感。《孟子·梁惠王下》篇有一段孟子见齐王的对话：

他日，见于王曰："王尝语庄子以好乐，有诸？"王变乎色，曰："寡人非能好先王之乐也，直好世俗之乐耳。"

曰："王之好乐甚，则齐其庶几乎！今之乐犹古之乐也。"

孟子询问齐王是否好乐，齐王勃然变色，以为这位大儒要向他讲述儒家的"先王之乐"。"先王之乐"是一个象征，代表着儒家厚重的礼乐文化积淀，齐王显然不悦于此。孟子游说齐王的逻辑也很有趣，他认为国君喜好何种音乐并无所谓，关键要能与民同乐。这与此前的儒家大不相同。《礼记·乐记》篇载魏文侯与子夏讨论音乐的对话，魏文侯谓"吾端冕而听古乐则唯恐卧，听郑卫之音则不知倦"。子夏则坚称古乐旨趣高雅，新乐烂俗溺败，为君者必须努力接受

---

① 事见《墨子·公孟》篇。对于战国早期儒、墨两家政治思路的分歧，颜世安师曾有过精彩的探讨。参见颜世安：《不言与言：早期儒墨之争的一个问题》，《江海学刊》2013 年 6 期。
② 孟子对于洁身过甚、不欲从政之人表示不齿。《孟子·滕文公下》篇中记载了孟子对于陈仲子的评价，认为陈仲子不食不义之粟、不居不义之室的行为只有蚯蚓才能办得到。陈仲子可能不是儒门中人（高诱注《淮南子》以陈仲子为孟子弟子，恐非），但这种行为与潜在民间的传经之儒的行为是有相似之处的。

先王之乐。可是国君总会有私欲，为何会迁就儒家说辞？魏文侯与子夏论乐的故事，显示了战国初年列国君王难以采纳儒家礼制原则的事实。孟子对儒学原义的改变，则绕开了这一问题。他认为国君喜欢流行音乐不是问题，好货好色甚至也不是问题，问题在于能否与民同乐，能否使民众物资充足，"内无怨女，外无旷夫"（《孟子·梁惠王下》），这就把儒家学说的施行变得简易了。孟子从"性善论"出发，认为人人都有向善的本性，都有不忍人之心，仁政的施行只要顺从善心，国君推己以及百姓，天下就能治理得很好。他有时候把仁政说得特别容易，如谓"犹水之就下"（《孟子·离娄上》）、"由反手也"（《孟子·公孙丑上》）、"天下可运于掌"（《孟子·梁惠王上》）。孟子很少对诸侯宣讲礼乐制度，相比于此前儒家，是其政治学的一大转变。

孟子对儒学的另外一个改变，就是不再把政治的希望寄托于底层的士君子，而是寄希望于集权君主。孟子的时代，留给儒家在民间自行规划基层治理的空间已然不多，而且面对日益严峻的政治生态，孟子目光上移，认为政治的动力之源是在君主，儒士最主要的责任是辅助国君，成就王道。此即《孟子·离娄上》篇中所谓："唯大人为能格君心之非。君仁，莫不仁；君义，莫不义；君正，莫不正。一正君而国定矣。"在《孟子·滕文公下》篇中，面对周霄"古之君子仕乎"的疑问，孟子斩截地回答："仕！"后文中孟子对于"仕"的解释，就是围绕得君行道展开的。《孟子·公孙丑下》篇：

> 孟子谓蚔鼃曰："子之辞灵丘而请士师，似也，为其可以言也。"

孟子认为蚔鼃辞去灵丘的一地之长而去中央政府做官是正确的，原因在于士师更方便向君王进言。这就显示了孟子与此前礼治派儒家不同的思路。在孟子的政治论说中，最常见到的就是谈论国君如何施行仁政、怀保小民。孟子有一种掌握天下治道原则的自信，这种自信使他不断去游说大国君主，他认为只要诸侯能够采纳他的仁政学说，国家肯定能大治。而基层的治理，则是国君推行仁政的一个结果，不应是重点考虑的对象。其中的逻辑是：只要国君施行仁政，基层就能得到治理;如果国君不接受儒学、不能施行仁政,侈谈基层治理是没有意义的。这一逻辑从表面上看没有问题,但细绎之下是存在理论缺环的。在大规模的集权国家之中,仅靠国君带动仁政的实施是不可能的。国君的仁德不可能作用于每个百姓,仁政的落实,离不开每一层级的官员,特别是负责治理基层的职官。① 孟子政治论显然是忽视了这一点。当然,这种忽视也有可能是孟子"有意为之"。即在统治者不喜儒术的情况下,详细陈述治理的各个环节,恐怕又要引起统治者的反感了。孟子急于救世,希望自家学说可以被诸侯采纳,只谈国君的仁政,而对基层治理避而不谈,其中或有不得已的苦心。但不论是哪种情况,基层治理的缺环确实存在于孟子政治学之中。而尝试弥补这一缺环者,是儒家的《周礼》学派。

四、战国中后期儒家政治论的转型

战国中期以后,各主要诸侯国的变法完成,中央集权政治体制定型。儒家面对这一历史大势,需对以往以士君子为本位的政治论作出调整,除孟子而外,礼治派的儒家对此也有所反应。《仪礼》中高级国家礼仪的撰写是一种应对,这些篇目中有明显借鉴、改造乡礼的痕迹,故其成文应在乡礼以后。但这种改造不甚成功,许多篇章写得比较草率,也没有形成完整的国家礼仪体系。而成书于战国中后期的《周礼》,则代表了另外一种应对的思路。② 《周礼》设计了自王国上层至乡遂底层一整套的职官体系。该书大的着眼点是在王国政治,这与孟子的"上行"政治路线是一致的。《周礼》希望通过组织严密、各司其职的王国官僚体系,带动各个环节政事的处理、礼仪的实行,从而实现王

---

① 从后世的治理经验来看,在大规模的中央集权国家之中,仁政(或者说善政)的施行,最为重要的环节往往不在于皇帝的政令是否完善,而恰恰在于底层有没有负责任的官员能够贯彻执行。北宋王安石变法的失败便因如此。
② 《周礼》的成书时代,史家多有争议。如钱穆、杨向奎、郭沫若、顾颉刚等先生认为该书成于战国中后期。笔者曾对《周礼》中的乡治体系有所考察,认为《周礼》中的乡治思路大致也是形成于战国中后期。见宋化玉:《论〈周礼〉中的乡治思路》,《中南大学学报(社会科学版)》2021年第3期。

国的治理。与孟子不同的是，《周礼》十分关注基层、关注乡治。在《周礼》的乡中，由乡师和乡大夫主导，有一套礼仪规范的安排。乡中各级长官如闾胥、族师、党正、州长等各有礼教职责，配合王国的政令，以此实现乡治。相比于孟子，《周礼》有详细的基层治理设计，算是弥补了孟子政治论的一个缺环。① 但《周礼》不把治理的重心放在君主身上，而是瞩目于制度。该书寓礼治于官制之中，其政治理论的逻辑是：只要王国的职官体系安排得完美无缺，各部门官员各司其职，儒家的礼治理想便会彻底实现。但在君主集权初兴的战国时代，绕开君主只谈制度，是不可能付诸实践的。所以《周礼》中的职官设计虽是以中央集权政体为背景，但并不期待当世能够施行；《周礼》学派期待未来有一个完全统一的集权国家，可以施行儒术，并通过严密的职官体系，来实现王道政治。②

综合来看，孟子与《周礼》可以代表战国中期儒家政治论转变的两条线索。二者都一改战国中期以前潜在民间、持守礼典、兀自实践乡礼的儒者姿态，积极向王国政治靠拢，提升了思考政治问题的着眼点。《周礼》将治理的希望寄托于制度，但在当时只是停留在文本之中，并未受到重视，只能算是一条隐性的线索。孟子则是一条显性的线索。他游说列国诸侯，希望仁政学说能够获得大国诸侯的青睐。孟子说齐失败后，甚至在齐国边境等待齐王回心转意达三日之久。他认为只要自己的学说见用于齐，齐国安定，天下也会随之安定。③ 孟子虽终不获用，但这种执着使他声名大噪，为儒家政治学的传布打下了现实基础。自是以后，儒士关心大规模政治，游走于列国庙堂之中，成为新的风尚。至秦末陈胜起义时，孔子的八世孙孔甲携礼器归附；刘邦起兵，也有

---

① 此处所言的"弥补"，并不是指《周礼》学派的学者看到《孟子》而有意补充，也不是指《周礼》学派与孟子有某种师承关系，只是就战国儒家政治学的发展脉络而言，是一种客观上的"弥补"。
② 学界有一种观点，认为《周礼》是齐国的儒者所编，目的是为统一后的齐国规划职官秩序。（杨向奎：《〈周礼〉内容的分析及其制作时代》，《山东大学学报》1954年第4期）这种观点有猜测的成分，在文献中并无确据。但就《周礼》中的思想线索而言，的确是需要一个统一、稳定的中央集权政体，才能实现如此规模巨大、体系宏富的职官体系。
③ 事见《孟子·公孙丑下》。

不少儒者（如叔孙通、郦食其等）前去游说。孟子的政治实践虽然失败，但他摆脱以往以士君子为中心的政治论、将治理问题的重心转而放在国君身上的大胆尝试，为儒家政治思想的发展拓宽了局面。如果没有孟子的这种尝试，随着战国中后期中央集权国家的定型，底层儒者的生存空间不断缩小，儒学很有可能就此淹没在历史的洪流之中。

然从另一方面来看，孟子放弃儒家厚重的礼乐文化积淀，忽视基层治理，这在先秦儒学史上是比较少见的。他另辟蹊径，从"性善—仁政"的逻辑展开治理论说，放在早期儒家政治论的发展脉络中，实属偏门。孔子以后，礼学是儒学发展的大宗，无论是战国早年的《仪礼》学派，还是后来的《周礼》学派，皆将礼治放在政治问题的首位，迨至后来的荀子，也是将礼治学说放在其政治思想体系的核心位置。荀子是一个综合的思想家，具体到基层治理，这种综合性体现在以下三个方面。

首先是荀子注重底层儒士群体的礼仪、德性修养。《荀子》中有大量关于君子修身的讨论，如《君道》篇谓"其（君子）居乡里也，容而不乱"，强调的是乡中士人的习礼、修身；《不苟》篇谓"君子宽而不僈，廉而不刿，辩而不争，察而不激，直立而不胜，坚强而不暴，柔从而不流，恭敬谨慎而容"，都是对战国早期底层礼治派儒家修身习礼的承继。

其次，荀子也注重制度建设，如在《王制》的"序官"一章中谓：

> 顺州里，定廛宅，养六畜，闲树艺，劝教化，趋孝弟，以时顺修，使百姓顺命，安乐处乡，乡师之事也。[①]

荀子将基层的治理与教化归入乡师之职，虽不如《周礼》将乡中长官的职责予以详细区分，但以制度保障礼教的思路是前后相因的。

最后一点，荀子考虑基层治理，总的眼光也是在上层的政治。《荀子·乐

---

① 楼宇烈：《荀子新注》，中华书局，2018，第159页。

论》中有一段论乡饮酒礼：

> 吾观于乡而知王道之易易也。主人亲速宾及介，而众宾皆从之，至于门外，主人拜宾及介，而众宾皆入，贵贱之义别矣。三揖至于阶，三让以宾升，拜至，献酬，辞让之节繁。及介省矣。至于众宾，升受，坐祭，立饮，不酢而降。隆杀之义辨矣。工入，升歌三终，主人献之；笙入三终，主人献之；间歌三终，合乐三终，工告乐备，遂出。……贵贱明，隆杀辨，和乐而不流，弟长而无遗，安燕而不乱。此五行者，足以正身安国矣。彼国安而天下安。[1]

这段文字在《礼记·乡饮酒义》中也有，不见得是《荀子》的原创，但放在《乐论》之中，用以分析乡乐在饮酒礼中的作用，并无违和之感。退一步讲，该章即便不是《荀子》的原创，至少代表作者是认同这种阐释的。这段论述显然是对《仪礼·乡饮酒礼》的解释，其中所提到仪节、乐章对乡中士人的规范作用，比较接近《乡饮酒礼》的思想脉络，而文末对乡饮酒礼的意义进行升华，由正身到安国，再到安天下，已脱离《仪礼》本来的思想面目了。《仪礼》仅就乡治而言乡治，而荀子则将乡治的意义放到国家乃至天下的治理中去理解。可见荀子的基层治理论说，主要还是放在大规模的政治局面中展开的。眼光向上，这可以说是受到了孟子政治学说转向的影响。在《荀子·儒效》篇中，荀子谓："人主用之（指儒者），则势在本朝而宜；不用，则退编百姓而悫，必为顺下矣。"面对秦昭王的"儒学无用论"，荀子特别强调底层的儒士不会对君王施政有害。所以荀子所面对的中央集权政治生态，与孟子是相似的；荀子调和儒者与君主之间关系的紧张，积极使儒学与王国政治相结合，其总体思路也是与孟子一致的。

行文至此，我们可对孟子政治论的转向进行简单的总结：孟子略谈基层治

---

[1] 楼宇烈：《荀子新注》，第414页。

理，在理论上存在缺环，这主要是由其政治论的特殊偏向所致。然孟子特别重视君主的仁政，从王国政治层面展开治理论说，却奠定了此后儒家政治学的基本路线。孟子草创"国家儒学"的政治构架，基层治理和国家治理在当时的确是"鱼和熊掌不可兼得"，顾此失彼，在所难免。荀子作为先秦儒学的殿军，糅合了孟子对于王国政治的关照与《周礼》中基层职官制度的设计，并且兼顾了底层儒士的修身论，发展出细致完备的基层治理学说。自汉以后，儒家的基层治理学说被不同程度地付诸实践，汉代察举制的施行、宋代以后乡饮酒礼的推广，都是比较明显的例证。帝制时代儒家乡治的实现，多以国家政治为主导。孟子虽忽视基层治理，但其宏大的政治关照，却成为后世乡治得以实现的一个重要前提。

唐虞与三代：孟子政治哲学下的历史观
——兼述其"大贤拟圣"的文化意识

♣ 王　侃　复旦大学哲学学院博士研究生

学界通常习惯将孟子政治哲学的历史观归结为"法先王"，这虽然谈不上错误，但至少是一种简化。事实上，寻绎《孟子》七篇的文本即可发现，至少在孟子政治哲学的语境下，由尧、舜、禹、汤、文、武构成的"先王"序列是分级的，即分为由尧、舜构成的唐虞，和禹、汤、文、武构成的三代（何况与"先王"相对的荀子所说的"后王"，很有可能指的就是三代以来的文、武之王）。如果这一观察只涉及词汇的训诂与概念的辨析，那么它将是无趣的。但笔者认为，从孟子对唐虞和三代的不同表述中，可以补全孟子政治哲学的复杂面目，从而避免招致"无知的理想主义"这一不适当的讥讽。更重要的是，对历史上圣王的分级隐含着孟子对政治主体的划分，这恰恰不是所谓的"迂远而阔于事情"（《史记·孟子荀卿列传》），而是孟子强烈的现实感和责任感之所致。

一、先圣后圣：历史性困境下的歧出

《史记·孟子荀卿列传》云："天下方务于合从连衡，以攻伐为贤，而孟轲乃述唐、虞、三代之德，是以所如者不合。"① 所谓"唐、虞、三代之德"，指的是《孟子》七篇中反复陈说的尧、舜、禹、汤、文、武等圣王的德行。太史公的这段话，是将唐虞、三代合在一起说的。然而，赵岐《孟子序》云："进不得佐兴唐虞雍熙之和，退不能信（读为'伸'）三代之余风"②，却是将唐虞和三代分开来说的。从文学的角度说，这可以被视作互文，但是如果结合《孟子》七篇（以下凡引此书，只注篇名）的文本，就会发现赵岐这一文法或许是意味深长的。试看：

> 孟子道性善，言必称尧舜。（《滕文公上》）
> 尧舜之道，孝弟而已矣。（《告子下》）
> 舜之居深山之中，与木石居，与鹿豕游，其所以异于深山之野人者几希。及其闻一善言，见一善行，若决江河，沛然莫之能御也。（《尽心上》）

以上是《孟子》中关于尧、舜的几个章节。在孟子心目中，尧、舜是以孝悌为代表的道德人伦的至高典范，且能无待于政教而顺成其德。

> 臣闻七十里为政于天下者，汤是也。（《梁惠王下》）
> 以力假仁者霸，霸必有大国，以德行仁者王，王不待大。汤以七十里，文王以百里。（《公孙丑上》）
> 诸侯有行文王之政者，七年之内，必为政于天下矣。（《离娄上》）

以上是关于汤、文王的几个章节。孟子向战国诸侯陈说王道，往往以汤、文王施行仁政，凭借小国取得天下作为典范。之所以选取这一些章节而不是其他，并不是因为只有它们体现了这一差别，而是因为它们最能一目了然地将之表现出来。可以发现，《孟子》以尧、舜作为范例时，谈论的大都是人伦问题，而

---

① 《史记》卷七十四，中华书局，1982，第2343页。
② 赵岐注，孙奭疏：《孟子注疏》题辞解，中华书局，1980，第2662页。

以禹、汤、文、武作为范例时，谈论的大都是政教问题。[①] 这并不是一种独断，朱子在《孟子集注》中就曾引用范祖禹的话："孟子事齐梁之君，论道德则必称尧舜，论征伐则必称汤武"，隐约地道出了一点话头。[②] 其实孟子自己也时常提示读者这一分别，如"先圣后圣，其揆一也"（《离娄下》）一章，"先圣"指的是舜，"后圣"指的是文王，虽然二圣在道的层面上是"一"（这个"一"显然是一于仁义的），但毕竟有"先圣"和"后圣"的区别。在另一处，孟子更为直截地表达了这一历史观："尧舜，性之也；汤武，身之也；五霸，假之也"（《尽心上》），尽管后学往往从心性论的角度加以解读。

但是，孟子既然明确说过"先圣后圣，其揆一也"，又引用孔子的说法："道二，仁与不仁而已矣"（《离娄上》），那么唐虞之圣王与三代之圣王的差别又在何处呢？按照孟子"以不忍人之心，行不忍人之政"（《公孙丑上》）中仁心、仁政的思想，心性哲学应该能够直截地、顺承地开出政治哲学，人伦与政教只能是"一"，而不能是"二"。因此，如果将之实然地说成尧、舜偏向于人伦，汤、武偏向于政教，就将面临将人伦和政教打成两截的困境，总不能免于支离之讥。这个问题并不难解决。孟子说："禹、稷、颜子易地则皆然"（《离娄下》），意思是禹、稷、颜回三人的圣贤之心一贯，如果调换他们的历史处境，那么其行迹也会随之调换。先圣、后圣也是如此，虽然他们的心性之于仁义是同一的，但他们所面临的历史处境不同，故在历史中显现出来的行迹也有所区别。因此，先圣和后圣的差别并不在于主观的道德性，而是在于客观的历史性所激发出来的主观的忧心。

唐虞与三代之间客观的历史性又有何出入？在孟子的历史观下，唐虞所面临的危机是水患（《滕文公下》："当尧之时，水逆行，泛滥于中国。蛇龙居之，民无所定。"），尽管这是一次毁灭性的灾难，但尧、舜之间仍以禅让的形

[①] 《公孙丑上》："我非尧舜之道，不敢以陈于王前。"《离娄上》："尧舜之道，不以仁政，不能平治天下。"《离娄上》："欲为君尽君道，欲为臣尽臣道，二者皆法尧舜而已矣。"貌似都是尧舜之道用于政治的实例。但是比起"孟子道性善，言必称尧舜"而言，"尧舜之道"云云更像是个总名，也就是"先王之道"的意思。尧尽君道、舜尽臣道，也只是君臣这一伦的顺讲，并不表示政治意识的突出。
[②] 朱熹：《四书章句集注》，中华书局，2012，第224页。

式传递权力，其政治秩序并没有被败坏。三代所面临的危机却是夏桀、商纣的荒淫无道（《滕文公下》："尧舜既没，圣人之道衰。暴君代作。"），是政治秩序和统治机能的彻底败坏。因此，虞舜可以顺遂地展开他的德性生命（尽管他也难免忧心于洪水），而汤、文王则必须对治一层现实的、政治的沉滓。从这个意义上说，孟子"尧舜，性者也；汤武，反之也"（《尽心下》）的说法，并不来源于尧舜、汤武心性上的高下之分，而是来源于先圣、后圣所面临的历史性困境之分：尧舜可以顺着自己的德性生命走（即所谓"性者"），"闻一善言，见一善行，若决江河，沛然莫之能御"（《尽心上》），而汤武则不得不逆过去、翻上来（即所谓"反之"），出于对黎民百姓的大悲之情，迫使自己的德性生命向政教的方向突出。

孟子对先圣、后圣所面临的历史性困境的高度敏感，其实来自他对自己所处时代的无限悲情。孟子如何看待他所处的时代？是"天下之人牧，未有不嗜杀人者也"（《梁惠王上》）的时代，是"民之憔悴于虐政，未有甚于此时者也"（《公孙丑上》）的时代，是"圣王不作，诸侯放恣，处士横议"（《滕文公下》）的时代。有别于"无知的理想主义者"们，孟子清醒地意识到，在这样一个政治败坏的时代，以舜的个体修德的方式重塑政治秩序是无望的，甚至以"视弃天下，犹弃敝蹝也"（《尽心上》）来保全人伦的态度都是不可法的。孟子说："徒善不足以为政"（《离娄上》），"惠而不知为政"（《离娄下》），表达的都是单纯的道德善是无法在这个时代直接转化为善政的。政治运作拥有它自己的规则，因此，《孟子》一书在心性哲学之外，还大谈政治制度，如井田、税法等。在孟子的历史观中，这一意识是从唐虞时代到三代的第一重曲折，是从顺着德性生命滑落到逆着德性生命、从舜的政治意识之不明朗（指的是德行和政治的圆融混一）①到三代的政治问题之歧出（即政治问题在全部的人生问题中最为

---

① 须澄清的是，"政治意识之不明朗"并不是说尧舜时代没有政治，而是说政治问题尚未突出。孟子说，在遇到与人伦关系相冲突的问题时，舜会选择"窃负而逃，遵海滨而处，终身䜣然，乐而忘天下"（《尽心上》），这在"思天下之民匹夫匹妇有不与被尧舜之泽者，若己推而内之沟中，其自任以天下之重也"（《万章下》）的三代几乎是不可想象的。虞舜"恭己正南面"（《论语·卫灵公》），其仁政是自然流淌出来的，并不需要为政治生活委曲他的德性生命。

突出）的滑转和曲折。

二、"师文王"与"称尧舜"：德行和权位的分裂

在孟子的历史观中，相对于唐虞到三代的第一重曲折，三代到衰周之后又经历了第二重曲折，并且更为致命。这一曲折来源于"德不配位"问题之出现，是德行、权位分裂，从而导致政治主体分裂的曲折。孔子作为儒家历史观中第一个有德无位的圣人，标志着德、位之间的首次分离，这在孟子生活的战国时代更是成为常识。因此，孟子将政治主体划分为拥有政治权力的诸侯和不拥有政治权力的士，即有位诸侯和无位之士。不同政治主体的身份和职责之不同，表现在历史观上，就是他们所师法的对象之不同。试看：

> 如耻之，莫若师文王。师文王，大国五年，小国七年，必为政于天下矣。（《离娄上》）
> 诸侯有行文王之政者，七年之内，必为政于天下矣。（《离娄上》）
> 忧之如何？如舜而已矣。（《离娄下》）

有位诸侯所师法的对象（基本上）是文王，无位之士所师法的对象却是尧舜。这并不是说对士的道德要求比诸侯更高，而是在大贤大圣之外，大多数的中等材质之人毕竟只能师法圣王之"迹"，而不能师法圣王之"心"。由于历史性困境的区别，舜与文王的行迹并不一致：舜的生命可以全幅地、饱满地展开，而文王之"迹"则不得不向政教的方向突出，以此来对治败坏了的政治秩序，这与战国时代所面临的政治困境并没有实质上的不同（至少在孟子的历史观中是如此）。因此，拥有平治天下理想的有位诸侯也可以师法尧舜，但是比起师法文王从而担负除恶禁暴的使命来说，则显得轻缓许多。而对无位之士来说，虽然他所面临的首要困境仍然还是这个败坏了的时代，但他不拥有政治权力，无权参与到"行文王之政"的政治实践中。更为致命的是，有位诸侯并不能

（其实是不愿）师法文王，乃至将孟子反复陈说的"三代之德"视作"迂远而阔于事情"，这为孟子这样的无位之士再次增添了一个新的现实困境，即在政治败坏的现状之外，德行和权位也发生了分裂。无位之士即使愿意迫使生命向政教的方向突出，也无力重建秩序。

那么，相比于三代的圣王，孟子即将面临一个全新的难题：如果向有位诸侯反复陈说"三代之德"的策略彻底失败，"我们"无位之士还能做些什么？孟子给出的方案就是"道性善，言必称尧舜"。这看上去像是回到了唐虞时代人伦与政教混一的状态，但它是通过两重曲折后重新转出来的，是无位之士所能采取的不得已之举，实际上来源于孟子强烈的现实感。因此，孟子说："古之人，得志，泽加于民；不得志，修身见于世"（《尽心上》），既然迫使生命向政教的方向突出也无济于事，那又何必委曲自己的德性生命呢？但是，尽管"天下之本在国，国之本在家，家之本在身"（《离娄上》），孟子也并不期待能够像舜一样通过修身即可改造政治秩序，这在三代已经是种奢望，遑论战国。从这个意义上说，无位之士效法尧舜，并不是效法尧舜"垂拱而天下治"（《尚书·武成》）的德、政混一的至高境界，而是效法其"明于庶物，察于人伦，由仁义行，非行仁义"（《离娄下》）的德性人格。须注意到，孟子对修身的要求是"见于世"。无位之士在下修身，必须成为时代的人格旗帜，从而起到改变时代风化的作用，而这正是无位之士即可做到的现实功效。

当孟子区别开有位诸侯和无位之士所师法的对象的时候，他实际上赋予了无位之士以政治主体的地位。士原本是不能逾越诸侯之治，直接参与到拨乱反正的实践中的，但在一个天子、诸侯、大夫等有位者都毫无指望的时代，如果有德行的无位之士还不主动承担责任，又该怎么办呢？因此，孟子放出豪言："如欲平治天下，当今之世，舍我其谁也？"（《公孙丑下》）这既是孟子无比光明的自信，也是孟子对有位者深刻的失望。另一句话则更为重要："待文王而后兴者，凡民也。若夫豪杰之士，虽无文王犹兴。"（《尽心上》）这是在三代政教已成泡影的现实境遇下的不得已之辞。

豪杰之士不再被动地期待圣王的降临，而是主动地成为政治主体，承担起拨乱反正的历史使命。既然无位之士能够作为一个有别于有位者的政治主体，那么"君之视臣如手足，则臣视君如腹心；君之视臣如犬马，则臣视君如国人；君之视臣如土芥，则臣视君如寇雠"（《离娄下》）的君臣义合思想就呼之欲出了。

有别于荀子"道过三代谓之荡"（《荀子·王制》）的思想，孟子之所以"言必称尧舜"，就是为了给无位之士留下实践空间（这一实践是修身的），可以说，孟子更深刻地意识到了德、位分离的困境。这是因为荀子曾受春申君的赏识，担任兰陵令一职，虽说只是县令，但他也算是一个能够尝试政治实践的有位者；孟子则不然，他只是齐国的客卿，一生从未担任过实际的政治职务。但是，荀子受到春申君的提携而有位，是偶然的，也是不究竟的。三代以后，德位合一的圣王就再也没有历史地出现过了。孟子放弃将重建秩序的指望放在圣王身上，而将尧舜的君子人格从圣王形象中抽离出来，作为无位之士所师法的对象，这在孟子的历史观中，是继唐虞到三代政治问题之凸显后的第二次滑转，是从全体意义上的"好的政治应该是什么样子"到主体意义上的"我们能为好的政治做些什么"的滑转。

三、愿学孔子：从政治意识到文化意识

在孟子的历史观中，从唐虞到三代和从三代到战国的这两次滑转，都是在现实性的政治难题的促成下，打破原本整全的"道"而向某一方向歧出或分裂的过程。第一次歧出是政治问题在全部人生问题中的歧出，第二次分裂是政治主体之于德位合一的圣王的分裂。讲到这里，孟子使有位诸侯师法文王、无位之士师法舜的双重政治主体结构已经较为清晰了，但须注意到，孟子对其自身的要求尚不止于此。孟子之志并不仅仅在于"修身见于世"（当然，他也要效法尧舜以修身），他所赋予自己的职责更为宏大和特殊，那就是"乃所愿，则

学孔子也"(《公孙丑上》)的重大使命。

在"乃述唐、虞、三代之德"之后,《史记·孟子荀卿列传》又说道:"退而与万章之徒序《诗》《书》,述仲尼之意,作《孟子》七篇"①,讲的是孟子退而著书的原委。这里的"述仲尼之意",指的并不是《孟子》一书叙述了孔子的义理,而是说孟子效法孔子"我欲托之空言,不如载之行事之深切著明也"②的精神,完成了《孟子》这一私家著述。关于这个问题,赵岐的《孟子序》有着更加显白的说法:

> 孔子自卫反鲁,然后乐正,雅、颂各得其所,乃删《诗》、定《书》、系《周易》、作《春秋》。孟子退自齐梁,述尧舜之道而著作焉,此大贤拟圣而作者也。七十子之畴,会集夫子所言以为《论语》。《论语》者,五经之辖辖,六艺之喉衿也。《孟子》之书则而象之。③

这是说,孟子著书是绍述孔子"删《诗》、定《书》、系《周易》、作《春秋》"的精神,但又只敢效法《论语》的体裁,即所谓"大贤拟圣"是也。孔子五十岁之前,他的生命一直没有突出的政治意识,以致"孔子不仕,退而修诗书礼乐"④,但公山不狃叛乱之时,使人召孔子,孔子却说:"如用我,其为东周乎!"这是孔子政治意识开始突出的第一次滑转。其后,孔子为鲁大司寇,又受齐人的离间而出走,开始了他周游列国、遍说诸侯的漫长历程。而孔子第一次心生归意,是六十岁那年在陈,说:"归乎归乎!吾党之小子狂简,斐然成章,吾不知所以裁之。"这是孔子政治意识开始剥落、文化意识高度觉醒的第二次滑转。六十八岁那年,孔子终于如愿回到鲁国,开始整理古代经典,最重要的是作《春秋》。明代学者说:"真正仲尼,临终不免叹口气",正是孔子的政治理想最终未能实现的一叹,但是其文化理想之实现,却足以告慰

---

① 《史记》卷七十四,第2343页。
② 赵岐注,孙奭疏:《孟子注疏》题辞解,第2662页。
③ 赵岐注,孙奭疏:《孟子注疏》题辞解,第2662页。
④ 《史记》卷四十七,第1914页。以下两条引文同。

平生。

在这个意义上，孟子的"述仲尼之意"，师法的其实是孔子的文化意识。如果说尧舜的修身工夫之于政治理想是退一步的话，那么孔子的文化意识就是在修身工夫之上再进一步："退一步"来源于无位之士所面临的政治困境的长存性，"进一步"则来源于豪杰之士开拓崭新道统的莫大勇气。在此，孟子终于认清了自己的文化使命："由孔子而来至于今，百有余岁，去圣人之世，若此其未远也；近圣人之居，若此其甚也，然而无有乎尔，则亦无有乎尔。"（《尽心下》）如果他不接续孔子以上的文化统绪，那么未来的政治将永远没有希望。本章下，朱子注道："所以明其传之有在，而又以俟后圣于无穷也。"①"以俟后圣"四字，说得多么宏大，又是多么沉痛，因为它意味着现实政治已经彻底无望了。孟子正是在这种绝望的心境下，仍能凭借"舍我其谁"的大气魄，从强烈的现实感中刨出了他的文化意识。这当然与"无知的理想主义"无缘，而是在经过两次"不得已"的滑转之后，认清自己作为无位的豪杰之士，唯一能做的是什么，比这更进一步的历史使命又是什么。

同时，孟子的文化意识并不只有消极的保存。他深刻地意识到，接续孔子以上的文化统绪，对于现实政治也有积极的（虽然是间接的）功效。著名的"予岂好辩哉"一章，即是孟子自道其志的肺腑之语，在历数禹治洪水、周公伐纣的历史功绩之后，他又将距杨、墨之辩与孔子作《春秋》相提并论：

> 世衰道微，邪说暴行有作。臣弑其君者有之，子弑其父者有之。孔子惧，作《春秋》。《春秋》，天子之事也。是故孔子曰："知我者，其惟《春秋》乎！罪我者，其惟《春秋》乎！"圣王不作，诸侯放恣，处士横议。杨朱、墨翟之言盈天下。……杨墨之道不息，孔子之道不著，是邪说诬民、充塞仁义也。仁义充塞，则率兽食人，人将相食。吾为此惧，闲先

---

① 朱熹：《四书章句集注》，第385页。

圣之道，距杨墨、放淫辞，邪说者不得作。作于其心，害于其事；作于其事，害于其政。圣人复起，不易吾言矣。……我亦欲正人心、息邪说、距诐行、放淫辞，以承三圣者。岂好辩哉？予不得已也。能言距杨墨者，圣人之徒也。(《滕文公下》)

孟子注意到，杨、墨之言横行的当世，其实与孔子所处的"世衰道微，邪说暴行有作"的春秋之世并没有什么差别，都是"邪说诬民、充塞仁义"，最终将导致"率兽食人，人将相食"的政治后果。他确信，"作于其心，害于其事；作于其事，害于其政"，心是本、政是末，思想文化上的淫邪必将导致政治上的败坏。因此，他将孔子作《春秋》的功绩与禹治洪水、周公伐纣等量齐观。他也确信，自己"正人心、息邪说、距诐行、放淫辞"的努力是本源性的，最终能在一定程度上对治世道的败坏。"天下之生久矣，一治一乱"(《滕文公下》)，孟子的政治理想其实也是重建秩序，是《春秋》的"拨乱世反诸正"(《春秋公羊传·哀公十四年》)，但是这一理想并不依赖于政教意义上的"文王之政"，而是有待于人伦意义上的"尧舜之道"。在经历了政治问题之歧出与政治主体之分裂以后，孟子指点出了一条无位之士仍有资格走上的道路，而这条心性的、文化的道路，又恰好是最本原的、最光明的。这当然不是巧合，就像孟子卓越地完成了他的文化使命这一毋庸置疑的历史事实，也不是一种巧合。

思孟学派

孟子与《五行》的《说》

● 〔日〕末永高康　日本广岛大学大学院人间社会科学研究科教授

马王堆帛书和郭店楚简《五行·经》的成立先于孟子，孟子受到其影响，是学界公认的。但关于马王堆帛书《五行·说》和孟子的关系，还有不少争议。笔者在拙著《性善説の誕生》中推测《五行·说》的作者，导出以下两个可能性①：

① 四十岁以前（"不动心"以前）的孟子。

② 深受孟子的影响，却不全面接受其思想，反而试图回归到《五行·经》思想的人。

本文暂且站在前者的可能性上，试图讨论孟子思想形成过程的一面。

一、《五行》的《说》是年轻孟子所作的可能性②

首先，简单地介绍一下笔者如此判断《五行·说》作者的理由。为此，必

---

① 末永高康：《性善説の誕生》，东京：创文社，2015，第91页。
② 关于这节的详细内容，请参看拙著第一章到第四章或其中文译文（佐藤将之监译）：《〈孟子〉和郭店楚简〈性自命出〉的性论》，《科学·经济·社会》2020年第4期；《郭店楚简〈五行〉的修养论》，《科学·经济·社会》2021年第1期；《孟子与〈五行〉》，《科学·经济·社会》2021年第2期。

须从郭店楚简《性自命出》之"性即气"的思考开始说明。

《性自命出》的作者不明,但其应该属于孟子以前的作品,其中的性论也是先于孟子的。它以"气"说"性"("喜怒哀悲之气,性也",简2[①]),以为喜怒哀乐的表露是"气"("性")和"物"感应的结果("及其见于外,则物取之也",简2)。《性自命出》不限于感情的表露,"好恶"和"善不善"的判断也借由与此相同的模式来处理。比方说,以"善"为例,《性自命出》认为:"性"中具有与"善"的事物感应的部分,我们看见"善"的事物的时候,这部分与"善"的事物感应,结果我们作出"它是善"的判断。这种借由"气"和"物"感应的模式,来解释"性"之呈现(感情的表露、好恶的判断、善不善的判断)的思考,笔者把它叫做"性即气"的思考。

《性自命出》进一步主张"性"的齐一性("四海之内,其性一也",简9)。因此,"性"之呈现本来不是因人而异,"性"对于好恶、善不善所下的判断也应该是一样的。但在现实生活中,人们不一定以同样的东西为善。为什么呢?《性自命出》认为:是因为其用〈心〉[②]的办法因人而异("其用心各异",简9)。

这个〈心〉,比方说,就是夹在"性"与"物"之间的"眼镜片",影响它们之间的感应。〈心〉这个眼镜片若是透明而没有歪曲的,则不影响"性"与"物"之间应有的感应。但它若有了污浊或歪曲,就会阻碍或扭曲"性"与"物"之间的感应,结果,遇到"善"的事物,也不能判定"它是善"。

因此,《性自命出》的修养论的概要就是:改善这个眼镜片般的〈心〉的状态,恢复"性"与"物"之间应有的感应。在这里,我们应该注意的是:我们看作"心"之作用的感情的表露、好恶的判断、善不善的判断,《性自命出》却把它们看作"性"的呈现,〈心〉则完全没有这些作用。

《五行》的《经》很可能是子思所作。《五行·经》虽然不谈及"气",但

---

① 以下《性自命出》的引文,都依据武汉大学简帛研究中心、荆门市博物馆编著:《楚地出土战国简册合集(一)郭店楚墓竹书》(文物出版社2011年版)的释文。引用时,把假借字改为通用字。引文后加简号。

② 这个〈心〉与我们一般所说的心不同,因此,在这里用〈心〉来表示。

它却在与"性即气"的思考相同的思考模式上构成它的修养论。《五行》把"仁""义""礼""智""圣"的"五行"二分为"不形于内"的"行"与"形于内"的"德之行"(第1—4行)①。以"仁"为例,不源于内在的"仁",仅于外表合乎"仁"的行为就是"行";源于内在的"仁",内在的"仁"流露出的行为就是"德之行"。《五行》把"行"结合"人道"的"善",把"德之行"结合"天道"的"德"(第4行)。《五行》的修养论的概略就是:先实现"人道"的"善",在此基础上,还上升为"天道"的"德"的境界。

这些内在的"仁""义""礼",在《五行》的《说》中作为"仁气"(第64行)、"义气"(第67行)、"礼气"(第70行)来被讨论。在"行"的阶段,内在的"仁气"还没开始感应。通过反复学习,只能在外表上实行"仁"的行为,就是"行"的阶段。经过这样的阶段,觉醒内在的"仁气",恢复"仁气"与"物"的感应,能做出源于内在的"仁"的行为,就是"德之行"。如此用"仁气""义气"等"气"很容易解释《经》的从"不形于内"之"行"到"形于内"之"德之行"的修养论,这已经表达出《五行·经》的思考与"性即气"的思考之间的紧密性。《五行·说》用"仁气""义气""礼气"来解释《经》,可以说是顺着《五行·经》思想的方向发展的。

与此相反,孟子展开四端论的时候,不继承这"性即气"的思考。孟子以"恻隐之心""羞恶之心""辞让之心""是非之心"为"仁""义""礼""智"的端绪,构成"扩充"这些"心"的修养论。(《孟子·公孙丑上》)②与《五行·说》用"气"来解释内在的"仁""义"不同,孟子只着重于"心"来展开他的四端论。

---

① 以下《五行》的引文,都依据湖南省博物馆、复旦大学出土文献与古文字研究中心编纂:《长沙马王堆汉墓简帛集成(肆)》(中华书局2014年版),表记以《五行》开头为第一行的行数。引用时,把假借字改为通用字,整理者根据郭店楚简《五行》等补充的缺字也不加注记,直接补充其字。
② 十三经注疏整理委员会整理:《孟子注疏(十三经注疏)》,北京大学出版社,2000,第112—113页。

那么，孟子为什么不用"气"来说他的四端论？很可能，与他的"不动心"体验有关。孟子通过"知言"，通过确知什么是"正当"的言论，得到"不动心"的境界。在这里，保证其言论的"正当性"的，不是"体之充"的"气"而是"心"。"浩然之气"也是"行有不慊于心，则馁矣"，除非"心"觉得其行为是"正当"的，否则来自"心"的粮食断绝，其"气"就会因此凋萎。(《孟子·公孙丑上》)① 通过"不动心"体验，孟子明确理解"心"相对于"气"的优越性。经过"不动心"体验的四十岁以后的孟子，绝对不会用"仁气""义气"等"气"来解说《五行》的《经》。

另一方面，《五行》的《说》在语句方面与《孟子》有许多重复，两者之间明显具有密切的关系。还考虑到《荀子·非十二子》"五行……子思唱之，孟轲和之"② 的记载，《五行·说》的作者很可能是"不动心"体验以前的孟子。

因此，下文在《五行·说》的作者是孟子这一前提下进行讨论。当然，也有《五行·说》的作者是孟子后学等的可能性，所以以下讨论只不过是在上述前提下的一种假设。

二、作为"天秤"的"心"

首先我们要注意《五行·说》中的"天秤心"。"天秤心"是笔者在拙著中使用的术语，与"控制心"成对。下面引用的荀子和孟子的论述分别代表这两个"心"。

> 人之所欲，生甚矣，人之所恶，死甚矣，然而人有从生成死者，非不欲生而欲死也，不可以生而可以死也。(《荀子·正名》)③

---

① 十三经注疏整理委员会：《孟子注疏（十三经注疏）》，第88—93页。
② 王先谦撰：《荀子集解》，沈啸寰、王星贤点校，中华书局，1988，第94页。
③ 王先谦：《荀子集解》，第428页。

生亦我所欲，所欲有甚于生者，故不为苟得也。死亦我所恶，所恶有甚于死者，故患有所不辟也。(《孟子·告子上》)①

不考虑文脉，这两个论述都可以看作是《论语·卫灵公》"有杀身以成仁"② 的注释。荀子还说"心之所可"与"情之所欲"(《荀子·正名》)③，明确区别"欲"（想要）与"可"（应当），把"心"看作控制"情"之"欲"的器官。因此，在这里把这种控制"情"的"心"叫做"控制心"。

相比之下，孟子不说"应当"，只说"生，亦我所欲也。义，亦我所欲也。二者不可得兼，舍生而取义者也"(《孟子·告子上》)④。"生"是想要的，"义"也是想要的，但更想要的就是"义"，因此人会选择"义"。孟子所说的"心"如同天秤，把"想要 A"和"想要 B"比一比，选择更想要的。这种"心"与"控制心"不同，因此，在这里把它叫做"天秤心"。只谈"天秤心"不谈"控制心"是孟子思想的一大特点。

这种"天秤心"，在《五行·经》的"喻而知之，谓之进之"（第 42 行）的解说中出现。在那里，先给"喻"下定义：

喻之也者，自所小好喻乎所大好。（第 170 行）

然后，引用《诗·周南·关雎》的句子，说明"喻"的例子。

"窈窕淑女，寤寐求之"，思色也。"求之不得，寤寐思服"，言其急也。"悠哉悠哉，辗转反侧"，言其甚□□。□如此其甚也，交诸父母之侧，为诸。则有死弗为之矣。（第 170—172 行）

---

① 十三经注疏整理委员会：《孟子注疏（十三经注疏)》，第 363 页。
② 十三经注疏整理委员会整理：《论语注疏（十三经注疏)》，北京大学出版社，2000，第 399 页。
③ 王先谦：《荀子集解》，第 428 页。
④ 十三经注疏整理委员会：《孟子注疏（十三经注疏)》，第 363 页。

想要跟刻刻恋慕的女孩同情的心情（"色"）与不想要在父母面前失礼的心情，比较两者之后，发现后者胜过前者；换句话说，通过与"所小好"的"色"的比较，发现"礼"是"所大好"，就是"喻"（的一例）。这明显属于有关"天秤心"的言说。

对《经》的"目而知之，谓之进之"（第42行）的解说也是一样的。

> 目之也者，比之也。……文王源耳目之性，而知其好声色也。源鼻口之性，而知其好臭味也。源手足之性，而知其佚余也。源心之性，则巍然知其好仁义也。……故目人体而知其莫贵于仁义，进耳。（第160行/第163—166行）

此处比较的对象也只是人体各部所"好"的东西。"心"所好的"仁义"被看作尊贵的理由也是：

> 有天下美声色于此，不义则不听弗视也。有天下美臭味于此，不义则弗求弗食也。居而不间尊长者，不义则弗为之矣。（第151行）

是因为"心"所好的东西（仁义）优先于"耳目"所好的东西。在这里所问的只是，更加喜好的、更加想要的是什么。这里完全没有出现控制"耳目"之"欲"的"控制心"。

如此《五行·说》很清楚地言及"天秤心"，与此相比，在《五行·经》中，此"天秤心"不那么明显。比如《经》说：

> 耳目鼻口手足六者，心之役也。心曰唯，莫敢不唯。心曰诺，莫敢不诺。心曰进，莫敢不进。心曰退，莫敢不退。心曰深，莫敢不深。心曰浅，莫敢不浅。（第40—41行）

这段《经》文,用"控制心"解释也可以的。但上引的《说》只用"天秤心"来解说这段《经》文。如此始终利用"天秤心"来解释《五行》思想就是《说》的作者(年轻的孟子)采取的态度。

那么,"天秤心"是孟子的创作吗?那不一定。有人已经指出,上博简《孔子诗论》对《诗·关雎》的解释与上引《说》的解释,其解释方向相同。[①]很可能《说》的作者受到《孔子诗论》的影响。另外,上引《说》解说的《经》文:"喻而知之,谓之进之"(第42行)、"目而知之,谓之进之"(第42行)都非常短,不能想象只看这些《经》文即能够了解"喻"和"目"的具体内容。也有可能,子思或者传授子思思想的人,在讲述这段《经》文的同时,还说了与这段《说》文类似的内容。因此,不明"天秤心"是否孟子的创作。但可以说,早在《五行·说》的阶段,孟子已经开始谈及"天秤心",以后也坚持这种想法。

三、称为"思"的努力

后来的孟子,以这颗"天秤心"和"性"之齐一性为前提而主张他的性善论。但其"性"之齐一性的意思不同。《五行·说》阶段的"性"之齐一性,意味着谁都拥有同样的"仁气""义气"等。犬与马没有"仁气""义气",因此它们不能行仁义,人类能行仁义,就是由于他们都有"仁气""义气"。那么,为什么有人不能行仁义呢?《五行·经》认为,其原因在于"弗思"(第8行)。"不仁""不智""不圣",是因为"不仁,思不能精"(第9行/第11行),"不智,思不能长"(第9行),"不圣,思不能轻"(第11行),其原因在"思"有不够的地方。《经》又描写了通过"精""长""轻"这些"思"而达到"仁""智""圣"的过程:

---

① 参照《长沙马王堆汉墓简帛集成(肆)》,第93页注8。

仁之思也精，精则察，察则安，安则温，温则悦，悦则戚，戚则爱，爱则玉色，玉色则形，形则仁。（第12—13行）

智之思也长，长则得，得则不忘，不忘则明，明则见贤人，见贤人则玉色，玉色则形，形则智。（第13—14行）

圣之思也轻，轻则形，形则不忘，不忘则聪，聪则闻君子道，闻君子道则玉音，玉音则形，形则圣。（第14—15行）

其中对"圣之思也轻"以前的部分，马王堆帛书没有其《说》，因此，不明《说》的作者对这些"思"的具体想法。关于"圣之思也轻"，《说》只说"思也者，思天也。轻者，尚矣"（第46行），其"思天"的具体内容不太明确。从"思天"到"形"的过程，《说》则说"形者，形其思也。酉下子轻思于翟，路人如斩。酉下子见其如斩也，路人如流。言其思之形也"（第46—47行），虽然以"酉下子（柳下惠）"为例说明，其具体过程却不太清楚。对于"形则不忘"和"不忘则聪"，《说》分别说"圣之结于心者也"（第48行）、"聪者，圣之藏于耳者也"（第48行），说明"圣"这一种"闻而知之"的力量，[①] 当初在"心"开始活动，然后藏在"耳"里发挥其效果，因而能够"闻君子道"，但这些过程仍然缺乏其具体性。

对后来的孟子来说，"思"这股努力是平明易解的。后来的孟子，把"性"之齐一性，理解为"所欲者"的齐一性。对孟子来说，每个人的"耳目之所欲者"都是一样的。即使因人而有一定不同，人的"耳目之所欲者"在一定的范围内，至少与马的"耳目之所欲者"明显不同，是因为"天"所与的"性"，人与马之间完全不同。与"耳目之所欲者"一样，每个人既然都有人的"性"，他们的"心之所欲者"也应该是一样的。也就是说，他们的"心"都喜好"仁义"，是因为这就是人的"性"。那么，为什么有人不行仁义呢？孟子认为，其原因在于"弗思"。（《孟子·告子上》）[②] 他"弗思"自己的"心之

[①] 《五行·经》："闻君子道，聪也。闻而知之，圣也。"（第29行）
[②] 十三经注疏整理委员会：《孟子注疏（十三经注疏）》，第354、367、371页。

所欲者"，他还没察觉自己的"心"真正想要的，因此他不行仁义。如果他真正意识到仁义是自己的"心"所想要的，那么他应该开始行他所想要的仁义。因此，对后来的孟子来说，"思"这一股努力，就是对于自己的"心"质问，并探索自己真正想要的东西的努力。

孟子又说"耳目之官不思"（《孟子·告子上》）①，"耳目"之"不思"的原因在于，"耳目"与"口"本来就了解自己想要的，不需探索自己真正想要的。比如，吃到难吃的东西，"口"会立刻把它吐出来。但，一般人的"心"，在目睹不义的时候，不一定会立刻把它判为"所不欲者"而拒绝之，因此需要寻求"心"之"所欲者"或"所不欲者"的努力。这股努力就是"思"。

后来的孟子所说的"思"如此简单，其主要原因在于，他放弃以"仁气""义气"等的存在为前提的"性即气"的思考。如果设定"仁气""义气"，实行仁义的动力在于这些"气"。这些"气"与外物之间的感应没有阻碍，拥有"仁气""义气"的人应该实行仁义。虽然如此，很多人不能及时实行仁义，其原因在于有物阻碍这些"气"的感应。去掉这种阻碍物的努力，如果使用上述的〈心〉而说明，就是把歪曲而不透明的〈心〉改为没有歪曲而透明的〈心〉的努力。《五行·经》用"思"字来讲述这股努力，但具体说明这种努力是很难的。《说》的作者虽然费力解释"思"的内容，但仍然不免"幽隐而无说，闭约而无解"（《荀子·非十二子》）②的感觉。后来的孟子认为实行仁义的动力不在于"气"而在于"心"，由此能够清楚说明"思"这一股努力。

四、对"心"的重视

《经》所说的从"圣之思也轻"到"形则圣"的过程中，没有出现"心"字，然而《说》的作者解释这段过程时，却用到"心"字（"圣之结于心者也"）。在《经》不谈及"心"的地方，《说》却常常用"心"来解释《经》

---

① 十三经注疏整理委员会：《孟子注疏（十三经注疏）》，第369页。
② 王先谦：《荀子集解》，第94页。

文，我们应当注意这一事实。

《五行·经》谈及"心"的地方不那么多，其用例集中在《经》的前半部分。

①君子无中心之忧则无中心之智，无中心之智则无中心之悦，无中心之悦则不安，……则无德。（第4—5行）

②君子无中心之忧则无中心之圣，无中心之圣则无中心之悦，无中心之悦则不安，……则无德。（第5—7行）

③不仁不智，未见君子，忧心不能惙惙。既见君子，心不能悦。诗曰，"未见君子，忧心惙惙。亦既见之，亦既觏之，我心则悦。"（第9—11行）

④不仁不圣，未见君子，忧心不能忡忡。既见君子，心不能降。（第11—12行）

其中，③④的例子明显来自《诗·召南·草虫》。①②的"中心"也是《诗》中常见的用语。因为这些"心"都是袭用《诗》的用语，在《五行·经》前半部分出现的"心"，其在《五行》修养论中的位置不太明确。比如，《五行》开头所说的"形于内"的"智""圣"与"中心之智""中心之圣"的关系不太明确。由于帛书《五行》没有解说这部分的《说》，《说》的作者如何解释两者的关系也不太清楚。

后面在《五行·经》中再次出现"心"字的就是，说明"仁""义""礼"的端绪"臀（→悦→戚）"①（第19行）、"直"（第20行）、"远"（第20行）的部分：

颜色容貌温，臀也。以其中心与人交，悦也。中心悦焉，迁于兄弟，

---

① 《五行·经》："不臀不悦，不悦不戚。"（第19行）

戚也。（第 21—22 行）

中心辨焉而正行之，直也。（第 23 行）

以其外心与人交，远也。（第 25 行）

解释这部分的《说》前后不一。《说》对《经》文中首次出现的"聱"（《说》作"变"字）、"直"、"远"解释说：

变也者，勉也，仁气也。（第 64 行）

直也者，直其中心也，义气也。（第 67 行）

远心①也者，礼气也。（第 70 行）

都用"气"来解释它们。相比之下，《说》对上引的《经》文进行解释的时候，一点也不谈及"气"。《说》对有关"仁"的《经》文解释说：

颜色容貌温，变也。变也者，勉勉也，逊逊也，能行变者也。能行变者，□□心悦。心悦，然后颜色容貌以悦，变也。以其中心与人交，悦也。毅毅然□□□□□也。是乃悦已，人无悦心②。人无悦心也者，弗迁于兄弟也。迁于兄弟，戚也。言迁其□□于兄弟而能相戚也。兄弟不相能者，非无所用悦心也，弗迁于兄弟也。（第 79—82 行）

值得注目的是"心悦，然后颜色容貌以悦，变也"，把"心悦"放在"仁"的端绪"变"（仁气）的前面，看上去好像表示"心"相对于"气"的优越性。但，笔者认为，在这里把"心悦"放在"仁"的端绪的前面，很可能是把"无中心之智（圣）则无中心之悦"与下引的《五行·经》后半部分的论述结合起来的结果。

---

① 岛森哲男、池田知久都以为此"心"是衍文。参看池田知久：《马王堆汉墓帛书五行篇研究》，东京：汲古书院，1993，第 282 页注 10。

② "人无悦心"的意思可能是"对人不用悦心"。

关于"五行",《五行·经》说:

> 闻而知之,圣也。……知而行之,义也。……见而知之,智也。知而安之,仁也。安而敬之,礼也。(第29—30行)

关于"四行",《经》又说:

> 见而知之,智也。知而安之,仁也。安而行之,义也。行而敬之,礼也。(第32—33行)

《经》把"圣""智"看作实行"仁""义""礼"的前提。《说》对这些"仁""义""礼"又分别用"仁气"(第115、121行)、"义气"(第112、121行)、"礼气"(第115、122行)来加以说明。对《说》的作者来说,"圣""智"是"仁气"等呈现的条件。《经》又说"无中心之圣(智)则无中心之悦"(第4—6行),因此,《说》认为先有"心悦"然后有"变"这"仁气"呈现的端绪。所以我们不能说,《说》的作者跟后来的孟子一样明确了解"心"相对于"气"的优越性。但,上面的《说》一贯使用"心悦""悦心"来解释《经》文,这表明《说》的作者对"心"的重视。

解说"直"("义"的端绪)的部分有仿佛《孟子·告子上》"一箪食,一豆羹,得之则生,弗得则死。嘑尔而与之,行道之人弗受;蹴尔而与之,乞人不屑也"[1]的叙述。

> 中心辨焉而正行之,直也。有天下美饮食于此,吁嗟而予之,中心弗屑也。恶吁嗟而不受吁嗟。正行之,直也。(第87—88行)

---

[1] 十三经注疏整理委员会:《孟子注疏(十三经注疏)》,第363页。

主张"义"的端绪在于"中心"是否"屑"之,更重视"心"的判断。这里谈及的"弗屑吁嗟""恶吁嗟"的"心",与在"性即气"的思考下谈及的〈心〉明显不同,跟实行"义"的动力有关。因此,此"心"与"(义)气"的关系成为问题。很可能,《说》的作者认为"弗屑吁嗟"的"心"的状态促进"义气"的发动,但在《说》里没有具体说明,我们不明白《说》的作者如何理解"心"和"气"的关系。但至少可以说,《说》的作者稍微离开"性即气"的思考,开始注重"好义"的"心"。

下面有关"外心"的论述也颇有意思。

> 以其外心与人交,远也。外心者,非有他心也,同之心也。而有谓外心也,而有谓中心。中心者,諁然者。外心者也,其扁謵然者也,言之心交远者也。(第96—97行)

《经》的作者把"心"分成"外心"与"中心"。《说》的作者虽然接受《经》所做的区别,但他认为只有一个"心"("非有他心也,同之心也"),"中心"与"外心"是这一个"心"的两面而已。对《说》的作者来说,实行"仁"("义")的"心"和实行"礼"的"心"是一样的。

《说》所说的"仁气""义气""礼气",应该不是"一气"的几个侧面,而是性质不同的几种"气"。谈及这些性质不同的"气",是顺着《五行·经》的思考模式展开的。《五行·经》先划分"仁""义"等的德目,然后把每项德目分成"行"和"德之行",每项德目各有界限。因此《经》说"有大罪而大诛之,简。有小罪而赦之,匿也。……简,义之方也。匿,仁之方也"(第34—36),明确区分"仁"和"义"的范围,认为"仁"和"义"不一定预先协调。所以,《经》还谈及"四行"的调和("善")和"五行"的调和("德"),而把"善""德"放在"仁""义"等的上位,[①] 又谈及"仁"

---

① 《五行·经》:"德之行五,和谓之德;四行,和谓之善。善,人道也;德,天道也。"(第4行)

"义"等的"集大成"。①

与此不同,对后来的孟子来说,"仁""义"等都是"心"之所好、所欲,既然只有一个"心","仁""义"等之间没有什么对立。孟子把一个"心"所做的各种各样的活动,按其活动的特征分为"仁""义"等而已。解释《经》"简,义之方也。匿,仁之方也"(第36行)的"言仁义之用心之所以异也"(第131行)已表示了这方向的理解。《说》把"中心"和"外心"看作"同之心",这种解释也可以说是通往后来的孟子思想的。

《说》对《经》"君子集大成。能进之,为君子。不能进,各止于其里"(第37行)的解说更接近后来的孟子。

> 能进端,能充端,则为君子耳矣。弗能进,各各止于其里。不藏尤害人,仁之理(里)也。不受吁嗟者,义之理(里)也。弗能进也,则各止于其里耳矣。充其不藏尤害人之心,而仁覆四海,充其不受吁嗟之心,而义襄天下。仁覆四海,义襄天下而成,由其中心行之□,亦君子已。(第137—141)

这里所说的"端"好像是四端的"端",后半部分的议论让人想起《孟子·尽心下》的"人能充无欲害人之心,而仁不可胜用也"② 和"人能充无受尔汝之实,无所往而不为义也"③。而且,在这里一贯用"心"来说明仁义之"端"。虽然没有有关礼智之"端"的论述,这里已有与四端论类似的思维模式。

一方面如此开始看重"心",另一方面谈及"仁气""义气",还没离开"性即气"的思考,就是《说》的作者(年轻的孟子)。他后来放弃"性即气"的思考——又放弃《五行·经》的思考模式——,构成其四端论和性善论,但其详细过程,由于缺乏资料,我们不能弄清楚。

---

① 《五行·经》:"君子集大成。"(第37行)
② 十三经注疏整理委员会:《孟子注疏(十三经注疏)》,第470页。
③ 十三经注疏整理委员会:《孟子注疏(十三经注疏)》,第470页。

五、"大体"与"小体"

最后，我们想问《说》的作者开始注重"心"的理由。这理由也不太清楚，但，假使在《五行·经》的记述中寻求其缘由，值得注意的还是上引从"耳目鼻口手足六者，心之役也"开始的一段。是因为，与《经》的其他部分所说的"忧心""中心""外心"不同，这段文章明确言及"心"相对于"耳目"的优越性。

《五行·经》前半部分出现的"心"，都是有关"仁""义""礼""智""圣"的端绪的。"忧心"（"中心之忧"）与"圣""智"的端绪有关，"中心"与"仁""义"的端绪有关，"外心"与"礼"的端绪有关。但《经》的记述没有弄清这些"心"与"善"（"四行"之"和"）、"德"（"五行"之"和"）之间的关系。

与此不同，从"耳目鼻口手足六者，心之役也"开始的一段，以"和则同，同则善"（第41行）结束，谈及"心"与"善"（"四行"之"和"）的关系。对这段《经》文，《说》先说：

> 耳目鼻口手足六者，人□也，人体之小者也。心□也，人体之大者也。（第152—153行）

把"耳目"等当作"小体"，把"心"当作"大体"，然后说：

> 和则同，和也者，小体便便然不违于心也，和仁义。仁义，心。同者，与心若一也，□约也，同于仁义。仁义，心也。同则善耳。（第157—158）

把"和""同"理解为"耳目"等听从"心"所好的"仁义"而和"心"打

成一片的状态。这些"小体""大体"之词也是《经》文还没使用的。

《说》的作者还利用这种"小体"("体")、"大体"("心")的区分，来解释《经》的其他部分。如：

> "君子之为善也，有与始，有与终。"言与其体始，与其体终也。
> "君子之为德也，有与始，无与终。"有与始者，言与其体始。无与终者，言舍其体而独其心也。（第59—60行）

引号内的《经》文没有说明"与始""与终"的具体对象，《说》则把它看作"体"（身体）而说：在"德"（"五行"之"和"）的阶段"舍其体而独其心"。对《经》引用《诗·邶风·燕燕》"燕燕于飞，差池其羽。之子于归，远送于野。瞻望弗及，泣涕如雨"而说"能差池其羽，然后至哀。君子慎其独也"（第16—17）的部分，《说》又说：

> 差池者，言不在衰绖也。不在衰绖，然后能哀。夫丧，正经修领而哀杀矣，言至内者之不在外也。是之谓独。独也者，舍体也。（第57—58行）

内心真正悲伤的人，不装饰丧服的外表，这就是"舍体"。在"人道"之"善"的阶段，"与其体始，与其体终"，"仁""义"等的行为只是身体（"体"）上的具体形象，身体上实行"仁""义"就够了。而在"天道"之"德"的阶段，"舍其体而独其心"，"仁""义"等的行为都是内"心"的呈现，已不拘泥于身体（"体"）上的具体形象，这就是"慎独"。对《经》引用《诗·曹风·鸤鸠》"叔（淑）人君子，其义一氏"来论述的部分（第15行），《说》又说：

> 叔人者，□□。义者，仪也。言其所以行之义之一心也。能为一，然

后能为君子。能为一者，言能以多为一。以多为一也者，言能以夫五为一也。君子慎其独。慎其独也者，言舍夫五而慎其心之谓□□然后一。一也者，夫五为□心也。（第 52—55 行）

"以多为一"的"多"是身体上的"五行"之行为，其具体表现是各种各样的，"一"是"一心"，身体上的"五行"之行为都根源于"一心"，这就是"慎独"。作为《经》的解说，这些说明正确与否，我们不太清楚。但，我们可以说，《说》的作者利用从"耳目鼻口手足六者，心之役也"开始的一段所显示的思考来解释《五行·经》的全体，而在如此解释的过程中，他更明确了解了"心"的重要性。

《五行·经》的思想整体上看是在与"性即气"的思考类似的思考模式上构成的，但《五行·经》所说的"心"，不一定与在"性即气"的思考下所说的〈心〉一致。《经》的作者对这颗"心"的看法不太明确，《说》的作者也不能明确说明这颗"心"与"性即气"的思考的关系。但是，《说》的作者已开始注重喜好"仁义"的"心"，看起来他对这颗"心"的重视让他认识到这颗"心"和"性即气"的思考之间的矛盾，而离开"性即气"的思考。

既然《说》是对《经》的解说，《说》的作者（年轻的孟子）仍然停留在《经》的思维模式的范围内。但《说》文中已有不少与后来的孟子思想有关的要素，奠定了后来的孟子思想超出《五行》思想的基础。我相信，更细心的读者在《五行·说》文里可以发现指向后来的孟子思想的更多要素，然而更详细地描述从《五行·说》的阶段到后来的孟子思想发展的过程尚有待更深入的探讨，我很期待这方面的研究有更大的进展。

《孟子》"天下之言性也"章研究与检讨
——从朱陆异解到《性自命出》"实性者故也"

● 丁四新　清华大学哲学系教授

一、问题的提出

《离娄下》"天下之言性也"章,是《孟子》一书中最难训解的一章。是章曰:

(孟子曰:)天下之言性也,则故而已矣,故者以利为本。所恶于智者,为其凿也。如智者若禹之行水也,则无恶于智矣。禹之行水也,行其所无事也。如智者亦行其所无事,则智亦大矣。天之高也,星辰之远也,苟求其故,千岁之日至,可坐而致也。

对于此章,自宋代以来学者大起争议,训解即多有不同。朱子曾与门人反复答问此章之意,陆九渊云此章"人多不明其首尾文义",而焦循《正义》则汇集了多种训解。① 傅斯年曾说他读不懂此章，徐复观则断然认为"从来的注释家，都注释得很牵强"。② 可见《孟子》此章难解，乃不争的事实。自上博竹书《性情论》（即郭店简《性自命出》篇）整理、出版后，《孟子》此章应当如何训解的问题被再度激活，学界陆续发表了十多篇相关文章。不过，在笔者看来，当前的研究不但未使旧的争讼平息，反倒平添了新的争端。

在拜读了相关论著后，笔者认为颇有必要再梳理和检讨《孟子》"天下之言性也"章的古今注疏及今人的相关训解。大致说来，古人的注解可分为三类，一类从赵岐到二程、朱子，一类为陆九渊，一类为清人。清人的风气自由，意见多样，批评前人及彼此间展开批评，乃常见现象。今人的有关论著则集中在楚竹书《性情论》（《性自命出》）出版以后，学者对于《孟子》"天下之言性也"章及竹书"实性者故也"发表了诸多意见。不过，在笔者看来，似乎其中没有一种说解或观点是足够令人信服的。

归纳起来，如下学术问题仍有待讨论：第一，梳理和辨析朱陆对于《孟子》"天下之言性也"章的训解和观点；第二，重新讨论《性自命出》"室性者故也"，并由此检讨当代学者对于《孟子》"天下之言性也"章的新解释；第三，探讨《孟子》"天下之言性也"章的本意，并平议朱陆训解之是非。同时，就探讨"天下之言性也"章的本意来说，如下问题是非常关键的：其一，孟子对"天下之言性也，则故而已矣"是持肯定还是持否定的态度，其二，章中的前两个"故"字是何义？且后一个"故"字与前两个"故"字是否同义？其三，孟子对于"利"字持肯定还是否定态度？而本章"利"字应当如何训解？这些问题，直接关系到我们如何理解《孟子》此章的本意。本文将着重结合竹书《性自命出》（《性情论》）篇重新讨论和回答这些问题。

---

① 黎靖德编：《朱子语类》卷57，王星贤点校，中华书局，1986，第1351—1354页；陆九渊：《陆九渊集》卷34《象山语录上》，钟哲点校，中华书局，1980，第415页；焦循撰：《孟子正义》卷17，沈文倬点校，中华书局，1987，第584—593页。
② 转见梁涛：《〈性情论〉与〈孟子〉"天下之言性"章》，新出楚简与儒学思想国际学术研讨会论文，北京，2002年3月31日—4月2日。徐复观：《中国人性论史·先秦篇》，九州出版社，2014，第151页。

二、从朱陆异解到今人的解释

（一）朱陆异解

从东汉至宋代，对于《孟子·离娄下》"天下之言性也"章的解释，可以分为两大派系，一派为赵岐、程伊川和朱子，朱子为其代表；一派为孙奭和陆九渊，陆九渊为其代表。这两派的解释对后人产生了深远的影响。其中，对于《离娄下》"天下之言性也"三句，孟子是持肯定还是持否定的态度，乃是两派解释首先要面对的问题。而对于"故"字和"利"字的训解不同，在一定程度上也影响了人们对于《孟子》此章大意的理解。

朱子的训解是继承赵岐和程子而再作变化的结果。赵岐《注》见于《十三经注疏》本。① 伊川的训解主要见于《孟子精义》。② 朱子的训解见于《孟子章句集注》和《朱子语类》卷五十七、卷五十九。③ 大致说来，赵岐、伊川和朱子的训解是这样的：首先，对于"天下之言性也，则故而已矣，故者以利为本"三句，赵、程、朱三人都认为孟子持肯定态度。这一点非常重要，它奠定了整章解释的基调。其次，赵、程、朱三氏一贯，都以《孟子》此章的主旨在于"皆为智而发"，不过有轻重的不同：赵氏说得轻，程子说得重，朱子则更加锱铢。再次，对于"故"字，赵氏训为"故常"，伊川训为"已然之迹"，朱子在"已然之迹"的基础上又训为性情之"情"和"有所以然之意"，显示他们的训解虽然出自同一脉络，但在不断变异。至于晚年，朱子将本章的解释直接笼罩在性情论的理论背景下。最后，对"则"与"利"的训释，三氏有异有同：赵氏训"则"为"不过是"，"利"字训为"循顺"；程子认为"则"

---

① 见赵岐注，孙奭疏：《孟子注疏》卷8，收入阮元校刻《十三经注疏（清嘉庆刊本）》第5册，中华书局，2009，第5938页。
② 见朱熹：《孟子精义》卷8，收入朱杰人、严佐之、刘永翔主编《朱子全书》第7册，上海古籍出版社、安徽教育出版社，2002，第741—742页。
③ 朱熹：《四书章句集注》，中华书局，1983，第297页；黎靖德：《朱子语类》卷57、59，第1351—1354、1380页。

是语助词,训"利"为"顺",同时又训为"利益";朱子则训"则"为"即"("不过是"),训"利"为"顺",他大体上放弃了"利益"一义。从训诂变化看三氏对文义和章义解释的变化,《孟子》此章的解释在不断深入理学的思想背景之中。反过来看,理学化的解释可以说改变了《孟子》此章某些关键字的训诂。

对于《孟子》"天下之言性也"章,陆象山的解释与赵岐、伊川和朱子的训解大异。据《象山语录上》①,对于此章,象山大起异议,推翻故训,别出新解。其一,他训"故"为"故旧"和"陈迹"。象山崇尚日新、生生之道。其二,象山认为,孟子对于"天下之言性也"三句持否定态度,即不同意所谓"以故言性"的观点。在此,"则"字,象山训为"大抵""不过";"利",他训为"利害"之"利"。其三,象山将孟子"千岁之日至,可坐而致也"两句作反诘句来读。这是一个崭新的读法,但可惜未必正确。其四,对本章的宗旨,象山不像程朱那样强调"此章专为智而发",而是强调所谓"新故孰为知性之本"这一点。②

总之,在南宋,朱子和陆九渊对于《孟子》"天下之言性也"章的解释已分为两系。

(二)清人的训解:毛奇龄、焦循和俞樾

在清代,毛奇龄、焦循和俞樾的相关训解比较重要。据《孟子正义》卷十七引毛奇龄《四书賸言补》③,毛氏训"则故而已矣"之"故"为"智故",与赵、朱、陆之训不同。不过,毛氏的训解是错误的,不合《孟子》文意和孟子思想。焦循本人的训解,则见于《孟子正义》卷十七④。对于"故"字,焦循主要以"事""往事""已往之事"或"故迹"训之,同时兼训"故常"之义。对于"利"字,焦循有多种训解,但以"顺利"为主。从总体上看,焦氏是这样解释的:将《易传》所说天道变化及其已往之事迹作为人性之本,在

---

① 陆九渊:《陆九渊集》卷34《象山语录上》,第415页。
② 见赵岐注,孙奭疏:《孟子注疏》卷8,第5838页。
③ 焦循:《孟子正义》卷17,第585页。
④ 焦循:《孟子正义》卷17,第584—589页。

"故事"之中能知其变化和知其利,则知人性之善,不通、不察、不明其故和不知其利,则不知人性之善,故由此诸子或言性恶,或言性善恶混,或分性为气质之性和义理之性。这种解释以易理为统帅,比较迂阔,应该说它离孟子本意较远。比较起来,程朱的解释似乎更贴近孟子本意。

俞樾的训解,见《群经平议》卷三十三"天下之言性也则故而已矣"条按语,今引述如下:

> 《荀子·性恶篇》曰:"凡礼义者,是生于圣人之伪,非故生于人之性也。"杨《注》曰:"故,犹本也。言礼义生于圣人矫伪抑制,非本生于人性也。"孟子言性善,则人性本有礼义,故曰:"天下之言性也,则故而已矣。"犹曰但言其本然者足矣,与荀子之语正相反。荀子又引舜之言曰:"妻子具而孝衰于亲,嗜欲得而信衰于友,爵禄盈而忠衰于君。"盖以证人性之恶。乃自孟子言之,则孝也、信也、忠也是其故也。妻子具而孝衰,嗜欲得而信衰,爵禄盈而忠衰,非其故也,无失其故斯可矣。故又曰:"故者以利为本。"言顺其故而求之,则自得其本也。孟子论性大旨其见于此。①

首先,俞樾认为,孟子对于"天下之言性也"三句持肯定态度。其次,俞樾训"故"为"本"或"本然",与赵岐训"故常"相通。林桂榛从俞樾说,云:"《孟子》此章的'故'系'原本'义。"② 其实,在此之前,程伊川即训为"本如是者也",与俞樾的训解相同。需要指出,从语法功能来说,《荀子·性恶》篇"非故生于人之性也"之"故"字为副词,而《孟子》"则故而已矣"之"故"字为名词,后者是"本故""原故""本然""本如是者"之义。再次,俞樾训"利"为"顺",这是传统注疏的解释,赵岐、伊川和朱子都作

---

① 俞樾:《群经平议》卷33,收入顾廷龙主编、《续修四库全书》编纂委员会编《续修四库全书》178册,上海古籍出版社,2002,第537页。
② 林桂榛:《〈孟子〉"天下之言性也"章辨正》,《孔子研究》2014年第4期,第71页。

此训。最后,俞樾对于"天下之言性也"三句是这样解释的:天下之言性,但言其本然而已矣,顺其本然则得性善之旨。应该说,俞樾的解释不但贴近孟子的思想,而且能够与传统注疏相贯通。

(三)今人的解释

在郭店简出版以前,对于《孟子》"天下之言性也"章的训解值得注意的当代学者有黄彰健、徐复观和杨伯峻三位先生。黄、徐二氏的训解大抵同于陆象山,今不赘述;① 而杨伯峻的解释则属于朱子一系。杨氏的训解见于《孟子译注》一书。此书初版于 1960 年,发行量巨大,影响甚广。② 杨氏的翻译如下:

> 天下的讨论人性,只要能推求其所以然便行了。推求其所以然,基础在于顺其自然之理。我们厌恶使用聪明,就是因为聪明容易陷于穿凿附会。假若聪明人像禹的使水运行一样,就不必对聪明有所厌恶了。禹的使水运行,就是行其所无事,(顺其自然,因势利导。)假设聪明人也能行其所无事,(不违反其所以然而努力实行,)那聪明也就不小了。天极高,星辰极远,只要能推求其所以然,以后一千年的冬至,都可以坐着推算出来。③

在此,杨伯峻首先认为孟子对于"天下之言性也"三句持肯定态度。进而,他认为三个"故"字同义,训"故"为"所以然",训"利"为"顺"。"故"训为"所以然",这即"原故""本故"的引申。从总体上看,他的解释是通达的,但在整体上也受到现代语境的明显影响。如"苟求其故",赵岐释为"苟求其故常",此"故常"之义与"所以然"有相当差距;而程朱解为

---

① 黄彰健:《释孟子"天下之言性也则故而已矣"章》,载氏著:《经学理学文存》,台湾商务印书馆,1976,第 224 页;徐复观:《中国人性论史·先秦篇》,第 151—152 页。黄文原发表在《大陆杂志》10 卷第 7 期(1955 年)上。
② 杨伯峻:《孟子译注》,中华书局,1960,第 196 页。
③ 杨伯峻:《孟子译注》,第 196 页。

"已然之迹",则与杨训的差别更大。同样,"则故而已矣",杨氏训解为"只要能推求其所以然便行了",这是在故训的基础上跳转了一步,在字面上与故训存在一定的差距。对于"故者以利为本"一句,杨伯峻的翻译主要依从程朱意思,云:"推求其所以然,基础在于顺其自然之理。""推求其故"的意思,即以循顺自然之理为基础。这与赵岐《注》存在一定的差距。赵《注》曰:"以言其故者以利为本耳。"赵氏以所顺者为"故","故者以利为本"即顺其故常之义。衡量这两种训解,赵岐《注》更为素朴,似乎更接近于孟子本意。

三、《性自命出》"室性者故也"辨疑

竹书《性情论》(《性自命出》)释文的出版,引发了学者对于《孟子·离娄下》"天下之言性也"章的热烈讨论。这场讨论,首先是从梁涛那里发轫的,随后裘锡圭接过此一话题,由此引起了学者的较大关注。近十五六年,不断有学者讨论《孟子》此章,试图解决此章的文本和文意问题。多数学者肯定援引竹书来讨论此章训解的必要性,但也有部分学者表示异议,否定此一做法的必要性和有效性。

(一)《性自命出》"室性者故也"辨疑

学者援引竹书《性自命出》来解释《孟子》"天下之言性也"章,其相关文本的关键问题集中在"室性者故也"一句及其相关文字上,特别在"室"字的释读、"室性"的读法及"故"字的训释上。

先看关键文本"室"字的释读。竹书"凡性或动之"章,《性自命出》在第9—14号简,《性情论》在第4—7号简,今依《性自命出》引出此章释文(引文从宽式):

> 凡性,或动之,或逆之,或室(实)之,或厉之,或屈之,或养之,或长之。凡动性者,物也;逆性者,悦也;室(实)性者,故也;厉性者,义也;屈性者,势也;养性者,习也;长性者,道也。凡见者之谓

物，快于己者之谓悦，物之设者之谓势，有为也者之谓故。义也者，群善之蕝也。习也者，有以习其性也。道者，群物之道。

引文中的"性"字，原皆写作"眚"，《性情论》亦是如此。在《性自命出》中，"性"字一律写作"眚"，与"生"字明确相区别。① "室"字，郭店简原释作"交"，上博简释作"悫"，读作"交"，② 皆误。裘锡圭首先指出，上博简的那个字，其实从室从心，上下结构，而不是所谓从交从心；郭店简的那个字，其实从交从又，上下结构，而不是"交"字。他根据上博简的那一字认为，郭店简的此字乃"室"字的误摹。③ "交"字在《性自命出》（ ）或《性情论》（ ）中出现多次，其写法确实与此字不同，裘先生的判断是对的。因此，凡据"交"字来解释这段简文者，都是错误的。

再看"室性"的读法。裘锡圭先认为郭店简的"室"或上博简的"悫"字"似应读为实"，训为"充实"。同时，裘先生又列二说，一读"室（悫）"为"窒"；又作如字读，云"室性"为"为性筑室"，"给性一个框架"。④ 后来，裘先生放弃了"实性"和"窒性"的读法，而将"室（或悫）"字读为"节"；"节"即"节制"，他说："'室（悫）性'就是'节性'。"⑤

裘先生以上训释或说法，哪一个是正确或可靠的？这是需要慎重回答的问题。笔者认为，竹简"室（或悫）"，读为"实"的说法是可取的；读为"窒"或"节"，是不可取的。从声韵来说，"室"（书纽质部）、"实"（船纽质部）可以通假。《说文·宀部》曰："室，实也。"段玉裁说，"人物实满其中"故谓之"室"。"室"在竹简中当读作"实"。《说文·宀部》曰："实，

---

① 参见拙文：《生、眚、性之辨与先秦人性论研究之方法论的检讨》，载《先秦哲学探索》，商务印书馆，2015，第19—20页。拙文原载《中国哲学与文化》第6、7辑，广西师范大学出版社，2009、2010。
② 荆门市博物馆编：《郭店楚墓竹简》，文物出版社，1998，第179页；马承源主编：《上海博物馆藏战国楚竹书（一）》，上海古籍出版社，2001，第226—227页。
③ 参见裘锡圭：《中国出土古文献十讲》，复旦大学出版社，2004，第308—316、260—276页。
④ 上引裘说，见氏著《中国出土古文献十讲》，第312、313页。
⑤ 上引裘说，见氏著《中国出土古文献十讲》，第260—261页。

富也。"段《注》曰："以货物充于屋下是为实。"① "实"作为动词，即充实、充满之义。李锐赞成"室"读为"实"的意见，他说："笔者倾向于将'室性'读为'实性'，即是充实、扩充、完成性……'实性者，故也'，是指用圣人有为而制作的人伦规范来充实性。"他并引《孟子·公孙丑上》"知皆扩而充之"、《孟子·尽心下》"充实之谓美，充实而有光辉之谓大"为证。② 在观念上这即是所谓实性。笔者认为，李锐的读法是值得肯定的。《论衡·气寿篇》曰："人之禀气，或充实而坚强，或虚劣而软弱。充实坚强，其年寿；虚劣软弱，失弃其身。"从实质的意义上说，《论衡》此篇即存在所谓"实性"的观念。③

回头再看"窒性"和"节性"的说法。如果"窒"如字为训，那么"窒性"的说法不仅古书无一见，而且与竹书《性自命出》的文意不相符合。"节性"的说法虽然已见于先秦古书，但郭店简《性自命出》的"节（節）"字无一例外地都写作"即"，或写作从辵之"即"，上博简《性情论》则一般直接写作"节（節）"，只有一例写作"即"。这说明，裘锡圭将简文"室（或窒）"读为"节（節）"字确实很成问题。而且，在古典语境中，"节性"是针对情欲来说的，此义显然不符合竹书《性自命出》的文意。而如果"室性"是所谓"为性筑室"或"给性一个框架"的意思，那么这种解释难免给人以生涩、怪诞之感，而事实上，先秦秦汉传世古籍从未出现过此词。总之，读作"节性"，或如字读作"室性"，都是讲不通的。

最后看竹简"故"字的训释。裘锡圭先说竹简"故"字之义与"故典""故事""故俗"相当。④ 后来，他对此字之义作了繁杂的训解：（1）简文以

---

① 段玉裁：《说文解字注》，上海古籍出版社，1988，第338、340页。
② 李锐：《郭店简〈性自命出〉实性说》，载丁四新主编《楚地简帛思想研究（三）》，湖北教育出版社，2007，第446页。李锐在《郭店简与〈孟子〉"天下之言性"章的"故"字》一文中有相同意见，见《北京师范大学学报（社会科学版）》2009年第3期，第142页。
③ 《春秋繁露》有《实性篇》，但其所谓"实性"是"质性"之义，与竹简的"实性"一词根本不同。竹简"实性"一词，为动宾结构。
④ 裘锡圭：《谈谈上博简和郭店简中的错别字》，载《中国出土古文献十讲》，第312页。

"有为也者"来解释"故",跟荀子作"人为"讲的"伪"字的意义很相近;(2)竹简"不同方而交以故者也"的"故"字,是"有目的的考虑"之义;(3)所谓"故"主要应指合乎儒家思想的各种礼制和伦理道德规范,可用当"有为也者"讲的"故"来指称;(4)简文"节性者故也"的"故"字,应该指"能节制人性的成例、规范、制度之类的东西","与《左传》《公羊传》《礼记》中当'旧典''故事''故俗'讲的'故'相类"。① 裘氏的这些说法值得重视,但是他对于竹简"故"字的训释未必精当,仍需检讨。竹书一曰"实性者,故也",再曰"有为也者之谓故",而"有为也者之谓故"即见于竹书下文"凡道心术为主"章。从这两章文本来看,竹书"故"字其实包含三重含义:(1)"有为"之义,"为"读去声,"有为"即有目的、有意图之义;(2)竹书作者对"有为也者之谓故"的"故"字持肯定态度,它与《性情论》第25号简"不同方而交,以故者"(《性自命出》应在第57号简)的"故"字明显不同,后一"故"字大体上属于中性词,但包含着一定的贬义成分。裘锡圭混淆了这两个"故"字的价值色彩。(3)有心、有目的的活动可以外化为"道"之"术",竹书称为诗、书、礼乐三术,裘氏谓之为"旧典""成例"。同时,"故"字的含义还需与"物""悦""义""势""习""道"作适当区分,不能彼此混淆。总之,竹书"实性者故也"之"故"字,首先指有为(有目的、有意图)的活动,其次指其外化的产物,如诗、书、礼乐,且后者必须通过前者才能充实其性,才能产生相应的教化作用,《性自命出》第18号简曰:"教,所以生德于中者。"

下面顺便检讨梁涛、李锐对竹书"室性者故也"的训解。梁涛在一个会议论文中先据郭店简《性自命出》"交性者故也",训"交"为"更",训"故"为"有意识、有目的的行为",并将此句译作"教导、完善它的是有意识的人为"。②

---

① 裘锡圭:《由郭店简〈性自命出〉的"室性者故也"说到〈孟子〉的"天下之言性也"章》,载氏著《中国出土古文献十讲》,第264—269页。
② 梁涛:《〈性情论〉与〈孟子〉"天下之言性"章》,新出楚简与儒学思想国际学术研讨会论文,北京,2002年3月31日—4月2日。

后来，他正式发表这篇论文时从裘锡圭说，所引简文作"节性者故也"。① 对于"故"字的训解，他也吸纳了裘先生训"成例""规范"的意见，只不过他是按照荀子的思路来作解释的。他说："作为外在规范的'故'之所以能够'节性'，显然是靠'化性起伪'，是靠积习、习惯的力量来实现的。"由此，他将竹简此句翻译为："节制、完善它的是礼义典故。"② 正如上文所云，"室"读为"节"是不对的；同时，用荀子的思路来理解竹书"室性者故也"这句话，也是不恰当的。

就"室性"，李锐批评"节性"的读法而赞成"实性"的读法，这是可取的。他说："《性自命出》强调对天命之性的充实，有可能启发了孟子。"并引《孟子》"充实之谓美"等来做证据。③ 不过，需要指出，孟子的"充实"说或"扩充"说以人性善为前提，其工夫路数是由内向外的扩充。这一点，与《性自命出》"实性者故也"显然不合。当然，我们可以说，孟子有可能创造性地吸收和转化了竹书的"实性"说。《性自命出》的写作在前，《孟子》的成书在后。对于竹简"故"字，李锐同意裘锡圭的说法，并将其应用到《孟子》"天下之言性也"章"故"字的训解上。④

总之，对于竹简"故"字，裘锡圭、李锐的训释大体相同，而梁氏训为"习惯"，且以荀子思路作解，这是不恰当的。而对于竹简"室"字，大多数学者盲从裘锡圭的"节性"说，但此种读法未必是可靠的。在笔者看来，"实性"的读法其实更为可靠，更为恰当。

---

① 梁涛：《竹简〈性自命出〉与〈孟子〉"天下之言性"章》，《中国哲学史》2004年第4期，第72页。
② 梁涛：《竹简〈性自命出〉与〈孟子〉"天下之言性"章》，《中国哲学史》2004年第4期，第73页。
③ 李锐：《郭店简〈性自命出〉"实性"说》，载丁四新主编《楚地简帛思想研究（三）》，第443—447页；李锐：《郭店简与〈孟子〉"天下之言性"章"故"字》，《北京师范大学学报（社会科学版）》2009年第3期，第142页。
④ 李锐：《郭店简与〈孟子〉"天下之言性"章"故"字》，《北京师范大学学报（社会科学版）》2009年第3期，第143页。

（二）梁、裘、李三氏的做法与学者的批评

援引竹书的实性说及对"室性者故也"的"故"字解诂，能否有效地解释《孟子》"天下之言性也"章的本意，使得《孟子》此章训解的困惑涣然冰释呢？这是一个值得追问的问题。

梁涛、裘锡圭和李锐三人先后引入《性自命出》的相关文本及其"故"字的训诂来解释《孟子》此章的本意，在三氏看来，他们的这种努力无疑是有效的。[①] 不过，与三氏的意愿相反，大多数学者却否定了他们的做法，即否定引入竹书以解释《孟子》此章的有效性。田智忠说："近来出土的文献，不但没有使该问题得到解决，反而加剧了这场争论。我们不能对于借助出土资料来解决传世文献的训诂问题过于乐观。"[②] 李世平说："利用《性自命出》并不能解决'天下之言性也'章的难解问题，反而会增加一些不必要的缠绕。"[③] 林桂榛说："仅依靠新出土的楚简《性自命出》'节性者，故也''有为也者之谓故'就发现了新大陆似的以为'天下之言性也，则故而已矣，故者以利为本'之'故'也是'有为'之'故'，进而在这个判断的基础上解'天下之言性也'章，这很缺乏'内证'方法及力量，流于外部论证，说服力明显不够。……解该'故'字须先看内证，内证才是最有效的。"[④] 此外，徐克谦、陶晓春等人的文章在此期间根本没有提及竹书《性自命出》篇，这更谈不上赞成裘、梁、李三氏的做法。[⑤]

[①] 梁涛：《竹简〈性自命出〉与〈孟子〉"天下之言性"章》，《中国哲学史》2004 年第 4 期，第 72、76 页；裘锡圭：《由郭店简〈性自命出〉的"室性者故也"说到〈孟子〉的"天下之言性也"章》，载《中国出土古文献十讲》，第 273 页；李锐：《郭店简与〈孟子〉"天下之言性"章的"故"字》，《北京师范大学学报（社会科学版）》2009 年第 3 期，第 141 页。
[②] 田智忠、胡东东：《论"故者以利为本"——以孟子心性论为参照》，《福建师范大学学报（哲学社会科学版）》2007 年第 5 期，第 48—49 页。
[③] 李世平：《"天下之言性也"章再释——兼与梁涛博士商榷》，《学术界》2013 年第 1 期，第 110 页。
[④] 林桂榛：《〈孟子〉"天下之言性也"章辨正》，《孔子研究》2014 年第 4 期，第 69 页。
[⑤] 徐克谦：《〈孟子〉"天下之言性也"章探微》，《南京师大学报（社会科学版）》2011 年第 2 期，第 118—123 页；陶春晓：《从"天下之言性也"章看孟子的人性论》，《辽宁广播电视大学学报》2014 年第 4 期，第 118—120 页。

（三）检讨与看法：援引竹书以解决《孟子》"天下之言性也"章的理解问题其实未必有效

笔者认为，梁涛、裘锡圭和李锐三氏援引竹书《性自命出》（《性情论》）篇来讨论《孟子》"天下之言性也"章，从动机来看是必要的，但这一做法是否有效，则是值得严格检讨的。

裘锡圭认同陆象山对《孟子》此章的解释，他将竹书"故"字解释为"人为的规范、准则"，并以此去解释《孟子》"天下之言性也"章的前两个"故"字。他说："《性自命出》的以'故'节制人性的说法，告子'以人性为仁义，犹以杞柳为桮棬'的说法，也显然是孟子的批评对象，说不定还是他心目中的主要批评对象。"通观裘氏的做法，有几点是应当怀疑甚至否定的：一者，上文已指出，既然他的竹书"节性"说不能成立，那么他由"有为也者之谓故"推及"故"字应当训解为外在的"人为的规范、准则"的说法亦未必能够成立。二者，既然《性自命出》说"诗、书、礼乐，其始出皆生于人"，那么作为"有为"之"故"的诗、书、礼乐三术真的是完全外在于人的吗？这样看来，所谓"外在"只是一个相对的概念，从究竟义来看，诗、书、礼乐三术不但来源于人自身，而且其目的正在于"生德于中"。其三，对于《孟子》"天下之言性也"章的第三个"故"字，裘锡圭训释为"星辰运行的常规"，则与前两个"故"字的含义不一致。最后，他认为"天下之言性也，则故而已矣"的意思是："一般讲性的人，把人性所固有的仁义礼智，仅仅看成外在的人为的规范、准则了。"① 但这很难说是孟子的准确看法。在孟子之前，有多重人性论主张，一种像告子主张"仁内义外"，但从孟子的"内外"概念来看，告子所说"仁内"其实也是外在的；一种主张人性可以为善、可以为恶，其仁义跟人性的内外关系不明；还有一种主张人性有善有恶，其中就其性纯善之人来说，其仁义内在则皆属于孟子意义上的。相关文献可以参见《孟子·告子上》。就《性自命出》来看，第4—5号简曰："善不善，性也（'善

---

① 以上引文，俱见裘锡圭《由郭店简〈性自命出〉的"室性者故也"说到〈孟子〉的"天下之言性也"章》，载氏著《中国出土古文献十讲》，第271—272页。

性也'三字据上博简补);所善所不善,势也。"人具有善恶评价(道德评价)的天赋,这正是人性之所以为善的前提。第 39 号简曰:"笃,仁之方也;仁,性之方也,性或生之。"这是说"仁"是内在于人性的。另外,郭店简《语丛二》说"爱生于性""慈生于性""智生于性""情生于性,礼生于情",它们说明爱、智、礼皆是内在的,都出于人性。总之,在孟子之前,持"仁"内在于人性的观点是很普遍的,而持"义"内在于人性的观点也并非没有。由此可知,将"天下之言性也,则故而已矣"理解为当时诸子普遍将人性"仅仅看成外在的人为的规范、准则"的观点,这显然是不对的,或者是不够准确的。也因此,裘氏训《孟子》此"故"字为"外在的人为的规范、准则"的说法,即很难说是正确的。

梁涛对于《孟子》"天下之言性也"章的解释从总体上看属于赵岐、程朱一系。梁氏一开始训前两个"故"字为"修习",后一个"故"字为"运行规律","利"训为"顺"。① 在受到裘锡圭的批评后,他将前两个"故"字训为"积习",后一个"故"字仍旧训解为"运行规律"。他的翻译是这样的:"人们所谈论的性,往往不过是指积习而已。积习的培养要以顺从人的本性为根本,人们之所以厌恶智,是因为用智的人往往穿凿附会,(不从事物本身出发。)如果用智的人能像大禹治水一样,那么人们就不会厌恶智了。大禹治水,(顺从水的本性,采用疏导的办法)不有意多事。如果用智的人也不有意多事,那么智的作用就大了。天极高,星辰极远,如果了解它们的运行规律,千年之内的日至,坐着都可以推算出来了。"② 很明显,这是以荀子解释孟子,或者说,以荀子惑乱《孟子》。孟子的人性工夫论,不过操存、存养、求其放心、扩充、寡欲和尽心知性之类而已,与荀子重积习、化性起伪的主张大殊。另外,梁氏"积习"和"运行规律"之训解相差很大。最近,在《孟子"天下之言性"章与孟子性善论》的推文(《中华读书报》公众号,2018 年 4 月 26

---

① 梁涛:《〈性情论〉与〈孟子〉"天下之言性"章》,新出楚简与儒学思想国际学术研讨会论文,北京,2002 年 3 月 31 日—4 月 2 日。
② 梁涛:《竹简〈性自命出〉与〈孟子〉"天下之言性"章》,《中国哲学史》2004 年第 4 期,第 74 页。

日）中，他将后一"故"字训解为"习惯"，试图统一全章的三个"故"字义，但问题同样存在。而且，"习惯"是一个主观色彩很浓厚的词语，以其来描述天体运行的状态，这属于典型的用词不当。

李锐的解释在总体上属于陆象山一系。他借用竹书《性自命出》来训解《孟子》"天下之言性也"章的"故"字，认为前两个"故"字是"有为、有目的、有原因、有缘故（的言论）"，而后一个"故"字"可以解释为原因、原故，有为的缘故、有目的而为的原因，引申为规律"；训"利"为"利害"之"利"。① 从其论证来看，其一，李锐首先认为《性自命出》的"故"字义合乎《孟子》"天下之言性也"章的"故"字，然后在引申的基础上直接做了挪用。这种做法难免有武断之嫌。不仅如此，李锐认为此"故"字在《孟子》此章中是贬义的，为孟子所批评的，因此此"故"字其实即"诈故""巧故"之"故"字。但是，作"诈故""巧故"讲的"故"字，真的符合《孟子》此章的文意吗？在笔者看来，李锐训解的错误正与毛奇龄同。其二，李锐对于后一"故"字所作的引申，很难说是可靠的。从"有为也者"之"故"到"原因""原故"，再到"规律"，这种引申其实滑转得很厉害。实际上，《性自命出》"有为也者"之"故"，是一种有目的、有意图的主观之"故"，与纯粹表原因的"故"字有较大差别，而表示天体运行状态的"规律"一词，则与之相差更大。需要指出，古人表达"规律"义时一般使用"道""则""法"等字词。而且，单纯表原因的"故"字不是由"有为为之"的"故"字义引申的，它实际上来源于"使为之"的"故"字。"故"是"古"字的孳乳字。《说文·攴部》曰："故，使为之也。"此其本义。段玉裁《注》曰："今俗云原故是也。凡为之，必有使之者，使之而为之则成故事矣。引申之，为故旧。故曰：'古，故也。'《墨子·墨经上》曰：'故，所得而后成也。'"② 反观竹书"有为也者之谓故"，它应当是"使为之"之"故"字义的引申。综合

---

① 李锐：《郭店简与〈孟子〉"天下之言性"章的"故"字》，《北京师范大学学报（社会科学版）》2009年第3期，第143页。
② 段玉裁：《说文解字注》，第123页。

来看，李锐在用竹书"故"字义以解释《孟子》"天下之言性也"章的前两个"故"字和后一个"故"字时，在语义上都做了或大或小的改变；而其做法是否有效，则是非常令人怀疑的。

总之，以竹书《性自命出》的"实性者故也"一段文字来疏通《孟子》"天下之言性也"章的文意，这是一个令人颇为怀疑的做法。在笔者看来，它至多提供了一种全新的解读思路，即以所谓"二重证据法"来解决从前疑难问题的思路。① 这种做法是否有效，还是要回到《孟子》本章及其全书中做检验。

四、两系说总结与本文的结论

（一）《孟子》"天下之言性也"章研究：肯定系与否定系的观点

众所周知，《离娄下》"天下之言性也"章是《孟子》一书中最令人费解的一章，其难解之处不仅在于对其章意大旨大家有争议，而且在于学者对于某些文字和文句的训解自宋代以来即众说纷纭、莫衷一是。不过，总结古今训解，大体形成了两系或两派的意见。而这两系或两派意见的形成，俱以孟子对于"天下之言性也，则故而已矣，故者以利为本"三句持肯定或持否定态度为基础，认为孟子对此三句持肯定态度者为一系（简称"肯定系"），认为孟子对此三句持否定、批判态度者为另一系（简称"否定系"）。在南宋时期，陆九渊断然抛弃传统注疏，别出新解，他认为孟子对"天下之言性也"三句持否定和批判的态度。朱子继承了赵岐、伊川的说法，认为孟子对"天下之言性也"三句持肯定态度。这样，朱陆各自成为当时"肯定系"和"否定系"的代表人物。在清代，焦循、俞樾属于"肯定系"，而毛奇龄则属于"否定系"。在 20 世纪五六十年代，杨伯峻属于"肯定系"，而黄彰健、徐复观则属于"否定系"。最近十余年来，"否定系"的人马大增，裘锡圭、徐圣心、李锐、田智

---

① 王国维：《古史新证·总论》，收入谢维扬、房鑫亮主编，骆丹等副主编《王国维全集》第 11 卷，浙江教育出版社，2010，第 241—242 页。

忠、徐克谦、任新民、丁为祥等学者加入其中；而"肯定系"则门前冷落，目前可见梁涛、林桂榛、李世平、陶春晓四位。不过，真理的本性是，肯定或否定人数的多寡，与真是真非没有必然的联系。

"肯定系"，即认为孟子赞成"天下之言性也，则故而已矣，故者以利为本"之一系，在具体训解上不尽相同。赵岐训"故"为"故常"，乃就人性本然如是、恒常如是者而言之；"利"，赵氏训为"顺利""循顺"。① 伊川训"故"为"本如是者"，又说"故者旧也"，训"利"为"顺利"，同时兼取"利害"之"利"义。在他看来，《孟子》"天下之言性也"三句是说：谈论人性之本如是者，应当以循顺之而不害为原则。② 在此，伊川的训解与赵岐《注》是相通的，不过略有推阐而已。朱子继承了伊川的训解，同时将《孟子》此章置入性情论中来作解释，认为"性、故"犹如"性、情"，是已发与未发的关系。"故"，他训为"已然之迹"；"利"，他训为"循顺"。③ 这一训解与他的解释理论是一致的。应该说，朱子沿着程子的解释而向前进，达到了此系训解的极限。反过来看，赵岐的训解相当朴素，而朱子的解释则叠床架屋，并生挠曲。焦循的训解依违于朱陆之间，他认为孟子未必赞成"天下之言性也，则故而已矣"，但欲以"故者以利为本"来规范"往事"（"故"），因此在他看来，"故者以利为本"才是孟子此章思想的重点。所谓"故"，焦氏训为"事""迹"，"则故"之"故"训为"往事"（"已往之事"），"苟求其故"之"故"训为"故迹"，两训之间有不小的距离。所谓"往事"（"则故而已矣"），焦循指为《孟子·告子上》公都子所述三种人性论及《荀子·性恶》篇所说曾参、闵子骞、孝己之孝行等"往事"；"利"，他训为"顺利""和顺""通顺"和"有利"等义；"故者以利为本"，即谈论往事应当以顺利人性本身为基本原则。④ 俞樾训

---

① 赵岐注，孙奭疏：《孟子注疏》卷8，第5938页；焦循：《孟子正义》卷17，第584—593页。
② 朱熹：《孟子精义》卷8，第740—742页。
③ 朱熹：《四书章句集注》，第297页；黎靖德：《朱子语类》卷57、59，第1351—1354、1380页。
④ 焦循：《孟子正义》卷17，第584—589页。

"故"为"本故""本然","利"训为"顺",① 他的解释非常接近程伊川和赵岐的解释。杨伯峻训"故"为"所以然"（即训"故"为"原故"），"利"训为"顺"。② 训为"顺"，是赵岐、程朱的故训。按之《孟子》原文，杨氏"所以然"的训解不但自圆其说，而且与赵岐、程伊川、俞樾的训解是相通的。总之，在此系中，赵岐、程伊川、俞樾和杨伯峻的解释非常接近，而朱子的解释受到儒家性情论、已发未发理论的严重影响，焦循的训解则与上述诸人的解释多有参差。

"否定系"，即认为孟子否定和批判"天下之言性也，则故而已矣，故者以利为本"之一系，在具体训解上亦不尽相同。陆九渊是朱子的论敌，他倡导异说，训"故"为"故迹""陈迹"，"利"为"利害"之"利"，认为"天下之言性也"三句是孟子批评战国诸子据陈迹言性，不过以利害言性罢了。在义理上，陆九渊阐扬新故之理，与朱子以性情论训解之迥异。正因为以"新故之理"为训，所以陆九渊将《孟子》此章末二句作反诘疑问句来读，他说："孟子言'千岁之日至，可坐而致也'，正是言不可坐而致，以此明不可求其故也。"③ 需要指出，迄今为止，陆氏的读法是独特的，没有人跟从他的这一读法。"故"字，清人毛奇龄又出新解，训为"智故""诈故"或"伪故"；"利"，他训为"利害"之"利"。④ 审察毛氏的训解，其实属于望文生义，不合孟子和先秦儒家之本意。儒家不是反智主义者，对"智故"的态度与道家根本不同。今人黄彰健训"则故而已矣"之"故"字为"故事""有所事"，训"苟求其故"之"故"为"原故"，二字异训；"利"，训为"利害"之"利"。⑤ 徐复观训"则故而已矣"之"故"字为"习惯"，训"苟求其故"的

---

① 俞樾：《群经平议》卷33，第537页。
② 杨伯峻：《孟子译注》，第196页。
③ 陆九渊：《陆九渊集》卷34《象山语录上》，第415页。
④ 焦循：《孟子正义》卷17，第585页。
⑤ 黄彰健：《释孟子"天下之言性也则故而已矣"章》，载氏著：《经学理学文存》，第222—226页。

"故"字为"本";"利",训为"义利"之"利",① 与陆象山、毛奇龄、黄彰健同训。其实,黄彰健不但在"故"字的训诂上有误,两"故"字之训大相龃龉,而且他以道家来解释《孟子》此章,都说明他的解释是不可靠的。徐复观同样将"则故"和"其故"的两个"故"字异训,他将前一字训为"习惯",这显然超出了故训的范围。总之,此一系的训解者均有先入之见之弊,均有大胆否定传统注解和故标新意之弊。检讨下来,他们的训诂多不严谨,解义多不通贯,因此可以断定他们的解释是不可靠的。

在上博简《性情论》(郭店简《性自命出》)出版后,裘锡圭、梁涛和李锐都援引《性自命出》的相关文本来疏通《孟子》"天下之言性也"章的本意,并认为这一做法是有效的。其实,竹书"实性者故"的"故"字是否在字义上即为《孟子》"则故而已矣"和"苟求其故"的"故"字,这首先是一个问题。裘锡圭训"故"为"外在的人为的规范、准则",这不但对竹书"实性者故也"之"故"字存在一定的误解,而且很难据此即认为它完全可以纾解《孟子》此章训解之困。对于"苟求其故"的"故"字,裘氏训为"星辰运行的常规"。这样,在他那里,不但"则故""其故"之两"故"字义不能统一,而且"常规"与竹书《性自命出》的"故"字义其实无关。李锐的训解接近裘说,不过对于"则故""其故"这两个"故"字,他的训解不一,前一个"故"字他训为"有为、有目的、有原因、有缘故(的言论)",且以为贬义,其实此即训为"诈故""巧故"。梁涛对于这两个"故"字的训解亦不一,他将"则故"之"故"字训为"习惯",这是继承徐复观相关训解的结果。归纳起来,正如一些学者所云,援引竹书《性自命出》来解释《孟子》此章文意,不但无益,反增纷扰。笔者认为,《性自命出》的实性说对于《孟子》此章本意的解决具有一定的启示意义,但不可以随意夸大。目前看来,此种做法确实激发了学者的研究兴趣,使人们在一段时间内聚焦于《孟子》此章应当如何训解的问题上。

---

① 徐复观:《中国人性论史·先秦篇》,第151—152页。

（二）批评与结论

权衡这两派学者的相关训解和讨论，笔者认为"肯定系"的训解更为可靠。"故"，是"古"的孳乳字。《说文·攵部》曰："故，使为之也。""使为之"，即俗所谓"原故"一词。这是"故"字的本义。"故"还有"事""变故""故事""成例""旧""原来"等义，皆是"原故"的引申义。《孟子·离娄下》"则故而已矣"之"故"字，训为"故常""本如是""本然"或"本故"，于义为近；训为"事""故事""已然之迹""旧迹"，甚至"成例"，亦在允许的范围内；唯训为"智故""巧故"或"伪故"，不合于《孟子》此章大旨，而训为"习惯"则超过了故训范围。"利"，乃"犁"字之初文。[①]《说文·刀部》曰："利，铦也。""利"即"锋利"，此为典籍中"利"字的本义。由此引申，"利"有"财利""利润"等义；其中由"财利"再引申，"利"有"有利""利益""顺利"等义。[②]《孟子·离娄下》"故者以利为本"之"利"字，主要有两种训解，一种训为"顺利"，见赵岐、程伊川、朱熹、焦循、俞樾、杨伯峻等的训解，一种训为"利益""利害"之"利"，见陆九渊、毛奇龄、黄彰健、徐复观和裘锡圭等的训解。持后一训的人除了固执于自己的臆度外，他们还认为，《孟子》其他诸"利"字均无一例训为"顺利"，由此否定前一训解。其实，这个理由是难以成立的，因为某字之某一义项在《孟子》中仅出现一例的情况并不罕见。[③]

概括起来，理解《孟子》此章的难点，首先在于判定孟子本人对"天下之言性也"三句持何种态度——是肯定的，还是批判的、否定的？对于这个问题

---

① 参见于省吾：《甲骨文字诂林》第 2 册，中华书局，1996，第 1422—1424 页。
② 王力主编：《王力古汉语字典》，中华书局，2000，第 69 页。
③ 例如，"草上之风必偃"之"上"字训为"加"，《孟子》仅此一例，其他无一例可训为此义者；"杀越人于货"之"于"字训为"取"，《孟子》仅此一例，其他无一例可训为此义者；"得之不得"之"之"字训为"与"，《孟子》仅此一例，其他无一例可训为此义者。这说明，在《孟子》一书中某字之某义的孤例未必就不能成立，或者说一字之义项在《孟子》中仅有孤例，也是大量存在的。在先秦，"利"为"顺利"义其实早已存在，《周易·坤》六二"不习无不利"、《蒙》上九"不利为寇，利御寇"，《论语·里仁》篇"仁者安仁，知者利仁"，诸"利"字俱训为"顺利"。回到《孟子》本文，关键在于此"利"字训为"顺利"是否通达，是否合乎文意，以及是否合乎孟子的思想。

的回答，决定了解释的基本方向。其次在于如何训解"故"字和"利"字。"故"字和"利"字的训解，会影响人们判断孟子对于"天下之言性也"三句所持的态度和看法。陆象山一系学者以其雄健之气蔑弃传统注解，但未必得其真诠。笔者认为，在没有确实、过硬的理由和证据下，理解《孟子》此章大意，尊重故训是颇为必要的。笔者认为，"肯定系"的训解是可靠的。

今参照杨伯峻的翻译，将《孟子·离娄下》"天下之言性也"章试译如下：

天下人谈论人性，不过是以其所以然来谈论它罢了；所谓所以然，应当以顺利其性为根本原则。我之所以厌恶用智，就是因为它容易导致穿凿附会（而无法真正认识到人的本性及判断其善恶）。如果智者像大禹治理洪水那样（运用其智），就无需厌恶智了。大禹使洪水运行，就是行其所无事（，顺其自然，因势利导，从而达到治水的目的）。如果智者也行其所无事（，顺其自然，因其本故），那么他的智慧就不小了。苍天极高，星辰极远，假如能用智推求其所以然，那么千年以后何日是冬至，就可以坐着推算出来了。（所以推求人之本性及判断其善恶，智是非常重要的。顺而循之即大智。）

在上述译文中，"故"译作"所以然"。之所以采用杨伯峻的这一翻译，是因为相对于"故常""本如是""本然""本故"来说，"所以然"一词更容易被现代人所接受和理解。译文中的"所以然"当然可以换为"故常""本故"等词，但需心知其意。宋儒或以"事"为训，这其实已受到了理学观念的深刻影响，是不够准确的。此章大意，赵氏曰："言能循性守故，天道可知；妄智改常，必与道乖，性命之指也。"朱子《集注》曰："程子曰：'此章专为智而发。'愚谓事物之理，莫非自然。顺而循之，则为大智。若用小智而凿以自私，则害于性而反为不智。程子之言，可谓深得此章之旨矣。"[①] 皆可以参考。

[①] 赵岐注，孙奭疏：《孟子注疏》卷8，第5938页；朱熹：《四书章句集注》，第297页。

岂善辩哉

知言与养气：孟子对仁义之道的新拓展

● 孔德立　首都师范大学哲学系教授、山东省泰山学者

孔子是儒家之道的开创者，孟子是传承者。孟子在传承孔子之道的基础上又有所创新。程子曰："孟子有功于圣门，不可胜言。仲尼只说一个仁字，孟子开口便说仁义。仲尼只说一个志，孟子便说许多养气出来。只此二字，其功甚多。""孟子性善、养气之论，皆前圣所未发。"[①] 程子指出的"其功甚多"的"养气"，或许揭示了一条解读孟子思想的新思路。《孟子·公孙丑上》篇中的"养气"与"知言"关系密切，而"知言"又与《孟子·滕文公下》篇反映的孟子"好辩"有关。从孟子的"好辩"入手，可以发现，孟子的"知言"与"养气"既是辟墨子、告子的工具，又是进一步开拓孔子之道的新路径。本文试对孟子的"知言"与"养气"加以探讨，以进一步揭示孟子思想的丰富内涵，及其对孔子思想的新拓展。

一、从"不言"到"言"

颜世安先生通过分析早期儒墨的不言与言的问题，指出了儒家在孔子时代

---

① 朱熹：《四书章句集注》，中华书局，2011，第186页。

是不善言的。春秋后期，以孔子为代表的儒者修身派主要是通过修身来影响周围的人，而不是着急去言说、去做官来改变社会。到了墨子时代，儒家的修身派仍不愿意出来做官，不善于言。① 《墨子·公孟》篇中儒者公孟子与墨子关于"言"与"不言"的争论，可以作为儒墨各自对言的态度。

> 公孟子谓子墨子曰："君子共己以待，问焉则言，不问焉则止。譬若钟然，扣则鸣，不扣则不鸣。"②

> 公孟子谓子墨子曰："实为善人，孰不知？譬若良玉，处而不出，有余糈。譬若美女，处而不出，人争求之。行而自衒，人莫之取也。今子遍从人而说之，何其劳也！"③

从儒家弟子公孟子与墨子的这两段对话，可以发现，儒家是不善于言的。第一段是亮明儒者的态度，"共己④以待，问焉则言，不问焉则止"。第二段是说儒者不希望见人就说，去炫耀自己，去求什么。相比儒家，墨子的善于言是出了名的。墨子教育弟子："能谈辩者谈辩，能说书者说书，能从事者从事。"（《墨子·耕柱》）⑤总之，要发挥个人特长，去践行"大义"。墨子当年带着弟子到处说，无论是"止楚攻宋"，还是与鲁班、吴虑论辩，均显示了墨子的能言善辩。

儒者不言，墨子大言，且墨子鼓动弟子"能谈辩者谈辩，能说书者说书"，可以说，墨家在墨子的领导下，成为战国时期奔走于各国的一支强大的传播墨家之义的宣传队与行动队，甚至"赴火蹈刃，死不还踵"⑥。墨子的无私精神、

---

① 颜世安：《不言与言：早期儒墨之争的一个问题》，《江海学刊》2013 年第 6 期。
② 孙诒让：《墨子间诂》，中华书局，2017，第 448—449 页。
③ 孙诒让：《墨子间诂》，第 450 页。
④ "共己"，孙诒让案为"拱己"。参见孙诒让：《墨子间诂》，第 449 页。拱己，即垂衣拱手，无为而治。
⑤ 孙诒让：《墨子间诂》，第 427 页。
⑥ 《淮南子》，上海书店，诸子集成本，1986，第 357 页。

敢于牺牲的气概、救危扶困的行动，获得了社会大众的普遍认可，"从属弥众，弟子弥丰，充满天下"①。到了孟子时代，墨家已经积聚了庞大的信众与影响力："杨朱、墨翟之言盈天下。天下之言，不归杨，则归墨。"（《孟子·滕文公下》）②杨墨的崛起，严重挤压了儒家的空间。在此形势下，孟子起而辟杨墨，捍卫孔子之道，一改以往儒者不言的做法，因而时人以为其"好辩"。

《孟子·滕文公下》记载，公都子对孟子说，"外人皆称夫子好辩"，孟子立即予以否认："予岂好辩哉？予不得已也。"③ 孟子列举了历史上治乱的转变，来说明危难时期要有人挺身而出，以此为"不得已"起而争辩立论，最后又强调了一遍"岂好辩哉？予不得已也"。从这段对话中，我们可以大致判断：首先，孟子确实给时人以好辩的印象；其次，孟子不认同这种说法；再次，孟子的"好辩"是形势所迫，不得已而为之；最后，儒者本不"好辩"，这是孟子"不得已"而借用的言说方式。

既然时人认为孟子"好辩"，孟子必定善于言。孟子曰："我知言，我善养吾浩然之气"，"诐辞知其所蔽，淫辞知其所陷，邪辞知其所离，遁辞知其所穷"。（《孟子·公孙丑上》）④诐辞、淫辞、邪辞、遁辞之弊，皆为孟子所知。而《孟子·滕文公下》"好辩"章提到的"距杨墨，放淫辞"恰好与孟子"知言"与"养气"有着密切关系。把《公孙丑上》"知言养气"章与《滕文公下》"好辩"章合观，可以发现，"知言"正是"好辩"的支撑。但孟子又不承认"好辩"，只承认"知言"。这看似矛盾，实际上是在"好辩""知言""养气"之间蕴含着从孔子到孟子的儒家思想的演变。孔子虽然说"不知言，无以知人也"（《论语·尧曰》）⑤，但"知言"不代表善于"言"，孔子也没给人"好辩"之感。孔子不谈"气"，谈"义"也不多，但孟子既"养气"，又行"义"。由此观之，对"言"与"气"的关注，孟子明显重于孔子。"知言"

---

① 《吕氏春秋》，上海书店，诸子集成本，1986，第321页。
② 朱熹：《四书章句集注》，第253页。
③ 朱熹：《四书章句集注》，第252页。
④ 朱熹：《四书章句集注》，第215—216页。
⑤ 朱熹：《四书章句集注》，第181页。

与"养气"已经成为诠释孟子思想的重要概念。

二、"不得已"而辩

《孟子》一书中展现了孟子与多人言辩的场景，与杨墨辩，与许行辩，与告子辩，与夷之辩，与景春、周霄辩，与梁惠王、齐宣王辩，与弟子辩，等等。可以说，一部《孟子》就是一部孟子"好辩史"。有学者归纳了孟子的论辩"六法"：明以利害，启发诱导，事理辩驳，引人入彀，谐笑讽刺，喻以明理。① 从孟子的论辩中，可以观察当时的社会政治与文化生态。孟子的辩论对手众多，可以归纳为两类：一类是为政者，国君或大夫；另一类是儒家之外的诸子，如墨家、道家、农家等。可见，外人评价孟子好辩是有依据的，但无论怎么评论，孟子总是以"不得已"来解脱。不承认"好辩"，实际上就是不承认善"言"，其中的原因应该与孔子以来早期儒家对"言"的态度有关。

《孟子·滕文公下》"好辩"章有一段长文阐释了孟子"不得已"的原因。孟子认为，社会演进的规律是"一治一乱"：尧之时有水患之"乱"，大禹治水而天下大"治"；纣之时天下大"乱"，周公相武王而天下大"治"；春秋时代世衰道微，"臣弑其君者有之，子弑其父者有之"，天下大"乱"，孔子作《春秋》而欲以儒者之责任为天下制法。但与以往社会不同的是：以往"一治一乱"的转换是由居于高位的执政者完成的。孔子虽然以《春秋》为世人立则，但无奈的是，"圣王不作，诸侯放恣，处士横议，杨朱、墨翟之言盈天下"②。形势每况愈下，为政者不支持，诸子各有主张，"天下之言，不归杨，则归墨。杨氏为我，是无君也；墨氏兼爱，是无父也。无父无君，是禽兽也"，"杨墨之道不息，孔子之道不著，是邪说诬民，充塞仁义也。仁义充塞，则率兽食人"。③ 杨墨淫辞"作于其心，害于其事；作于其事，害于其政"④。孟子

---

① 边家珍：《孟子论辩六法》，《孔子研究》1999 年第 2 期。
② 朱熹：《四书章句集注》，第 253 页。
③ 朱熹：《四书章句集注》，第 253—254 页。
④ 朱熹：《四书章句集注》，第 254 页。

"为此惧",起而捍卫"先圣之道","距杨墨,放淫辞",使"邪说者不得作"。

孟子认为,"辟杨墨"之举实则继承了儒家先圣拯救社会的优良传统:"昔者禹抑洪水而天下平,周公兼夷狄驱猛兽而百姓宁,孔子成《春秋》而乱臣贼子惧。"① 孟子的"正人心,息邪说,距诐行,放淫辞",正是上承禹、周公、孔子"三圣"的救世行为。在阐释了理由之后,孟子再次申明"岂好辩哉?予不得已也。能言距杨墨者,圣人之徒也",说能排拒杨墨的,都是圣人的弟子。这种激情的动员令,带有明显的卫道色彩。毫无疑问,孟子是针对当时严峻的儒墨之争的形势有感而发。

孟子回护"好辩"的思路是:首先,孟子拉了一个很长的历史线条作为依据,而这个治乱的历史,也是墨子等当时诸子普遍认可的史实。其次,孟子"好辩"不是为己,而是为了救世救民。"邪说"蛊惑民众,充塞仁义之路,影响到为政者的决策,就会造成更大的人道灾难。而救民于水火的人道主张,也是墨子行天下大义的动机。再者,孟子好辩有深厚的思想学说作为基础,即仁义。重新打通仁义之路,扫清仁义道路上的淫辞邪说,才能真正赓续"三圣"志业,重新挺立孔子之道。

墨子行天下大义,无私无畏,因此感动了很多人,迅速扩大了墨家队伍。孟子也是高举义旗,无私无畏。为什么孟子要辟墨?戴震有言:"天下古今之人,其大患,私与蔽二端而已。私生于欲之失,蔽生于知之失;欲生于血气,知生于心。"② 墨子之蔽不在私,而在蔽,在兼爱。孟子无私无蔽。无蔽才明理,明理才能知言。孟子的"不得已"而辩,既有历史依据,又有现实需要,还有理论支持,构成了历史与逻辑的统一。因此,孟子才有坚定的自信。

三、孟子的"知言"

在《孟子·公孙丑上》篇"问夫子加齐之卿相章",公孙丑问孟子如果当

---

① 朱熹:《四书章句集注》,第254页。
② 戴震:《孟子字义疏证》,中华书局,1982,第9页。

上了齐之卿相，是否为之动心。孟子答以不动心，并引出了"知言"与"养气"。孟子曰："我知言，我善养吾浩然之气。"①赵岐注："孟子云，我闻人言，能知其情所趋，我能自养育我之所有浩然之大气也。"②《朱子语类》载："知言，知理也"，"知言，然后能养气"，"孟子论浩然之气一段，紧要全在'知言'上"，"知言，则有以明夫道义，而于天下之事无所疑；养气，则有以配夫道义，而于天下之事无所惧"，"'我知言'者，能识群言之是非也。浩然，盛大流行之貌，盖天地之气，而吾之所得以充其体者也"，"知言，知至也；养气，诚意也"。③

赵岐从情上解知言养气，宋儒从理上解知言养气，显示了汉宋之学阐释学的差异。从情上解，可以从孟子面临的社会形势上理解孟子对其他言辞效用的判断；从理上解，可以从言辞的思想深处理解言辞产生的根源。对于孟子而言，他既有情感上的充沛与激情，又有哲学的思考。要从根本上树立儒家之道，必须从思想深处建立根基，分析儒家之外言辞之"非"及其思想基础。如王夫之所说："'言'字，所该者甚大。凡天下事物之理，可名之为言者，皆言也。"④言的背后必有理，正言有正理，邪言有邪理。孟子之所以敢于评析各种言辞，正在于他的"言"背后有"浩然之气"，而墨子、告子均没有。

公孙丑问孟子"何谓知言"？孟子回答："诐辞知其所蔽，淫辞知其所陷，邪辞知其所离，遁辞知其所穷。"孟子能知"诐、淫、邪、遁"四种言辞之所非。那么，什么是"诐、淫、邪、遁"之辞？它们的表现是什么？朱子注："诐，偏陂也。淫，放荡也。邪，邪僻也。遁，逃避也。"⑤《朱子语类》中的阐发更为详细：

> 诐辞，偏陂之辞也。见陂辞，则知其人之蔽于一偏，如杨氏蔽于"为

---

① 朱熹：《四书章句集注》，第215页。
② 焦循撰：《孟子正义》，沈文倬点校，中华书局，1987，第199页。
③ 黎靖德编：《朱子语类》（第四册），王星贤点校，中华书局，1986，第1241页。
④ 王夫之：《读四书大全说》，中华书局，1975，第529页。
⑤ 朱熹：《四书章句集注》，216页。

我"，墨氏蔽于"兼爱"，皆偏也。淫辞，放荡之辞也。见淫辞，则知其人之陷于不正，而莫知省悟也。见邪辞，则知其人之离于道；见遁辞，则知其人之说穷而走也。

诐辞，乃是偏放一边，如杨氏之仁，墨氏之义。蔽者，蔽于一而不见其二。淫者，广大无涯，陷于其中而不自知。邪，则已难于正道，而自立一个门庭。遁辞，辞穷无可说，又却自为一说。如佛家言治产业皆实相。既如此说，怎生不出来治产业？①

以上两段文字，在剖析诐辞时，都以杨墨之辞为例。故有人问"杨墨似诐，庄列似淫，仪秦似邪，佛似遁"，朱子曰："不必如此分别，有则四者俱有，其序自如此。"②"诐是险诐不可行，故蔽塞。淫是说得虚大，故有陷溺。邪则离正道。遁则穷；惟穷，故遁。如仪秦杨墨庄列之说，皆具四者。"③"诐、淫、邪、遁，蔽、陷、离、穷，四者相因。心有所蔽，只见一边，不见一边，如'杨氏为我，墨氏兼爱'，各只见一边，故其辞诐而不平。蔽则陷溺深入之义也，故其辞放荡而过。陷则离，离是开去愈远也，故其辞邪。离则穷，穷是说不去也，故其辞遁。遁，如夷之言是也。"④四种言辞对应四种危害，但无论哪一种言辞，首先是跑偏了，才出问题。比如杨墨之言，"为我"与"兼爱"均是失之偏颇，未得其正，因此才有所蔽；有所蔽，但又自认为自己正确，就越说越大，越陷越深；越陷越深，就走到邪路上了，远离了大道；既然远离了大道，就不可能再自己把话圆回来，在与正道正言辩论时，必然逃遁。

根据《朱子语类》提示的"诐、淫、邪、遁"四者相因的思路，可以推知孟子为什么在"辟杨墨"时具有如此的底气与自信。"孟子离此四病（诐、

---

① 黎靖德：《朱子语类》（第四册），第1271页。
② 黎靖德：《朱子语类》（第四册），第1273页。
③ 黎靖德：《朱子语类》（第四册），第1272页。
④ 黎靖德：《朱子语类》（第四册），第1272页。

淫、邪、遁），所以知人言有四病（蔽、陷、离、穷）。"① 按照孟子知言之论，既然杨墨之言是诐辞，又有"蔽、陷、离、穷"四种危害，则"辟杨墨"之言的最终结果一定是使得杨墨无所逃遁，一定可以驳倒杨墨之言。因此，孟子才说"逃墨必归于杨，逃杨必归于儒"，"从而招之"（《孟子·尽心下》）②，有驳倒并收服异端的信心。孟子的知言有浩然之气，才有充沛的源源不断的力量支持。

四、养气与仁义

"气"与"言"不同，"气"是存于体内支撑人的力量，是连通"心"与"言"的存在。因此，养气外连知言，内接养心。廓清孟子的养气，可以进一步理解孟子的知言，亦可进一步深入探讨孟子以心性为基础的仁义之学。孟子所养之气异于常人，其气为浩然之气。公孙丑不解，故问何为"浩然之气"。《孟子·公孙丑上》孟子论气曰：

> 难言也。其为气也，至大至刚，以直养而无害，则塞于天地之间。其为气也，配义与道；无是，馁也。是集义所生者，非义袭而取之也。行有不慊于心，则馁矣。我故曰，告子未尝知义，以其外之也。必有事焉而勿正，心勿忘，勿助长也。③

可见，孟子的浩然之气有以下几个特点：难以表达；至大至刚，直养无害，充满天地；气有义与道的支撑，集义生气，非义袭而生；行为不合于义，气则馁。孟子之前的时代，人们对气已经有所认识，无论是作为物质的气，还是精神的气，气一直在中国文化传统中具有重要地位。孟子讲的气与以往的气

---

① 黎靖德：《朱子语类》（第四册），第 1274 页。
② 朱熹：《四书章句集注》，第 347 页。
③ 朱熹：《四书章句集注》，第 215—216 页。

不同，既不是神明之气，也不是物质之气，而是一种新气。我们推测，公孙丑之前从未听说有什么浩然之气，所以才有所问。

赵岐注"浩然之气"为"至大至刚正直之气"，认为此气"贯洞纤微，洽于神明"，所以"难言"。朱子曰："难言者，盖其心所独得，而无形声之验，有未易以言语形容者。"程子曰："观此一言，则孟子之实有是气可知矣。"①焦循曰："谓其微而未著，虚而未彰，故难于言也。"② 众家所释难言，皆从气与心知的体认上说。心与气相通，故可感知；气不彰显，未有形，不可见，故而难言。难言并不代表不存在，程颐正是从"难言"入手，确证浩然之气实有。

程颐与朱熹对此处的标点有不同看法。"伊川于'以直'处点句"，朱熹于"刚"字下点句。朱熹的理由是："若于'直'字断句，则'养'字全无骨肋。"③ 程子断句为"至大，至刚，以直，养而无害"，朱子断句为引文中的断句。程子断句后，浩然之气的特点改为了"大，刚，直"，直养不再是支撑至大至刚的条件。综合来看，还是朱子的断句更符合孟子的原意。《朱子语类》："至塞乎天地，便无所不可。""不用直，却著甚底来养？""'至大至刚'气之本体，'以直养而无害'是用功处，'塞乎天地'乃其效也。"④ 正是"直"，才使得气"刚"而"大"。焦循认为，"直"就是"义"，"缘以直养之，故为正直之气；为正直之气，故至大至刚"。⑤ 孟子的正大刚直是充盈天地正义之气，后来人们习惯用浩然正气指称浩然之气。

"孟子之所谓养，乃长养之谓也。"⑥ 养气，就是使心中之气生长起来，而不是来自外部力量的加持。气的生长有义与道的护持。《孟子集注》："配者，合而有助之意。义者，人心之裁制。道者，天理之自然。"⑦ 道是天理，人当行

---

① 朱熹：《四书章句集注》，第215页。
② 焦循：《孟子正义》，第200页。
③ 黎靖德：《朱子语类》（第四册），第1250页。
④ 黎靖德：《朱子语类》（第四册），第1250、1253页。
⑤ 焦循：《孟子正义》，第200页。
⑥ 王夫之：《读四书大全说》，第544页。
⑦ 朱熹：《四书章句集注》，第215页。

之路，也是气行之路；义是规则，保证气在道路上保持正直的生长。如果没有道与义，气就馁了。如同人不吃饭会饿，气没有道与义，就不能充盈体内。

孟子在坚守孔子仁学的基础上，论证了仁内在于心性的存在，提出了性善论，并创造性地阐释了"义"，从而使得"仁义"连称，这大大拓展了仁学的实现之路。

《孟子》开篇，孟子与梁惠王有一段义利之辨，但孟子给梁惠王讲的不是单纯的义，而是仁义："王何必曰利？亦有仁义而已矣。"①《孟子》首章开启了仁义之道的大门。仁为孔子所阐发，为孟子所传承。孟子在传承仁的道路上，大力强化了义。义的加入，使得仁学发展为仁义之道。正是有了义，才使得仁有了转化为社会实践的可能。孟子所言的义，更多指向适宜的意思。也就是说，"义"不是一个实词，是以"仁"为标准的，根据形势而做出最适宜变化的原则、方法以及实施的行为。

孟子曰："人皆有不忍人之心。……所以谓人皆有不忍人之心者，今人乍见孺子将入于井，皆有怵惕恻隐之心。非所以内交于孺子之父母也，非所以要誉于乡党朋友也，非恶其声而然也。"（《孟子·公孙丑上》）②孟子以"孺子将入于井"为例，论证了恻隐之心为先天所有，而非后天所袭。在此基础上，推论出羞恶之心、辞让之心、是非之心皆为人所固有。"由是观之，无恻隐之心，非人也；无羞恶之心，非人也；无辞让之心，非人也；无是非之心，非人也。"③ 在孟子看来，只要有恻隐之心，其他"心"皆可具。正是有了恻隐之心，才促使"人"去救"孺子"，而救"孺子"的行为就是"义举"。再比如，齐宣王不忍看到将要被杀掉的牛"觳觫"，而改用羊"衅钟"。齐宣王"不忍其觳觫"就是恻隐之心发挥了作用，用羊易牛，就是根据事情变化做出的适宜之举。就仁义礼智四者而言，戴震认为，"言仁可以赅义"，"言义可以赅礼"，"言礼可以赅义"，"举义举礼，可以赅仁"，"举仁义礼可以赅智"，"智者，知

---

① 朱熹：《四书章句集注》，第187页。
② 朱熹：《四书章句集注》，第220—221页。
③ 朱熹：《四书章句集注》，第221页。

此者也"。① 仁中有义，义中有礼，礼中有义，是说仁为枢机，是善性初始之源。义与礼之中又有仁，是说义与礼中对仁的践行与生长。仁义礼中有智，意为能做到仁义礼者，是明辨是非的。戴震揭示的仁与义的关系，我们用以上"孺子将入于井"与齐宣王"以羊易牛"之例，皆可以推出，仁为根基，义为实施仁的可行之路与适宜的方法。

以上阐释，很可能给人"仁为先，义为后"的误解。实际上，仁作为内在之善，只有落实到行动上，落实到可行的方法与可见的效果上，才可以显示出价值。从这个方面说，仁义不可分。如果仁是内在的，那么，义就不可能是外在的。如果义是外在的，行仁之路就不是基于仁之本然而做出的最适宜行为，而是由外在标准所控制的。如果承认仁首先是基于情感的爱，那么，这种爱是源自人的"血气心知"。正是在这一点上，戴震试图超越宋儒，回到孟子，从人的欲、情与知出发，阐释孟子的仁义礼智是基于人情的德性，而不是虚空之理。

孟子认为，四心皆有仁义礼智之四端："恻隐之心，仁之端也；羞恶之心，义之端也；辞让之心，礼之端也；是非之心，智之端也。""凡有四端于我者，知皆扩而充之矣，若火之始然，泉之始达。苟能充之，足以保四海；苟不充之，不足以事父母。"（《孟子·公孙丑上》）②四端扩而充之，就足以使天下太平，如果不能扩充，连父母也无法侍奉。

在《孟子·告子上》篇，孟子在《公孙丑上》篇论述四端的基础上，进一步阐释了四心与四德："恻隐之心，人皆有之；羞恶之心，人皆有之；恭敬之心，人皆有之；是非之心，人皆有之。恻隐之心，仁也；羞恶之心，义也；恭敬之心，礼也；是非之心，智也。仁义礼智，非由外铄我也，我固有之也，弗思耳矣。"③ 这里，孟子明确说明了"仁义礼智"四德不是外在的照耀，"非由外铄我也"，而是人内心所"固有"。四心、四端、四德的贯通，使得善内在

---

① 戴震：《孟子字义疏证》，第48页。
② 朱熹：《四书章句集注》，第221页。
③ 朱熹：《四书章句集注》，第307页。

于心。仁是诸善之元，养心就是培育仁德。从孟子对齐宣王讲仁术看，行仁即为政者让民有所得。而仁从为政者的内心生发出来，再转化为他人之所得，所行必然是义路，他人才能真正感受到仁德之效。

既然仁义礼智为内在之德，孟子之气与心底之仁，就会同样生长。气道即义道，在气的生长过程中，一定是选择适宜的、恰当的方法处理遇到的各种问题。而气的生长正是呵护与转化内在之仁的过程。"浩然之气，须于心得其正时识取。"① "正时识取"，即基于仁的适时而变。"仁，人之安宅也；义，人之正路也。"（《孟子·离娄上》）② 气之安宅在于仁，气之正路在于义。仁要扩而充之，气同样也要不断扩而充之，"苟能充之，足以保四海；苟不充之，不足以事父母"。如果没有义与道，即没有仁义，气必然泄了，馁了。没有了气，人也就完了。如此，孟子养浩然之气就是呵护与转换仁道的义路。仁就是善的种子，能否转化与得到实践，就取决于养气的义之道。

五、集义与仁政

人不是没有欲望与情感的动物，人的活动总是受到外界的影响，甚至人有时候还会犯错误。《孟子·离娄下》篇记载，孟子曰："人之所以异于禽兽者几希，庶民去之，君子存之。舜明于庶物，察于人伦，由仁义行，非行仁义也。"③ 人与禽兽的差别其实就一点点，稍微放松自己的修养，人就可能成为禽兽。君子与庶民的区别就在于，君子可以保存这个"几希"，守住底线。君子之所以可以保存这差异，是因为君子"由仁义行"，"非行仁义"。朱注："由仁义行，非行仁义，则仁义已根于心，而所行皆从此出。非以仁义为美，而后勉强行之，所谓安而行之也。"④ 由内而外与由外而内，一是自律，一是外铄，其效果截然相反。国君行仁政，是自己去行，不是被别人强制去行。

---

① 朱熹：《四书章句集注》，第215页。
② 朱熹：《四书章句集注》，第263页。
③ 朱熹：《四书章句集注》，第274页。
④ 朱熹：《四书章句集注》，第274页。

呵护仁之术在于集义与养气。如何才能保持养气不出问题，其要诀在于"集义"。气"是集义所生者，非义袭而取之也"。赵岐注："集，杂也"，焦循疏："与义杂生即与义合生也。与义合生，是即配义与道而生也。"① 朱子特别重视"集义"，《朱子语类》记载：

养气只是一个集义。

孟子许多论气处，只在"集义所生"一句上。

集义，只是件件事要合宜，自然积得多。

事事都要合道理，才有些子不合道理，心下便不足。才事事合道理，便仰不愧，俯不怍。

集，犹聚也。"处物为义"，须是事事要合义。且如初一件合义了，第二、第三件都要合义，此谓之"集义"。

"养浩然之气"，只在"集义所生"一句上。气，不是平常之气，集义以生之者。义者，宜也。凡日用所为所行，一合于宜，今日合宜，明日合宜，集得宜多，自觉胸中慊足，无不满之意。不然，则馁矣。"非义袭而取之"，非是外取其义以养气也。②

朱子阐释"集义"是说从平日涵养工夫入手，做事既要符合道理，又要一件一件去做，等聚集多了，浩然之气自然生长出来。"集义"是"养气"的工夫，这种工夫来不得虚假，是发自本心的自家体认。内在的生长与积累之义，是直养之气为至大至刚的保障。孟子批评告子所认为的义是外在的。在《孟子·告子上》篇，孟子举了"冬日则饮汤，夏日则饮水"，冷暖自知，各取所宜的例子，也是批评告子的义外说。

为进一步说明"集义"还是"义袭"，孟子又举了宋人揠苗助长的例子，说明外力助苗生长，最终会导致苗的枯萎。孟子说："天下之不助苗长者寡矣。

---

① 焦循：《孟子正义》，第202页。
② 黎靖德：《朱子语类》（第四册），第1259—1260页。

以为无益而舍之者，不耘苗者也；助之长者，揠苗者也。非徒无益，而又害之。"① 天下之人多不愿意耕耘，培植苗，养苗，而是想速成。但速成不但没有益处，反而有害。孟子在此处举的这个例子，实际上是对告子的有针对性的批评。

"集义"是苦功夫，不能投机取巧。在集义过程中，还会有很多反复，甚至有时候不能成功。在《孟子·告子上》篇，孟子举了一个牛山之木的例子说明这个问题。齐都临淄东南的牛山上以前树木茂盛。但因为离国都太近，百姓经常上山砍伐，山上的树木就不茂盛了。树木凭借顽强的生命力，在阳光雨露滋润下，又有新枝嫩芽长出来，然而，放牧的牛羊又把刚长出来的新芽吃了。如此往复，牛山就变得光秃秃的。后来，人们看到它光秃秃的，就以为牛山本来就不长树木。牛山不长树木，是过度砍伐与放牧造成的，而不是它本来就不长树木。孟子说，人也一样，人本来就有仁义之心，但是由于受到侵蚀，良心丢了，所以不能说人本来就没有良心。良心需要养，养"平旦之气"，"存其夜气"。"故苟得其养，无物不长；苟失其养，无物不消。""存""养"皆是"集义"，只有"集义"才可以找回放失的良心。孟子讲的求其放心，就是"集义"的过程。

从《孟子》文本来看，孟子的"集义"有特定的对象，大多指的是国君与社会精英。孟子的时代，生灵涂炭，诸侯忙着攻伐，"处士"忙着寻找名利场。梁惠王想从孟子这里找到"利吾国"的秘诀，齐宣王面对孟子的游说，不是"顾左右而言他"，就是"一曝十寒"。孟子偶尔见王，说之仁义之道，谄谀之徒多次见王，导致仁术无法实现，犹如一曝十寒。至于梁襄王，"望之不似人君"。王夫之认为："集义、养气，却不是拼一日之病，须终岁勤动，方得有力田之秋。"②"集义"与"养气"绝不是一蹴而就的，而是日常的工夫。只有下到工夫，才能够有收获。像"一曝十寒"的齐宣王，以及上课时"一心以为有鸿鹄将至，

---

① 朱熹：《四书章句集注》，第216页。
② 王夫之：《读四书大全说》，第544页。

思援弓缴而射之"的弈秋的弟子，他们不可能有"终岁勤动"之工夫，故而无法集义。

在《孟子·告子下》篇，孟子列举了"舜发于畎亩之中，傅说举于版筑之间，胶鬲举于鱼盐之中，管夷吾举于士，孙叔敖举于海，百里奚举于市"的例证，来表达"天将降大任于是人也，必先苦其心志，劳其筋骨，饿其体肤，空乏其身，行拂乱其所为，所以动心忍性，曾益其所不能"① 的艰难过程。这些人物是历史上成功集义的代表。修身集义，就不能急功近利，揠苗助长。舜、傅说、胶鬲、管夷吾、孙叔敖、百里奚等人长期的沉潜，都是按照本然去做，由内而外，由仁义行，而不是着急给自己找个地方，以谋取权势与名利。

梁惠王着急富国强兵，孟子劝说其行仁义，并且说行仁义就是大利。齐宣王有"大欲"，不想告诉孟子，孟子通过几个问题推测出来，齐宣王的"大欲"是要"朝秦楚，莅中国而抚四夷"。孟子告诉齐宣王，他的"大欲"比"缘木求鱼"还可怕，"缘木求鱼"最多是不得鱼，但是齐宣王的想法如果付诸实施，"后必有灾"。正确的做法是"发政施仁"，"制民之产"。当百姓有"倒悬之危"，"引领而望"仁君前往救困时，行仁政则会"事半而功倍"。为了民生，孟子把仁与善的焦点主要集中到国君与士大夫那里。如墨子"无暖席"那样，孟子也奔走天下，游说诸侯，期望以"仁政""王道"学说正国君、救万民。

《孟子·离娄上》记载："孟子曰：'人不足与適也，政不足间也。惟大人为能格君心之非。君仁莫不仁，君义莫不义，君正莫不正。一正君而国定矣。'"② 赵岐注："时皆小人居位，不足过责也。"③ 那些当政的小人不值得去谴责，他们的政治也不值得去非议；只有大人才能够纠正君主的不正确想法。君主仁，没有人不仁；君主义，没有人不义；君主正，没有人不正。④ 因此，孟子试图说服国君行仁政。

---

① 朱熹：《四书章句集注》，第325页。
② 朱熹：《四书章句集注》，第266页。
③ 焦循：《孟子正义》，第525页。
④ 杨伯峻：《孟子译注》，中华书局，2005，第165页。

对梁惠王："王如施仁政于民……仁者无敌。"(《孟子·梁惠王上》)①

对齐宣王："今王发政施仁……然而不王者，未之有也。"(《孟子·梁惠王上》)②

对邹穆公："君行仁政，斯民亲其上、死其长矣。"(《孟子·梁惠王下》)③

对滕文公："民事不可缓也。"(《孟子·滕文公上》)④

孟子心目中的政治责任主体是国君，不是民。⑤ 民因没有恒产而作乱，不是民的问题，是国君的问题，是士的问题。不行仁政，是由于国君缺乏恻隐之心，即仁爱之心。作为"孤勇者"的孟子心怀天下大义，不得已与国君辩。但在当时，"圣王不作，诸侯放恣，处士横议"，再加上"杨朱、墨翟之言盈天下。天下之言，不归杨，则归墨"。而杨墨之言不是正言，是邪说，"杨氏为我，是无君也；墨氏兼爱，是无父也。无父无君，是禽兽也"。孟子之所以用极为严厉的语词辟杨墨，根本上是因为他认为墨子的"兼爱"会消解孟子所致力于推行的仁政，会导致"仁义充塞，则率兽食人，人将相食"的灾难。从这个意义上说，墨子的兼爱与杨朱的"为我"是推行仁政道路上的"淫辞"。

余论

孟子不仅知言，还能辩言。孔子自言"知言"，但孔子不言。这与孔子的性格有关，更与孔子坚守的德行教化之路有关。⑥ 孟子也"知言"，但孟子又

---

① 朱熹：《四书章句集注》，第191—192页。
② 朱熹：《四书章句集注》，第196—197页。
③ 朱熹：《四书章句集注》，第208页。
④ 朱熹：《四书章句集注》，第237页。
⑤ 《孟子·梁惠王上》第七章，孟子曰："无恒产而有恒心者，惟士为能。若民，则无恒产，因无恒心。苟无恒心，放辟、邪侈，无不为已。及陷于罪，然后从而刑之，是罔民也。"见朱熹：《四书章句集注》，第196—197页。
⑥ 参阅颜世安：《不言与言：早期儒墨之争的一个问题》，《江海学刊》2013年第6期。

"言",这既是孟子的"英气"的体现,也是孟子对墨子批评儒者不言的回应,更与孟子所处时代的社会需求、儒家之道的暗弱有关。

孟子见识之高、意志之坚决,其根底是其仁、其勇。如前文所引朱子语:"知言,知理也。""知言,然后能养气。""知言,则有以明夫道义,而于天下之事无所疑;养气,则有以配夫道义,而于天下之事无所惧。"① 在孟子的论阈中,知言位于首位,知言牵动其心。孟子以心言善,把善根植于心,则其言必与善之理贯通。孟子的不动心是坚守道义,外在的功名利禄无法动其心。孟子之心不为功名利禄所动,并不代表其心不会动,只是为谁而动的问题。孟子之善心如同涓涓细流,可以汇成江河,如同火苗,可以燃成熊熊大火。告子之不动心,则纯然是不动心,与言无涉,与气无关,其心是一座孤岛。

孟子养浩然之气,要养勇。没有勇,气则不足,则馁。但是气太足,就会过于刚直。气要勇,又不能过于勇。因此,孟子赞同曾子的养勇,不赞成孟施舍、北宫黝的养勇。把握好这个尺度,就是要"权"。"权"是很高的智慧,"权"与"中"不同。在《孟子·告子上》篇,孟子在"辟杨墨"之后,也批评了"中",认为要在杨朱与墨子之间找到"中",并不是最好的办法。因为时代、环境与人都是变化的,所以孟子提出要"权"。孟子的权,就有适宜、恰到好处的意味,有中庸的意味。

在《孟子·公孙丑上》"知言养气"章最后,孟子对比了伯夷、伊尹、孔子。三位圣人有同有异。王夫之认为,孔子兼有知言养气。"养气者,夷、尹、孔子之所同也;知言者,孔子之所以异也;学孔子者,知言而以养其气也。"② 从文本看,孟子最服膺孔子的"可以仕则仕,可以止则止,可以久则久,可以速则速",因此"乃所愿,则学孔子也"。孔子仕、止、久、速,以"中和位育"的中和之道行走天下,明理、知言、养气、时中、经权、勇智蕴含其中。毫无疑问,孟子的知言与养气源头在孔子那里,经过孟子的阐释,成为支撑孟子仁义之道的学说基础。因而,孟子感叹说:"出于其类,拔

---

① 黎靖德:《朱子语类》(第四册),第1241页。
② 王夫之:《读四书大全说》,第546页。

乎其萃，自生民以来，未有盛于孔子也。"① 历史上，孟子第一次把孔子推到了"生民未有"的地位。孟子说："由孔子而来至于今，百有余岁，去圣人之世，若此其未远也；近圣人之居，若此其甚也，然而无有乎尔，则亦无有乎尔。"(《孟子·尽心下》)②这多少透露了孟子想在孔子之后成为儒学传承者的自觉与自信。

---

① 朱熹：《四书章句集注》，第218页。
② 朱熹：《四书章句集注》，第352页。

孟子"言辩"背后论证合理性的哲学基础

● 闫林琼　江苏大学外国语学院讲师

引言

孟子以"知言"自称,以"好辩""善辩"著称。尽管大多数的注解家和研究者都基本上认定,孟子的思想与论证在义理上是一致的,[1] 然而,孟子"言辩"话语背后所共同依赖的合理性依据究竟是什么,目前虽有一些就《孟子》文本中的局部话语所展开的哲学义理分析,主要体现为对孟子思想的深层次挖掘,如葛瑞汉[2]、傅伟勋[3]、袁保新[4]、杨泽波[5]、杨海文[6]、邵秋艳[7]等,以及逻辑视角下的研究,主要体现为对《孟子》文本中局部话语在内容上的逻

---

[1] 陈来:《梁惠王篇》,见陈来、王志民主编《〈孟子〉七篇解读》,齐鲁书社,2018,第9页;杨海文:《我善养吾浩然之气:孟子的世界》,齐鲁书社,2017,第126页。
[2] A. C. Graham, *Disputers of the TAO: Philosophical Argument in Ancient China*, Illinois: Open Court Publishing Company, 1989, pp. 117–123.
[3] 傅伟勋:《从西方哲学到禅佛教》,生活·读书·新知三联书店,1989,第243—260页。
[4] 袁保新:《从海德格尔、老子、孟子到当代新儒学》,武汉大学出版社,2011,第39—71页。
[5] 杨泽波:《孟子性善论研究(再修订版)》,上海人民出版社,2016。
[6] 杨海文:《我善养吾浩然之气:孟子的世界》,第104—121页。
[7] 邵秋艳:《早期儒家王霸之辨理论研究》,中华书局,2018。

辑联系或者逻辑推理形式的研究，如温公颐[①]、张晓芒[②]、甘筱青[③]、曾昭式[④]等，但还缺乏从整体上进行系统融贯性的研究，而后者也是自 20 世纪末以来越来越多的学者，如冯达文[⑤]、陈汉生[⑥]、徐复观[⑦]、陈少明[⑧]等所达成的共识，即不应"孤立地"而应"整体地"看待古典文本中的词句与篇章。本文结合传统上从哲学和思想史的角度研究得出的孟子的主要思想，即道德形上学、王道政治学与实践伦理学,[⑨] 借用语用论辩理论中的批判性讨论理想模型，通过系统融贯地分析《孟子》文本中"分离策略"的运用，从论证这一新视角，验证传统上从哲学和思想史视角得出的孟子"言辩"背后"一体两面"的合理性哲学基础，即以人性善为"一体"的儒家道德形上学基础，以及分别以仁义和经权相济下的执中为"两面"的儒家德行伦理理性原则和实践伦理理性原则，并为重构孟子话语的论证理论体系奠定基础。

一、语用论辩理论模型与分离策略

语用论辩理论（the pragma-dialectical theory to argumentation）是一种系统的论证理论，由荷兰学者弗朗斯·范爱默伦（Frans H. van Eemeren, 1946— ）及其合作者罗布·荷罗顿道斯特（Rob Grootendorst, 1944—2000）创立于 20 世纪 70 年代，并持续发展至今。该理论将"论辩性话语"定义为与消除相关意见

[①] 温公颐：《先秦逻辑史》，上海人民出版社，1983，第 202—237 页。
[②] 张晓芒：《先秦诸子的论辩思想与方法》，人民出版社，2011，第 99—115 页。
[③] 甘筱青等：《〈孟子〉的公理化诠释》，江西人民出版社，2014。
[④] 曾昭式：《先秦逻辑新论（国家哲学社会科学成果文库）》，科学出版社，2018，前言第 v—vii 页。
[⑤] 冯达文：《早期中国哲学略论》，广东人民出版社，1998，小引第 1 页。
[⑥] 〔美〕陈汉生（Chad Hansen）：《中国古代的语言和逻辑》，周云之、张清宇、崔清田等译，社会科学文献出版社，1998，第 7 页。
[⑦] 徐复观：《中国人性论史·先秦篇》，上海三联书店，2001，再版序第 3 页。
[⑧] 陈少明：《经典世界中的人、事、物》，上海三联书店，2008，第 26 页；陈少明：《"做中国哲学"再思考》，《哲学动态》2019 年第 9 期。
[⑨] 杨海文：《我善养吾浩然之气：孟子的世界》，第 103 页。

分歧有关的所有话语。本文中孟子与其明示或潜在反方就各种议题所展开的"言辩"话语，可以用该理论下的"论辩性话语"概念来进行阐述说明。语用论辩理论所构建的批判性讨论理想模型，将理性论证者与其反方之间围绕某一意见分歧所展开的批判性讨论划分为四个阶段，即冲突阶段（明确意见分歧）、开始阶段（明确讨论的共同出发点）、论辩阶段（进行论证与对可能的质疑与反对做出回应）以及结论阶段（得到讨论结果）。①

比利时学者佩雷尔曼（Chaïm Perelman）及其合作者奥尔布莱茨-泰特卡（Lucie Olbrechts-Tyteca）在《新修辞学》一书中，将"分离（dissociation）"定义为一种论证技巧，指的是将一个概念拆分为两个新的概念，并且经过拆分而来的这两个新概念总是具有相似的哲学原型，即"表象—实质"两个层级；其中，"表象"层对应的是表面的、首先出现的、实际的、及时的以及直接被获知的部分，而"实质"层提供的是一种标准与规范，可以将"表象"层中有价值的部分与没有价值的部分区分开来。②

二、道德形上学基础：人性善

在"百家争鸣"的春秋战国时代，有关人性的争论持续不断，而对人性的不同看法也或直接或间接地影响到各家学派对于当时社会的道德与政治生活的主张，构成各家学派不同的学术与政治立场的哲学基础。"人性"甚至被认为是战国时期"公共话语"中的关键术语之一。③ 儒家学派的"亚圣"孟子所提

---

① 为了便于识别语用论辩理论模型下批判性讨论各个阶段在实际论辩性话语中的体现，在涉及《孟子》文本中相关论辩性话语的直接引述中，本文分别采用四种不同的标示方式，对应针对某个意见分歧所进行的批判性讨论四个阶段下的话语，即：加粗者对应冲突阶段下的话语，斜体者对应开始阶段，加下划线者对应论辩阶段，而加着重号者对应结论阶段。参见附录2，全书同。

② Chaïm Perelman and Lucie Olbrechts-Tyteca, *The New Rhetoric: A Treatise on Argumentation*, trans. by John Wilkinson and Purcell Weaver, Notre Dame / London: University of Notre Dame Press, 1969, pp. 415–416.

③ Benjamin I. Schwartz, *The World of Thought in Ancient China*, Cambridge, Massachusetts, and London: The Belknap Press of Harvard University Press, 1985, p. 174.

出的"人性善"主张，在众多学派中尤其突出，被认为是儒家道德形上学的基础。[1]

根据《孟子》文本中的记载，关于人性的问题，孟子与告子之间进行过四场辩论，其中，11·3和11·4以告子对"人性"概念的界定开启二者之间的辩论。告子认为，"生之谓性"（11·3），并且"食色，性也"（11·4），说明告子认为饮食男女（生理层面）就是"人性"的构成部分。在这两章中，孟子针对告子的概念限定，主要采取的是反向论证的方式，即反驳告子的人性定义，说明假如饮食男女就是"人性"概念的内涵，那么"人性"将与"犬之性""牛之性"无异，而这种推论下的结果显然是不可接受的。同时，8·19中孟子的独白："人之所以异于禽兽者几希"，表明孟子一方面承认人与禽兽之间有相同点，即饮食男女方面的需求，同时又指出，人与禽兽之间有差异，尽管这种差异很小。再从5·1和11·6两章中有关孟子"性善"观点的表述，可以看出，孟子认为在人性中还存有"善"的一面（道德层面），而这也正是人区别于禽兽的"几希"之处。至此，在孟子看来，"人性"中既包含有与禽兽相同的"食色"部分，也包含有"异于禽兽"的"几希"部分——"人性善"，也就是说，孟子将"人性"概念分离为"表象"层（生理层面）与"实质"层（道德层面）。这里的分离技巧应用于对"人性"概念的定义，属于孟子有关人性论证的冲突阶段，即确定意见分歧的阶段（相对应的话语均加粗表示）。

从孟子的整个思想体系来看，孟子对"人性"概念"表象"层与"实质"层的分离，旨在凸显的是其中的"实质"层，即"人性善"这一道德层面，从而为其哲学思想、伦理思想以及政治思想奠定了道德形上学的哲学基础。关于这些话语所使用的分离策略及其所处的批判性讨论阶段，可以参见附录1。

---

[1] 萧建华：《论儒家伦理的基本特征——兼与刘清平先生商榷》，载郭齐勇主编《儒家伦理争鸣集——以"亲亲互隐"为中心》，湖北教育出版社，2004，第234页。另外，需要注意的是：性善论并不是孟子的首创，性善论的思想经历了漫长的孕育和发展过程，只是到了孟子这里才被明确地表达出来罢了。

三、德行伦理理性的体现：仁义

在 8·19 中，孟子提及人与禽兽之间的差别很小，并且认为一般人抛弃了这种差异，而君子却保存了它，接着，以舜为例，说明君子是如何保存人异于禽兽的这种微小差异的，即"由仁义行，非行仁义"。从上一节的分析中，我们知道，人异于禽兽的这种微小差异，正是孟子所要强调的"人性善"这一道德层面，再根据 8·19 中句子间的衔接与连贯性，我们不难推断，君子式的人物舜"由仁义行，非行仁义"的做法，正是"人性善"的体现，也就是"仁义"，而"仁义"正是阐明儒家德行伦理的关键概念，[①] 并且，孟子的"仁义"思想，是在儒家学派创始人孔子"仁"的思想基础上发展起来的。

下面将从论证的角度，通过对《孟子》文本相关章节中分离策略的使用分析，在上文所探讨的孟子"言辩"合理性的源头即"人性善"的基础上，进一步探讨该合理性源头是如何体现为"仁义"的。

在 3·3 中，根据国王为仁的动机，孟子首先将"为仁"分离为"以力假仁"（"表象"层）与"以德行仁"（"实质"层），从而区分了"霸"与"王"以及相应的"霸道"与"王道"。对"霸（道）"与"王（道）"的区分，起到为孟子及其潜在受众（包括与孟子交谈过的各位王公，如梁惠王、齐宣王、滕文公等）之间的讨论建立共同出发点的作用，属于批判性讨论的开始阶段（相应的话语以斜体表示）。

同样在 3·3 中，孟子在"霸""王"之分这一共同出发点的基础上，进一步将"人民的服从"分离为"因武力而被迫服从"（"表象"层）与"因德政而主动归服"（"实质"层），并通过引用《诗经》以及孔子的七十个弟子对孔子的真心诚服为例，表明孟子意在凸显的是两次分离策略使用下的"实质"层，从而间接论证其潜在的有关王道的立场，即当真正的国王依靠道德来推行

[①] 成中英：《论东方德行伦理和西方权力伦理的结合——人性和理性结合的道德正当性：权利与德行的相互印证》，《浙江学刊》2005 年第 5 期。

仁政的时候，人民才会心悦诚服地归服于他。显然，此处第二次分离策略的使用属于论辩阶段（用下划线来表示）。在3·3中，无论是处于开始阶段的分离策略的使用（对"为仁"的分离），还是处于论辩阶段的分离策略的使用（对"人民的服从"的分离），孟子所要强调的都是分离后的"实质"层，也就是仁义道德实践下的王道与人民的主动归服。

2·8中也有围绕着"仁义"并与王道相关的分离策略的使用。齐宣王首先通过提问孟子的方式，在其与孟子之间设定了一个共同出发点，即认可"汤放桀，武王伐纣"这一历史事实（开始阶段，斜体表示），然后齐宣王在此共识的基础上继续发问：难道臣可以不道德地杀掉他的君主吗？由此，齐宣王与孟子之间形成了一个潜在的意见分歧，即臣子是否可以杀掉君主（冲突阶段，粗体表示）。面对齐宣王的这一质询，孟子巧妙地将"杀死君主"分离为"谋杀一个统治者"（"表象"层）与"诛杀违背仁义道德的残暴之人"（"实质"层），从而反驳了齐宣王所认为的商汤放逐夏桀与周武王讨伐商纣王为"弑君"的说法。此处分离策略对应的话语属于论辩阶段（用下划线表示）。需要说明的是，在这里齐宣王和孟子都似乎赋予"弑君"这一说辞以伦理色彩，将"弑君"视为政治伦理上的罪名，[1] 同时也赋予"诛杀"以惩罚之意。本例中，孟子依然以仁义道德为依据，说明杀死一位君主可能涉及的两种情况，即一般意义上的谋杀与作为惩罚的诛杀。

在2·3和2·5中，孟子与齐宣王进行了两次交谈，其中也涉及孟子对分离策略的使用。2·3以齐宣王向孟子请教如何跟邻国打交道的问题开始。在回答齐宣王的问题时，孟子首先很肯定地告诉齐宣王，的确有跟邻国打交道的正确方法，并且以汤事葛、文王事昆夷为例，说明仁德的国君是如何以大国国君的身份跟小国打交道的，又以太王事獯鬻、勾践事吴为例，说明有智慧的国君是如何以小国国君的身份跟大国打交道的；接着，孟子又以大国与小国之间相互打交道的方式，引出乐于接受天命安排的国君与敬畏天命安排的国君之间的

---

[1] 陈来：《梁惠王篇》，见陈来、王志民主编《〈孟子〉七篇解读》，第90页。

区别，并最终将交邻国有道无道的问题上升到保天下、保其国的问题。由此看来，孟子针对齐宣王如何跟邻国打交道这一问题的回答，始终是围绕仁智、王天下之道来展开的，而齐宣王听了孟子这番交邻国之道的阔论后，首先对孟子的说辞表示认可，说讲得太好了。这就表明，齐宣王与孟子就以仁与智的态度处理邻国关系的方法以及相应所产生的"乐天"与"畏天"、"保天下"与"保其国"等达成共识，因此，这部分构成了2·3中批判性讨论的实质性出发点（用斜体表示）。

接下来，很有趣的是，齐宣王直言不讳地说，他有个毛病，恐怕做不到好仁好智，因为他"好勇"。由此表明齐宣王与孟子之间的一个潜在意见分歧，即好勇之人是否能够做到好仁好智。齐宣王这句自我坦白，因此就属于其与孟子之间所展开的批判性讨论的冲突阶段（用粗体表示）。

后面孟子针对齐宣王的这一坦白，首先承认齐宣王的"好勇"并非就是错的，但同时也提醒齐宣王，不要只好"小勇"，而要好"大勇"，并以只能对付一人的匹夫之勇为例，说明何为"小勇"，以《诗经》中周文王一发怒而使天下的百姓得到安定，以及《尚书》中周武王一发怒而讨伐横行无道的商纣王从而也使天下的百姓得到安宁为例，说明何为"大勇"，而周文王与周武王都是儒家以及当时社会普遍公认的大仁大智的国君。由此，我们可以看到，针对齐宣王与孟子之间的潜在意见分歧——好勇之人能否成为好仁好智之人，孟子在论证过程中，再次巧妙地将"好勇"分离为"好小勇"（"表象"层）与"好大勇"（"实质"层），并显然倾向于其中的"实质"层。这部分属于论辩阶段（用下划线表示）。

最后，孟子明确提出其立场，即齐宣王"好勇"并不为错，而关键在于国君应该像周文王与周武王那样喜好"大勇"，因为如果齐宣王能够一怒而使天下百姓都获得安宁生活，那么老百姓将唯恐齐宣王不好勇。所以，最后一句话正是孟子与齐宣王之间就前述意见分歧进行批判性讨论之后所得到的结果，属于结论阶段（用着重号表示）。

2·5是孟子与齐宣王之间的又一次交谈。这次交谈仍然以齐宣王的提问开始。齐宣王问孟子，有人建议他把齐国境内本用于周天子盟会的一处明堂毁掉，那么是应该毁掉它还是保存它呢？针对这一问题，孟子首先指出，明堂是供周天子所使用的王者之堂，根据周朝的礼制，的确不是一般诸侯所应该使用的，但同时指出，如果齐宣王想要施行王道仁政的话，那就不用毁掉明堂了。齐宣王对王道仁政显然表示感兴趣，要求孟子讲给他听。于是，孟子以周文王治理周族发祥之地岐山时所采取的一系列政策为例，比如针对耕田的人、做官的人、做生意的人、捕鱼的人以及犯罪的人，分别采取不同的税收、俸禄等处理措施，而鳏、寡、孤、独四类天下最贫穷最没有依靠的人，也是文王发政施仁时最先予以照顾的一群人，并引用《诗经》来总结其关于王道仁政的见解。齐宣王对孟子这一王道仁政的讲述，再次明确表示称赞，说讲得真好啊。到这里为止的话语，都属于孟子与齐宣王之间即将展开的批判性讨论的开始阶段（用斜体表示）。

接下来，孟子对齐宣王进行了引导，说大王既然觉得王道仁政好，那么为什么不去施行呢？而齐宣王也很耿直地回答，说他有个毛病，他喜欢财物（"好货"）。由此表明二者之间批判性讨论所围绕的意见分歧，即喜欢财物的国君是否能够施行王道仁政。孟子与齐宣王在此处的一问一答，属于冲突阶段（用粗体表示）。

针对齐宣王提及的喜欢财物这一点，孟子没有立即否定，而是先以周朝创业的始祖公刘为例，通过《诗经·大雅·公刘》里的描述，说明公刘同样喜欢财物，同时说明公刘是如何与他的人民一起享用财物的。显然，孟子这里间接地将"喜欢财物"分离为"为了私人利益而喜欢财物"（"表象"层）与"为了人民大众的利益而喜欢财物"（"实质"层），而其对周朝先祖公刘喜欢财物的做法的举例，也表明孟子显然侧重的是这里的"实质"层。这部分话语属于论辩阶段（用下划线表示）。

举例论证之后，孟子明确提出其立场，即如果齐宣王想要称王天下，就应该与老百姓共享，让老百姓也同样拥有财物。所以，这里属于孟子与齐宣王就喜欢财物是否可以施行王道仁政这一意见分歧进行批判性讨论的结论阶段，

（用着重号表示）。

有趣的是，齐宣王并未就此罢休，而是提出了他的另一个毛病，即他喜欢女色（"好色"）。这也是齐宣王与孟子之间又一个隐含的意见分歧，即喜好女色的君王是否能够施行王道仁政，由此开启了二者之间的另一场讨论。孟子对这第二个意见分歧的论辩路径与其处理前一个意见分歧类似，即首先举例论证，然后直接提出其立场。这次孟子以周太王古公亶父为例，引述了《诗经·大雅·绵》中记载的古公亶父如何宠爱他的妃子，同时让宫里没有找不着丈夫的怨女，而宫外也没有找不着妻子的单身汉的事。由此，孟子再一次直接表明其立场，即如果齐宣王想要施行仁政统一天下，就应该在自己喜好女色的同时，也让老百姓都能有妻子、有丈夫。在这里，孟子也是将"喜好女色"间接地分离为"只是个人层面的喜好女色"（"表象"层）与"扩展到百姓层面的喜好女色"（"实质"层）。此处分离策略的使用也属于第二场批判性讨论的论辩阶段（用下划线表示）。

从上述孟子多次使用的分离策略实例中，比如将"为仁"分离为"以力假仁"（"表象"层）与"以德行仁"（"实质"层）（3·3，开始阶段），将"人民的服从"分离为"因武力而被迫服从"（"表象"层）与"因德政而主动归服"（"实质"层）（3·3，论辩阶段），将"杀死君主"分离为"谋杀一个统治者"（"表象"层）与"诛杀违背仁义道德的残暴之人"（"实质"层）（2·8，论辩阶段），将"好勇"分离为"好小勇"（"表象"层）与"好大勇"（"实质"层）（2·3，论辩阶段），将"喜欢财物（好货）"分离为"为了私人利益而喜欢财物"（"表象"层）与"为了人民大众的利益而喜欢财物"（"实质"层）（2·5，论辩阶段），以及将"喜好女色（好色）"间接地分离为"只是个人层面的喜好女色"（"表象"层）与"扩展到百姓层面的喜好女色"（"实质"层）（2·5，论辩阶段），我们可以看到，孟子的侧重点始终放在原概念被分离后的"实质"层上，而这些"实质"层都能被归结为孟子自始至终都一直贯彻主张的、以"仁义"为核心的王道仁政思想。其中，"仁"在孟子的王道政治学中，即指君主应该爱人，也就是爱护天下的老百姓，而

"义"者，宜也，也就是在"仁"的指导思想下应该去做的事情，包括上述以德政的方式让人归服、因为广大人民的利益而喜好财物，以及顾及老百姓幸福生活的喜好女色，等等。换言之，孟子的王道仁政思想，与其以民为本、与民同乐的"民本"主张，是一脉相承的。

四、实践伦理理性的体现：经权相济下的执中

无论是作为儒家学派创始人的孔子，还是志于学孔子并进一步发展完善孔子思想的孟子，在宣扬儒家道德理想主义，即孔子"仁德"思想以及被孟子构建为儒家道德形上学的"性善论"与"仁义道德理想"的同时，都并非只是一味地宣扬纯粹"乌托邦式"的理想与空想，而是同时关注到了现实，并试图"将理想照进现实"。这就是孔孟"执中"原则下的"经权观"。

在《尚书》的"允执厥中"、孔子和子思的"中庸"思想及其初步的"经权观"的基础上，孟子进一步明确并完善了儒家中道的实践伦理学路径，即"守经"与"权变"基础上的"执中"，或称为"经权相济下的执中"（参见《孟子》8·20、13·26、13·41、14·37）。这一儒家实践伦理学的思想，也体现在《孟子》文本中孟子的论辩性话语中。下面我们将继续结合语用论辩学的"批判性讨论理想模型"，分析孟子论辩性话语中"分离策略"的使用，以便进一步揭示儒家"经权相济下的执中"思想是如何成为孟子"言辩"的合理性依据之一的。

《孟子》首章1·1谈及中国传统文化中的一个重要主题，即义利之辩。也因为这一主题，该章节甚至被认为是《孟子》"七篇之头脑"[1]，足见1·1章在孟子整个思想体系中的重要性。

在1·1中，孟子去见梁惠王的历史背景是：孟子是当时知名的贤者之一，而"梁惠王"本是"魏惠王"，因魏国国都由安邑迁至大梁，故又称"梁惠

---

[1] 杨海文：《为〈孟子〉首章鼓与呼》，《中华读书报》2018年3月28日第015版 "文化周刊" 栏目。

王"；在梁惠王见孟子之前，魏国连续征战失利，国势逐渐衰弱，因此，梁惠王急切希望有贤人能士为其出谋划策。由此，结合历史背景知识，"孟子见梁惠王"这简单的六个字，实则隐含着孟子和梁惠王见面会谈的一个共同出发点，即当时的魏国需要治理国政的良方（开始阶段，标示为斜体）。所以，在见到孟子后，梁惠王问的第一句话就是：老先生，您不远千里来到我的国家，可有带来有利于我的国家的东西？针对梁惠王单刀直入式的询问，孟子也直截了当地抛出了自己的立场，说大王何必一上来就说利呢？只要有仁义就够了。寥寥数语，已经将孟子与梁惠王之间的意见分歧（冲突阶段，标示为粗体）以及孟子旨在论证的立场（结论阶段，标示为着重号）悉数道来。接着，孟子以假定推理的论证方式，从反面论证说明，如果从国君到大夫再到士庶人，都以是否有利于自身来作为各自的行为准则的话，那么这个国家就危险了，并且点明国君不可"后义而先利"，而应以仁义为本来治国（论辩阶段，标示为下划线）。最后，孟子再次明确表明其立场，说明国君只要谈仁义就够了，不必再讲什么利（结论阶段，标示为着重号）。

单独看1·1章的话，孟子似乎在劝诫梁惠王要讲仁义而不要讲利。但是，如果我们结合上文对《孟子》文本2·3和2·5的分析，其中，孟子将"好勇""好货""好色"分别分离为"为了个人利益"（"表象"层，论辩阶段）和"为了广大老百姓利益"（"实质"层，论辩阶段）的"好勇""好货"与"好色"，那么可以发现，《孟子》首章1·1中说国君不应该"后义而先利"，却并没有说国君完全不要谈利。再仔细看孟子对梁惠王论证说明自己观点时的措辞，我们也可以看到，孟子论证反驳的是一个国家从上到下一味追求的只是基于"吾"的"利"——"利吾国""利吾家"以及"利吾身"，而并非所有的"利"。因此，结合《孟子》文本1·1、2·3和2·5，我们不难推断，孟子事实上将"利"分离为了"私利"（"表象"层；1·1、2·3、2·5，论辩阶段）和"公利"（"实质"层；2·3、2·5，结论阶段），并且，从2·3和2·5中孟子与齐宣王之间就"好勇""好货""好色"之人能否施行仁政王道所展开的讨论来看，孟子并没有否认齐宣王在私利层面上的"好勇""好货"

"好色"，而是在承认齐宣王可以拥有这种"私利"的基础上，劝导齐宣王将这种私利扩展到顾及天下老百姓的"公利"上去。因此，《孟子》首章所谈论的义利之辩的要旨，并非"存义去利"，而是"义以为上""先义后利"乃至"义利双成"。

儒家"经权相济下的执中"思想，还体现在孟子的"战争观"上。例如：在1·6中，在回答梁惠王的儿子梁襄王关于谁能使天下安定统一的问题时，孟子明确表示，只有那些不喜欢杀人的人，才能让天下安定统一。孟子的回答已经表明，他是反对战争、反对征伐的，因为有战争就会有杀人的人以及被杀的人。孟子反对战争的主张，与其一贯的"仁政王道"的主张和"民本"思想也是一致的。

在7·14中，孟子将其对那些善战、好战之人的反对发挥到了极致。孟子列举了孔子对待其弟子冉求的一个例子，即孔子因冉求帮助季孙氏向老百姓征收更重的赋税，从而动员其他弟子对冉求群起而攻之，说明孔子反对帮助那些不施行仁政而敛财致富的国君，由此，孟子引申出，对于帮助那些不施行仁政的国君进行战争与征伐的人，他和孔子一样深恶痛绝，因为那些人为了争夺土地、争夺城池而进行战争、屠杀百姓，无异于为了占领土地而吃人肉，对这些人施行死刑都不足以赎他们的罪过。孟子甚至提出，对那些好战的人应施以最重的刑罚。由此可以进一步看出，孟子是反对战争的，尤其反对不施行仁政而发起战争的国君以及帮助不施行仁政的国君进行战争的那些人（涉及7·14中的论辩阶段与结论阶段）。

然而，孟子也并非绝对地反对战争。在1·5中，梁惠王向孟子叙述了魏国在与齐国、秦国与楚国的战争中屡次失利，因此而倍感耻辱之后，想让孟子教他富国强兵之道，让他能够一洗旧耻。针对梁惠王所关心的富国强兵的问题，孟子提出的仍然是其一贯主张的王道仁政思想，并给出了施行王道仁政的具体做法，比如少用刑罚、减轻对人民的赋税、让老百姓能够深耕细作、让青壮年有闲暇修习德行，等等。接着，孟子继续指出施行王道仁政会带来的好处，那就是在老百姓的基本生活得到保障，以及青壮年接受了仁义道德的教化之后，老百姓就是用自己制作的木棍也能够打败秦楚的坚甲利兵，因为他们是发自内心地愿意帮助仁义的君主，并且施行王道仁政的君主以仁义之师来讨伐那些不施行王道仁政的君主时，无论何时都是所向无敌的。孟子最后明确提出"仁者无敌"的观点。由此看来，孟子并非全然反对所有的战争，而是赞成以仁义之师讨伐那些不施行王道仁政的国君。

在2·11中，针对齐国讨伐燕国后，其他各诸侯国又准备讨伐齐国的情况，齐宣王询问孟子该怎么办。孟子首先引用《尚书》中描写汤在周边进行征伐活动时的状况，说老百姓盼望汤的到来就像大旱时节盼望云霓一样，因为汤征伐所到之处，让赶集的照样赶集、种地的照样种地，只是把那里的暴君杀掉，抚慰那里的民众。然后，孟子结合齐国讨伐燕国的现实，说由于燕国的君王虐待百姓，大王前去讨伐，燕国的老百姓以为大王像当时汤征伐各地一样，是来救他们于水火的，所以他们用竹筐子盛着粮食、用壶盛着酒来欢迎大王来拯救他们。紧接着，孟子提醒齐宣王注意齐国讨伐燕国的实际做法，又与汤征伐各地的实际情况不同——齐国军队来到燕国后，却杀害了燕国人民的父兄，囚禁了他们的子弟，毁掉了他们的宗庙，还搬走了他们国家的宝物重器，而天下人本来就畏惧齐国的强盛，现在齐国讨伐燕国强占了燕国的土地后，变得更加强大却又不施行仁政，自然是逼迫其他各诸侯国一起来讨伐齐国了。最后，孟子向齐宣王出谋划策，让他赶快下令，把燕国的老人孩子都放回去，停止迁走燕国的宝物重器，再与燕国的老百姓商量，帮助他们选择一个新的君王，然后离开。在2·11中，孟子再次明确表明其对待征伐的分析性而非绝对化的观点。[①] 对于像汤那样为救人民于水火而进行的征伐，宣扬以民为本的王道仁政思想的孟子，显然是持支持态度的。齐国因为燕国君主暴虐而前往讨伐，本来可以是正义的征伐，但齐国征伐燕国却只是为了扩充齐国自身的土地，对燕国的老百姓又不施行王道仁政，结果令其他诸侯国准备一同来讨伐齐国，显然也在孟子的意料之中。由此看来，孟子支持的是为民请愿、救民于水火的正义的

---

① 陈来：《梁惠王篇》，见陈来、王志民主编《〈孟子〉七篇解读》，第98页。

战争，也即为了"公利"而发动的战争，反对的是为了"一己之私"而不顾老百姓利益的非正义的战争，而正义与否取决于是否以仁义之师讨伐非仁义之师，并且是否在征伐后继续施行仁政。

结合1·5、1·6、2·11以及7·14，我们可以看到，孟子以仁义道德为标准，将"征伐"分离为"为私利而进行的征伐"（"表面"层；1·6、2·11、7·14，论辩阶段；1·6、7·14，结论阶段）与"为公利而进行的征伐"（"实质"层；1·5、2·11，论辩阶段；1·5，结论阶段），并对有仁义道德的、为公利而进行的征伐明确表示支持。如果再结合1·1中的"义利之辩"来看的话，孟子的"战争观"再一次凸显了其重"义"的同时也重"公利"这一更为本质的"义利观"。

五、小结

本文通过语用论辩理论框架下的"批判性讨论理想模型"，对"分离策略"在孟子论辩性话语中针对相应的意见分歧所展开的批判性讨论四个阶段中的运用，及其所体现的不同论证功能——比如确定意见分歧（冲突阶段）、明确共同出发点（开始阶段）、提出论证或者对对方论证进行反驳（论辩阶段）、得出讨论结果（结论阶段）（见附录1、附录2）进行了分析，并根据孟子在运用该论证技巧的过程中所意在凸显的分离后的"实质"层面，将孟子论辩性话语中合理性的哲学基础提炼为"一个基础"，以及在此基础之上的"两种体现"，简称为"一体两面"的哲学基础，即作为儒家道德形上学基础的"人性善"（"一体"）、作为儒家德行伦理理性体现的"仁义"以及作为儒家实践伦理理性体现的"经权相济下的执中"（"两面"）。其中，作为道德形上学基础的"人性善"，构成的是孟子整个论证体系中的"道"，[1]也就是孟子论证所依据的、儒家统一的伦理价值规范，而"仁义"和"经权相济下的执中"，则是

---

[1] 参见王中江有关儒家之"道"的论述，王中江:《离娄篇》，见陈来、王志民主编《〈孟子〉七篇解读》，齐鲁书社，2018，第539—540页。

"人性善"这一儒家伦理价值规范分别在德行和实践中的具体体现，也即"人性善"之"道"所统领下的具体的伦理价值原则。①

值得一提的是，已有学者从哲学和思想史的视角研究得出了上述"一体两面"以及其中"体"与"面"之间的相互关系，而本文从论证的视角，运用语用论辩理论框架下的批判性讨论模型，对孟子话语中所采用的分离策略进行分析，也得出了同样的结论。一方面，论证视角下的语用论辩方法，验证了传统上从哲学和思想史视角下得到的孟子主要思想及其内部之间的相互关系；但是，另一方面，论证视角下得到的"一体两面"，构成的是孟子论辩性话语合理性的哲学基础，也是接下来对《孟子》文本中孟子有关各主题下的论辩性话语进行论证刻画所赖以展开的理论基础。因此，对孟子言辩话语的合理性哲学基础的发掘，对于重构孟子话语的论证理论体系具有重大意义。

---

① 笔者在2019年6月24日—27日荷兰格罗宁根大学举办的"第三届欧洲论证会议"上对本文中的部分内容进行了汇报交流，所提交会议论文已被收入会议论文集。参见Yan Linqiong and Xiong Minghui, "Philosophical Foundation of Reasonableness in Mencius's Argumentative Discourse: Based on the Use of Dissociation", in Catarina Dutilh Novaes, Henrike Jansen, Jan Albert van Laar, and Bart Verheij, eds. *Reason to Dissent: Proceedings of the 3rd European Conference on Argumentation*, Vol. 3, London: College Publications, 2020, pp. 115-126.

附录 1：

孟子言辩话语中"分离策略"的使用及其"实质"层所反映的合理性哲学基础

孟子论辩性话语中的合理性概念			"分离"论证技巧的使用实例		
		原概念	新概念1 "表象"层	新概念2 "实质"层
源头	儒家道德形上学基础（道德形上学）	人性善	人性	生理层面：饮食男女（11·3，11·4，冲突阶段）	道德层面：性善（8·19，5·1，11·6，冲突阶段）
德行伦理体现	儒家德行伦理原则（王道政治学）	仁义	为仁	以力假仁（3·3，开始阶段）	以德行仁（3·3，开始阶段）
			人民的服从	因武力而被迫服从（3·3，论辩阶段）	因德政而主动归服（3·3，论辩阶段）
			杀死君主	谋杀一个统治者（2·8，论辩阶段）	诛杀违背仁义道德的残暴之人（2·8，论辩阶段）
			好勇	好小勇（2·3，论辩阶段）	好大勇（2·3，论辩阶段）
			好货	为了私人利益而喜欢财物（2·5，论辩阶段）	为了人民大众的利益而喜欢财物（2·5，论辩阶段）
			好色	只是个人层面的喜好女色（2·5，论辩阶段）	扩展到百姓层面的喜好女色（2·5，论辩阶段）
实践伦理体现	儒家实践伦理原则（实践伦理学）	经权相济下的执中	追求利	追求一己私利（1·1，2·3，2·5，论辩阶段）	追求公利（2·3，2·5，论辩阶段）
			征伐	为私利而进行的征伐（1·6、2·11，7·14，论辩阶段；1·6、7·14，结论阶段）	为公利而进行的征伐（1·5，2·11，论辩阶段；1·5，结论阶段）

附录2：
本文所引述的《孟子》原文

为了便于识别语用论辩理论模型下批判性讨论各个阶段在实际论辩性话语中的体现，在涉及《孟子》文本中相关论辩性话语的直接引述中，本文分别采用四种不同的标示方式，来对应针对某个意见分歧所进行的批判性讨论四个阶段下的话语：加粗者对应冲突阶段下的话语，斜体者对应开始阶段，加下划线者对应论辩阶段，加着重号者对应结论阶段。

此外，以下《孟子》原文片段根据本文中引述的先后顺序依次呈现。

一、儒家道德形上学基础：人性善

告子曰："生之谓性。"

孟子曰："生之谓性也，犹白之谓白与？"……（11·3）[①]

告子曰："食色，性也。……"（11·4）

孟子曰："人之所以异于**禽兽**者几希，庶民去之，君子存之。舜明于庶物，察于人伦，由仁义行，非行仁义也。"（8·19）

滕文公为世子，将之楚，过宋而见孟子。**孟子道性善，言必称尧舜**。……（5·1）

公都子曰："告子曰：'性无善无不善也。'或曰：'性可以为善，可以为

[①] 本文对《孟子》文本中话语的解读，主要参考的是由孟子研究院的七位专家——陈来、王志民、杨海文、王中江、梁涛、孔德立和李存山——对《孟子》七篇的解读，同时辅以参考杨伯峻先生的相关译注，而对《孟子》文本原文的引述，则以杨伯峻先生的《孟子译注》为蓝本。参见陈来、王志民主编：《〈孟子〉七篇解读》，齐鲁书社，2018；杨伯峻译注：《孟子译注（简体字本）》，中华书局，2019。

不善；是故文武兴，则民好善；幽厉兴，则民好暴。'或曰：'有性善，有性不善；是故以尧为君而有象，以瞽瞍为父而有舜；以纣为兄之子，且以为君，而有微子启、王子比干。'今曰'性善'，然则彼皆非与？"

孟子曰："乃若其情，则可以为善矣，乃所谓善也。若夫为不善，非才之罪也。……"（11·6）

二、儒家德行伦理原则：仁义

孟子曰："以力假仁者霸，霸必有大国；以德行仁者王，王不待大——汤以七十里，文王以百里。以力服人者，非心服也，力不赡也；以德服人者，中心悦而诚服也，如七十子之服孔子也。《诗》云：'自西自东，自南自北，无思不服。'此之谓也。"（3·3）

齐宣王问曰："汤放桀，武王伐纣，有诸？"孟子对曰："于传有之。"

曰："臣弑其君，可乎？"

曰："贼仁者谓之'贼'，贼义者谓之'残'。残贼之人谓之'一夫'。闻诛一夫纣矣，未闻弑君也。"（2·8）

齐宣王问曰："交邻国有道乎？"

孟子对曰："有。惟仁者为能以大事小，……"

王曰："大哉言矣！寡人有疾，寡人好勇。"

对曰："王请无好小勇。夫抚剑疾视曰：'彼恶敢当我哉！'此匹夫之勇，敌一人者也。王请大之！

"《诗》云：'王赫斯怒，爰整其旅，以遏徂莒，以笃周祜，以对于天下。'此文王之勇也。文王一怒而安天下之民。

"《书》曰：'天降下民，作之君，作之师，惟曰其助上帝宠之。四方有罪无罪惟我在，天下曷敢有越厥志？'一人衡行于天下，武王耻之。此武王之勇也。而武王亦一怒而安天下之民。今王亦一怒而安天下之民，民惟恐王之不好

勇也。"（2·3）

齐宣王问曰："人皆谓我毁明堂，毁诸，已乎？"

孟子对曰："夫明堂者，王者之堂也。王欲行王政，则勿毁之矣。"

王曰："王政可得闻与？"

对曰："昔者文王之治岐也，耕者九一，仕者世禄，关市讥而不征，泽梁无禁，罪人不孥。老而无妻曰鳏，老而无夫曰寡，老而无子曰独，幼而无父曰孤。此四者，天下之穷民而无告者。文王发政施仁，必先斯四者。《诗》云：'哿矣富人，哀此茕独。'"

王曰："善哉言乎！"

曰："王如善之，则何为不行？"

王曰："寡人有疾，寡人好货。"

对曰："昔者公刘好货，《诗》云：'乃积乃仓，乃裹糇粮，于橐于囊。思戢用光。弓矢斯张，干戈戚扬，爰方启行。'故居者有积仓，行者有裹囊也，然后可以爰方启行。王如好货，与百姓同之，于王何有？"

王曰："寡人有疾，寡人好色。"

对曰："昔者太王好色，爱厥妃。《诗》云：'古公亶父，来朝走马，率西水浒，至于岐下，爰及姜女，聿来胥宇。'当是时也，内无怨女，外无旷夫。王如好色，与百姓同之，于王何有？"（2·5）

三、儒家实践伦理原则：经权相济下的执中

孟子曰："禹恶旨酒而好善言。汤执中，立贤无方。文王视民如伤，望道而未之见。武王不泄迩，不忘远。周公思兼三王，以施四事；其有不合者，仰而思之，夜以继日；幸而得之，坐以待旦。"（8·20）

万章问曰："孔子在陈曰：'盍归乎来！吾党之小子狂简，进取，不忘其初。'孔子在陈，何思鲁之狂士？"

孟子曰："孔子'不得中道而与之，必也狂狷乎！狂者进取，狷者有所不为也'。孔子岂不欲中道哉？不可必得，故思其次也。"（14·37）

公孙丑曰："道则高矣，美矣，宜若登天然，似不可及也；何不使彼为可几及而日孳孳也？"

孟子曰："大匠不为拙工改废绳墨，羿不为拙射变其彀率。君子引而不发，跃如也。中道而立，能者从之。"（13·41）

孟子曰："杨子取为我，拔一毛而利天下，不为也。墨子兼爱，摩顶放踵利天下，为之。子莫执中。执中为近之。执中无权，犹执一也。所恶执一者，为其贼道也，举一而废百也。"（13·26）

孟子见梁惠王。王曰："叟！不远千里而来，亦将有以利吾国乎？"

孟子对曰："王！何必曰利？亦有仁义而已矣。王曰：'何以利吾国？'大夫曰：'何以利吾家？'士庶人曰：'何以利吾身？'上下交征利而国危矣。万乘之国，弑其君者，必千乘之家；千乘之国，弑其君者，必百乘之家。万取千焉，千取百焉，不为不多矣。苟为后义而先利，不夺不餍。未有仁而遗其亲者也，未有义而后其君者也。王亦曰仁义而已矣，何必曰利？"（1·1）

孟子见梁襄王，出，语人曰："望之不似人君，就之而不见所畏焉。卒然问曰：'天下恶乎定？'

"吾对曰：'定于一。'

"'孰能一之？'

"对曰：'不嗜杀人者能一之。'

"'孰能与之？'

"对曰：'天下莫不与也。王知夫苗乎？七八月之间旱，则苗槁矣。天油然作云，沛然下雨，则苗浡然兴之矣。其如是，孰能御之？今夫天下之人牧，未

有不嗜杀人者也。如有不嗜杀人者，则天下之民皆引领而望之矣。诚如是也，民归之，由水之就下，沛然谁能御之？'"（1·6）

孟子曰："求也为季氏宰，无能改于其德，而赋粟倍他日。孔子曰：'求非我徒也，小子鸣鼓而攻之可也。'由此观之，君不行仁政而富之，皆弃于孔子者也，况于为之强战？争地以战，杀人盈野；争城以战，杀人盈城，此所谓率土地而食人肉，罪不容于死。故善战者服上刑，连诸侯者次之，辟草莱、任土地者次之。"（7·14）

梁惠王曰："晋国，天下莫强焉，叟之所知也。及寡人之身，东败于齐，长子死焉；西丧地于秦七百里；南辱于楚。**寡人耻之，愿比死者壹洒之，如之何则可？**"

孟子对曰："地方百里而可以王。王如施仁政于民，省刑罚，薄税敛，深耕易耨；壮者以暇日修其孝悌忠信，入以事其父兄，出以事其长上，可使制梃以挞秦楚之坚甲利兵矣。

"彼夺其民时，使不得耕耨以养其父母。父母冻饿，兄弟妻子离散。彼陷溺其民，王往而征之，夫谁与王敌？故曰：'仁者无敌。'王请勿疑！"（1·5）

齐人伐燕，取之。诸侯将谋救燕。宣王曰："**诸侯多谋伐寡人者，何以待之？**"

孟子对曰："臣闻七十里为政于天下者，汤是也。未闻以千里畏人者也。《书》曰：'汤一征，自葛始。'天下信之，东面而征，西夷怨；南面而征，北狄怨，曰：'奚为后我？'民望之，若大旱之望云霓也。归市者不止，耕者不变，诛其君而吊其民，若时雨降。民大悦。《书》曰：'徯我后，后来其苏。'今燕虐其民，王往而征之，民以为将拯己于水火之中也，箪食壶浆以迎王师。若杀其父兄，系累其子弟，毁其宗庙，迁其重器，如之何其可也？天下固畏齐之强也，今又倍地而不行仁政，是动天下之兵也。王速出令，反其旄倪，止其重器，谋于燕众，置君而后去之，则犹可及止也。"（2·11）

恒产与恒心

早期儒家的政治理想
——从人口、财货的角度来看

● 孟庆楠　北京大学哲学系长聘副教授

一、庶富教

有关政治理想的问题，是一个在孔子与弟子的对话中时常出现的主题。孔子与弟子们在不同的现实场景中所表达出的为政理想包含了更丰富也更鲜活的元素。

首先引起我们关注的，是孔子携弟子周游至卫国时在车上的一段见闻与对话：

> 子适卫，冉有仆。子曰："庶矣哉！"冉有曰："既庶矣，又何加焉？"曰："富之。"曰："既富矣，又何加焉？"曰："教之。"①

---

① 《十三经注疏》整理委员会整理：《论语注疏》，北京大学出版社，1999，第174页。

孔子到卫国去,见卫国风貌而有"庶矣哉"的感叹。这一对人口众多的感叹是带有认同之意的。而冉有适时的提问,把这一感慨引向了对政治理想的讨论。仅以此来看,冉有不愧为孔门政事科的高弟。在这里,冉有提问使用了"既×矣,又何加焉"的表述,意指在前者实现的基础上,还可以如何更进一步。这一表述清晰地展现出了一个逐步递升的阶次。既然已经获得了众多的人口,更进一步是使之财货富足,再进一步则是对其施以教化。庶、富、教的序列,构成了一组多元的施政目标,而教化的施行指向着最高政治理想的实现。

类似的理念也出现在另外一场更为有名的孔门对话中。子路、曾皙、冉有、公西华陪坐在老师身边。孔子请他们畅谈自己的为政理想,几人分别作答。姑且搁置最后"铿然舍瑟春风里"的曾皙和刻意谦退"愿为小相焉"的公西华,子路和冉有互为对照的作答,再次呈现了一种典型的儒家政治理想:

> 子路率尔而对,曰:"千乘之国,摄乎大国之间,加之以师旅,因之以饥馑,由也为之,比及三年,可使有勇,且知方也。"夫子哂之。"求,尔何如?"对曰:"方六七十,如五六十,求也为之,比及三年,可使足民。如其礼乐,以俟君子。"[①]

面对老师的设问,子路与冉有的回答都是从治国的角度展开的,同时都以三年为限来表达自己施政的目标。子路"率尔对曰"的反应,正符合其自视甚高且直率坦诚的性格特点。这也决定了他的回答会呈现出更高的标准,冉有的谦逊则意味着次一等的答案。不过需要指出的是,这里所谓的高下,并不是说二人对最高目标的追寻存在差异,而是更多地体现着三年时间限定下个人治理能力所能实现的施政成效。实际上,我们仍可通过二人的自道,看到他们共有的对某种最高目标的追寻。我们先来看看冉有的回答。冉有选择的施政平台,是一个"方六七十,如五六十"的小国。以三年为限,可以使治下的百姓衣食

[①]《十三经注疏》整理委员会:《论语注疏》,第153页。

充足。同时，冉有表达了对能力限度的自觉，他自己无力在有限的时间内完成礼乐教化方面的工作，礼乐教化要有待于君子来完成。这一表述透露出了两个信息：其一，在有限的时间条件下，百姓的衣食充足是被优先实现的。这表明在冉有的认识中，保障百姓衣食充足，对于施政具有基础性的意义。其二，礼乐教化有待于君子，"君子"的称谓在这里显然包含着一种更高的期待。礼乐教化相对于衣食的满足，是为政者更高的追求。与冉有相较，子路给自己设定了更苛刻的初始条件，也更直接地表达了对更高目标的预期。子路选择"千乘之国"作为其施展抱负的平台，而且这个千乘大国还处于艰难的内外环境之中。在这种条件下，同样是三年为期，子路高标准的预期所强调的，恰恰是冉有留待君子去实现的内容：通过礼乐教化，使百姓"有勇且知方"。至于因应饥馑等方面的工作，子路没有提及。但结合冉有"以俟君子"的表达，我们有理由认为，道德教化的施行是在解决饥馑问题的基础上实现的。由此我们可以看到一个以"使足民"为基础到"使有勇且知方"的目标阶次。这里虽然没有提及人口的问题，但子路所设定的饥馑的状态以及"使足民"所表达的对这一状态的克服，当然是与生存也即与人口的增减多寡有关。由此来看，这里的为政阶次与之前孔子基于卫国境况所表达的庶、富、教的次第是大体相合的。

  孔子及其弟子所描摹的施政目标包含了不同的元素。其一是人口，人口要众多。其二是百姓的物质生活条件，也即所谓财货，财货要富足。其三是百姓的道德生活状态，试图使百姓具有良好的道德，"有勇且知方"。需要略作说明的是，这种"有勇且知方"的状态，是与礼乐所规范的人伦秩序有关的，但又不完全相同。"有勇且知方"当然包含着对人伦秩序的遵从。而在遵从于外在规范的基础上，这里还包含了"知"的意义。"知"并不是简单的知道，而是带有一种价值上的认同。在这个意义上，对人伦秩序的遵守成为一种自发的或自觉的选择，而非出于外在的强制性的规范。对于这一点，孔子在有关"道之以德，齐之以礼"与"道之以政，齐之以刑"的区别中，有着清晰的说明。[1]

---

[1] 《论语·为政》："子曰：'道之以政，齐之以刑，民免而无耻。道之以德，齐之以礼，有耻且格。'"（《十三经注疏》整理委员会：《论语注疏》，第15页。）

孔子称，"道之以德，齐之以礼"最终所达成的状态，是百姓"有耻且格"。所谓"格"，就是言行格正，言行合于礼乐道德的规定。同时，百姓又是"有耻"的。"有耻"意味着道德感的确立。而这种道德感的确立必然要基于对礼乐所规范的人伦秩序的认同：认为应该如此，而没有做到，才会感到羞耻。这在本质上与子路所说的"有勇且知方"是一致的。而这样一种百姓"有勇且知方"或"有耻且格"的状态，是通过"道之以德，齐之以礼"的教化而实现的。

以上三种元素，人口、财货以及人伦道德，或是当时各家所共同关注的对象。如以实现"天下之利"为己任的墨家，就同样主张："今者王公大人为政于国家者，皆欲国家之富，人民之众，刑政之治。"[1]这一表述中的"刑政之治"，虽然不同于儒家所强调的道德，但二者都指向着对某种人伦秩序的维护。其余二者则完全一致。当然，对比之下我们也会看到儒墨所论述的政治理想有一个重要的区别：在墨子的论说中，人口、财货、秩序虽然有其叙述的次序，但三种元素更多是一种并举，彼此间并没有明确的实现阶次。而如上文所述，儒家则特别强调庶、富、教的次第。这也表现出了儒家思想在这一问题上的特点。

二、制民之产

孟子作为战国中期儒家的代表人物，其所主张的政治理想中也包含着人口、财货、道德等因素。孟子理想的政治形态是所谓的"仁政"。孟子曾借齐宣王以牛易羊之事，引导宣王推恩以行"仁政"：

> 是故明君制民之产，必使仰足以事父母，俯足以畜妻子，乐岁终身饱，凶年免于死亡。然后驱而之善，故民之从之也轻。今也制民之产，仰

---

[1] 孙诒让撰：《墨子间诂》，孙启治点校，中华书局，2001，第43页。

不足以事父母，俯不足以畜妻子，乐岁终身苦，凶年不免于死亡，此惟救死而恐不赡，奚暇治礼义哉！王欲行之，则盍反其本矣！五亩之宅，树之以桑，五十者可以衣帛矣。鸡豚狗彘之畜，无失其时，七十者可以食肉矣。百亩之田，勿夺其时，八口之家可以无饥矣。谨庠序之教，申之以孝悌之义，颁白者不负戴于道路矣。老者衣帛食肉，黎民不饥不寒，然而不王者，未之有也。[1]

上引材料对为政的考虑主要包含两个因素，一是施政的手段，二是这些手段所要达到的目标。施政的手段与目标是对应的。就具体内容来看，孟子所主张的施政手段与目标指向两个方面。一方面是围绕"民之产"展开的。孟子主张，君主应着手于"制民之产"。这里所谓"产"，主要是指物质财产。结合孟子的相关论述可以知道，"制民之产"包括对土地分配以及种植、畜养等经济活动的照顾和管理。在这条材料中具体表现为"五亩之宅，树之以桑"，"鸡豚狗彘之畜，无失其时"，"百亩之田，勿夺其时"等等。这些举措的目的就是满足百姓对物质生活的需求。很显然，这种落实于物质生活的举措与目标也直接关联着人的生存，或者说人口问题。从比较极端的情况考虑，"制民之产"保证了即便在凶年，民众也可"免于死亡"，也即避免人口的减少。而"仁政"的另一方面，则指向了人伦道德的建构。"事父母""畜妻子"体现了对人伦秩序的维系。通过庠序之教的安排，"申之以孝悌之义"，则是基于人伦秩序的道德要求。对于上述两方面的施政内容，孟子也明确了二者之间的关系。君主对百姓道德生活的建构，是以满足其基本的物质生活为前提的。这一关系可以通过"然后"一词获得确认，君主要先"制民之产"，然后才能驱动、引导百姓向善。

此外，据《孟子·滕文公上》所记，孟子在劝导陈相时有一段关于历史演进的叙述，其中也表达了类似的想法：

---

[1]《十三经注疏》整理委员会整理：《孟子注疏》，北京大学出版社，1999，第 23—24 页。

当尧之时，天下犹未平，洪水横流，泛滥于天下，草木畅茂，禽兽繁殖，五谷不登，禽兽逼人，兽蹄鸟迹之道交于中国。尧独忧之，举舜而敷治焉。舜使益掌火，益烈山泽而焚之，禽兽逃匿。禹疏九河，瀹济、漯而注诸海，决汝、汉，排淮、泗而注之江，然后中国可得而食也。当是时也，禹八年于外，三过其门而不入，虽欲耕，得乎？后稷教民稼穑，树艺五谷。五谷熟而民人育。人之有道也，饱食暖衣，逸居而无教，则近于禽兽。圣人有忧之，使契为司徒，教以人伦：父子有亲，君臣有义，夫妇有别，长幼有叙，朋友有信。①

这条材料所见，是儒家的一种圣人叙事。孟子在这里先后呈现了尧、舜、益、禹、后稷、契的事迹。具体来看，尧面对的是一个混乱的、不具备生存条件的世界，这构成了整个叙述的开端背景。尧举舜，就是希望其为百姓开创出某种有序的生活世界。在舜的主持下，益掌火，焚烧山泽，驱逐禽兽，使山泽大地成为人的世界。禹疏九河，进一步划定了人所居处的大地的秩序。在这个阶段，禹忙于治水，无暇耕种。之后才有后稷教民稼穑，民众有了五谷之食而得以繁育。但只有物质生活的满足是不够的，于是又使契教百姓人伦道德。在这样的叙述中，益、禹、后稷、契等人先后在不同领域各行其政。各人所行之政，借由历史性的叙述而呈现出一种阶次。人民的繁育与物质生活的改善仍然是被优先实现的，而通过对百姓的教化以建立人伦道德则是更高的目标。

类似的观念，也见于荀子及其后学的思想中。今《荀子》书中，集中讨论政治思想的《王制》《富国》《王霸》《君道》等篇，都表现出了对百姓物质生活的关注。一般被认为出自荀子后学的《大略》篇中有一段很明确的论述：

不富无以养民情，不教无以理民性。故家五亩宅，百亩田，务其业而勿夺其时，所以富之也。立大学，设庠序，修六礼，明十教，所以道之

---

① 《十三经注疏》整理委员会：《孟子注疏》，第145—146页。

也。《诗》曰:"饮之食之,教之诲之。"王事具矣。①

很明显,这里所言"富之""道之",就是孔子在卫国所说的"富之""教之"。而"富之""道之"的具体方式及其所设定的"五亩宅""百亩田"的生活场景,又与孟子所论高度一致。

三、恒产与物欲

通过上述考察,我们可以看到,早期儒家在关注人伦道德的同时,也充分注意到了人口财货的基础性地位。在有关为政阶次的设计中,人口众多与财货富足是被优先考虑的,而人伦秩序与道德的建构则是在富庶的基础上所要达成的更高目标。不过,孔子及其弟子对施政目标的论说,并没有明确解释庶、富、教之间何以呈现这样的阶次,也没有说明礼乐教化所带来的百姓"有勇且知方"的状态为什么是以人口众多和财货富足为基础的。对于这个问题,孟子或能为我们提供部分的答案。

孟子在为齐宣王讲解为政之道时已经指出,如果为政者连百姓最基本的生存需求都无法保障,百姓是无暇治礼义的。对于这一点,孟子在讲"制民之产"之前还有几句话,说得更为透彻:

无恒产而有恒心者,惟士为能。若民则无恒产,因无恒心。苟无恒心,放辟邪侈,无不为已。②

朱熹注:"恒产,可常生之业也。恒心,人所常有之善心也。"③"制民之产"就是要让百姓获得"恒产",也即获得生存的保障。孟子之所以要先"制

---

① 王先谦:《荀子集解》,沈啸寰、王星贤点校,中华书局,1988,第498—499页。
② 《十三经注疏》整理委员会:《孟子注疏》,第23页。
③ 朱熹:《四书章句集注》,中华书局,1983,第211页。

民之产"，是因为对百姓而言，如果没有"恒产"，就不可能有什么"恒心"。在"无恒产"的状态下，百姓所言所行只会考虑如何生存下去，为了生存不择手段，"放辟邪侈"就成为一种很自然的生存选择。

以上对于物质生活的讨论，主要还是就生存底线来考虑的。先活下来，再考虑其他。这当然是一种朴素而有效的道理，也决定了君主为政要先满足百姓的生存需求。但如果细读材料，我们不难发现，在很多语境下，对百姓物质生活的满足往往不只是保障其生存。"凶年免于死亡"只是在极端境遇下的底线要求。而在一般情况下，为政者对百姓的照顾，要能使百姓吃饱穿暖，家中年长之人还能够获得相对精美的衣服饮食。那么，在施政中优先满足这种程度的物质需求，又是出于什么理由呢？

实际上，在孟子乃至儒家的思想体系中，物质生活，或者说对物质需求的满足，还具有更深层次的意义。孟子清楚地知道，人天生具有对外物的欲求。

告子曰："生之谓性。"[1]

告子曰："食、色，性也。"[2]

孟子曰："口之于味也，目之于色也，耳之于声也，鼻之于臭也，四肢之于安佚也，性也。有命焉，君子不谓性也。"[3]

前两条材料在大众的文化认知中常被误认为是孟子之言，实际上是告子的说法，当然很可能是告子转述的当时的普遍认识。孟子并没有否认这一说法，只不过在孟子看来，口、目、耳、鼻、四肢对于外物的欲求，属于"命"的范畴，不是严格意义上的人性。所谓"有命焉"，朱熹引程子之言解释道："五者之欲，性也。然有分，不能皆如其愿，则是命也。不可谓我性之所有，而求必得之也。"[4]按照这种解释，人的物欲能否得到满足以及得到什么程度的满足，

---

[1] 《十三经注疏》整理委员会：《孟子注疏》，第295页。
[2] 《十三经注疏》整理委员会：《孟子注疏》，第296页。
[3] 《十三经注疏》整理委员会：《孟子注疏》，第393页。
[4] 朱熹：《四书章句集注》，第369页。

不是求而必得的，而是受到某些不可抗拒的外在因素限制。所以，孟子在严格意义上，把人的物欲排除在"性"的概念之外，但他也并不否认物欲是天性的一部分。对于这种天性，孟子保持了高度的警惕。比如在有关大体与小体的论述中，他就明确指出，耳目之官作为人之小体，常"蔽于物"①。耳目与外物接触，在物的刺激下即被牵引而去，生出无尽的物欲。这当然是危险的，所以一个重要的工夫就是"寡欲"。必须指出的是，孟子所言"寡欲"，只是要人们节制、减少过度的物欲，但不是无欲。物欲既然是天生的本性，就需要某种程度的满足。

如果说孟子对于物欲的态度仍是以警惕和克制为主，那么荀子则对物欲做出了某种正面的安顿。当然，这并不是说荀子不清楚物欲的危险。荀子的性恶论在很大程度上就是基于对物欲的危险性的认识而提出的。他指出，如果对物欲不加以任何人为的控制，那么必然引生争夺，进而导致"犯分乱理而归于暴"②的局面。但这只是物欲放纵的结果，就物欲本身而言，它只是人的"本始材朴"③，甚至无所谓善恶：

> 若夫目好色，耳好声，口好味，心好利，骨体肤理好愉佚，是皆生于人之情性者也，感而自然，不待事而后生之者也。④

这些身体官能的欲望，是人天生的本性，也是所有秩序建构不得不面对的。礼制建构的首要工作就是保障这些欲望获得合理的满足：

> 礼起于何也？曰：人生而有欲，欲而不得，则不能无求；求而无度量分界，则不能不争；争则乱，乱则穷。先王恶其乱也，故制礼义以分之，以养人之欲，给人之求，使欲必不穷乎物，物必不屈于欲，两者相持而

---

① 《十三经注疏》整理委员会：《孟子注疏》，第314页。
② 王先谦：《荀子集解》，第435页。
③ 王先谦：《荀子集解》，第366页。
④ 王先谦：《荀子集解》，第437—438页。

长,是礼之所起也。①

荀子在这里很清楚地表达了对物欲的态度,就是要"养人之欲,给人之求"。这是礼得以确立的基础。由此回到有关为政阶次的议题,儒家对于物欲的这种态度,也就解释了君主为政为什么要优先满足人们某种程度的物质需求。

四、有勇且知方

通过以上的分析,我们进一步明确了对百姓物质生活的满足在早期儒家所设定的为政阶次中所具有的基础性地位。我们之所以要做这样的工作,还是因为在以往有关儒家政治的认识中,人们会更多地强调道德教化的重要性,而在一定程度上轻视早期儒家对物质生活的关注。但需要指出的是,在澄清物质生活的基础性地位的同时,也不应忽视道德教化之于儒家的意义。相反,在明确了物质生活对儒家政治的影响后,我们能够更好地理解道德建构作为儒家为政的最高目标到底具有怎样的意义。早期儒家的施政阶次,为我们理解道德教化的意义提供了一个更为完整的背景。我们不应孤立地看待道德教化,而是要理解为什么在完成了施政的前序目标之后,儒家还要坚持追求更高的道德教化的目标。

在上引孟子劝导陈相的那段论述中,孟子已经讲得很清楚,"人之有道也,饱食暖衣,逸居而无教,则近于禽兽"。如果君主施政只是满足百姓的物质需求,那实际上是在放任百姓如同禽兽一般地生活。而道德教化的意义,就在于帮助百姓真正建立起属于人的生活。很显然,这样的看法是与其对人性的认识密切相关的。而荀子对这一问题的理解又有所不同。荀子一方面肯定人的物欲的合理性,进而主张"养欲";另一方面又对物欲的危险性有清晰的认识,而

---

① 王先谦:《荀子集解》,第346页。

要避免物欲的放纵就必须要"化性起伪"。因此，对荀子而言，"师法之化""礼义之道"是不可或缺的。孟子和荀子虽然有着不同的考虑，但是他们都认为，君主需要通过道德教化来建构真正的、完整的人伦生活。

此外，道德教化对政治治理而言，也不仅仅是一个必要性的选项。道德教化作为儒家为政阶次中的最高目标，也意味着它是最难达成的。冉求在自道政治理想时"如其礼乐，以俟君子"的谦退态度，已经说明他对于道德教化的难度有着清晰的自觉。那么，道德的建构为什么如此困难呢？这恐怕是一个非常复杂的问题。但如果就上文已经讨论过的内容而言，我们也可以勉强给出一个简单的回答：道德的建构在很大程度上就是在克服人同于禽兽的天性，也即克服人对生存以及物质利益的欲求。

在一般情况下，道德还只是要求人们在摆脱了生存焦虑、在物质欲望获得了一定的满足之后，克制物欲的放纵。当然，克制人的天性，在任何情况下都是困难的。而当道德准则与人们的物质利益乃至人的生存发生冲突时，道德要求人们能够舍弃物质利益甚至是自己的生命，来坚守道德的准则，这无疑会更加艰难。

我们之前曾经提到，子路为政，要使百姓"有勇且知方也"。这里所谓"勇"，不能简单地理解为勇敢，而是指勇敢地坚守道德准则。"勇"一定是与"知方"、与道德准则联系在一起的。而我们在什么情况下需要"勇"的德行呢？就是在道德准则与自身的物质利益、自身的生存发生冲突的时候。在这种时候，"勇"就表现为"杀身以成仁"[1]、"舍生而取义"[2]。这无疑是一种艰难的取舍，并不是所有人都能做到的，所以孟子说"无恒产而有恒心者，惟士为能"。

尽管这是一个难以达成的目标，但儒家仍然把它作为最高的政治理想。在这样的政治理想下，整个人伦生活始终保持着一个向上的可能与追求。

---

[1] 《十三经注疏》整理委员会：《论语注疏》，第210页。
[2] 《十三经注疏》整理委员会：《孟子注疏》，第308页。

"制民之产"：孟子井田说申义

● 武黎嵩　南京大学历史学院副教授

　　《春秋穀梁传》宣公十五年（前594）记载："古者三百步为里，名曰井田。井田者，九百亩，公田居一。私田稼不善，则非吏。公田稼不善，则非民。"从所记述的时代讲，这是有关"井田"的最早记录。这里并不是说《春秋穀梁传》的文献时代最早，而是说就历史文献所记录的时代来讲，《春秋穀梁传》的该段内容是"井田制"最早进入历史视野的记录。是年秋，鲁国"初税亩"，也就是"履亩而税"，不再使用井田的"藉"（助）法，而采取履亩征税的田租征收方法。《春秋穀梁传》又言道："古者什一，藉而不税。……初税亩者，非公之去公田而履亩，十取一也，以公之与民为已悉矣。古者公田为居，井灶葱韭尽取焉。"由此不难看出，"井田制"既是周代以来的一种土地所有制和税收征收制度，同时也兼含了周代基层村社的生活与组织形式。此后，鲁国"作丘甲"，郑国"作丘赋"，到了秦孝公十二年（前350）商鞅在秦国"为田开阡陌"，十四年（前348）又"初为赋"，列国在变法过程中彻底地扬弃了"井田制"，开启了田租、军赋、徭役三者兼征的国家税赋体系。

　　就在这场剧烈的历史变革中，儒家学派的孟子大谈"井田制"，述"周室班爵禄"，以"一夫百亩"为定制，并谓："仁政，必自经界始。……经界既正,分田制禄可坐而定也。"孟子将经界、分田、制禄看成是行仁政而避免"暴君污吏"的必由之路,朱熹在注《孟子》时也认为:"丧礼、经界两章,见孟子之学,识其大者。"故而可知,井田之制是孟子政治思想当中的重要组成部分。近百年以来,伴随着社会经济史的普遍铺开研究,井田制或被认为是"奴隶制下的土地国有制";或被认为是因"大乌托邦的计划"而"不得不用托古改制的方法",是一种虚幻的悬想;① 或认为"井田"演化成为战国的"提封田",是一种土地与社会编制制度,并非土地所有制度,② 等等。总之,关乎井田制,众说纷纭,莫衷一是。如果抛开暂时无法确定的考信层面(即关于井田制度是否施行及其施行法则为何),我们换个角度来思考,孟子大谈井田制度的思想意义是什么,也就是从孟子谈井田的背后我们可以看到儒家政治思想的哪些真实逻辑,则可以成为我们新的探讨重点和方向。

一、"井田"说引发古今诸多争议

1920年,在《建设》杂志上展开的关于井田制的辩论,是五四运动之后第一次有关中国社会史问题的大论战。③ 其核心议题就是胡适、廖仲恺、朱执信、胡汉民、吕思勉、季融五等参与讨论的,关于井田制是否在历史上切实存在的问题。而此乃儒家学说的一个关键问题,不得不认真检讨。

孟子是战国诸子当中大谈井田制度的先师。《孟子》一书中记载,滕文公问为国,孟子为滕文公铺陈为政之道,提出"有恒产者有恒心",田制的贡、助、彻三种税收方法皆取"什一"(十分之一),"野九一而助,初中什一使自赋"。孟子还大略讲述了"井田制"的制度设计:

---

① 胡适:《井田辩(四篇)》,收入欧阳哲生编《胡适文集》第二册,北京大学出版社,1998,第289页。
② 田昌五:《解井田制之谜》,《历史研究》1985年第3期。
③ 杨宽:《重评1920年关于井田制有无的辩论》,收入《杨宽古史论文选集》,上海人民出版社,2003。

>方里而井，井九百亩，其中为公田。八家皆私百亩，同养公田。公事毕，然后敢治私事，所以别野人也。

讲述中，孟子引《诗经·小雅·大田》"雨我公田，遂及我私"来证明，周代施政中有公田，且用助法。这段文字是历来言井田之法必然要引用的内容。而孟子也被近代学者视为想象的上古土地制度的"制造者"，例如，胡适将井田说的承续历史分为七段，依次是：1.《孟子》，2.《公羊传》，3.《穀梁传》，4.《礼记·王制》，5.《韩诗外传》，6.《周礼》，7.《汉书·食货志》、何休《公羊解诂》、《后汉书·刘宠传》注引《春秋井田记》。他自认为按照自己推断的以上历史文献的成书时间顺序，发现了一条有关井田论述逐渐完善的轨迹，并在四年后意犹未尽地将这一研究思路命名为"剥皮主义"。实则，这与其研究屈原称其为"箭垛"式的人物、后来顾颉刚发明"层累地造成的中国古史"以及此前日本学者内藤虎次郎提出"加上原则"等研究范式并无二致。[1]在胡适等的眼中，孟子显然是井田说的始作俑者。

我们先要回应，孟子所述的井田，其核心焦点是否在土地的所有制问题上。前辈学者赵俪生认为，人们说井田制是土地国有制，其主要的依据似乎只是《诗经·小雅·北山》："溥天之下，莫非王土。率土之滨，莫非王臣。"这话头，被《左传》和《孟子》所转用。例如《左传》昭公七年："封略之内，何非君土。食土之毛，谁非君臣。"[2] 根据《毛诗序》，《北山》一诗乃是"大夫刺幽王也。役使不均，己劳于从事，而不得养其父母也"。赵俪生进一步认为，当时土地的"王有""君有"或者"国有"很大程度是名义上的，而实质则仍然属于一个古老的共同体。他认为，井田制发源很早，是农村公社土地所有制。试拿中央集权高度强化以后的"大索貌阅""方田均税""通检推排""黄册·鱼鳞册"等来对照一下，这种分封是非常原始的，远远谈不上是什么

---

[1] 胡适：《古史讨论的读后感》，收入欧阳哲生编《胡适文集》第三册，第74页。原刊于1924年《读书杂志》。
[2] 赵俪生：《有关井田制的一些辨析》，《历史研究》1980年第4期。

土地国有。耕种井田的庶人也绝不是奴隶,而是平民,是社会农业劳动的主力承担者。

我们认为,赵俪生先生的论述是准确的,考察《诗经·鲁颂·閟宫》:"乃命鲁公,俾侯于东。锡之山川,土田附庸。"可知,周代的分封制,是土、田、人作为一个整体分配给贵族,一旦分配,则所有权转入了受封者的手中,春秋时代的诸侯对于卿大夫分授采邑情况与此类似。

根据陈絜先生的研究,"西周中晚期,更多的可能是一种经由国家与贵族势力权力干预后形成的异姓、异族之杂居村邑,类似于当下的多姓村落。此外,就考古资料言,西周时期村邑的规模似不大,占地从数千到数万平方米不等,口户亦有限,结合金文资料判断,一二十户乃其常态"①。陈氏举河南洛阳所出穆王时期的季姬方尊为证。该尊铭文如下:

> 唯八月初吉庚辰,君命宰茀锡季姬畋(佃)臣于空桑,厥师夫曰丁,以厥友廿又五家,折(誓)。锡厥田,以生(牲)马十又五匹、牛六十又九𢅥、羊三百又八十又五𢅥、禾二廪。其对扬王母休,用作宝尊彝,其万[年子孙]永宝用。②

该器铭文显示,宗妇(或王后)命令家臣宰茀赏赐给业已出嫁的女儿季姬"佃臣于空桑,厥师夫曰丁,以厥友廿又五家"。空桑邑之内以丁为首的二十六户佃臣,应是一个聚族而居的亲缘团体。我们于此可以看到,土(邑)——空桑,人——佃臣厥师夫曰丁以及厥友廿又五家,以及田,被一起赏赐,同时还有马牛羊等牲畜和禾。显然,这些资源应当是这个邑所共有的,而不是属于某个具体的家庭。我们推测,这样一种村社式的里邑,其田地的管理情况,大概就应当是传说中的井田制度。

又据赵俪生先生所揭,甲骨文中有划成四方块的田(见《殷墟书契前

---

① 陈絜:《西周王朝如何进行基层治理》,《人民论坛》2019年8月下(特)。
② 铭文隶定据李学勤《季姬方尊研究》略加疏通,原文见《中国史研究》2003年第4期。

编》），有划成六方块的田（见《邺中片羽》），有划成八方块的田（见《殷契粹编》），有划成九方块的田（出处同上例），有划成十二方块的田（见《藏龟拾遗》）。足见殷周以前，阡陌或沟洫整齐的田块制度已经在村社间施行。

故而，孟子井田之说，绝非如胡适所云"古代本没有均产的时代"，且"井田的均产制乃是战国时代的乌托邦"；而吕思勉先生将井田视作"昔人设法之谈"即"假设平正之例"可谓远较胡适为高明。①

二、"制民之产"是孟子仁政学说的纲领

孟子指出："有恒产者有恒心，无恒产者无恒心。"这在孟子的思想中是一个重要的议题，所谓"恒"便是常，所谓"产"便是治生之业，"恒产"，朱子释曰"可常生之业也"，"恒心"，朱子释曰"人所常有之善心也"。人能拥有维系稳定的日常生活的产业，才能保持有礼义法度而维持善心。孟子此言强调了物质生活与道德精神的关系，然无疑也将社会生活的具体组织形式，纳入到理想社会的建设规划之中来。故使得人民有其"恒产"，是"仁政"的必然之举，也是对未来有秩序社会之一紧切的瞩望。

战国以来，列国变法，"李悝为魏文侯作尽地力之教"，"秦孝公用商君，坏井田，开阡陌，急耕战之赏"。（《汉书·食货志》）一方面，列国的革新务在富国强兵；另一方面，变法的过程中也实现了"务在弱民"（《商君书·弱民》）的效果。加之战国时代的连年征战，徭赋沉重，民生凋敝，这是一个客观

---

① 吕思勉《中国史籍读法》曰："凡治史，固不必都讲考据，然考据之门径，是不能不知道的，于注释亦应留意，否则所据的全系靠不住的材料，甚至连字句都解释错了，往往闹成笑柄。如胡适之，昔年疑井田制度时，称之为豆腐干式，将昔人设法之谈（设法，谓假设平正之例），认为实事，已可笑矣，犹可说也。后乃误古书之方里者为几方里，不但振振有辞，且于纸角附以算式，遂为胡汉民指出，乃曰：我连《孟子》都忘了。其实此乃根本没有懂，无所谓忘也。旋又据今日之经纬度而疑《汉书·西域传》所载各国道里为不实，作为古书数字不确之证，不知《汉书》所载者，乃人行道里，经纬度两点间之直线距离，则昔人谓之天空鸟迹，截然两事，明见《尚书·禹贡疏》。不读《禹贡疏》，甚而至于不读《孟子》，本皆无足为奇，然欲以史学家自居而高谈疑古则谬矣，其说皆见昔年之《建设杂志》。"收入吕思勉：《史学四种》，上海人民出版社，1981。

的社会现象，也是诸子尤其是儒家学派所面临及希望解决的道义危机。春秋末期，《论语》之中，反复倡导"仁"，但孔子之学的中心仍在"礼"，"仁"作为一种美好的德性，是以礼锤炼的结果，其学养的中心乃在学为君子，在于建立普遍的秩序和价值，故而作为对他人关爱的"仁"只是众德之一，可以说孔子的学术是一种人文色彩浓厚的学术思想。而孟子独传孔子仁学，扩而充之，特别强调其"爱人"的一面，提倡"以不忍人之心，行不忍人之政"，是谓之"仁政"。孟子的仁政，是在战乱频仍的时代对普通民众生命和生计的关心。孟子对于一般人的不幸有着深切的同情，故而在他的仁政学说中，人道主义的情怀跃然可见。可以说，孟子将儒家的仁学引导至"泛爱众"的方向，旨在使天下回归至一个良好的秩序，这个秩序必须解决民生的问题，这是孟子对于儒学的全新注入。故而，井田制、制民之产对于孟子的"行仁政"学说有着重要的意义。

孟子的仁政学说，固以君主明辨义利为前提，故《孟子·梁惠王上》篇首揭义利之辨。孟子的仁政学说，其宗旨在以民为本，此故三代以来圣贤之旧训，若《尚书·五子之歌》曰："皇祖有训，民可近不可下，民惟邦本，本固邦宁。"而孟子非特重民，甚至直言"民为贵，社稷次之，君为轻"。而重民仁政之道，则在制民之产。

"制民之产"的施政方乃在"君"，这是自上而下的施政行为。在孟子看来，衡量一个君王称不称职、尽不尽责的标准有很多，但其中最重要的一条就是，看他在"发政施仁"的过程中能不能有效确立和切实维护广大民众的基本生存权利，能不能为广大民众提供必要的生产资源和生活资料。孟子认为制民之产的限度乃在于："必使仰足以事父母，俯足以畜妻子；乐岁终身饱，凶年免于死亡。"即保障百姓免于饥馑冻馁，使他们能够维系一个五口之家的生存和体面，这是最基本的底线，也是国家治理的基础和起点。国家能给百姓提供基本的生活保障，则"驱而之善，故民之从之也轻"。孟子对于仁政的一个基本规划是：

> 五亩之宅，树以之桑，五十者可以衣帛矣。鸡豚狗彘之畜，无失其时，七十者可以食肉矣。百亩之田，勿夺其时，八口之家可以无饥矣。谨庠序之教，申之以孝悌之义，颁白者不负戴于道路矣。(《孟子·梁惠王上》)

此固为大家所稔知。然，细审孟子之意，则大纲在焉，兹试作说明：其一，五亩之宅，此先教民安居，百姓得安居，则得孳生繁衍。其二，百亩之田，勿夺其时，此则教民乐业，授百姓以田亩，而不以兵戈徭役疲民，百姓得以稼穑食其筋骨之力，则差可糊口。其三，树以之桑，鸡豚狗彘之畜，无失其时，此教民足衣足食也。百姓衣食不足，养生送死有憾，人心不足，则不暇治礼义法度。故安居乐业之外，使百姓保暖均匀，富庶之。其四，谨庠序之教，申之以孝悌之义，此以礼义化民成俗。百姓衣食既足，保暖而无教，则近乎禽兽，故富之在先，教之在后，颁白者不负戴于道路，则百姓知爱亲敬长慈幼怜贫。《论语》曰："百姓足，君孰与不足"，此孔孟"民为邦本"学说之张大。"五亩之宅"与"百亩之田"之说，孟子对梁惠王、齐宣王反复晓告，劝之也切而未之能信能用，正所谓"诲尔谆谆，听我藐藐"。行文至此，不禁一叹。

孟子既已提出"制民之产"，则"国"与"君"皆不得独霸一切、垄断社会资源，山林薮泽之利，须与百姓共享共有，故孟子首倡"与民同乐"之说。齐宣王好世俗之乐，孟子导之与民同乐。齐宣王有雪宫宴游之乐，孟子导之以乐民之所乐。齐宣王设园囿四十里于郊关之内，孟子导之以与民共享。齐宣王有好色之疾，孟子导之以行周政，使"内无怨女，外无旷夫"。由此观之，君王有钟鼓、苑囿、游观之乐，与好勇、好货、好色之心，与百姓人情私欲皆同有，这是人性生理之固然。孟子以同理之心，扩充君王与民同乐之意，以"王道"相劝诱，与民共享则有仁政之誉，独霸资源则有好利之讥，将道德与政治融萃于一体，此孟子学说一大特征。

孟子以仁政为政治与道德合一的最高纲领，倡导制民之产，主张与民同乐（共享），故于财税赋敛亦有一特别主张——分田制禄，赵岐注孟子以为："分田，赋庐井也。制禄，以庶人在官者比上农夫，转以为等差。"这也就是人们所熟知的井田制度和爵禄制度：北宫锜曾向孟子询问周室班爵禄的详细规制，孟子答以："其详不可得闻也，诸侯恶其害己也，而皆去其籍。然而轲也尝闻其略也。"滕文公向孟子询问为国之道，并请毕战问井地之法，孟子答以经界、井田及贡赋制度，并云"此其大略也，若夫润泽之，则在君与子矣"。可见，孟子将财产的分配和国家的税赋制度看成是一体的，比如，孟子曰：

> 夏后氏五十而贡，殷人七十而助，周人百亩而彻。其实皆什一也。彻者，彻也。助者，藉也。……诗云："雨我公田，遂及我私。"惟助为有公田，由此观之，虽周亦助也。

我们姑且认为在战国时代及此前，存在过贡、助、彻三种授田之后的税赋制度，历代以来注解《孟子》及《周官》《王制》的学者都希望将此税赋三法加以清晰化，并将其施行情况做一考实性的解释，如有的学者沿着孟子的思路认为这是三代之制，是夏商周的不同土地税赋制度；也有的学者认为，在乡遂用贡法、在都鄙用助法，是地域性的差异，造成征收制度不同。但笔者认为，这种考实的目标可能是一项无法完成的工作，在没有更多的材料的佐证下，我们可以想象，这三种税收制度都是周代以来列国客观存在过的历史现象，我们没有必要也不需将其坐实在某代某地的头上。孟子在三种税收制度之中独独留意于"助法"和"什一"的征税比例，则值得着眼。我们看一段白圭和孟子的对话：

> 白圭问孟子曰："吾欲二十而税一，何如？"孟子曰："子之道，貉道也。万室之国而一人陶，则可乎？"曰："不可。器不足用也。""夫貉，五谷不生，唯黍生之。无城郭宫室宗庙祭祀之礼，无诸侯币帛饔飧，无百官有司，故二十取一而足也。今居中国，去人伦，无君子，如之何其可也？"

孟子主张将税赋的征收比例保持在十分之一，高于这一比例，则会因盘剥百姓而造成民生危机；反之，低于这一比例，则难以维系正常的社会组织运转。孟子是通过什么考量，定下这样一个比例，我们不得而知，但根据之后的经学文献看，这一比例似乎被认为是铁的原则，例如《春秋公羊传》曰："什一者天下之中正也。多乎什一，大桀、小桀；寡乎什一，大貉、小貉。什一者天下之中正也，什一行而颂声作矣。"显然，什一的比例，公羊学说是蹈袭孟子的，并通过春秋学的传播和演绎而成为儒学的共识。

由此，我们作一小结，孟子的仁政学说始于制民之产，要求君主与百姓共享资源，并定下一"百亩之田、五亩之宅"的授田基调，这是数口之家（或八口之家）的基本生产单元，而后在税赋征缴时按照十分之一的比例征税，并且最好采用"助法"的劳役地租，而不要直接征收实际收入。这是孟子的经世济民的仁政理想，论者多以这个理想"迂远而阔于事情"（《史记·孟子荀卿列传》），那么此一政纲在后世中国的历史中到底有没有实际的影响呢？我们须做进一步考察。

三、"百亩之田"：孟子井田说的历史遗产

我们认为，正是由于孟子"省刑罚，薄税敛"的政治主张，为后世政治提供了一个近乎刻板的经济底线，而孟子"制民之产"背景之下的"井田"理想，实则在后世政治中发挥过巨大的作用。本节尝试探讨这一问题在汉代的历史实践意义。

西汉初年，承周、秦之大弊，统治者采取"清静无为"与"休养生息"的国策；清静无为是对统治者而言，宽省、节俭、不滥用民力；休养生息是对百姓而言，轻徭、薄赋，以期孳生繁衍。过去，人们在谈及汉初清静无为、休养生息的政治策略时，往往以为是道家黄老思想主宰高、惠、文、景时代之政治。殊不知，汉文帝颇能采纳孟子仁政学说，以矫前代虐民之失。赵岐《孟子题辞》记述说："汉兴，除秦虐禁，开延道德，孝文皇帝欲广游学之路，《论语》《孝经》《孟子》《尔雅》皆置博士，后罢传记博士，独立五经而已。"可

见，文帝时代曾为《孟子》置博士。景帝时，河间献王"所得书皆古文先秦旧书，《周官》《尚书》《礼》《礼记》《孟子》《老子》之属，皆经传说记，七十子之徒所论"。其中特表出《孟子》，恐也是一时"山东诸儒多从之游"而时常谈论者。汉文帝令诸儒刺取五经以撰《王制》，今《礼记·王制》多袭用《孟子》文句。此亦足见一时之风尚。根据李华的统计和研究，汉文帝施政诏令涉及王道仁政思想的内容与《孟子》极其一致。①

首先，我们来看秦汉之际百姓的实际授田情况，据《张家山汉简·二年律令》中的《田律》所载，公卒、士伍、庶人都是一顷即一百亩，每户的宅地为一宅。张家山汉简所记乃是《田律》，自与儒家的经书理想不同，律法须有实践的可能及价值。尽管对于《田律》所载按照军功爵行田的制度，究竟是国家的授田制度，还是限制一个拥有爵位的户主占有田亩的上限，或者兼而有之，学术界尚有不少争议，但通过各种材料的对读，我们认为"百亩之田"的规划，可能在秦汉之际是切实执行过的制度或者是一理想的施政标准。

班固《汉书·食货志》记录了这样一个计算方式，一个丁男及其所在的五口之家，治田百亩，每年每亩收成为一石半，总计为粟百五十石，除去十一之税十五石，剩余百三十五石。每个人每月口粮一石半，五口之家一年的口粮总计需要粟九十石，剩下四十五石。每石售价三十钱，可折算为一千三百五十钱，去除"社间尝新、春秋之祠"需要用钱三百，还剩一千五十钱。每人每年置办衣裳需用三百钱，五人终岁用一千五百钱，尚有四百五十钱的亏空。当然，正如《汉书·食货志》所谓"平土可以为法"一样，这只是一种理想的计划。况且"不幸疾病死丧之费，及上赋敛，又未与此"。按照孟子的理想，"百亩之粪，上农夫食九人，上次食八人，中食七人，中次食六人，下食五人"（《孟子·万章下》）。这一说法也为西汉后期的贡禹所蹈袭曰"中农食七人"，可知"百亩之田"的实际产出，确实可以确保一个五口之家的温饱小康。这一

---

① 李华统计，目前传世及出土文献所见汉文帝诏令共计43篇，其中与《孟子》语句或思想直接相关的便达24篇。尤其是汉文帝即位初期，即文帝元年正月至二年年末的16篇诏令中，就有11篇与《孟子》中的内容高度相似。见李华《文景之治与孟子仁政思想的汉初践行——以汉文帝诏令对〈孟子〉的传承为例》，《山东师范大学学报（社会科学版）》2020年第1期。

问题，许倬云先生在其《汉代农业：早期中国农业经济的形成》一书中有所论及，可资参考，即一个农民所可耕种的土地数量和可养活的人口数量，在战国秦汉时代均远较后世为多，由此剩余的人口转移到其他劳动行业，甚至可以催发出以城市为中心的工商业经济。

故而，我们看到《汉书·食货志》所胪列的授田之法，实则是孟子学说的一个翻版而已。今迻录《食货志》原文如下：

> 民受田：上田夫百亩，中田夫二百亩，下田夫三百亩。岁耕种者为不易上田；休一岁者为一易中田；休二岁者为再易下田，三岁更耕之，自爰其处。农民户人已受田，其家众男为余夫，亦以口受田如比。士、工、商家受田，五口乃当农夫一人。此谓平土可以为法者也。……民年二十受田，六十归田。七十以上，上所养也；十岁以下，上所长也；十一以上，上所强也。种谷必杂五种，以备灾害。田中不得有树，用妨五谷。力耕数耘，收获如寇盗之至。还庐树桑，菜茹有畦，瓜瓠、果蓏殖于疆易。鸡、豚、狗、彘毋失其时，女修蚕织，则五十可以衣帛，七十可以食肉。

结合上文所引《二年律令·田律》，可知授田之制在汉代尤其是汉初，可能切实实行且有效。而这一制度的施行，必须保证人口和田地的增减都成相应的比例，若经久而不调整，则极易崩坏。文景时代，由于经济上的放任自由和不抑兼并，授田制度可能被局部或者大面积地放弃，故在汉武帝时代，董仲舒建议："古井田法虽难卒行，宜少近古，限民名田，以澹不足，塞并兼之路。"（《汉书·食货志》）。"限民名田"即限制一个家庭单元的土地最高拥有量，用来均衡人口与土地的关系。

西汉时代的中后期，经汉武帝穷兵黩武、赋敛加重之后，民生凋敝，一批文教精英提出革新政治，龚胜以为"制度泰奢，刑罚泰深，赋敛泰重"。鲍宣以为"民有七亡而无一得"，"民有七死而无一生"。哀帝即位，师丹辅政，建言："古之圣王莫不设井田，然后治乃可平。孝文皇帝承亡周乱秦兵革之后，天下空虚，故务劝农桑，帅以节俭。民始充实，未有并兼之害，故不为民田及奴婢为限。今累世承平，豪富吏民訾数巨万，而贫弱俞困。盖君子为政，贵因循而重改作，然所以有改者，将以救急也。亦未可详，宜略为限。"恢复井田制度，成为匡世救急的良方。

自孟子引《泰誓》"天视自我民视，天听自我民听"，将统治的合法性来源——天或天命，植入民生忧乐，即将社会治理的优劣看作是统治的合法性基础，"乐民之乐者，民亦乐其乐；忧民之忧者，民亦忧其忧。乐以天下，忧以天下，然而不王者，未之有也"（《孟子·梁惠王下》），此后，董仲舒又以天人感应之说加以缘饰。孟子鼓吹革命，对于暴虐的君主，主张可以"诛其君而吊其民"。西汉末，谷永则曰："天生蒸民，不能相治，为立王者以统理之。方制海内非为天子，列土封疆非为诸侯，皆以为民也。垂三统，列三正，去无道，开有德，不私一姓，明天下乃天下之天下，非一人之天下也。"贡禹则曰："今大夫僭诸侯，诸侯僭天子，天子过天道，其日久矣。承衰救乱，矫复古化……天生圣人，盖为万民，非独使自娱乐而已也。"故而，重申井田之义，使五口之家得有"百亩之田"，实现有秩序且有道德的社会治理，成为汉末改革的共识和方向。

东汉何休注解《春秋公羊传》，将井田之义概括为："一曰无泄地气，二曰无费一家，三曰同风俗，四曰合巧拙，五曰通财货。"井田设计，遂成为儒学治理民间农业村社的一大宏图远规，读者似不能仅以迂远目之。今迻录何休《解诂》如下：

> 是故圣人制井田之法而口分之：一夫一妇受田百亩，以养父母妻子，五口为一家，公田十亩，即所谓十一而税也。庐舍二亩半，凡为田一顷十二亩半，八家而九顷，共为一井，故曰井田。庐舍在内，贵人也。公田次之，重公也。私田在外，贱私也。……因井田以为市，故俗语曰市井。种谷不得种一谷，以备灾害。田中不得有树，以妨五谷。还庐舍种桑获杂菜，畜五母鸡两母豕，瓜果种疆畔，女上蚕织，老者得衣帛焉，得食肉

焉，死者得葬焉。多于五口名曰余夫，余夫以率受田二十五亩。十井共出兵车一乘。司空谨别田之高下善恶，分为三品：上田一岁一垦，中田二岁一垦，下田三岁一垦；肥饶不得独乐，硗埆不得独苦，故三年一换主易居，财均力平，兵车素定，是谓均民力，强国家。在田曰庐，在邑曰里。一里八十户，八家共一巷。中里为校室，选其耆老有高德者名曰父老，其有辨护伉健者为里正，皆受倍田，得乘马。父老此三老孝弟官属，垦正比庶人在官吏。民春夏出田，秋冬入保城郭。田作之时，春，父老及里正旦开门坐塾上，晏出后时者不得出，莫不持樵者不得入。五谷毕入，民皆居宅，里正趣缉绩，男女同巷，相从夜绩，至于夜中，故女功一月得四十五日作，从十月尽正月止。男女有所怨恨，相从而歌，饥者歌其食，劳者歌其事。男年六十，女年五十无子者，官衣食之，使之民间求诗，乡移于邑，邑移于国，国以闻于天子，故王者不出牖户尽知天下所苦，不下堂而知四方。十月事讫，父老教于校室，八岁者学小学，十五者学大学，其有秀者移于乡学，乡学之秀者移于庠，庠之秀者移于国学。学于小学，诸侯岁贡小学之秀者于天子，学于大学，其有秀者命曰造士，行同而能偶，别之以射，然后爵之。士以才能进取，君以考功授官。三年耕余一年之畜，九年耕余三年之积，三十年耕有十年之储，虽遇唐尧之水，殷汤之旱，民无近忧，四海之内莫不乐其业，故曰颂声作矣。

此可见授田、轮垦、庐舍、市井、里巷、月令、学校、选士、积蓄之法，经两汉儒者融汇，遂成一特别的体系。孟子所谓之"闻其略"，乃成一经国济民之要法，泽被后世。查《旧唐书·食货志》：

武德七年，始定律令。以度田之制：五尺为步，步二百四十为亩，亩百为顷。丁男、中男给一顷，笃疾、废疾给四十亩，寡妻妾三十亩。若为户者加二十亩。所授之田，十分之二为世业，八为口分。世业之田，身死则承户者便授之；口分，则收入官，更以给人。

唐代田亩，其畛域虽增于古，而丁男授田一顷则数仍于旧。此即井田之旧法、孟子之遗说、两汉之通制者也。

结语

孟子曰："君子不以其所以养人者害人。"故田制税法，为孟子所再四申明。中国自古以农耕立国，《诗》《书》所述，尧舜以来，莫不重农务本。先贤忠厚，仁及草木，牛羊勿践，歌之《行苇》。孟子井田之说，实则本之于"制民之产"之大义，后人读孟子书，不当但吹求井田制度之存亡是非、夥尠众寡，而应明晓孟子发言之本旨，以前人之经验，启发后人之秉懿，可知空文于治道学术有裨益哉。

至于井田尚有《周官》等学说为之羽翼，其所述沟洫水利之法、寓兵于农之策，作为良法美制，又当别论，本文兹述其制民之产之义，不再枝蔓旁及，望读者明之。

参照与诠释

仕或不仕
——孟子与庄子态度对比[1]

● 〔法〕王伦跃　法国国立东方语言文化学院中国思想史教授

按照司马迁的说法，孔子和老子见过面。《史记》中的《孔子世家》（卷47）和《老子韩非列传》（卷63）都涉及这一事件。有学者认为司马迁的这种写法"似乎受到《庄子》第十三、十四章若干段落的启发"。[2]《史记·老子韩非列传》中记载孔子从老子处问礼回来时，对弟子们说："鸟，吾知其能飞；鱼，吾知其能游；兽，吾知其能走。走者可以为罔，游者可以为纶，飞者可以为矰。至于龙，吾不能知其乘风云而上天。吾今日见老子，其犹龙邪！"虽然孔子与老子相遇有可能是虚构的，老子生活的年代及其存在还有各种争议，但它引出了许多哲学和文学的议题，具有不可争议的思想史意义。道家经常以此来证明其学说相对于儒家的优越性，尽管作为一种学说，道家学说的建立晚于儒家。

---

[1] 本文从法文论文《Faut-il servir le prince ? - les points de vue de Mencius et de Zhuangzi》，*Diogène*, n° 257, 2017, p. 53-66 译出。此中文版曾在 2022 年 8 月 18—19 日于山东邹城召开的"孟子思想及其在历代的影响"学术研讨会上通过视频宣读。

[2] Levi, J. (éd.), *Les deux arbres de la Voie. Le livre de Lao-Tseo / Les Entretiens de Confucius*. Paris: Les Belles Lettres, 2018, LII.

虽然韩愈、谭嗣同等人将与孟子同时的庄子列入孔子的后继者之列，但一般的看法是庄子是老子思想的承继者。那么孟子和庄子又是否见过面？这个问题已经由朱熹的弟子提出过：

> 李梦先问："庄子孟子同时，何不一相遇？又不闻相道及，[林作："其书亦不相及。] 如何？"曰："庄子当时也无人宗之，他只在僻处自说，然亦止是杨朱之学。但杨氏说得大了，故孟子力排之。"①

"虽然朱熹的观点是假设性的，但鉴于当时庄子的影响，这种假设似乎并非没有根据。"② 这里的意思是庄子在他生活的那个时候的影响不如杨朱大。不过，除了散见于先秦和汉代一些文献中关于他的文字片段，人们对杨朱知之甚少。孟子批评其自私以及无君思想。但一些汉学家，如葛瑞汉（A. Graham）或让-弗朗索瓦·毕来德（Jean-François Billeter）认定庄子生命中的特定时刻与杨朱学派有联系，他超越了杨朱对自我的关注，但是"这并没有（给他）提供真正的安全感"③。如果说孟子与告子、庄子与惠施有过争论，但没有任何证据表明孟子和庄子之间在任何场合会过面。无论如何，现有的文献资料都无法佐证这一点。然而，这两个人之间的直接交锋很有可能会在思想史上擦出火花。

我们知道，"仕""事""士"在如今仍为谐音。作为动词的前两者意义相近，很多时候可以混用。相对而言，"仕君""事亲"组合使用的频率更高一些。孔子、孟子所处的春秋战国时期，最符合"君"（prince）概念的中文术语可能是作为天子附庸的诸侯，prince 的拉丁语词源意为"第一个获取者"。事实上，在这五个多世纪的漫长岁月里，贵为天子的周王只有或多或少还受到尊重的象征权力。根据周朝的世袭制度，理论上是长子承袭爵位，这使得其他儿子成为习文习武之"士"。原初的"士"其实既可以是文士又可以是武士。

---

① 黎靖德编：《朱子语类》卷125，王星贤点校，中华书局，1994，第2988页。
② 杨国荣：《庄子的思想世界》，北京大学出版社，2006，第14页。
③ Billeter, J. -F. *Études sur Tchouang-tseu*. Paris：Allia, 2004, pp. 39-40.

"士"的文人化倾向某种程度上应该跟孔子有关。

孔子和老子同属于"士"这个社会阶层。从社会学角度讲，"士"希望成为忠诚的仕君者，因为对于士人而言，仕君在某种程度上可以归结为为自身服务，为与自己同源的大家族服务。当然，事实要更为复杂一些。《尚书》就已经在赞赏仕君者的美德的同时，同样赞赏隐士的美德。对于儒家来说，"士"的政治参与需要以君之行道为条件。否则，他们宁愿选择隐退。孔子曾说："笃信好学，守死善道。危邦不入，乱邦不居。天下有道则见，无道则隐。邦有道，贫且贱焉，耻也；邦无道，富且贵焉，耻也。"（《论语·泰伯》）

为了明哲保身，孔子不主张"仕"一个没有美德的君王。《礼记》中的《儒行》篇如此记载孔子回答鲁哀公所问：

> 儒有席上之珍以待聘，夙夜强学以待问，怀忠信以待举，力行以待取。其自立有如此者。
>
> ……………
>
> 儒有上不臣天子，下不事诸侯；慎静而尚宽，强毅以与人，博学以知服；近文章，砥厉廉隅；虽分国，如锱铢，不臣不仕。其规为有如此者。

在孔子看来，士可以不仕君，乃至不仕天子。美德总是高于利益。孔子的这种态度将在长时间内决定像孟子那样的士如何处理其与权力的关系。

从本质上说，庄子继承和发展了老子的政治思想。《道德经》第80章构想："小国寡民。使有什伯之器而不用；使民重死而不远徙。虽有舟舆，无所乘之；虽有甲兵，无所陈之。使民复结绳而用之。甘其食，美其服，安其居，乐其俗。邻国相望，鸡犬之声相闻，民至老死，不相往来。"两人都坚持"无为"的原则。但老子并没有说是否应该仕君。《道德经》字里行间还是有规劝人君要节俭、朴素、少干预的意思，因此含蓄地给出了权力实践的某种想法，即回归超越文化的原始自然王国。《道德经》是一兼具诗意和政治性的文本，而用葛浩南（Romain Graziani）的话来说，由

"哲学寓言"组成的《庄子》则对权力与智慧进行了更为激进的批判。君主在《庄子》中的地位更加有限,仕君是不可能的。

一、孟子:道德至上

孟子是第一个提出性善的古代思想家。孟子认为人人具有仁义礼智四端。只要将这四端无限地扩而充之便可成圣。性善的依据是人人具有恻隐之心。孟子将人体的其他器官称为"小体",而视具有"思"之功能的心为"大体"。孟子区别大人与小人的标准就是前者立于大体,后者立于小体。孟子的政治哲学正是基于先验善的道德观。他喜欢说如果一个君王能够施行仁政,那么治国保民对他来说就易如"运掌"。

不言而喻,对于孟子来说,一个具有君子理想的士必须仕君。他引《传》曰:"孔子三月无君,则皇皇如也。出疆必载质。"(《孟子·滕文公下》)正是在当时最强大的诸侯国之一的齐国,在宣王统治时期(公元前319年—公元前301年),孟子在寻找理想的君王上花费了最多的时间。《孟子》记载了宣王与孟子之间的几次对话,后者敦促前者实行仁政。宣王在他们接触之初就表示愿意接受孟子的教导。《孟子·梁惠王上》中,孟子利用宣王舍弃觳觫之牛代之以羊用来衅钟的旧事来激励宣王,认为他具有"保民"的条件。对孟子而言,对动物的恻隐可以推及对人民的恻隐。宣王立孟子为客卿,赐予其丰厚的待遇。孟子对这位君主说:"君之视臣如手足,则臣视君如腹心;君之视臣如犬马,则臣视君如国人;君之视臣如土芥,则臣视君如寇仇。"(《孟子·离娄下》)。孟子的出发点是:"民为贵,社稷次之,君为轻。是故得乎丘民而为天子,得乎天子为诸侯,得乎诸侯为大夫。诸侯危社稷,则变置。牺牲既成,粢盛既洁,祭祀以时,然而旱干水溢,则变置社稷。"(《孟子·尽心下》)包括人君、社稷在内的一切都是可以更换的,唯有人民不能更换。但他与宣王的关系逐渐恶化,《孟子·公孙丑下》的这段文字足以证明这一点:

孟子将朝王。王使人来曰："寡人如就见者也，有寒疾，不可以风。朝将视朝，不识可使寡人得见乎？"对曰："不幸而有疾，不能造朝。"明日出吊于东郭氏。公孙丑曰："昔者辞以病，今日吊，或者不可乎？"曰："昔者疾，今日愈，如之何不吊？"王使人问疾，医来。孟仲子对曰："昔者有王命，有采薪之忧，不能造朝。今病小愈，趋造于朝，我不识能至否乎？"使数人要于路，曰："请必无归，而造于朝。"不得已而之景丑氏宿焉。

景子曰："内则父子，外则君臣，人之大伦也。父子主恩，君臣主敬。丑见王之敬子也，未见所以敬王也。"曰："恶！是何言也！齐人无以仁义与王言者，岂以仁义为不美也？其心曰'是何足与言仁义也'云尔，则不敬莫大乎是。我非尧舜之道不敢以陈于王前，故齐人莫如我敬王也。"景子曰："否，非此之谓也。《礼》曰：'父召，无诺；君命召，不俟驾。'固将朝也，闻王命而遂不果，宜与夫礼若不相似然。"曰："岂谓是与？曾子曰：'晋楚之富，不可及也。彼以其富，我以吾仁；彼以其爵，我以吾义，吾何慊乎哉？'夫岂不义而曾子言之？是或一道也。天下有达尊三：爵一，齿一，德一。朝廷莫如爵，乡党莫如齿，辅世长民莫如德。恶得有其一，以慢其二哉？故将大有为之君，必有所不召之臣；欲有谋焉，则就之。其尊德乐道，不如是不足与有为也。故汤之于伊尹，学焉而后臣之，故不劳而王；桓公之于管仲，学焉而后臣之，故不劳而霸；今天下地丑德齐，莫能相尚。无他，好臣其所教，而不好臣其所受教。汤之于伊尹，桓公之于管仲，则不敢召；管仲且犹不可召，而况不为管仲者乎？"

朱利安（François Jullien）在一篇题为《面对政权知识人可能的地位提升之探源：孟子论士与君的关系》的文章中仔细讨论过这一段文字。[1] 它充分体现了孟子所构想的君与士之间的关系。孟子因为被齐宣王派人召见而取消了原本

---

[1] Jullien, F. 1984. « Aux origines d'une valorisation possible du statut de l'intellectuel face au pouvoir: la relation du lettré et du prince selon Mencius », *Extrêm-Orient*, *Extrême-Occident*, 4: pp. 20-21.

自己打算去看齐宣王的计划,并跑到朋友景丑家过夜,这引起了朋友的不满。景丑提醒孟子说:"内则父子,外则君臣,人之大伦也。父子主恩,君臣主敬。"孟子对此并不反对,因为他自己就曾提出五种人伦关系:父子、君臣、夫妇、兄弟以及朋友。但是,孟子去见齐宣王的计划是基于他自己的意愿,他不能接受景丑称他对齐宣王不敬的说法。孟子最后告诉他的朋友:"天下有达尊三:爵一,齿一,德一。朝廷莫如爵,乡党莫如齿,辅世长民莫如德。恶得有其一,以慢其二哉?"齐宣王与孟子在这一不是基于平等友好的非对称关系中各自占据着三个领域的其中一个优势。孟子是齐宣王的师者,代表德性,而齐宣王则是人君,以爵为尊。但孟子的年龄比齐宣王大,这使得三者变得不平衡。况且孟子并非齐国人。和同时代的许多士人一样,他是个游士。他在齐国虽然贵为客卿,但归根结底是他国人。某种程度上,他与齐宣王并不存在严格意义上的君臣关系。也就是说,齐宣王在爵位上的优势只是相对的。孟子其实区别过"天爵"和"人爵":"有天爵者,有人爵者。仁、义、忠、信,乐善不倦,此天爵也。公卿大夫,此人爵也。古之人,修其天爵而人爵从之。今之人,修其天爵以要人爵。既得人爵而弃其天爵,则惑之甚者也,终亦必亡而已矣。"(《孟子·告子上》)孟子所谓的"天爵"是道德之尊,至高无上,凌驾于社会地位之尊(人爵)之上。换言之,社会地位之尊必须从属依赖于道德之尊。"天爵"中的"天"也是天生、自然之意。因此,每个人天生就有道德之尊,重要的是如何将它发挥到极致。孟子用曾子将仁义置于富和爵之上来支持自己的观点:君主之位与道德品行相比显得并不重要。一个在道德上不合格的君主可能会失去他的社会地位。

我们再回到文本,齐宣王相对于孟子,最终没有或几乎没有三尊中的任何一个优势。还有,孟子在此事件后致仕。可以猜想,齐宣王派人召见孟子这一事件很有可能促成了他的离去,以至于他与齐宣王的关系彻底断绝。他离开齐国时,齐宣王也试图挽留他。实际上,齐宣王在挽留孟子时再次犯了双重甚至三重错误,因为他再次派使者为孟子安排了一个在齐国颐养天年的退路。在永远离开齐国之前,孟子在边境的一家客栈"三宿而后出昼",整整等了三天,希望齐宣王最后亲访，可是事与愿违，齐宣王始终没有从前事中吸取教训。因此，孟子在完全脱离跟齐国、跟齐宣王之间的关系前始终严格依照礼节行事。

孟子在他的论点中提到了两个历史人物，即在公元前十七世纪帮助未来的汤王的伊尹以及公元前七世纪协助齐桓公称霸的管仲，孟子不想自比于曾经受到孔子赞许的管仲，因为管仲走的是称霸之路。而孟子始终选择王道，他想帮助齐宣王"王"而不"霸"。"王"是以德服众，"霸"则是以力服众。对霸权的批判相当于对法家的批判。这无疑是孟子与不放弃称霸野心的齐宣王不和的症结所在。齐宣王的军队大约在公元前314年在其征服的燕国犯下了可怕的罪行。我们看到孟子的毫不妥协的态度，这与子思所说的"恒称其君之恶者，可谓忠臣矣"① 非常相似。

二、庄子：绝不仕君

如果说孔子、曾子、子思的承继者以及孟子都主张德胜于权，那么庄子的态度就更加激进，那就是断然拒绝仕君。他比老子教圣人、君主应该让人民"虚其心，实其腹；弱其志，强其骨"走得更远。庄子的关注点更多地集中在个人及其存在上，而不是人的社会维度。在《史记·老子韩非列传》中，司马迁根据《庄子·列御寇》中的一段话，讲述了这样一段轶事：

> 楚威王闻庄周贤，使使厚币迎之，许以为相。庄周笑谓楚使者曰："千金，重利；卿相，尊位也。子独不见郊祭之牺牛乎？养食之数岁，衣以文绣，以入大庙。当是之时，虽欲为孤豚，岂可得乎？子亟去，无污我。我宁游戏污渎之中自快，无为有国者所羁，终身不仕，以快吾志焉。"

孟子这样的儒士对荣誉和俸禄并不拒绝。相反，孟子对道德的价值、对士

---

① 荆门市博物馆编：《郭店楚墓竹简》，文物出版社，1998，第141页。

人的相对于权力的知识价值意识极强，士的待遇应该可以按照其品行来计量。用皮埃尔·布迪厄的话来说，文化、道德品质或象征性资本必须能够转化为物质利益。当然，这种转化的条件对孟子而言是道德践行。但庄子一开始就拒绝仕君，认为威王的"许相"是肮脏的，上引最后一句话意思再清楚不过了。我们知道，庄子对属于自然界的动物有偏爱，拿动物作比喻在他的论证中是一个非常常见的现象：

> 庄子钓于濮水，楚王使大夫二人往先焉，曰："愿以境内累矣！"
> 庄子持竿不顾，曰："吾闻楚有神龟，死已三千岁矣，王巾笥而藏之庙堂之上。此龟者，宁其死为留骨而贵乎？宁其生而曳尾于涂中乎？"
> 二大夫曰："宁生而曳尾涂中。"
> 庄子曰："往矣！吾将曳尾于涂中。"

《庄子·秋水》中的这段话，毕来德先生在 *Études sur Tchouang-tseu*（《庄子研究》）的 "Non-pouvoir et non-voloir"（不能与不欲）章中精心分析过。[①] 庄子又以祭祀用的动物为论据，在本例中是龟。这并不奇怪。上一段引文中的牛，以及本例中的龟，都用于仪礼——我们还记得《孟子》中的一段话，齐宣王要求用羊代替受惊的牛来"衅钟"。对庄子而言，祭祀杀牲畜如杀人一样。我们知道，龟甲在商周时期被用来占卜。以神圣的名义，动物被牺牲了。还有更深层的意义，《史记》中的记载与《庄子》的吻合处不只是动物主题，还体现在相同的叙事程式中：楚王派使者求贤，而庄子则轻蔑地拒绝，他只喜欢"游戏污渎之中自快"或者"曳尾于涂中"。庄子只想做一个没有主人的动物，或者做动物的代言人。

因此，仕君就是像被牺牲的动物一样灭亡，就是失去生命。相对于死，尤其是无谓的死，庄子宁愿生，即便是生之维艰。《庄子·盗跖》中，记录了大

[①] Billeter, J. -F. *Études sur Tchouang-tseu*, p. 45.

盗盗跖与孔子的对话，孔子想要让他皈依道德。盗跖则一一列举了孔子所崇敬的所有圣王、贤士、忠臣，以及他们因遵守道德或侍奉君王而惨死的经历。他总结道："不能说其志意，养其寿命者，皆非通道者也。"庄子直言不讳地借用盗跖之口表述己意，使得孔子仓皇逃走。在这里，圣人与大盗似乎互换了角色。庄子不是说"圣人不死，大盗不止"吗？作为老子"绝圣弃智"的反智主义继承者，庄子进一步推进了老子的反礼主义（事实上，孔子问礼就足以证明老子本人知礼、习礼）。然而，这并非说庄子对死亡深怀恐惧：《庄子》一书一再证明生死的相对性。如果我们自愿选择时代上的错位，那么就可以在《庄子》中发现蒙田——毕来德已经就身心之间的关系将他与蒙田做过类比①——和拉博埃西（La Boétie）的影子。对于蒙田来说，"世界上所有的智慧和话语最终可以归结为这一点：教导我们不要害怕死亡"②。

蒙田的朋友英年早逝，他描述了被羁绊住的牛和笼中之鸟的"抗议"，他总结道："因此，既然万物有感觉，一旦它们有感觉，就会感觉到受制于人之可憎，就会追求自由。即便是那些生来伺候人的动物，也惯于带着极不愿意的抗议去伺候人：这是多么不幸，让唯一生来真正就为自由而活的人如此失去人性，让他失去对其原始存在的记忆，以及重操自由的欲望。"③ 庄子不接受仕君，正是为了避免进入权力关系，即拉博埃西批评的那种奴役关系。如果我们套用毕来德所用的术语，即对权力的不欲与对自由的欲望密不可分。庄子没有进入他律关系，而是刻意选择自律。跟权力相关的任一超验道义维度，或与礼相关的任何内在约束，并没有也无法进入庄子的视野。这对人和动物都是如此。这也是庄子与拉博埃西的区别所在：拉博埃西承认人与动物在奴役层面上的不同。庄子与楚王使者的对话方式，跟他与其朋友惠施的对话方式很相似：

---

① Billeter, J. -F. *Leçons sur Tchouang-tseu*. Paris：Allia, 2002, pp. 50-52.
② Montaigne, M. de, *Essais in Œuvres complètes*. Édition d'Albert Thibaudet et Maurice Rat à partir de l'Exemplaire de Bordeaux（1588），publié de 1906 à 1920. Paris：Gallimard, Bibliothèque de la Pléiade, 1962, p. 80.
③ La Boétie, E. de, *Le discours de la servitude volontaire*. Texte établi par Pierre Léonard. Paris：éditions Payot & Rivages. Reproduction de la version du manuscrit de Mesmes éditée pour la première fois en 1853, 2002, pp. 144-145.

惠子相梁，庄子往见之。或谓惠子曰："庄子来，欲代子相。"于是惠子恐，搜于国中三日三夜。庄子往见之，曰："南方有鸟，其名为鹓鶵，子知之乎？夫鹓鶵发于南海，而飞于北海，非梧桐不止，非练实不食，非醴泉不饮。于是鸱得腐鼠，鹓鶵过之，仰而视之曰：'吓！'今子欲以子之梁国而吓我邪？"

这一段文字紧接着上面分析过的"吾将曳尾于涂中"的那段。文献并没有告诉我们庄子到达梁国的时间是否与孟子在梁国作短暂停留的时间相吻合。我们也不知道这是不是惠施和庄子的第一次会面。如果我们相信《庄子》的话，他们之间有过很多次谈话。用三天三夜去搜一个朋友似乎有些过分。如果他们已经是朋友，惠施不可能不了解庄子，以至于会相信庄子是为了取代自己而来的。与其说庄子是跟一个朋友说话，毋宁说他针对的更是君王的代表。他把惠施比作鸱，把他为相的国家比作一只腐鼠，自比鹓鶵的庄子对此毫无兴趣。无论君王和统治者的德行如何，国家、制度都属于庄子所鄙视和不能接受的范畴。对他来说，唯一可能和宜居的政治空间是像鹓鶵那样可以自由展翅的天空。

我们也可以假设庄子和惠施在这次会面之前就已经是朋友了。如果是这种情况，朋友的政治参与可能对保持直言不讳习惯的庄子而言是一种政治上的妥协。庄子的话语经常采用一种自嘲口吻，需要谨慎解读，但与其他主题相比，拒绝仕君看来是真诚和明确的。《庄子·让王》中列举了许由等隐士的例子，他们为了保全性命，拒绝了尧舜要托付给他们的天下（也有一部分选择了以自沉等方式来拒绝）。在庄子看来，这一点正是庸俗的人与有道者的区别。因此，拥有天下不是有道者的事，仕君就更加如此了。

在仕或不仕这个问题上，孟子和庄子的态度截然不同。对于孟子而言，仕君是"士"的基本职责，但这是以君王的美德为前提的。问题的核心是君王是否值得"仕"。庄子的态度是断然拒绝仕君。这两种态度虽有差异，却是互补的。孟子的理想没有实现，君与士的知遇最终在他那个时代没有发生，因为孟子要求的道德约束和修身对君王来说似乎难以接受。依照后来韩愈的解读，周武王之后，中国历史上已经没有圣王，这一点也为朱熹所接受。如果按照孟子的标准，后来的君王都不值得"仕"。从周公开始，权力（王）和智慧（圣）开始分野，儒家也更为关注周公和孔子本人所代表的智慧。圣王不再的现象跟罗马帝国不同，从孟德斯鸠到米歇尔·福柯，马可·奥勒留（Marc Aurèle）因修身而一直备受称赞。即便权力与文化的联系依然牢固（这一点说明了战国诸侯某种程度上继续善待士人），但不是以孟子为代表的儒家理想主义使战国得以统一，而是法家帮助秦国的君王取得了这一成就。尽管如此，孟子所要求的道德约束仍然是一种政治参照，因为它不允许过分任意使用权力，即使在专制制度下也是如此。只是，士的言论自由越来越少，从公元前221年秦帝国建立起更是如此。

与孟子的以道德为中心的政治观不同，庄子更喜欢将政治去中心化。那是一种离心力，表征了权力与士之间的张力。对庄子来说，人不是政治动物，而是自由的个体，可以自由地言说和行动。他的关注指向存在，转向广义上的生活。如何养生，如何保存一贯之气，这才是庄子关心的主要问题。修身对他而言，没有儒家那种自我与自我的关系必然能够过渡到自我与他人的关系的拓展性。庄子以自我为中心，以个人为中心，自我与自我的关系既是起点，也是终点。从这个意义上说，庄子是所谓中国传统缺乏个人主义之说法的完美反例。

孟子和庄子虽然选择不同，却给了我们两种可能，两种君与士的关系范式。他们两人都没有退让，没有放弃各自的原则。他们都选择了自由意志。可能这就是他们两种思想的相遇，或者交叉。

荀子对《孟子》的袭用与批判

● 徐克谦　三江学院文学与新闻传播学院教授、南京师范大学文学院教授

孔子死后，儒分为八。八儒中真正形成气候并产生重大影响的，就是以孟子为代表的"孟氏之儒"和以荀子（孙卿）为代表的"孙氏之儒"。孟子在战国中期以孔子的继承人自居，高举儒家"王道""仁政"理想的大旗，游历齐、魏、鲁、宋、滕等国，传播其"性善论"和社会政治主张，并与各种流行的诸子学说展开论辩，对维护孔子开创的儒家学派的学术阵地起到了很大作用。但战国中后期儒家无论在政治上还是在学术争鸣中都并不占有优势，道家、名家、法家、纵横家似乎风头更盛，且都对儒家有所批评。挽救儒家颓势的重任落在战国后期儒学大师荀子身上。学界对孟、荀学说的比较，大多集中于二人在人性论等方面的差异上，后代宋明理学家亦往往强调二者在性与天道问题上的不同，且倾向于褒孟贬荀。实际上荀子对孟子之学，显然做了仔细的研究，有深入的了解。可以发现《荀子》书中有许多沿袭、暗用孟子的内容。不过凡是暗用或袭用《孟子》之处，都没有明说。另一方面，荀子又对孟子（思、孟儒学）进行了公开猛烈的攻击和批驳，甚至有对孟子隐私的攻击（说他"恶败而出妻"）。凡是批判与攻击，几乎都是点名道姓的。本文尝试就荀子对孟子思想和文本的接受、沿袭，以及荀子对

孟子所作批判的背景和动机做一些粗浅的探析。

一、荀子是否有可能见过孟子

《荀子》书中《非十二子》《解蔽》等篇对先秦各家学说进行评论，其中措辞最严厉的就是对子思、孟氏的批评，用语之激烈超过对其他任何学派，甚至说他们有"罪"。荀子为何对同出于儒门的思、孟之儒抨击如此尖锐？这是个有趣且值得研究的话题。

孟子、荀子的生卒年，学界有不同说法。比较被普遍接受的一种观点认为孟子大约出生于公元前 372 年（周烈王四年）。[①] 荀子的生卒年问题也很复杂，一些学者将其生年定于公元前 336 年（周显王三十三年）。[②]如果是这样，那么荀子应该比孟子小 36 岁左右。荀子和孟子有没有见过面？现存文献资料没有任何证据可以证明他们见过面。但是二人见过面的可能性也并非完全不存在。因为现在流传下来的先秦文献是极其有限的，同时现有材料也并没有证据可以排除他们见过面的可能性。相反，现有文献记载留下的空白倒是给了我们一些孟、荀有可能见过面的想象空间。

孟子一生活动中，可以明确考证出发生时间的事件，比较集中于公元前 322 年到公元前 311 年这十来年当中，其活动范围是在魏国、齐国、鲁国、宋国，而在齐国的时间最长，《孟子》书中记载孟子在齐国的活动，都发生在这期间。

关于荀子的生平，可依据的材料更少。《史记·孟子荀卿列传》说荀子"年五十始来游学于齐"。刘向《孙卿子叙录》（见于宋本《荀子》）说："方齐宣王、威王（按，照理应该是威王在前，宣王在后）之时，聚天下贤士于稷下，尊宠之。……是时，孙卿有秀才，年五十，始来游学。……至齐襄王时，孙卿最为老师。"但宋晁公武《郡斋读书志》引刘向《叙录》则作"年十五始

[①] 如元代程复心《孟子年谱》、狄子奇《孟子编年》、梁涛《孟子行年考》等。
[②] 如廖名春《荀子新探》、梁涛《荀子行年新考》等。

来游学"。应劭《风俗通·穷通篇》也说:"齐威、宣王之时……孙卿有秀才,年十五,始来游学。……至襄王时,而孙卿最为老师。"如果荀子真的是年十五就来齐国游学,那他很可能遇到当时也在齐国的孟子。不过后人对荀子何时游齐的问题已经做了许多论证,基本上否定荀子年十五游齐的说法。

但是另有一条材料可以证明,孟子在齐国的时候,荀子虽然可能还很年轻,但也已经在战国政治舞台上出现了,而且就在与齐国相邻的燕国。这条材料就是荀子的学生韩非子曾说:"燕子哙贤子之而非孙卿,故身死为僇。"(《韩非子·难三》)我们知道,公元前316年,燕王哙效法古代圣王尧舜禅让,把国君的位子禅让给国相子之,结果得不到燕国人民的支持,也得不到其他诸侯国的承认,反而招来齐国的入侵,差一点灭国。韩非子上面那句话说明燕王哙禅让之际,荀子(孙卿)应该就在燕国。不仅在燕国,而且还是一个可以与国相子之并提的政治人物。韩非子的意思就是说燕王哙选择了子之而非荀子,是一个致命的错误。

燕王哙禅让发生时,孟子应该就在齐国,或者曾临时回鲁国安葬老母。《孟子·公孙丑下》记载沈同以其私问"燕可伐与"就发生在此时。孟子对齐国趁燕国内乱派兵入侵燕国这件事至少是默许的,甚至是明确支持的,[①] 尽管事后他以"为天吏,则可以伐之"的托词加以辩解。而且率领齐国军队出兵燕国的主将匡章,跟孟子的关系非同寻常。(参见《孟子·离娄下》)

如果说荀子在燕王哙让国引发动乱以及齐国攻打燕国之前是在燕国的,那么之后他去哪儿了呢?史书和现有任何文献中都没有记载。实际上在这之后二十多年时间里荀子的踪迹都不清楚,直到后来齐国稷下学宫又兴,荀子才突然"三为祭酒""最为老师"(《史记·孟子荀卿列传》)。这当中史料留下了许多空白,可以供人们想象。笔者认为齐国入侵燕国后,荀子在燕国肯定是待不下去了,而他最有可能去的国家应该就是邻近的齐国。因为当时齐国有稷下学宫,是最能吸引像荀子这样的年轻学者的地方。所以我们不必拘

[①] 《战国策·燕一》:"孟轲谓齐宣王曰:'今伐燕,此文、武之时,不可失也。'王因令章子将五都之兵,以因北地之众以伐燕。士卒不战,城门不闭,燕王哙死。齐大胜燕。"

泥于《史记》中"年五十始来游学于齐"这一句话，排除荀子在此之前到过齐国的可能性。

假如荀子是在这个时候到了齐国，他就有可能见到孟子。而这时的孟子在荀子眼中会是个什么样的人呢？首先，孟子是儒家前辈，比荀子年长三四十岁。其次，他是声望极高的大学者，动辄"后车数十乘，从者数百人，以传食于诸侯"（《孟子·滕文公下》）；是齐宣王的座上宾，名在"三卿"，其地位远在一般稷下学士之上。① 第三，这个人很傲气，有点目中无人，不仅对国君是"说大人，则藐之，勿视其巍巍然"（《孟子·尽心下》），而且连管仲那样的齐国先贤都不在他眼里。

而此时的荀子，只不过是个二十岁出头，刚刚出道的年轻学士。可以想象，此时年轻的荀子一方面对孟子这位儒家前辈的声望和地位十分膜拜，另一方面也目睹了孟子理想主义的仁政主张在比较务实、崇尚功利的齐国实际上所遭遇到的碰壁。以孟子的个性和脾气，假设他当时见到过荀子的话，也很可能根本没把荀子看在眼里，这可能在一定程度上刺激了荀子。这或许都对后来荀子对孟子的接受和批判产生了一定的影响，由此可以理解为什么《荀子》书中多有对《孟子》的接受与袭用，同时又对孟子有尖刻的批评。

二、荀子对孟子思想和文章的袭用

荀子显然对孟子及其思想言论乃至文章做过认真研究，并且深受其影响。因为我们在《荀子》书里可以找到许多暗用孟子的地方，其中既有思想观念的沿袭、社会政治主张的继承，也有比喻乃至文字表述的仿效甚至抄袭等。以下略举若干例证加以说明：

---

① 关于孟子本人算不算稷下先生，有不同意见。白奚认为孟子不属于稷下先生，他的地位比稷下先生高，而且他不屑于做稷下先生。参见白奚：《稷下学研究》，生活·读书·新知三联书店，1998，第七章第一节。

（一）荀子与孟子一样皆认为汤伐桀、武王伐纣不是"弑君"，而是"诛独夫"

《孟子·梁惠王下》记载：齐宣王问孟子，汤放桀、武王伐纣，"臣弑其君可乎"？孟子回答："贼仁者谓之贼，贼义者谓之残，残贼之人谓之一夫。闻诛一夫纣矣，未闻弑君也。"而荀子的《议兵》《正论》篇也持这种观点，他说："汤武之诛桀纣也，拱挹指麾，而强暴之国莫不趋使，诛桀纣若诛独夫。故《泰誓》曰'独夫纣'，此之谓也。"（《荀子·议兵》）"诛暴国之君，若诛独夫……天下归之之谓王，天下去之之谓亡。故桀纣无天下而汤武不弑君，由此效之也。汤武者，民之父母也；桀纣者，民之怨贼也。今世俗之为说者，以桀纣为君而以汤武为弑，然则是诛民之父母而师民之怨贼也，不祥莫大焉。以天下之合为君，则天下未尝合于桀纣也。然则以汤武为弑，则天下未尝有说也，直堕之耳。"（《荀子·正论》）这完全就是对孟子"诛一夫"思想的进一步阐释。

（二）荀子与孟子一样都认为仲尼之徒不谈论齐桓晋文的霸业

齐宣王问"齐桓、晋文之事"，孟子说："仲尼之徒无道桓、文之事者，是以后世无传焉。臣未之闻也。"（《孟子·梁惠王上》）。我们知道，这并不符合事实，孔子明明对齐桓公九合诸侯一匡天下的功业给予了高度评价，孟子自己也说过孔子作《春秋》"其事则齐桓、晋文"（《孟子·离娄下》），怎么能说"仲尼之徒无道桓、文之事者"呢？令人诧异的是，荀子竟然也跟着孟子这么说："仲尼之门，五尺之竖子，言羞称乎五伯。"（《荀子·仲尼》）此外，孟子批评"五霸"是"以力假仁者霸"（《孟子·公孙丑上》），也就是说齐桓、晋文虽然有时也讲点"仁义"，但那只不过是个幌子，是用来掩饰他们武力称霸的实质的。而荀子也说过，五霸是"以让饰争，依乎仁而蹈利者也"，而不是"服人心也"（《荀子·仲尼》），也就是说，五霸是打着仁义的旗号谋利。这个观点也是跟孟子完全一致的。

（三）关于"制民之产"问题，荀子与孟子有同样的表述

《孟子·梁惠王上》在谈到"制民之产"的问题时，具体主张是："五亩

之宅，树之以桑，五十者可以衣帛矣；鸡豚狗彘之畜，无失其时，七十者可以食肉矣；百亩之田，勿夺其时，数口之家可以无饥矣；谨庠序之教，申之以孝悌之养，颁白者不负戴于道路矣。"而荀子的《大略》篇也说："家五亩宅，百亩田，务其业而勿夺其时，所以富之也。立大学，设庠序，修六礼，明七教，所以道之也。"这和孟子的观点可以说是如出一辙。

（四）荀子沿袭了孟子在劳动分工、产品流通、赋税和关市等经济问题上的主张

孟子在与农家学派论辩时，强调了劳动分工的必要，指出必须促进商品流通，"通功易事，以羡补不足"（《孟子·滕文公下》），这样才能使梓匠轮舆等各行各业的劳动者互通有无，使大家都有饭吃。而荀子在《王制》篇中也说要促进"通流财物粟米，无有滞留"，使东南西北的物产、各行各业的产品流通起来互通有无，从而使"泽人足乎木，山人足乎鱼，农夫不斫削、不陶冶而足械用，工贾不耕田而足菽粟"。这显然是沿袭了孟子的主张。孟子多次提到"什一"之税，认为"夏后氏五十而贡，殷人七十而助，周人百亩而彻，其实皆什一也"（《孟子·滕文公上》）。因此他向宋国君臣提出"什一，去关市之征"（《孟子·滕文公下》）的建议。"去关市之征"，就是免除进出口的关税。在与齐宣王讨论仁政时也提出"关市讥而不征"（《孟子·梁惠王下》），就是说在关口可以对货物进行稽查，但是不要收税，目的在于促进商品的流通，促进诸侯国之间的自由贸易。而荀子在《王制》篇里面提到所谓"王者之法"，也包括"田野什一，关市几而不征"，其主张与孟子一致。

（五）荀子与孟子一样都强调道德的尊贵高于世俗的尊贵

孟子用"人爵"和"天爵"来区分世俗的权贵与道德的尊贵。诸侯、大夫等爵禄所代表的世俗尊贵属于"人爵"，人间的爵位。而一个人内在的道德，仁义忠信，那是天授予的爵位，叫做"天爵"，是比"人爵"更尊贵的东西。《荀子》书里面也有类似的区分。荀子说有两种荣辱：一种是"势荣""势辱"，就是说这种"荣"是由官方授予的，是依靠世俗权势而获得的，或者某种"辱"是跟世俗权势的得失有关的；但是另外还有一种荣辱，那是跟权势没有关系的，只跟一个人内在的道德有关系，那个就叫做"义荣"和"义辱"。荀子认为"义荣""义辱"更重要。也就是说，应该把高尚的道德看得比世俗的官位、权势、富贵更荣耀。这与孟子区分"人爵""天爵"的意思是一致的。

（六）荀子与孟子都对"诚"这个概念非常重视

关于"诚"，孟子曰："反身而诚，乐莫大焉"（《孟子·尽心上》）；"……反身不诚，不悦于亲矣；诚身有道：不明乎善，不诚其身矣。是故诚者，天之道也；思诚者，人之道也。至诚而不动者，未之有也；不诚，未有能动者也。"（《孟子·离娄上》）此说沿袭自《中庸》，《中庸》甚至说："不诚无物。"而荀子也说："君子养心莫善于诚，致诚则无它事矣。……天地为大矣，不诚则不能化万物；圣人为知矣，不诚则不能化万民；父子为亲矣，不诚则疏；君上为尊矣，不诚则卑。夫诚者，君子之所守也，而政事之本也。"（《荀子·不苟》）荀子跟思、孟一样，都把这个"诚"上升到道德修养的最高境界，甚至上升到天道的高度。

（七）荀子与孟子一样都有"舍生取义"的思想

孟子认为"生"与"义"都是人所欲得的，但是人之所以为人，就在于人"所欲有甚于生者，故不为苟得"，因此在"生"与"义"不可兼得的极端情况下，人会"舍生而取义"。（《孟子·告子上》）而荀子在《正名》篇也说，人都有强烈的求生的欲望，人都不愿意死。然而，人的欲望虽然是天生的，但在特定情况下人究竟选择生还是选择死，则受制于人心。"欲不待可得，所受乎天也；求者从所可，所受乎心也。所受乎天之一欲，制于所受乎心之多。"因此，在某种"不可以生而可以死"的极端情况下，人也会放弃生而选择死。这其实就是孟子说的"舍生取义"。人或舍生求死，但并非"欲"死，死非出于"欲"，所欲者"义"也，"义"者"宜"也。而荀子所谓"不可以生而可以死"，意即"不宜生而宜死"，是亦"义"也。

（八）荀子与孟子一样都有仁者无敌于天下的观念

孟子相信"仁者无敌"，而行仁政的王者，不需要很大的国土和实力，就可以实行王道，"地方百里而可以王"。（《孟子·梁惠王上》）他认为霸者必须有大国实力来支撑，以力服人，而王者却不需要，"以德行仁者王，王不待大。汤以七十里，文王以百里。……以德服人者，中心悦而诚服也"（《孟子·公孙丑上》）。荀子与临武君在赵孝成王面前议兵时也认为"仁者之兵"根本不需要使用诈谋就可以征服天下。荀子《王霸》篇甚至对孟子所谓"地方百里而可以王"的说法进行了具体论证："百里之地，可以取天下。是不虚！其难者在人主之知也。取天下者，非负其土地而从之之谓也，道足以壹人而已矣。彼其人苟壹，则其土地且奚去我而适它？故百里之地，其等位爵服，足以容天下之贤士矣；其官职事业，足以容天下之能士矣；循其旧法，择其善者而明用之，足以顺服好利之人矣。贤士一焉，能士官焉，好利之人服焉，三者具而天下尽，无有是其外矣。故百里之地，足以竭势矣。致忠信，著仁义，足以竭人矣。两者合而天下取，诸侯后同者先危。诗曰：'自西自东，自南自北，无思不服。'一人之谓也。""百里之地，可以取天下"就是孟子的观点，而"是不虚"三字，就等于说孟子所谓"地方百里而可以王"并非说大话，是可以实现的。只不过具体怎么做到，孟子语焉不详，而荀子则做了具体论述。

（九）荀子运用了与孟子类似的比喻说明"仁义"对于人的意义

孟子说："仁，人之安宅也；义，人之正路也。旷安宅而弗居，舍正路而不由，哀哉！"（《孟子·离娄上》）他把"仁"比作人所安居的地方，将"义"比作人应该遵循的正路，要求人们"居仁由义"，也就是居住在"仁"这个家里，走在"义"这个路上。而荀子也说"仁有里，义有门"（《荀子·大略》），要人们"处仁之里，由义之门"。"里"即乡里、邻里，也就是居住的地方；"门"是出入必经的途径，跟"正路"的寓意相近。所以荀子此处的比喻，与孟子的"居仁由义"的比喻有异曲同工之妙。此外《孟子·告子上》说："口之于味也，有同耆焉；耳之于声也，有同听焉；目之于色也，有同美焉。至于心，独无所同然乎？心之所同然者何也？谓理也，义也。圣人先得我心之所同然耳。故理义之悦我心，犹刍豢之悦我口。"《荀子·荣辱》也说："人无师无法，则其心正其口腹也。今使人生而未尝睹刍豢稻粱也，惟菽藿糟糠之为睹，则以至足为在此也。俄而粲然有秉刍豢稻粱而至者，则瞲然视之曰：'此何怪也？'彼臭之而嗛于鼻，尝之而甘于口，食之而安于体，则莫不弃此而取彼矣。今以夫先王之道，仁义之统，以相群居，以相持养，以相藩饰，以相安固邪？以夫桀跖之道，是其为相县也，几直夫刍豢稻粱之县糟糠尔哉！"荀子沿袭了孟子，用"刍豢"之悦口来比喻人对于义理、先王之道等精神价值的需求与向往。

（十）《荀子》书中有个别表述是对《孟子》的抄袭

例如，《孟子·公孙丑上》："行一不义、杀一不辜，而得天下，皆不为也。"《荀子·儒效》："行一不义，杀一无罪，而得天下，不为也。"又如《孟子·尽心上》："霸者之民，欢虞如也；王者之民，皞皞如也。杀之而不怨，利之而不庸，民日迁善而不知为之者。夫君子所过者化，所存者神，上下与天地同流，岂曰小补之哉？"《荀子·议兵》："故仁人之兵，所存者神，所过者化，若时雨之降，莫不说喜。"《荀子·尧问》："今之学者，得孙卿之遗言余教，足以为天下法式表仪。所存者神，所过者化，观其善行，孔子弗过。"《荀子》书中两次出现的"所存者神，所过者化"，显然是抄袭自《孟子》。

三、荀子对孟子的批判及其可能的原因

上述《荀子》书中袭用《孟子》的地方，都没有提及孟子，而《荀子》书中对孟子的批判却是指名道姓的。《荀子》书中对孟子的批判和攻击，主要见于《非十二子》《性恶》《解蔽》等篇。

《非十二子》批判六家十二子，即它嚣、魏牟；陈仲、史鰌；墨翟、宋钘；慎到、田骈；子思、孟轲。其中批评子思、孟轲的篇幅最长，用语也最激烈，其文曰：

> 略法先王而不知其统，犹然而材剧志大，闻见杂博。案往旧造说，谓之五行，甚僻违而无类，幽隐而无说，闭约而无解。案饰其辞，而祗敬

之,曰:此真先君子之言也。子思唱之,孟轲和之。世俗之沟犹瞀儒,嚾嚾然不知其所非也,遂受而传之,以为仲尼子弓为兹厚于后世:是则子思孟轲之罪也。

荀子批评其他各家,至少还承认他们都是"其持之有故,其言之成理",而唯独评论子思、孟子,却没有这两句话。这意思等于是说思、孟的学说持之无故、言之不成理,简直就是胡说八道。所谓"甚僻违而无类,幽隐而无说,闭约而无解",就是这个意思。具体所指,可能就是所谓"往旧造说,谓之五行"。尽管在今所见《孟子》中并无"五行"的说法,但不排除当时孟子另有其说流行(如《孟子外书》之类)。前代学者曾对"思孟五行说"进行过研究,大意就是将儒家的仁义礼智等道德范畴与天地阴阳五行相联系,构建一种天人相关的神秘主义道德形上学。如朱熹解释《中庸》"天命之谓性"时所说:"天以阴阳五行化生万物,气以成形,而理亦赋焉,犹命令也。于是人物之生,因各得其所赋之理,以为健顺五常之德,所谓性也。"[1]此外,荀子认为思孟学说最大的危害是对孔子开创的儒学本身造成的歪曲混淆。其他各家尽管"持之有故,言之成理",但属于不同学派,道不同不相为谋,不至于造成混淆。而思、孟则打着孔子的旗号,蛊惑"世俗之沟犹瞀儒",对儒学的发展极为不利,所以荀子认为他们有罪。

荀子对孟子的另一重点批判,是《性恶》篇对孟子性善论的批判。关于《性恶》篇,近年来有些学者试图否定其为荀子所作,认为荀子所持的是"性朴论"而不是"性恶论"。笔者认为说荀子持"性朴论"的观点是基本可以成立的,荀子的确说过"性者,本始材朴也"(《荀子·礼论》),但要完全否认《性恶》一文为荀子所作,文献证据似乎还不够充分。今人之所以要否定荀子持"性恶论",主要原因可能是"恶"这个词在现代汉语中的语义仅限于跟"善良"相对的"邪恶",过于负面,因此与"性朴"不一致。实际上如果考

---

[1] 朱熹:《中庸章句》,《四书章句集注》,中华书局,1983,第17页。

虑到古代汉语中，"恶"往往并不具有道德上"邪恶"的意思，① 则可以明白，荀子所谓"性恶"跟"性朴"其实并没有太大矛盾，意思就是说天生的人性是粗糙的、不美的，甚至有点丑陋，因此最多算是"性丑论"而已。

因此，荀子的人性论，绝不是认为人性"邪恶"，即使在《性恶》篇中，只要我们把这个"恶"字按照古代汉语中常见的丑陋、粗糙之类的语义来理解，便不可能得出荀子认为人性邪恶的观点。人性不过就是"饥而欲饱，寒而欲暖，劳而欲休"（《荀子·性恶》），这怎么谈得上"邪恶"呢？一些学者指出孟子"性善论"只是强调人性有向善的趋势，或有对善的向往、喜好的倾向。如果这样理解的话，荀子也可以说是性善论者，因为荀子也说过："人之所恶何也？曰：污漫、争夺、贪利是也。人之所好者何也？曰：礼义、辞让、忠信是也。"（《荀子·强国》）他明明指出人都有所恶、所好，喜好的是"礼义、辞让、忠信"，憎恶的是"污漫、争夺、贪利"，这不是向善吗？哪里是说人性是天生邪恶的呢？人性只是"好利"，但"好利"本身不是恶，导致"争夺生而辞让亡""残贼生而忠信亡"（《荀子·性恶》），这才是恶。"争夺""残贼"本身不是人性，只是放任人性可能导致的恶果，而这种恶果也并不是人性所喜好、所向往的。

孟、荀二人的不同在于：孟子认为人性中天生有善的种子（"四端"），而荀子则认为人正是因为自身没有这个东西，才向往它："凡人之欲为善者，为性恶也。夫薄愿厚，恶愿美，狭愿广，贫愿富，贱愿贵，苟无之中者，必求于外。"（《荀子·性恶》）

---

① "恶"在古汉语中通常可以理解为粗陋不美。如《尚书·洪范》："五曰恶"，《传》曰："丑陋也。"《战国策·赵策》："鬼侯有子而好，故入之于纣，纣以为恶。"这里所谓"好"就是美，"恶"就是丑的意思。《庄子·德充符》说哀骀它"以恶骇天下"，意思就是说哀骀它容貌丑得吓人。"恶"在先秦古汉语中虽然也有罪恶、邪恶之意，如《尚书·康诰》所谓"元恶大憝"，但更多情况下表达的语义只是丑陋、粗糙、不美而已，甚至可以理解为一些小缺点。正因为如此，孔子对别人身上的"恶"大抵采取一种包容大度、不过分揭露和挑剔的态度，主张"隐恶而扬善"（《中庸》），"不成人之恶"（《论语·颜渊》），"无攻人之恶"（《论语·颜渊》）。《荀子》书中亦经常以"美恶"对举，如"恶愿美"（《性恶》），"长短、小大、美恶形相"（《非相》），"差长短，辨美恶"（《非相》），"目辨白黑美恶，耳辨音声清浊"（《荣辱》），"通财货，相美恶，辨贵贱"（《儒效》），等等。

荀子与孟子在人性问题上的分歧，重点其实倒不在于人性到底是善的还是恶的，而在于人性里面到底存在不存在仁义礼智的先验基础，以及相应的应该以一种什么样的方式来推行儒家仁义礼智的教化。换句话说也就是儒家的伦理道德到底是先验存在的、自然的，还是需要人为努力去建构的。荀子对孟子"性善论"的批评主要表现在如下几个方面：

（一）说人性善，又说人会失去善，不符合逻辑

孟子一方面认为"人性善"，一方面又说这种"善"会失去。"孟子曰：'今人之性善，将皆失丧其性故也。'"（《荀子·性恶》）。在孟子看来，只有"大人"才能"不失其赤子之心"（《孟子·离娄下》），而一般人难免会"失其本心"（《孟子·告子上》）。荀子认为这是说不通的。因为在荀子看来，性这个东西是"天之就也，不可学，不可事"（《荀子·性恶》），也不会失去，就像"目可以见，耳可以听；夫可以见之明不离目，可以听之聪不离耳，目明而耳聪，不可学明矣"（《荀子·性恶》）。既是本性，怎么可能失去呢？若能失去，只能说明其不是本性。

（二）混淆"性""伪"的区别，会导致对圣王和礼义的否定

孟子认为仁义礼智这些东西，都是从人性中自然萌发出来的。荀子则认为这是混淆了"性"与"伪（人为）"的区别。"凡礼义者，是生于圣人之伪，非故生于人之性也。""礼义法度者，是圣人之所生也。故圣人之所以同于众，其不异于众者，性也；所以异而过众者，伪也。"（《荀子·性恶》）仁义礼智都是圣人"伪"出来的，哪是什么人性中固有的呢？若问既然圣人也是人，其性不异于众，为什么会"伪"出仁义礼智来？荀子的回答则是"苟无之中者，必求于外"（《荀子·性恶》），正因为人性中没有善的道德，所以才向往善的道德。圣人之所以伟大，就在于他们通过人为努力，构建出仁义道德、礼义法度。孟子一方面"道性善"，一方面又"言必称尧舜"（《孟子·滕文公上》），而在荀子看来，这两者是矛盾的。他认为强调"性善"，则会导致对"圣王"和"礼义"的否定："故性善则去圣王，息礼义矣。性恶则与圣王，贵礼义矣。"（《荀子·性恶》）

（三）人性善的说法既无法验证，也不具有实践价值

孟子的性善论沿袭了《中庸》"天命之谓性"的思想，认为伦理道德的本源是与天相通的人性，每个人的心性中都天生具备仁义礼智的萌芽和潜能，因此道德教化主要靠每个人"反求诸己"（《孟子·离娄上》），每个人尽心知性即可以知天，存心养性即可以事天。而在荀子看来，这些大概就属于"甚僻违而无类，幽隐而无说，闭约而无解"（《荀子·非十二子》）的说法，既无法验证，也不具有实践价值。"故善言古者，必有节于今；善言天者，必有征于人。凡论者贵其有辨合，有符验。故坐而言之，起而可设，张而可施行。今孟子曰'人之性善'，无辨合符验，坐而言之，起而不可设，张而不可施行，岂不过甚矣哉！"（《荀子·性恶》）在荀子看来，说依靠"人性善"就能完成道德教化，就好比说枸木不需要檃栝就能自动矫正，钝金不需要砻厉就自然锋利一样，是不可能的。

今人比较孟、荀的"性善""性恶"之论，大抵是纠缠于人性到底是善还是恶的问题。其实孟、荀所关注的，主要也不是这个是不是的问题。他们的分歧其实是在于到底把人性说成善比较好，还是把人性说成不善比较好，究竟哪种说法更有利于推广儒家的仁义礼乐的教化。在推广儒家的仁义礼乐教化这个目标上，荀子跟孟子其实是一致的，问题在于哪种理论更有助于教化的推广。孟子与告子辩论人性时，关注的也是这个问题。他对告子说："率天下之人而祸仁义者，必子之言夫！"（《孟子·告子上》）意思就是说你把人性比作杞柳，把仁义比作桮棬，会使人认为你"将戕贼人以为仁义"（《孟子·告子上》），从而导致天下人认为仁义是祸害，不利于推广仁义。而荀子则认为，用礼义来对人进行教化，本来就类似于"枸木必将待檃栝、烝矫然后直，钝金必将待砻厉然后利"，又好比"陶人埏埴而生瓦"，"工人斫木而生器"。（《荀子·性恶》）人性只有通过礼义从外部进行"矫饰""扰化"才能变得更美好。因此必须清醒地认识到这一点，才有助于推广礼义教化。所以荀子特别强调外在的礼义、师法和君子的引导，而不是只靠个人的自反、自得。

荀子为什么认为"人性善"的理论无助于推广礼义教化，必须强调人为之

"伪"呢？笔者认为这与道家特别是庄子一派对儒家的批判有很大关系。《庄子》书中有不少地方否定儒家的仁义礼等与人的天性有关。庄子一派实际上认为"仁义"是与真正的人性相对立的。《庄子·天道》记载老聃与孔子的对话，孔子认为"仁义，真人之性也"，而老聃却驳斥孔子"偈偈乎揭仁义，若击鼓而求亡子"，是"乱人之性"。《庄子·骈拇》说："自虞氏招仁义以挠天下也，天下莫不奔命于仁义。是非以仁义易其性与？"庄子认为硬要把仁义强加给人性，其实就是给人性加上刑具，处以刑罚，使人不得自由："夫尧既已黥汝以仁义，而劓汝以是非矣，汝将何以游夫遥荡恣睢转徙之涂乎？"（《庄子·大宗师》）庄子一派还认为如果硬要叫人反求诸己，到自己内心去苦苦寻求"仁义"的萌芽，结果不仅不会得到什么"反身而诚"的乐趣，反而会导致死亡："彼将内求于己而不得，不得则惑，人惑则死。"（《庄子·至乐》）这应该就是针对孟子"反求诸己"（《孟子·离娄上》）、"自反而仁"（《孟子·离娄下》）的说教而言，是庄子一派对以孟子为代表的思孟儒家的"性善论"的严重挑战。

庄子一派对孟子"性善论"的挑战很可能对荀子产生了很大影响。也许正因为庄子一派尖锐而有力地批驳了"仁义"与人性之间存在天然关联的观点，再坚持所谓"人性善"的理论已经无助于推进儒家的道德教化，因此，荀子干脆针对道家的"无为"和"真"，主张"伪"也即"人为"，强调人为的价值和意义。荀子干脆承认"人情甚不美"，孝悌的行为"皆反于性而悖于情也"（《荀子·性恶》），仁义礼乐不是出于人之本性，而是出于圣人之"伪"，"无伪则性不能自美"（《荀子·礼论》）。仁义礼乐法度都必须通过后天学习才能获得，因而不是从人性中自然产生的，而是后天人为的。圣人"起礼义，制法度"，就是为了"以矫饰人之情性而正之，以扰化人之情性而导之"。（《荀子·性恶》）荀子提出"人之性恶，其善者伪"的命题，这等于间接承认庄子一派对孟子性善论的批判是正确的。但是荀子为了维护儒家伦理道德的价值和地位，一方面否定了仁义礼乐在天生人性中的内在性，另一方面则着重强调外在于人性的礼乐制度的必要性。因为荀子认为人性本身既然是粗糙的、丑陋的，这就有必要借助后天人为的仁义礼乐、文理隆盛来加以修饰美化。所谓"化性起伪"的"伪"，从某种意义上也可以说正是针对庄子一派追求绝对之"真"的主张而发的。荀子批评庄子"蔽于天而不知人"（《荀子·解蔽》），也可以理解为就是批评庄子"蔽于真而不知伪"，从而强调后天人为之"伪"的价值和意义。

此外，荀子在《解蔽》篇对思、孟也有一段奇特的批评。《解蔽》讲"蔽"是心术之患，其中分析了各种各样的"蔽"以及不同人物的"蔽"，并以"兼陈万物而中县衡""虚壹而静"以达到"大清明"作为解蔽的途径。其中在讲到所谓"宾孟之蔽"时，提到了墨子、宋子、慎子、申子、惠子、庄子等诸子人物各自的"蔽"，但并没有提及孟子。然而在文章后面却插入了一段与子思、孟子相关的奇怪文字：

> 空石之中有人焉，其名曰觙。其为人也，善射以好思。耳目之欲接，则败其思；蚊虻之声闻，则挫其精。是以辟耳目之欲，而远蚊虻之声，闲居静思则通。思仁若是，可谓微乎？孟子恶败而出妻，可谓能自强矣，未及思也；有子恶卧而焠掌，可谓能自忍矣；未及好也。辟耳目之欲，远蚊虻之声，可谓危矣，未可谓微也。夫微者，至人也。至人也，何忍！何强！何危！故浊明外景，清明内景，圣人纵其欲，兼其情，而制焉者理矣；夫何强！何忍！何危！故仁者之行道也，无为也；圣人之行道也，无强也。仁者之思也恭，圣人之思也乐。此治心之道也。

这段文字中涉及的人物，包括子思、孟子、有子。所谓"空石之中有人焉，其名曰觙"，应该就是影射子思孔伋。文中批评子思"辟耳目之欲，远蚊虻之声，可谓危矣"，也就是极其小心谨慎地守护自己的内心，避免与外界有任何接触，甚至连蚊子的声音都怕听到，生怕干扰了自己内心的思绪。批评孟子、有子则曰："孟子恶败而出妻，可谓能自强矣，未及思也；有子恶卧而焠掌，可谓能自忍矣；未及好也。"所谓"孟子恶败而出妻"，其义不详。或以为即《韩诗外传》《列女传》记载孟子入户见其妻"踞"便白其母曰"妇无礼，请去之"一事。但何为"恶败"，似乎含义不明。入私室看见自己老婆坐姿不雅便提出要休妻，很不近人情，也不是一个年轻丈夫对自己爱妻的正常反应。孟子似乎是单亲母亲抚养长大的，文献中没有孟子父亲的记载。单亲随母男孩长大后可能会有一定的性心理方面的问题。以"出妻"的方式来"自强"，不知是否与此有关。至于"有子恶卧而焠掌"也不知何据。这段文字对他们三人的批评主要聚焦于所谓"自危""自强""自忍"。也就是对自我欲望与本性的克制与压抑，类似于孟子所说的"苦其心志，劳其筋骨，饿其体肤，空乏其身，行拂乱其所为，所以动心忍性，曾益其所不能"（《孟子·告子下》）。但荀子的语气明显带有否定与嘲讽的意思，似乎旨在揭露思孟性善论与思孟个人道德修养方法的矛盾。揣摩其意，大概是说既然你们认为人性本善，那么道德修养则应该是自然而然、水到渠成的，又何须"自危""自强""自忍"？如果真是像所谓"至人""圣人"那样对天道有精微的认识，那就应该顺应天道与人性的自然，根本就不需要刻意去"危""强""忍"。因此，《解蔽》篇这一段对思、孟的批评，主要还是针对其与性善论相关的道德修养论进行讥讽。

结语

荀子深受《孟子》影响，在伦理价值观、基本社会政治主张等方面也颇受孟子影响，甚至沿袭了孟子的许多观念和具体表述。荀子对孟子的批判主要集中于其基于天命之性的性善论及其相关的个人道德修养论。荀子在一定程度上受到了庄子等道家思想的影响，并借助某些道家思想资源来批判思孟学派。荀子受道家自然天道观的影响，认为"天"只具有自然属性，跟人道没有什么神秘联系；同样天生的人性，也只具有自然属性，不包含仁义或礼义的道德的根基。这与道家特别是庄子的自然天道观比较接近，而与孟子和《中庸》里的神秘主义倾向是不同的。

稷下学士中，道家自然天道观是占主流地位的，如慎到、田骈、黄老道家等都倾向于自然天道观，荀子作为"三为祭酒"的稷下老师，显然会受其影响。道家特别是庄子，已经对儒家的伦理道德与自然天道之间的牵强附会的联系进行了切割，指明儒家所谓的仁义礼智，都是相对于自然天道的堕落，都是对"道德"和人之本性的摧毁。在庄子和道家的"天道"中，已经没有儒家人为的仁义礼乐的位置。道家虽然也讲天人合一，但主要是以人合于天，反对人为。思孟那一套带有一定神秘主义色彩的尽心知性即可以知天、存心养性就可以事天的说教，基本上已经没什么市场。

但荀子只是在认识论的意义上认可道家的自然天道观，在社会伦理政治观上，却又是与道家截然相反的。荀子跟道家不同，他不仅不反对人为，还充分肯定并强调人为（伪）的价值和必要性。由于经过了道家的彻底批判，荀子已经无法像孟子那样通过构建仁义礼智与人性、与天道的先验关系来论证儒家伦理道德的合理性，因此，他必须另辟蹊径，换一种路径来论证儒家伦理道德的合理性，也就是从人类社会"群居和一"的现实需要来论证"化性起伪""隆礼义""制法度"的合理性和必要性。

推类求壹：王充对孟子的认识及其地位
——以《论衡·刺孟》为中心

● 于 航 南京大学历史学院博士研究生

王充由于其人思想的特殊性，在两汉思想史上占有独特的地位，用他自叙的话说就是"违诡于俗"，"谲常心、逆俗耳"。① 当这种特异性表现在历代以来关于王充思想的评价上之时，则出现了毁誉交加的情况。以过去最受争议的《刺孟》篇为例，一方面它开后来著文"疑孟"传统的先河，另一方面则由于宋代以后孟子地位影响的逐渐上升而被视为大不韪。攻之者认为王充及其《刺孟》"悍戾"而"无忌惮"，"以儒者而拒儒者"②，有伤名教；好之者则不免用"小儒伪作，断非仲任之笔"③ 来为王充的思想断尾求生。至民国以来风气大变，《问孔》《刺孟》等篇遂被作为批判儒家文化的典型而高度褒扬，王充本人的形象后来更是变成了打击"孔家店"的"唯物主义斗士"。

从严谨学术研究的态度上看，这些意见显然都是以论先行、失之偏颇的。但认识到这点，也并不意味着对《刺孟》篇思想的研究就没有了争议。近人研

---

① 《论衡·自纪》，黄晖：《论衡校释》，中华书局，2018，第1044页。
② 《文史通义》卷四《匡谬》，叶瑛：《文史通义校注》，中华书局，2014，第379页。
③ 熊伯龙：《读论衡说》，见刘盼遂《论衡集解附录》，《论衡校释》，第1163页。

究王充者，有的对此篇持批判态度，认为王充提出非难的切入点多不合理；① 有的认可王充对孟子之驳议，而其中又依"王充是否总体上认同孟子"的标准而再生差别。② 细细考察，《刺孟》一篇所反映出的王充之于孟子的评判，是相当复杂的，可约略概述为"在崇尚孟子的基础上质疑孟子，同时又未必得其要领"。而这一总体情形的出现，与王充自己极度重视知识与价值的规范性、整齐性、同一性的思想特性，可谓密不可分。下面拟对此意详加研讨，以就正于方家。

一

王充《刺孟》篇的做法，大抵是从《孟子》书中摘取言行片段，根据自己的理解进行裁断和驳正。黄晖把本篇"分为八章"，实际上也就是表明此篇基本内容是对八则故事进行问难。③ 现将此八条主要观点内容分列如下：

① 孟子以"王何必曰利"直答梁惠王"何以利吾国"之问，王充从经典所见"利"字的多重义项入手，认为孟子径把"利"理解为"货财之利"失之偏颇，难免有答非所问之嫌。

② 孟子以不贪富贵为由辞齐王之禄赏，王充认为孟子不从赏赐得道或非道的角度来选择受与不受，而辞以"不欲富"，是进退失据。

③ 孟子答沈同伐燕之问，有"可伐"之说，事后则言齐伐燕非己之劝。

---

① 徐复观：《王充论考》，载氏著《两汉思想史（二）》，九州出版社，2014。
② 主张王充主旨是讥刺孟子的，如樊琪：《〈刺孟〉所"刺"》，《南京理工大学学报（哲学社会科学版）》1996年第2、3期。主张王充是在基本尊奉孟子的前提下质疑孟子的，如周桂钿：《王充评传》，福建教育出版社，2015；唐明贵：《论王充对孟子的非难与褒扬》，《江苏师范大学学报（哲学社会科学版）》2015年第5期。
③ 《论衡校释》，第391页。按《刺孟》中所难八事，分别见："孟子见梁惠王王曰叟"章（《梁惠王章句上》第一章）、"孟子致为臣而归"章（《公孙丑章句下》第十章）、"沈同以其私问曰"章（《公孙丑章句下》第八章）、"孟子去齐尹士语人曰"章（《公孙丑章句下》第十二章）、"孟子去齐充虞路问曰"章（《公孙丑章句下》第十三章）、"彭更问曰后车数十乘"章（《滕文公章句下》第四章）、"匡章曰陈仲子岂不诚廉士"章（《滕文公章句下》第十章）、"孟子曰莫非命也"章（《尽心章句上》第二章）。（焦循撰：《孟子正义》，沈文倬点校，中华书局，2017。）

王充根据孟子自谓"知言"之举，提出应直截了当地以"天吏乃可伐燕"阻绝沈同发问的根源，否则"劝伐"与"不知言"必居其一。

④孟子在齐时不朝齐王，去齐时又迟留三日而后出境。王充以为孟子面对同一齐王，对待知遇和不遇的态度和操行不应前后不一。

⑤孟子去齐，面对弟子发问而有"五百年必有王者兴，其间必有名世者"之叹。王充对于此语中"王者"和"名世者"的关系、"五百年"之期的依据、"数"与"时"的关系等问题提出辨析意见。

⑥孟子回答彭更关于"无事而食"的疑惑，主张儒者虽志不在求食，而实有得食之事功。王充专就孟子关于"志在求食"而提出的"毁瓦画墁"比喻展开论难，认为拟喻不伦。

⑦孟子对于称赞陈仲子不食不义之禄、不居不义之所为廉士的时论，认为这是失亲情人伦的隐居特立之举，不得称为廉。王充则就孟子推类以蚯蚓为喻的言辞进行批驳，认为譬喻比拟不得其类。

⑧孟子认为知命君子应远离无妄之灾，去危难而得正命。王充提出凶祸之来亦属人之遭命，避无可避。

篇中凡王充所难之事，可以从"义理""辞章"两方面去加以把握。这里所谓"义理"方面的问难，指的是孟子所行之事、所言之语中，有不尽合乎王充心目中的情理或逻辑之处；而所谓"辞章"方面的问难，则是对遣词造句的准确性、合意性等方面有所不满。例如王充认为孟子关于陈仲子不得称为廉士的评价，是未中要害之论，"失仲子之操所当比"，因此其驳议也就等于是和孟子就"廉"的标准进行义理之辨。至于"去齐"和"伐燕"的问题，王充在义理层面上采取了追根究底、辨析矛盾的手段。应当说这本身即表示，要求在任何情境下均采取普遍而统一的行为的这样一种倾向。而孟子答彭更"士无事而食"的问题，以"梓匠轮舆""毁瓦画墁"为喻，以表明儒者之志不在求食，其功劳却有得食之理。王充遂针对"毁瓦画墁"的喻象而大发议论，驳难说这是引喻失义，"引毁瓦画墁，非所以诘彭更也"，显然这时质疑的重点关涉的是用词及语言方面的问题。值得注意的是，主要指人的言论、行为背后的思想观念根据的"义理",在王充心中,和观察、经验所得来的对于外界事物的知识,从层次范畴上来讲几乎是等同起来的。比如关于孟子去齐三日而后行的设难,是这样展开的:"或曰:……冀三日之间,王复追之,天命或时在三日之间,故可也。"随即王充又自行发起驳辩说:"……如使天命在三日之间,鲁平公比三日,亦时弃臧仓之议,更用乐正子之言,往见孟子。孟子归之于天,何其早乎?如三日之间,公见孟子,孟子奈前言何乎?"在这里王充虽未能明确提出,但实际上是隐约表达了一个设想,即把社会人事范畴中的问题,通过可设定条件("三日")、可观察("是否确实更用前言,重见孟子")、可检验的方式进行分析和解决,这已经相当贴近对于自然界问题的科学探究方式了。实际上在《谈天》《说日》《雷虚》等篇目中也能看出,一方面王充思考的逻辑基本的确遵循这些思路,另一方面则在推论过程上仍不可能脱离"个人思辨""诉诸权威"的前科学意识。

而就"辞章"问题所及而论,也并不仅仅反映在《刺孟》中,在其他篇章里,王充同样以语言描述的准确度来评判孟子"武王伐纣兵不血刃"的主张,对兵不血刃的提法给予严格的审查。在有的地方,王充还会把义理与辞章这两重议论标准娴熟地结合起来——尽管他本人或许还未必有这种"方法的自觉"——来形成多层次的驳难论证,这点在他对于孟子所提出的"五百年之期"的怀疑态度上表现得至为明显。孟子说:

> 彼一时,此一时也。五百年必有王者兴,其间必有名世者。由周而来,七百有余岁矣,以其数则过矣,以其时考之则可矣。(《孟子·公孙丑下》)

王充据此发难云:

> 五百岁必有王者之验,在何世乎?云"五百岁必有王者",谁所言乎?论不实事考验,信浮淫之语,不遇去齐,有不豫之色,非孟子之贤效,与俗儒无殊之验也。

又进一步发问：

> 何谓"数过"？何谓"时可"乎？数则时，时则数矣。"数过"，过五百年也。从周到今，七百余岁，逾二百岁矣。设或王者，生失时矣，又言"时可"，何谓也？①

前一论点是王充最常用的依效验来达到"考实"目的的方法，用在这里则表现为从理据上断定，孟子所谓的"五百岁"之期无征验可查。随后的质难，主要是执着于"时"和"数"在严格训诂意义层面的同义性而展开的，这是《论衡》的一大特色。因为在王充看来，"数则时，时则数"，既然在表述某种预定期限或时运的意义上，这两个词内涵相近，那么就没有必要分成不同的含义来诠释。这实际上接近于拿自己的文论标准来判断和规定古人做法的行径，因此王充也常受到"强他人以就我"的指责。

那么，所有这些议论和批评的本质指向到底为何呢？王充在《论衡》里自己说，"论衡篇以十数，亦一言也，曰'疾虚妄'"（《佚文》篇），论者大都据此指出王充各种论辩问难的基本思想根柢就是"疾虚妄"，并通过《论衡》里经常出现的指斥虚言妄说的语句，强调"王充'考论虚实'"，其一贯方法乃是"以'实'为最高标准，来衡量古今各种说法，审视历来所有言论"②。这当然是不错的。不过现在我们还需要讨论到更深层的地方去，否则无法对《刺孟》篇，乃至《论衡》所代表的王充全体思想做出更充分的认识。

二

论述可以从这样一个问题引出：王充眼中的"实"究竟是什么？如果说"实"的含义是"实际情况"，那么什么又是王充心目当中的实际呢？对于这

---

① 《论衡·刺孟》，《论衡校释》，第 399—400 页。
② 周桂钿：《虚实之辨：王充哲学的宗旨》，福建教育出版社，2015，第 3 页。

个中心问题,前人亦曾有过争论。胡适为了宣扬科学而赞扬《论衡》一书,撰文说:"依我看来,王充的哲学,只是当时的科学精神应用到人生问题上去。"① 这是立足于汉代的天文学发展来立论的,其实也就是以王充的怀疑、观察、求证的方法为"科学精神"的表现。后来徐复观即著论专驳此等观点,提出王充所主要运用的"由呈现在面前的客观经验,以作考察判断"的手段,"用在政治社会问题方面,便感到不完全。应用到历史问题上面去,更无能为力"。② 这个评价所要消解的,正是所谓"科学精神应用到人生问题上去"之大方向的合理性。

不过对方法论是否合适的问题,大家虽各陈己见,但学者也多会认可,王充心目中的"实际"大概主要是指直观经验和事物现象的呈现。因此我们可以说,整部《论衡》的思维倾向就是"将心比心""推己及人"。其"推类以求"的思考方式,在本质上属于将由直观经验得来的知识,经过类比推理的思维逻辑而进行处理,以最终得出实证性结论的方法。此即王充"求实"的基本方法。正如徐复观所言,类比推理是深深植根于两汉思想家心中的思维理路,有论者曾引王充的例子指出,"对感应论大力批评的王充也使用类比推理来论证","从现存的古代文献中,我们可以看到类比推理是中国思想史上普遍运用的论证模式"。③ 这里面其实隐含着一个判断:《论衡》中显示的思想不能轻易地与科学精神等而论之。

而我们实际上还可以看到王充思想中的一大特征,那就是倾向于将客观知识层面的类比与思想行动层面的类比,齐一性地加以看待。沈同以私下的、个人的名义询问孟子对于伐燕的看法,孟子说"可伐"。此后齐伐燕而暴,孟子又回答他人的质疑称不曾劝齐伐燕。这一故事中孟子的确有含混的嫌疑,但设身处地于其时的历史情境,这又是无可奈何的,盖彼时所期望的是"理想之齐",此时所反对的是"现实之齐",过去希望伐燕以救民于水火的理念根据,

---

① 胡适:《王充的哲学》,收入《胡适文集》第 3 卷,花城出版社,2013,第 86 页。
② 徐复观:《两汉思想史(二)》,第 549 页。
③ 孙卫民:《古代中国为什么没有理论科学》,见刘笑敢主编《中国哲学与文化(第九辑)》,漓江出版社,2011,第 169 页。

这时不得不掉转来用以反抗齐师的暴行。焦循阐发说："阻之非拯乱之心，详之失进言之体，……盖沈同之私问，在未伐燕之先，斯时诚无容阻而绝之。既两对宣王之问，则燕所以可伐，所以须为天吏，孟子非不朗朗言之。而时人劝齐伐燕之疑，则在取燕之后。"① 王充是从《孟子》文献固定下来之后的篇章形式、言辞内容去推求矛盾，而"沈同以其私"一章则恰恰明显是连结了伐燕前与伐燕后的时间跨度而整理成文的，并非现实历史的历时性展开在文献中的反映。

此外，孟子的伦理道德思想常偏重于回应某种特定的现实处境下所面临的最大问题，和当下呈现的最突出的可意向的思维情感。但王充则往往基于后见之明和矛盾归谬的论辩方法，忽略这些重要的、特殊的现实内容。而由此也能看到其论难中所流露出的，其实是某种对齐一性、规范性、系统性、明确性的真切要求。王充曾"受业太学"，恐怕不可避免地受到两汉博士系统的知识体系对思维方式的熏陶。而汉代博士中风行的"比经推例""以类相从"之法，又多有荀子之学的浸染，因而，王充的"刺孟"从思想深处或许还能在荀学对思孟一派的批评中寻到些许源头。同时更大程度上，这又是由求知、思索之欲望而来的衍生结果，正是这部分常被评为科学精神。然而精神态度与方法逻辑，乃至作用结果，是不好混为一谈的。徐复观对王充所代表的"追求知识型""哲学思索型"的人物性格，评价是："当他们将各种事物、观念加以组织时，实际是拿自己的观念作一根直线，同时又作一副刀斧，把各种事物、观念，作毫不留情的'斧削'，以熔入到自己的直线中去。"② 这一侧重批评的陈述，落脚点就在于那种试图合并综揽各个层面的现象来制定统一判断标准的思想行为。我们说，王充所具有的这种思想倾向，根本上正是由于他擅长的是通过个人的理解与思索，将感受的、经历的或获得的经验知识进行类比推论的缘故。从更宏观的视角来看，类比推理难以将纯粹理论的思考和可观察的经验联系起来，结果导致纯理论和经验的脱节，从而引发了前人批判王充《论衡》时

---

① 《孟子·公孙丑下》，《孟子正义》，第240页。
② 徐复观：《扬雄论究》，载《两汉思想史（二）》，第487页。

所着眼切入的种种问题。①

前面还说到,《刺孟》对孟子的问难有针对语言修辞的成分。这引出了另一重王充思想的典型特征和各方研究争论的焦点。《问孔》《刺孟》《儒增》《艺增》等篇目都比较能体现出,王充的怀疑批判精神中暗含有消解文辞艺术表现能力的意味,它背后蕴有对修辞和语言感染力的不信任。游国恩曾将孟子的文辞特色概述为"其言无不开阖抑扬,明白晓畅,取譬寓言,曲尽其妙"②,而王充在此一问题上则恰恰是"不仅文献中凡稍带有艺术气氛的陈述,他都不能感受","并且稍带偶然性的、幽默性的记录,他也全不理解"③。这是在语言交流和文学艺术方面也追求确定性和统一性的后果。在认识事象的过程中,王充似乎总是倾向于只强调从文字记录或直观经验知识中当下呈现的意义内涵和直接的道理,而不关注甚至于完全忽视其中隐伏的幽隐曲折的精神。在王充本人的思想和经历中经常还能看到为前者而曲后者的现象,在讨论连带性的问题时他自己也并没有达到前后的统一。不妨举一些例证来仔细说明这个要点。在《问孔》篇里,王充曾质疑于"富与贵是人之所欲也,不以其道得之,不处也;贫与贱是人之所恶也,不以其道得之,不去也"(《论语·里仁》)一句,但到《刺孟》中指孟子辞十万钟为"失谦让之理"时,则又引以为证。这至少一定程度上说明,王充在思考某个问题时常常是高度聚焦于这个孤立的问题,而忽略潜藏的或相连的、可能与该问题有关系的内容。又比如孟子不遇于齐,亦不遇于鲁,王充认为孟子对待不同的"不遇"情况时态度前后不够一致,故一并致诘于孟子感叹的"吾之不遇鲁侯,天也,臧氏之子焉能使予不遇哉"(《孟子·梁惠王下》)。而在《偶会》篇里,孟子的这一故事则成为王充证明"命定说"的依据:"孟子言天,不尤臧仓,诚知时命当自然也。"这和拒斥语言修辞的夸张或模糊,只信任确定的表述形式的精神内在上是一致的;

---

① 孙卫民:《古代中国为什么没有理论科学》:"类比推理依赖于可观察的典型范例,因此类比推理局限于可观察的领域。"见刘笑敢:《中国哲学与文化(第九辑)》,第179页。
② 游国恩:《先秦文学 中国文学史讲义》,商务印书馆,2015,第100页。
③ 徐复观:《王充论考》,载《两汉思想史(二)》,第544页。

为了揭示和阐明某个问题，王充在进行论证的途中专注进攻当下所见的漏洞而"人知其一，莫知其他"。他在《知实》篇所下的"孟子，实事之人也"的肯定判断，到"刺孟"时就不管了。

以上所分析的，同时也能成为王充本传中称及的"孝行"饱受后世讥刺的原因。《后汉书》说"充少孤，乡里称孝"①，《论衡》自叙身世也称"父未尝笞，母未尝非，闾里未尝让"（《自纪》篇）。从古至今对王充思想产生非难的人，或因带有先入而生的偏见，以其非难孔孟而认为他不可能有孝之德行。这在逻辑上当然是立不住的。徐复观基于对王充学术的批评，从思想性的角度对《后汉书》王充传"称孝"的记载提出怀疑，根据《物势》篇"夫妇合气而生子"的理论说："他自己没有孝的观念，如何会有'乡里称孝'的事情。"② 其实这是误把成熟的思想和少年时的行为完全对应起来的结果，忽略了时间上的错位。但我们从中也能看到其他一些端倪。实际上这个问题还反映出王充思想性格中不重视隐曲精神和续发影响，主要顾及当下的直观感觉经验的一面，这点过去被称为"愤激之辞"，《四库提要》评价说："盖内伤时命之坎坷，外疾世俗之虚伪，故发愤著书，其言多激。"当王充提出"偶合"的观点并大发议论时，他未必能想到这一理念和"以孝治天下"之间的冲突。③

周桂钿论述王充的哲学宗旨时曾提出他并不是一个人们所以为的经验主义者，所依据的是《说日》篇中的一条论证过程："日月正圆，这是人所共见的现象，人所共知的常识。王充提出了违反常识的观点并加以论证。从这一点看，就说明他不局限于直观感觉，而要进行理性的科学探讨，也说明他不是一

---

① 《后汉书》卷四十九《王充列传》，中华书局，2012，第1299页。
② 徐复观：《王充论考》，载《两汉思想史（二）》，第516页。
③ 《钦定四库全书总目》，中华书局，1997年整理本，第1601页。学人对王充这个"夫妇合气子自生"说会妨碍孝道观念的认识，可能更多的是出于后来孔融继承王充观点而发挥下造成的影响，见《后汉书》卷七十《孔融传》："又前与白衣祢衡跌荡放言，云'父之于子，当有何亲？论其本意，实为情欲发耳。子之于母，亦复奚为？譬如寄物瓶中，出则离矣'。"关于孔融对《论衡》的了解和受王充思想的影响，可参考徐昌盛：《汉末中原清谈与江南的关系考论》，《文艺评论》2012年第4期。

个经验主义者。任何经验主义者都提不出如此违背经验的命题来。"① 这条材料恰好很能说明王充思想的一些关键特质，故我们也应对其逻辑重加考察。王充认为"日月不圆"，因为：

> 夫日月不圆，视若圆者，（去）人远也。何以验之？夫日者，火之精也；月者，水之精也。在地，水火不圆；在天，水火何故独圆？日月在天犹五星，五星犹列星，列星不圆，光耀若圆，去人远也。何以明之？春秋之时，星霣宋都，就而视之，石也，不圆。以星不圆，知日月五星亦不圆也。②

通过解读这段材料中的思想可以承认的是，其论证思路既非纯赖于直观感觉经验，也不尽是以理性的科学探讨之形式呈现出来的。毋宁说，这是典型的类比推理与隐蔽的三段论式演绎的结合。王充"求实"的第一反应是寻求征验。作为征验的预设前提的便是"日者火之精，月者水之精"的基础认识，这一认识显然出自日与火、月与水之间的类比关系。建立在这种类比推理的基础上，王充接下来的两个命题论证过程可以用三段论的形式转化成如下的结果：

① 大前提：太阳是凝聚火的精华产生的，月亮是凝聚水的精华产生的。

小前提：地面上（眼前可见的）水、火不是圆的。

结论：天上的水、火之精也不应是圆的。

② 大前提：太阳和月亮在天空中的形态和五星一致，五星的形态和其他众星一致。

小前提：（《春秋经》中记载的）坠落在宋都中的星是石头，不圆。

结论：日、月、五星同样也不是圆的。

---

① 周桂钿：《虚实之辨：王充哲学的宗旨》，第 276 页。
② 《论衡·说日》，《论衡校释》，第 442—443 页。

在这两个案例中,王充所不证而令其自明的大前提,都是借助"推类"的方法自然地得出的。故王充的根本思维方法被称作"间接采证的类推方法","此一方法的自身,因不能建立确定的大前提,因而也不能建立确实的推理关系"。① 至于两个论证中的小前提,则一源于直观经验,一源于文献记载。换言之,从王充的命题中导出的检验蕴涵,至少部分情况下是直接依赖于、求证于经典文献的。《刺孟》中同样可找出这类情形。孟子主张顺命为正,王充反驳说:"夫子不王,颜渊早夭,子夏失明,伯牛为疠",又连举比干、伍子胥、子路、窦广国等例子,亦是根据"经史"所记诸事以成辩驳。经典文献代表的历史文化资源,究竟是不能不受其影响、采用其内容的,而这就又回到了王充"刺孟的背后是尊孟"这一评价。《论衡》中对孟子言行的崇尚和称述多于批判和质疑,问孔、刺孟的举动,客观上都有破除对圣人神化和无限拔高之行为的意图,正如《知实》篇所言"(圣)贤可学为,劳佚殊,故贤圣之号,仁智共之",这也与孟子的"人皆可以为尧舜"有着相同的归宿。而如前所论,之所以给人以排击孟子的印象,王充的顾此失彼(也可云心无旁骛)是一个重要原因,而更加本质的一点则要归于二者伦理思考中的态度区别。

三

尽管王充号为独居而静思,但一个人的思想毕竟不可能不受到他所生活的时代与社会的影响。接下来我们就同样从对孟子的批评出发,分析王充思想中的社会时代背景,集中在两个方面:(一)重视追求知识的思潮;(二)儒生文史之辨的发展。

两汉之际,曾兴起了一股比较显著的以"纯粹的知识与学术取向"为治学鹄的,而有别于西汉重人伦道德、政治功用的学问取径,这点前贤多有揭示。

---

① 徐复观:《王充论考》,载《两汉思想史(二)》,第550页。

王充追慕的桓谭、扬雄,乃至刘歆,都是这一思潮中的佼佼者,因此王充求索知识的态度,必然一定程度地贴近于他们的思想特点。① 如以求验的精神而论,扬雄《法言》有云:"君子之言幽必有验乎明,远必有验乎近,大必有验乎小,微必有验乎著。无验而言之谓妄。"② 这种在一方面要求有可确保的征验,一方面又暗示求验的途径可能由类推方式得来的实证观念,无疑也正是王充思想中突出的一面。所谓"无验"则为妄,则同样见之于《论衡》由"疾妄"而"考实"的理路。《刺孟》中之所以质难孟子不应径以"何必曰利"答复梁惠王"利吾国"的问题,原因正在于认为孟子无从"验"知梁惠王所说的"利"究竟属哪一种利益的范畴。而王充针对"五百年之期"的质疑,苗头也同样见于扬雄《法言》当中,其言曰:"或问:'五百岁而圣人出,有诸?'曰:'尧、舜、禹,君臣也而并;文、武、周公,父子也而处。汤、孔子数百岁而生。因往以推来,虽千一不可知也。'"③ 其逻辑便是从文献记载出发怀疑"五百"之数的可靠性。总而言之,崇尚规整的、统一的知识体系,并沉浸于追索知识、行为的明确性带来的满足感当中,这是两汉间学问转向之风所施及王充身上的表现。不过,刘歆作《世经》《三统历》而借之整理重建古史,扬雄模拟《易》著《太玄》,可见他们更注重终极性的规整知识体系的构建,以及在此基础上的演绎式推论。这和王充所主要努力的大方向,亦即对于某种终极性的、统一明晰的知识判断与评价标准的执着求索,可以说是既有重合又有分际。

针对王充对于政治问题的理解,徐复观批评说:"在他的思维世界中,对无现实权势的学术问题,每有过分的自信;对有现实权势的政治问题,则又有

---

① 徐建委曾有关于两汉之际学术风尚转型的提法,并以刘歆为例指出:"(刘歆)有着建立某种理论架构的雄心,故其《三统历》宁失准确,也要力求体系上、数学上的完美。"见氏著《文本革命:刘向、〈汉书·艺文志〉与早期文本研究》,中国社会科学出版社,2017,第321页。《论衡》中多处表现出对桓谭、扬雄的推崇,如《论衡·超奇》:"王公问于桓君山以扬子云。君山对曰:'汉兴以来,未有此人。'君山差才,可谓得高下之实矣。"《论衡校释》,第531页。
② 《法言·问神》,汪荣宝:《法言义疏》,中华书局,1987,第159页。
③ 《法言·五百》,《法言义疏》,第247页。

过分的自卑。"① 其意盖以王充的"宣汉""恢国"等政治观念是受现实政治权势的扭曲而定型的。但通观《论衡》中对于现实的政治、社会问题的考量，再比较他对自然、历史和人生方面问题的见解，实际我们似乎也可以说，徐氏点出的区别，更是一种有关认识的获得过程究竟建立于个人的思索判断上，还是建立于具体的实践经历上的分歧。这就又需要联系《程材》《量知》《谢短》等篇着意置辩的儒生文吏之分这个在汉代延续已久的重要论题来分析了。阎步克以儒生、文吏两大群体的演变为线索，勾勒出了精彩的两汉士大夫发展史："文吏与儒生这两个群体的相对关系，一向就是'法治'和'礼治'之矛盾的主要焦点。文吏或具有文吏风貌才干者在东汉前期所发挥的功能和所占据的地位，我们有理由将之看成是'法治'因素重新抬头，以及帝国政府中理性行政复归的重要标志。"而在东汉初年代表着制度运转和行政经验的文吏群体既有在政治事务中复归的势头，同时却又日益向儒生合流。② 王充本人亦有从事吏职的经验，因此即便是强调个人思辨能力的他，也不能不承认实践经验在政治事务问题中的地位及作用。不直接涉足和了解具体政治事务，是孟子一派儒家的社会性格，但如果没有实际的行政操作处理经验，那就有如桓谭所言："圣人闭门思之十年，不能知也。"③ 正因如此，儒生文吏之辨也就成为《刺孟》潜意识中的现实背景：王充站在二者逐渐合流的阶段，用愈加熟悉文书行政事务的儒生之眼光，去回望战国时期尚自居为政统政务的局外人之孟子所持有的政治态度和现实关怀。

结语

《论衡》其他篇目里提及孟子，以褒扬推崇为主。王充的"刺孟"，是在

---

① 徐复观：《王充论考》，载《两汉思想史（二）》，第 526 页。
② 阎步克：《士大夫政治演生史稿》，北京大学出版社，2015，第 372 页。关于东汉初呈现的态势，阎步克将之概括为"儒生和文吏两种政治角色的相互融合""'经术'与'吏化'的日益贴合""儒术与法术的日益合流"，见同书第 396 页。
③ 《太平御览》卷六百十引《桓谭新论》，中华书局 1960 年影印本，第 2746 页。

肯定孟子的地位和基本道德精神的基础上，对某些言行逻辑给予辨析批判，以此来试图追求一个确定的、明晰的语言意义和思维行为方式。孟子的道德论，有学者抽绎为"萌芽直觉"（sprout intuitions），意思是："这些是自发作出的判断，以回应有关处境中的感知，既不是出自关于何为有利于己的某些工具计算，亦不是来自某些更为一般的伦理原则或价值原则。"[1] 尤其是结合"孺子将入井""君子远庖厨"等论说来看，孟子喜欢强调道德判断中自发的、先于理性思维的部分和其时特殊的处境。而王充表现的乃是对普遍性、一致性、明确性的追求，《刺孟》篇中呈现出的与孟子的主要分歧，其根源当在此。让我们用陈寅恪那段著名的话做一个譬喻："所谓真了解者，必神游冥想，与立说之古人，处于同一境界，而对于其持论所以不得不如是之苦心孤诣，表一种之同情，始能批评其学说之是非得失，而无隔阂肤廓之论。"[2] 王充似乎对于孟子的一些言行，并无兴趣也无自觉去做这个意义上的"真了解"；但研究者却不能不尽力对王充去做"真了解"的工作，这篇文章对此还只是一个不成熟的尝试。

---

[1] 〔美〕黄百锐（David B. Wong）撰，卢冠霖译：《孟子的理由及类比推理》，《中国哲学与文化（第九辑）》，第18页。
[2] 陈寅恪：《冯友兰中国哲学史上册审查报告》，见氏著《金明馆丛稿二编》，生活·读书·新知三联书店，2015，第279页。

永恒的意义

孟子对中国文化的八大贡献

● 颜炳罡　曲阜师范大学孔子文化研究院特聘教授

"包罗天地，揆叙万类，仁义道德，性命祸福，粲然靡所不载。帝王公侯遵之，则可以致隆平，颂清庙，卿大夫士蹈之，则可以尊君父，立忠信；守士历操者仪之，则可以崇高节，抗浮云。"（赵岐《孟子题辞》）韩愈认为孟子传中华文化的道统，这个道，"尧以是传之舜，舜以是传之禹，禹以是传之汤，汤以是传之文、武、周公，文、武、周公传之孔子，孔子传之孟轲。轲之死，不得其传焉"（《原道》）。孟子是中国文化史上绕不过去的人物，他的思想对中国文化的发展方向与呈现方式、对中华民族性格的锻造与形成等产生了重大影响。他的性善论、仁政说、民贵论、王道说、华夷之辨、"舍生取义"说、"人皆可以为尧舜"说等等，在21世纪的中国仍然有着广泛的影响力。如果说孔子是中国文化史上继往开来的关键性人物的话，那么孟子则决定了中国文化的基本样态、模式或基本方向。中国人的思维方式、价值取向、民族性格、心理结构以及中国国家治理方式等多方面都打上了孟子的烙印。

一、孟子的性善说从本质意义上贞定了中国人性论基调，真正开了道德价值意义上的人禽之辨的先河，无论是在中国文化史上，还是在人类文化史上，都具有非常重要的意义。

人性的讨论不始于孟子，但人性本善说则为孟子所首创。

自孔子提出"性相近，习相远"后，人性问题就是中国学人讨论的重要话题。从孔子到孟子近二百年的历史演进中，学者关于人性是什么或人性如何提出了种种论说。有"性无善无不善"说，有"生之谓性"说，有"性可以为善，可以为不善"说，有"性善"说，有"性不善"说，等等，孟子的意义不是发现、提出了人性问题，而是确立了人性的主调，以截断众流之手腕，明确告诉世人：人性本善。"人之初，性本善"在中国传统社会是妇孺皆知的名言警句，也是直透中国人的人心且最为中国人所熟知的哲学话语，对中国人产生了深远而广泛的影响。

孟子的性善说是从本质上说的，不是从可能性的角度讲的，故而许多学者抓住孟子的只言片语说孟子是"向善论"，不是性本善，我们认为这没有准确地把握到孟子学说的实质。孟子的性善论是从人与禽兽根本区别处着眼看人性，分析人的本质，孟子的结论是性善而不是向善。他说："人之所以异于禽兽者几希，庶民去之，君子存之。"（《孟子·离娄下》，以下凡引此书，只注篇名）异于禽兽者才是人性，人与禽兽共有的或同于禽兽者是人的自然属性。自然属性没有将人与动物从根本上、本质上区别开来。"恻隐之心，仁之端也；羞恶之心，义之端也；辞让之心，礼之端也；是非之心，智之端也。人之有是四端也，犹其有四体也。"（《公孙丑上》）仁、义、礼、智就是人之所以为人的本质，也是人的独特价值，所谓没有恻隐之心，没有羞恶之心，没有辞让之心，没有是非之心，人就不是人，而是动物性存在。

孟子认为，善的具体表现就是仁、义、礼、智的"四端"之心。四端之心是绝对的、先验的、内在的、与生俱来的。"人之有是四端也，犹其有四体也。"（《公孙丑上》）四端之在吾人者像四体之于吾身一样是与生俱来的，是

"非由外铄我也，我固有之也"。(《告子上》)性善就是性本善，而不是性向善。其实，向善论不待孟子而言，许多人都能言之。而性本善，即善是人的本质，非孟子，何人能言之？孟子的"性善"是本质问题而不是可能性问题。

对孟子的性善论，同属儒家的告子是质疑的，这就有了所谓的孟、告之争。然而告子的人性论，用牟宗三的话说，是气性论即以气言性，或者说是自然人性论。告子的人性论反而易于理解，同样也能回答现实世界人在生活实践中表现为不同形态的复杂问题，但自然人性论既不究竟，也不圆满，因为它无法将人与禽兽从根本上区别开来。孟子性善说用牟宗三的话说是以理言性，它可以在究竟的意义上确立人与禽兽的根本不同，贞定人之所以为人的真实意义与价值，开千年人禽之辨的先河。

孟子之后，人性仍然是哲学家讨论的热点问题。有性恶说、性三品论，有性善恶混说，有性善情邪说，有天地之性与气质之性之辨，众说纷纭，但性善是中国人的主流意识。人之初，性本善，是中国人价值观的理论基础与哲学根据。正是建基于性善说的基础上，孟子的仁政说、民贵论、大体小体之辨、华夷之辨等说法才能成立，中国文化中的德治主义的治国原则、反求诸己的修养方式以及处理人与人、国与国等关系的方式，才能得以理解。

二、孟子的仁政说是中国人治国理政的独特智慧，是中国历代有良知的政治家的共同追求和民众的普遍期盼。

仁政就是"以不忍人之心，行不忍人之政"(《公孙丑上》)，不忍人之心就是仁心，以仁心施政就是仁政。不忍人之心又称恻隐之心，恻隐之心即人对同类尤其是执政者对人民高度的同情心。

在孟子那里，仁政就是将人民的事情放在重要位置。中国是农业国，农业生产有严格的季节性、时令性要求。正是在这个意义上，孔子强调"使民以时"，孟子再三强调"不违农时"，滕文公问为国，孟子直接回答："民事不可缓也。"(《滕文公上》)民事就是人民的事情，执政者对此一刻也不能迟缓、拖延、懈怠。

孟子仁政的重要内容是"制民之产"。所谓"民之为道也，有恒产者有恒心，无恒产者无恒心。苟无恒心，放辟邪侈，无不为已。及陷乎罪，然后从而刑之，是罔民也。焉有仁人在位，罔民而可为也？是故，贤君必恭俭礼下，取于民有制"（《滕文公上》）。制民之产一方面要使百姓有恒产即有固定的产业，另一方面，对民众应"取民有制"，不能对百姓无节制地剥削、掠夺。

问题是怎样让百姓有恒产呢？孟子想到了井田制。井田制可以保证户户有土地、有田产，然春秋以降，"暴君污吏，必慢其经界"，井田制被破坏了。行仁政，始于制民之产，制民之产就要恢复被破坏了的"井田制"。依孟子，井田制为"方里而井，井九百亩，其中为公田，八家皆私百亩，同养公田。公事毕，然后敢治私事；所以别野人也"。由于井田制被破坏，不少百姓失去了土地，或恒产受到严重侵害，因而，孟子认为施仁政一定要从纠正土地的边界开始。他说："夫仁政必自经界始，经界不正，井地不均，谷禄不平。是故暴君污吏，必慢其经界。经界既正，分田制禄，可坐而定也。"（《滕文公上》）在井田制下，百姓生活得到安定，人们"乡田同井，出入相友，守望相助，疾病相扶持，则百姓亲睦"，大家相亲相爱，守望相助，患难相恤，重建天下秩序。当然，孟子主张井田制，在"上无道揆也，下无法守也；朝不信道，工不信度。君子犯义，小人犯刑"（《离娄上》）的战国时代，在"废井田、开阡陌"已然成为历史大势的情况下，只是个人主观的梦想罢了。

龚自珍言，"何敢自矜医国手，药方只贩古时丹"。而生活在天下混乱、民不聊生时代的孟子，自负天降之命，挺身而出，决然要只手"医国"乃至医天下，他的井田制同样贩的是一种"古时丹"。不管孟子开出的井田制这味"古时丹"能否医时代之病、天下之痛，孟子由其仁政说透显出的对民众生活疾苦的关心是难能可贵的。他说：

> 王如施仁政于民，省刑罚，薄税敛，深耕易耨。壮者以暇日修其孝悌忠信，入以事其父兄，出以事其长上，可使制梃以挞秦楚之坚甲利兵矣。

彼夺其民时，使不得耕耨以养其父母，父母冻饿，兄弟妻子离散。彼陷溺其民，王往而征之，夫谁与王敌？故曰："仁者无敌。"王请勿疑！（《梁惠王上》）

五亩之宅，树之以桑，五十者可以衣帛矣；鸡豚狗彘之畜，无失其时，七十者可以食肉矣；百亩之田，勿夺其时，八口之家可以无饥矣；谨庠序之教，申之以孝悌之义，颁白者不负戴于道路矣。老者衣帛食肉，黎民不饥不寒，然而不王者，未之有也。（《梁惠王上》）

孟子的仁政主要是讲给统治者听的，但仁政关怀的对象却是百姓，他是站在统治者、执政者的立场，劝其对百姓行仁政即"施仁政于民"。"施仁政于民"就是同情百姓，理解百姓，心里装着百姓，知民众之疾苦。"省刑罚，薄税敛"，减轻人民的负担，去掉苛政，注意发展农业生产，解决百姓的基本生活问题。"乐民之乐者，民亦乐其乐；忧民之忧者，民亦忧其忧。"（《梁惠王下》）要求执政者忧以天下，乐以天下，与民众同忧乐。

孟子的仁政说在中国政治学说史和国家治理史上都占有重要地位并产生了重要影响。这是孟子对孔子德治主义思想的继承与发展，道德与国家治理结合起来并高度凝结为"仁政"则始自孟子。由孟子始，"仁政"成为儒家治国理政的代名词，这是孟子对中国政治文化的重要贡献。

三、孟子的民贵说是对传统君民价值评判的颠覆，"民贵君轻"理论将传统民本思想推向了一个两千多年古代史上鲜有人企及的高度。

2015年10月20日，习近平主席在英国议会发表讲话指出，"在中国，民本和法制思想自古有之，几千年前就有'民惟邦本，本固邦宁'的说法。""民惟邦本，本固邦宁"出自《尚书·夏书·五子之歌》。《五子之歌》是夏王太康的五个弟弟借助先祖大禹的教诲，为开导不理政事、纵情声色、游猎荒耽、丧失君德的太康而写的，其中有"皇祖有训，民可近，不可下。民惟邦本，本固邦宁"的语句。《五子之歌》是否为夏代的作品，这里不去考辨，但民本思想是中国古老的政治传统这一说法为学术界所公认。"天聪明自我民聪明，天明威自我民明威，达于上下，敬哉有土。"（《尚书·皋陶谟》）"天视自我民视，天听自我民听。"（《尚书·泰誓中》）"皇天无亲，惟德是辅。民心无常，惟惠之怀。"（《尚书·蔡仲之命》）这些政治训诫一再告诉统治者，人民的耳朵就是上天的耳朵，人民的眼睛就是上天的眼睛，人民的意志就是上天的意志，民心即天心，民意即天意，从而开启了由天命意识的神本论向民本论过渡的历程，中国"重民本"的民本哲学由此萌发。

重民、爱民、惜民是中国民本哲学传统，孟子在继承此传统的基础上，首次提出了"民贵"主张。

> 孟子曰："民为贵，社稷次之，君为轻。是故得乎丘民而为天子，得乎天子为诸侯，得乎诸侯为大夫。诸侯危社稷，则变置。牺牲既成，粢盛既洁，祭祀以时，然而旱干水溢，则变置社稷。"（《尽心下》）

这是中国政治学说史上著名的"民贵君轻"说。大家知道，贵相对贱言，轻相对重言，"民贵君轻"看似搭配不合理，那么，"民贵"究竟是什么意思呢？我们认为孟子的"民贵"有两重意义，其一，"民为贵"的"贵"是贵贱之贵，是尊贵之贵，即人民为贵。在孟子看来，在整个社会地位等差序列中，天子贵于诸侯，诸侯贵于大夫，大夫贵于民，民贵于天子，天子→诸侯→大夫→民→天子是一个闭合系统。民何以贵于君或者说贵于天子？"得乎天子而为诸侯，得乎诸侯而为大夫"，诸侯之贵源于天子，大夫之贵源于诸侯，天子是人间至尊至贵的爵位，而其权力源于哪里？其何以为贵？孟子的回答是"得乎丘民而为天子"，民决定了天子之所以为天子，故"民为贵"。其二，这里的"贵"是贵重之贵。"民为贵，社稷次之，君为轻"，历代学者习惯称之为"民贵君轻"，"贵"与"轻"相对，就是贵重之贵，"民为贵"理解为"民为重"

也没有错。无论是贵贱之贵，还是贵重之贵，"民"都是复数，不是个数，是集合概念，不是单称概念。

失去了人民，天子、国君只能是匹夫而已；而失去了天子、国君乃至诸侯、大夫，人民还是人民，此于人民无损，人民自然还可以再推出天子、国君。孟子说："桀纣之失天下也，失其民也；失其民者，失其心也。得天下有道：得其民，斯得天下矣。得其民有道：得其心，斯得民矣。得其心有道：所欲与之聚之，所恶勿施尔也。"（《离娄上》）得民心者得天下，失民心者失天下，历史胜负、成败的最终决定者是人民。人民，也只有人民，才是历史发展的最终决定力量。

"民贵"理论不必然导出"贱君"，但作为个体的"民"无畏于君、傲视国君则是孟子的风骨。孟子曰："说大人，则藐之，勿视其巍巍然。堂高数仞，榱题数尺，我得志，弗为也。食前方丈，侍妾数百人，我得志，弗为也。般乐饮酒，驱骋田猎，后车千乘，我得志，弗为也。在彼者，皆我所不为也；在我者，皆古之制也。吾何畏彼哉？"（《尽心下》）孟子在"阿君之好""逢君之恶"的时代里挺立起知识分子的傲骨。什么是尊，何者为贵？孟子重新校正这一标准，其中爵位只是一个标准，而且这个标准只适合于朝堂。在乡党，以年长者为尊，而在社会层面，以德为尊。"天下有达尊三：爵一，齿一，德一。朝廷莫如爵，乡党莫如齿，辅世长民莫如德。恶得有其一以慢其二哉？故将大有为之君，必有所不召之臣；欲有谋焉，则就之。其尊德乐道，不如是不足与有为也。"（《公孙丑下》）国君只具有爵位之尊，离开朝堂，这种尊是不起作用的，爵位的尊贵只是"人爵"之贵，而不是"仁义忠信，乐善不倦"的"天爵"之"良贵"。（《告子上》）人爵之贵是或然的，不是必然的，而天爵之贵是必然的，是任何人不可剥夺的。他指斥梁襄王"望之不似人君"（《梁惠王上》），严厉批判居天子之位的桀纣不过是"残贼之人"，不配为君。"齐宣王问曰：'汤放桀，武王伐纣，有诸？'孟子对曰：'于传有之。'曰：'臣弑其君可乎？'曰：'贼仁者谓之贼，贼义者谓之残，残贼之人，谓之一夫。闻诛一夫纣矣，未闻弑君也。'"（《梁惠王下》）天子必须有天子之德，以德配位，天子若失德，德不配位，则不过匹夫罢了。孟子尊君，非贱君，但孟子尊德位相配之君，而不尊暴君。

孟子不是民本主义的首倡者，却是"民贵"学说的创始者、阐发者和宣扬者。他的"民贵君轻"理论在战国时代是一种全新的理论。从某种意义上，这一理论彻底颠覆了传统的君与民的价值判断。在此后两千多年的中国古代历史上，也鲜有人能达到如此高度。在孟子身后两千多年的中国古代历史进程中，也鲜有人顺此一理论而推衍之，这才是孟子学说的可贵之处，也是孟子为中国文化做出的独特贡献。

四、孟子由王霸之辨而阐述的王道理想是处理国与国关系的重要方式，是天下治理模式的新探索。

性善说是孟子思想的哲学基础，仁政说力图探求国家治理的理想方式，而王霸之辨是仁政说的进一步推展和运用。将性善论贯彻到底，将仁政说推至天下，就是他的王道理想。

> 孟子曰："以力假仁者霸，霸必有大国；以德行仁者王，王不待大。汤以七十里，文王以百里。以力服人者，非心服也，力不赡也；以德服人者，中心悦而诚服也，如七十子之服孔子也。《诗》云：'自西自东，自南自北，无思不服。'此之谓也。"（《公孙丑上》）

王霸之辨表面上看是德力之辨，崇尚德行为王，崇尚武力为霸，但这不是王霸之别的本质，王道与霸道的区别说到底是对待仁义的态度、方式之区别。以仁义为口号或打着仁义的旗号，诉诸武力征服他国，就是霸道，大国才能称霸，小国无法也无力推行霸道；以高尚的道德操守真心推行仁政，即本着仁义的原则去推行仁政，就是王道，实行王道的不一定是大国。王道的意义是建立型范，让天下归心，故而王不待大。当然，汤以七十里最终得灭夏桀，倘无超越夏桀之力是无法实现的，而文王以百里可以王，但他自己并没有实现灭商纣、王天下之大业，王天下依然是靠其子武王之力实现的，周公东征，克殷践奄，同样要诉诸武力。故而，王霸之辨不在于尚力与不尚力，而在于武力背后的价值支撑。

后世学者谈起孟子的王霸之辨，往往将孟子视为贵王贱霸的典型。其实在孟子那里，王道并不是天下治理的最高境界，而是在天下大乱、诸侯争地夺城的战国时代，对普遍流行的霸道主义的一种超越和反省，高于三王的尧舜之治才是孟子理想的天下治理境界。治理天下的境界有高低，而决定境界高低者在于治者之心，即取决于治者对仁义的态度及处理方式。所谓"尧舜，性之也；汤武，身之也；五霸，假之也。久假而不归，恶知其非有也"（《尽心上》）。王道相当于"汤武，身之也"。"身之"是从行上说，对仁义身体力行，反之，是从性上说，通过修养返回本性原初状态。霸道即"五霸，假之也"。"假之"即假借仁义之名号，以行讨伐之实。在尧舜，是由仁义行；在汤武，是行仁义；在五霸，是假仁义。在尧舜，仁义是内在于自己的本性，率性而行，不思而得，不勉而中，天理自然，圆满无缺。汤武，伸张大义于天下，解民于倒悬，即行仁义，一天下。五霸，假借仁义之名，"搂诸侯以伐诸侯"，横行天下。尧舜之治，以性行仁，由仁义行；汤武，以德行仁，是为王道；五霸，以力假仁，是为霸道。诚如陈大齐先生所言："'由仁义行'，可谓施仁的最高级"，"'以德行仁'，是施仁的次高级，'以力假仁'，则为施仁的最低级。"[①]

王道并非孟子追求的治理天下的最高境界，同样霸道也不是孟子心目中最坏的社会状态或最低劣的治理方式。他说："五霸者，三王之罪人也；今之诸侯，五霸之罪人也；今之大夫，今之诸侯之罪人也。……是故天子讨而不伐，诸侯伐而不讨。五霸者，搂诸侯以伐诸侯者也，故曰，五霸者，三王之罪人也。五霸，桓公为盛。葵丘之会，诸侯束牲载书而不歃血。初命曰，诛不孝，无易树子，无以妾为妻。再命曰，尊贤育才，以彰有德。三命曰，敬老慈幼，

---

① 陈大齐：《孟子待解录》，台湾商务印书馆，1991，第347—348页。

无忘宾旅。四命曰，士无世官，官事无摄，取士必得，无专杀大夫。五命曰，无曲防，无遏籴，无有封而不告。曰，凡我同盟之人，既盟之后，言归于好。今之诸侯皆犯此五禁，故曰，今之诸侯，五霸之罪人也。长君之恶其罪小，逢君之恶其罪大。今之大夫皆逢君之恶，故曰，今之大夫，今之诸侯之罪人也。"（《告子下》）霸道盛行的时代，虽然不及三王之治，然而霸主会盟诸侯，仍然维持社会基本秩序、规范与道德原则，而今之诸侯，连这些基本的秩序、规范和道德原则都抛弃了，故而"今之诸侯，五霸之罪人也"。

可见，孟子贵王贱霸是有条件的，不是无条件的。诚然，在王霸相比较而言的情况下，孟子推崇王道，贬斥霸道，但放在人类历史的长河中，动态地分析王道与霸道，王道并非孟子的最高理想，也不是他认为治理天下最理想的境界，霸道虽是"假仁义"，但也不是孟子认为最坏的选择。"五霸者，三王之罪人也；今之诸侯，五霸之罪人也；今之大夫，今之诸侯之罪人也。"（《告子下》）今之诸侯，"争地以战，杀人盈野；争城以战，杀人盈城，此所谓率土地而食人肉，罪不容于死"（《离娄上》）。孟子对战国时代的战争极端厌恶和反感，对战争的发动者和参与者给予严厉批判，甚至提出"善战者，服上刑"的主张。战国时代是一个无情且混乱的时代，是人民饱经苦难的时代，有能力发动战争的诸侯是五霸之罪人。

当然，由仁义行的尧舜之世已经一去不复返了，而人欲横流、仁义充塞、率兽而食人的时代也不会永远持续下去，人类社会在相当长的时期内只能在王、霸之间做出选择。当举国崇拜霸道的时候，孟子高举王道的旗帜，对整个社会无疑具有清醒镇静之功。

天下有不同的国，国家有大有小、有强有弱，大国与小国、强国与弱国如何能和平共处呢？

> 齐宣王问曰："交邻国有道乎？"孟子对曰："有。惟仁者为能以大事小，是故汤事葛，文王事昆夷。惟智者为能以小事大，故太王事獯鬻，勾践事吴。以大事小者，乐天者也；以小事大者，畏天者也。乐天者保天

下，畏天者保其国。"(《梁惠王下》)

齐宣王之问是时代之问，是各国国君共同面对的问题，而孟子之答是永恒之答，不是一时之答。大国事小国以仁，小国事大国以智，这是处理国与国关系的永远不会过时的法则，也是国与国相处的不二之道。但身处大国攻小国、强凌弱、众欺寡的战国时代，这个法则就显得"迂远而阔于事情"，不能立即解决齐宣王们所面临的迫在眉睫的问题。孟子提出的交邻之道则没有过时，大国不能欺负小国，应以仁德、仁惠对待小国，而小国也不能戏弄大国、招惹大国，要充分发挥自己的智慧与大国交往。

王道政治的主张不始于孟子，但王霸之辨则始于孟子。《尚书·洪范》云："无有作好，遵王之道；无有作恶，遵王之路。无偏无党，王道荡荡；无党无偏，王道平平；无反无侧，王道正直。"王道是古老的观念，但与霸道相对应的王道、以德行仁的王道则始于孟子，或者说孟子赋予了王道以新的意义。王道政治是孟子的政治理想，是其仁政说的泛化，由治国推至平天下。王道就是孟子的天下主义，是处理国与国之间关系最好的方式，也是治理天下最好的模式。以王道治天下，就是以"仁政"为标准，以"民贵君轻"为出发点，要求统治者以高尚的道德操守从事国家管理，以德服人，顺民之意，遂民所欲，关注民生，实现尧舜时代"天下为公"的理想。

五、孟子将传统的华夷之辨由部族问题提升到文化问题，开启了以文明对抗野蛮与非理性的先河。

华夷之辨在孟子以前就已经成为重要话题。《春秋左传正义·定公十年》："中国有礼仪之大，故称夏；有服章之美，谓之华。"《春秋左传·闵公元年》狄人伐邢，管仲说："戎狄豺狼，不可厌也；诸夏亲昵，不可弃也。"齐人救邢。管仲的举动备受孔子称赞，称其仁。主要原因在于管仲打出了"尊王攘夷"的口号，以实际行动抗击夷狄的侵扰或夷化的可能，捍卫了华夏文明。在"南夷与北狄交，中国不绝若线"（《春秋公羊传·僖公四年》）的春秋时代，作为春秋首霸的齐国桓公、管仲君臣，挺身而出，为防止华夏"被发左衽"做出了贡献。"裔不谋夏，夷不乱华"成为春秋之际华夷之辨的主色调。

华夷问题到孟子时代由部族问题转化为文化问题。孟子华夷之辨的实质是要求人类文明向上提升，而不是向下沉沦。在儒家文化系统中，文化、文明是有高低之分的，而华夏文明高于周边地区的文明形态，故儒家主张以华变夷，反对以夷变华。

孟子处于战国时代，华夷问题没有春秋时代那样迫切、尖锐。然而华夷问题是长期问题，是普遍问题，不是某一时代的问题或特殊问题。这一问题不能说与人类共终始，但一定会与民族存在共终始。孟子说：

> 吾闻用夏变夷者，未闻变于夷者也。陈良，楚产也，悦周公、仲尼之道，北学于中国。北方之学者，未能或之先也，彼所谓豪杰之士也。子之兄弟事之数十年，师死而遂倍之。昔者，孔子没，三年之外，门人治任将归，入揖于子贡，相向而哭，皆失声，然后归。子贡反，筑室于场，独居三年，然后归。他日，子夏、子张、子游以有若似圣人，欲以所事孔子事之，强曾子。曾子曰："不可。江、汉以濯之，秋阳以暴之，皓皓乎不可尚已！"今也，南蛮鴃舌之人，非先王之道，子倍子之师而学之，亦异于曾子矣！吾闻"出于幽谷，迁于乔木"者，未闻下乔木而入于幽谷者。《鲁颂》曰："戎狄是膺，荆舒是惩。"周公方且膺之，子是之学，亦为不善变矣。（《滕文公上》）

劳思光先生认为："孟子又以北方文化之立场批评南方之许行为蛮夷之道。此节理论意义不大，从略。"[①] 学术界一般认为，孟子这段文字的贡献是社会分工

---

① 劳思光：《新编中国哲学史》一卷，广西师范大学出版社，2005，第139页。

理论，而其华夷之辨没有意义，故略而不谈，劳先生此言不过是这一学术倾向的典型表达罢了。我们认为，孟子与许行辩论的理论利器是社会分工，但社会分工不是孟子理论的实质，而是其副产品，以夏变夷还是以夷变夏才是孟子社会分工理论的落脚点。如果仅仅纠缠于孟子社会分工的论述，可谓见末而不知本、见用而不知体、见术而不见道的皮相之论。

夏夷之辨就是华夷之辨。孟子的华夷观已经不是春秋时代的族群观念、地域观念，而是一文化观念、文明观念，是承认社会进步还是社会后退的观念。社会分工甚至劳力与劳心的分工是社会发展的必然，是社会从野蛮进入到文明状态的必然。如果从许子之道，"贤者与民并耕而食，饔飧而治"，而国家有"仓廪府库"就是"厉民而以自养"，那么只有取消国家，取消政府，取消行政管理，这是倒退到人类的前文明状态。这种状态就连农家代表人物许行本人也做不到。"以粟易械器者，不为厉陶冶；陶冶亦以其械器易粟者，岂为厉农夫哉？且许子何不为陶冶。舍皆取诸其宫中而用之？何为纷纷然与百工交易？何许子之不惮烦？"（《滕文公上》）在进入文明状态的战国时代，社会分工已成为必然，许子也只能不惮烦而纷纷然与百工交易，不可能完全自给自足。

孟子的华夷之辨不是北方文化与南方文化的问题，而是文明与野蛮的问题，是进步的历史文化观与倒退的历史文化观的问题。由荆楚文化向华夏文化转化就是进步，而由华夏文化向荆楚文化转化就是倒退。华指向华夏的正统文化，尤其是周公、孔子所传承的尧舜之道，而夷则代表了非正统文化，无论是农家、墨家还是道家之言，只要是偏离周公、孔子之道，就是夷。陈良，楚国人，对华夏文化有着极高的热情，从南方的楚国来到北方学习周公、仲尼之道，成为南方儒学的重要传人与代表。陈相及其弟陈辛追随陈良数十年，成为周公、孔子之道的信奉者。不过，陈良死后，陈相、陈辛兄弟遂背叛其师而改信许行农家之学，由信奉周公、孔子之道改信倒退到前文明状态的许子之言，是典型的由夏变夷，是由文明高地走向文化低谷，正所谓"下乔木而入于幽谷者"。

儒家与农家之争表面上是承认不承认社会分工之争，实质是进步的文化观与倒退的文化观之争，是文与野的较量，故而孟子通过尧、舜、禹时期的文明发展过程说明圣王不耕的合理性。"后稷教民稼穑，树艺五谷，五谷熟而民人育。人之有道也，饱食、暖衣、逸居而无教，则近于禽兽。圣人有忧之，使契为司徒，教以人伦：父子有亲，君臣有义，夫妇有别，长幼有叙，朋友有信。放勋曰：'劳之来之，匡之直之，辅之翼之，使自得之，又从而振德之。'圣人之忧民如此，而暇耕乎？"（《滕文公上》）问题是人们若只是"饱食、暖衣、逸居而无教，则近于禽兽"，故必须教以人伦，通过人伦尤其是五伦将人与禽兽区别开来。如果从许子之言，人类最理想的状态也不过饱食、暖衣、逸居而已。而在孟子看来，饱食、暖衣、逸居固然重要，但仅止于此并不能将人类社会与禽兽世界区别开来。由此看来，孟子的华夷之辨是建立在人禽之辨之上，是以人禽之辨为理论支撑的文明观，也可以视为人禽之辨合乎逻辑的延伸。

许子之言不是对周公、孔子之道的提升，而是对人类文明的反动。孟子从人禽之辨的角度对此予以否定，论证以夏变夷的合理性，对以夷变夏给予坚决排斥。夏夷之辨在孟子那里不仅仅适用于农家，也适用于墨家、道家。他直斥墨家"无父"，杨朱"无君"，皆非人道的理论，而是禽兽之道。

公都子曰："外人皆称夫子好辩，敢问何也？"孟子曰："予岂好辩哉？予不得已也。天下之生久矣，一治一乱。当尧之时，水逆行，泛滥于中国，蛇龙居之，民无所定。下者为巢，上者为营窟。《书》曰：'洚水警余。'洚水者，洪水也。使禹治之。禹掘地而注之海，驱蛇龙而放之菹；水由地中行，江、淮、河、汉是也。险阻既远，鸟兽之害人者消，然后人得平土而居之。尧舜既没，圣人之道衰，暴君代作，坏宫室以为污池，民无所安息；弃田以为园囿，使民不得衣食。邪说暴行又作，园囿、污池、沛泽多而禽兽至。及纣之身，天下又大乱。周公相武王诛纣、伐奄，三年讨其君，驱飞廉于海隅而戮之，灭国者五十，驱虎、豹、犀、象而远之，天下大悦。书曰：'丕显哉，文王谟！丕承哉，武王烈！佑启我后人，咸以正无缺。'世衰道微，邪说暴行有作，臣弑其君者有之，子弑其父者有之。孔子惧，作《春秋》。《春秋》，天子之事也。是故孔子曰：'知我者，其惟《春秋》乎！罪我者，其惟《春秋》乎！'圣王不作，诸侯放恣，处士横议，杨朱、墨翟之言盈天下。天下之言不归杨，则归墨。杨氏为我，是无君也；墨氏兼爱，是无父也。无父无君，是禽兽也。公明仪曰：'庖有肥肉，厩有肥马；民有饥色，野有饿莩，此率兽而食人也。'杨墨之道不息，孔子之道不著，是邪说诬民，充塞仁义也。仁义充塞，则率兽食人，人将相食。吾为此惧，闲先圣之道，距杨墨，放淫辞，邪说者不得作。作于其心，害于其事；作于其事，害于其政。圣人复起，不易吾言矣。昔者禹抑洪水而天下平，周公兼夷狄、驱猛兽而百姓宁，孔子成《春秋》而乱臣贼子惧。《诗》云：'戎狄是膺，荆舒是惩，则莫我敢承。'无父无君，是周公所膺也。我亦欲正人心，息邪说，距诐行，放淫辞，以承三圣者；岂好辩哉？予不得已也。能言距杨墨者，圣人之徒也。"（《滕文公下》）

孟子对农家学者许行的批判与对墨子学派、道家杨朱学派的批判完全是一致的：第一，他批判的立足点是文明进步史观；第二，其批判墨家、道家、农家的价值支撑是人禽之辨。他认为，人类文明的发展不是一帆风顺的，其中充满曲折，可谓一治一乱。而治乱循环并不是简单的重复，每一次循环都是在更高意义上的展开。然而每当人类文明出现危机之时，也是转机的开始。禹、周公、孔子等挺身而出，力挽狂澜，再造文明。禹、周公、孔子三圣代表着三个时代。

在"圣王不作，诸侯放恣，处士横议"的时代，孟子不得不好辩，不得不挺身而出，以"正人心，息邪说，距诐行，放淫辞"，以承尧、舜、周公、孔子先圣的志业。他强烈地批判杨朱学派和墨家学说，认为前者是"无君"，后者是"无父"，皆为禽兽之教，非人伦之教。孟子对杨朱学派和墨家学派"无君""无父"的指责最为学术界诟病。即使同情地理解孟子的学者，也不敢为孟子对杨朱与墨子的批判进行辩护。孟祥才教授认为，孟子对杨朱、墨家的批判"更多反映的是他作为儒家学派代表人物的思想和学术偏见"①。而王邦雄教授等认为孟子对杨朱学派和墨家学派的批判对杨朱和墨子"缺乏同情","是与真相有隔之见"。②那么真相究竟如何呢？杨朱学派思想可能非常复杂，而孟子对其整个思想体系置之度外，直接抓其要害"为我"二字。何为"为我"？"杨子取为我，拔一毛而利天下，不为也。"(《尽心上》)意思是拔一毛对己无损，然而可利天下，杨子不为。在"为我"的意义上说，这种人生态度不但是自私自利、极端利己主义的，而且是冷血的，故颜之推称之为"冷肠"。如果说"人人不损一毫，人人不利天下，天下治矣"，那么这样的"天下治"自国家出现以来，是不会有的。除非人类倒退到茹毛饮血的时代，倒退到没有政府、没有国家的状态。杨朱"为我"放弃了社会责任和公民担当，可以说他正是子路批判的那种"欲洁其身，而乱大伦"的隐者，这种大伦就是"君臣之义"。(《论语·微子》)杨朱"为我"说到底就是废除"君臣之义"。孟子直斥其"无君"，不过戳穿了"皇帝的新装"而已。近世以来，许多论者一定要将杨朱与自由、人权联系起来，岂不可笑？

墨家"兼爱"是不是"无父"呢？朱熹注："墨子爱无差等，而视其至亲无异众人，故无父。"在"兼爱"的口号下，墨子主张"视人之父若己父"，所谓人己不分，人之父与己之父不分，天下之大，人民之众，人之父多矣，皆视为己父，而己父也成人之父，故而"无父"。

站在儒家伦理的立场上，孟子批判杨朱"无君"和墨子"无父"并没有错，然而"无君""无父"是否就是禽兽呢？当然我们有权追问。站在儒家的立场上，"君臣有义""父子有亲"，一是指向政治伦理，一是指向血缘伦理。亲亲为仁，尊贤为义，仁义是人的内在本质，"杨墨之道不息，孔子之道不著，是邪说诬民，充塞仁义也。仁义充塞，则率兽食人，人将相食"。杨朱与墨家学说的流行，导致仁义充塞，使人丧失了人之所以为人的本质，由此，"无父无君，是禽兽也"的逻辑推论并没有问题。但无论是杨朱，还是墨子，都不是

---

① 孟祥才：《孟子传》，齐鲁书社，2013，第96页。
② 王邦雄、曾昭旭、杨祖汉：《孟子义理疏解》，鹅湖出版社，1995，第342—343页。

一个简单的"为我""兼爱"就能穷尽其全部理论学说的,孟子抓住"为我""兼爱"对其进行猛烈的批判与讨伐,显然是以偏概全。

华夷之辨是文化之辨、文明之辨,人禽之辨是孟子华夷之辨的价值支撑和哲学基础。孟子将华夷问题由族类问题转化为文化问题,由横向的、族群的问题转化为纵向的、自身的文化问题。在孟子看来,华代表着三圣先王相传之道,是华夏文化的主流、正统与根本,而夷代表着对这一正统的偏离、背弃。捍卫先王之道,"距杨墨,放淫辞",使"邪说者不得作"成为孟子所面对的历史使命。

六、孟子揭示士存在的意义,使以文化传承与创造为己任的知识阶层可以傲然挺立于天地之间。

顾颉刚在《武士与文士之蜕变》一文中指出,吾国古代的士,皆武士,为低级贵族。到孔子创立儒家学派,"文、武人才初未尝界而为二也。自孔子殁,门弟子辗转相传,渐倾向于内心之修养而不以习武事为急,浸假而羞言戎兵",士风为之一变。讲内心修养不能解决生计问题,故大部分人转而趋向知识、能力之获得,"而惟以读书为专业,揣摩为手腕,取尊荣为目标,有此等人出,其名曰'士',与昔人同;其事在口舌,与昔人异,于是武士乃蜕化而为文士"。[①] 此观点受到一些学者的批评,但顾颉刚的观点有两点值得肯定:其一,他将士阶层的兴起与孔子联系起来;其二,他指出这个新阶层与传统的士名同而实异。春秋战国时代,大量小诸侯国君乃至卿大夫在兼并战争中国破家亡,失去原有封地、爵位,沦为士,而大量庶人,通过接受礼乐教化,由"野"而"文"而为士。历史的发展,社会结构的变动,是士阶层兴起的重要缘由。

中国传统的士是社会结构中一个位阶或者说是最低级的贵族,而到春秋战国时代,新的士阶层成为社会新兴集团,这个集团不再是社会结构系统中一个位阶,而是与统治集团保持有一定距离的具有相对独立性的群体。正是这个新

---

① 顾颉刚:《史林杂识初编》,中华书局,1963,第 85—88 页。

知识群体的崛起，一时间百家争鸣，诸子蜂起，各以其所是以非其所非，形成了"哲学的突破"。这个阶层的兴起主要得力于中国传统的教育制度的变革。"王官失守"，"学在四夷"，贵族垄断文化、教育的局面被打破，私人办学蔚然成风。孔子是私人办学最成功的一位，他一生教授学生据说有三千之众，形成了庞大的士人集团。孔子死后，"七十子之徒散游诸侯，大者为师傅卿相，小者友教士大夫，或隐而不见。故子路居卫，子张居陈，澹台子羽居楚，子夏居西河，子贡终于齐"（《史记·儒林列传》）。子张之儒、颜氏之儒、子思之儒、孟氏之儒、漆雕氏之儒、仲良氏之儒、孙氏之儒、乐正氏之儒等，芸芸走上时代的舞台。儒家、墨家、道家、名家、纵横家、兵家、农家、阴阳家、法家等，纷纷登场，宣告士阶层真正形成。士阶层的兴起与孔子、与儒家有着密切的关联，故而儒家注重对士阶层的气节、风骨、品格的反省。

孔子说："士志于道，而耻恶衣恶食者，未足与议也。"（《论语·里仁》）又说："士而怀居，不足以为士矣。"（《论语·宪问》）这些话显然不是讲给低级贵族或武士听的，而是针对新的士阶层而言的。士志于道，志于何道？或者说道者为何，孔子的学生曾参作了明确答复："士不可以不弘毅，任重而道远。仁以为己任，不亦重乎？死而后已，不亦远乎？"（《论语·泰伯》）志于仁，并以坚毅果决的性格实践仁，以至死而后已，这是士的品格。

至孟子时代，士阶层已由孔子时代的萌生而走向成熟，成为社会重要的政治力量。既有"一怒而诸侯惧，安居而天下息"的张仪、公孙衍之流的纵横之士，也有自标清高、离群索居、不食人间烟火的陈仲子之辈，还有倡导绝对平均主义而赢得不少信徒拥戴的许行等人。"杨朱为我"，"墨氏兼爱"，"诸侯放恣，处士横议"，"仁义充塞"，"人将相食"（《孟子·滕文公下》），士阶层空前活跃，贵族集团养士成为一种时尚，也造成了士阶层的种种问题。如果说孔子时代士阶层还仅仅是一股幼稚的新生力量的话，那么到孟子时代，私人讲学流行，文化普及，士阶层作为一股强大的势力走上了历史舞台。

顾颉刚敏锐地认识到士（文士）皆源于儒，而儒皆注重内心之修养。当内心之修养不能解决生计问题时，转而趋向"以读书为专业，揣摩为手腕，取尊荣为目标,有此等人出,其名曰'士'"。说所有士都以揣摩为手腕、取尊荣为目标,固然有些绝对,但降至战国,如何解决士之流品混杂的问题的确成为时代的新课题,正像孔子强烈批判"小人儒",要求回到"君子儒"一样,孟子强烈地批判"以顺为正"的贱士,要求回归士的精神,坚持士的操守,挺立起士大夫的人格,成为顶天立地的大丈夫。

孟子是位有强烈批判意识的思想家,他批判的对象主要有三种:一是暴君污吏;二是他所谓的"淫辞""邪说"的制造者,如杨朱、墨翟、许行等;三是乡原、策士。对前两者历代学者多有论述,但他对士的批判很少有人注意。

孟子强烈批判"以顺为正"的纵横术士,认为这些人表面上权势熏天,似乎很伟大,其实"以顺为正者",绝非大丈夫之为。"景春曰:'公孙衍、张仪,岂不诚大丈夫哉?一怒而诸侯惧,安居而天下熄灭。'孟子曰:'是焉得为大丈夫乎?子未学礼乎?丈夫之冠也,父命之;女子之嫁也,母命之,往送之门,戒之曰:"往之女家,必敬必戒,无违夫子。"以顺为正者,妾妇之道也。居天下之广居,立天下之正位,行天下之大道;得志与民由之,不得志独行其道。富贵不能淫,贫贱不能移,威武不能屈,此之谓大丈夫。'"(《滕文公下》)公孙衍、张仪之流,为窃取权势,阿谀苟容,以揣摩为手腕,以取尊荣为目标,乃妾妇之顺从之道,非大丈夫所为。在孟子看来,没有道德价值做支撑的生命不是真实的生命,不由道德精神、道德意识周流贯注而成的人格不是真正的独立人格,这种人算不上是大丈夫!

纵横术士既无内心修养,也不持循外在礼法,往往不待召而往,甚至"钻穴隙相窥,逾墙相从",以自荐获宠。孟子认为这种"不由其道"而仕的士,破坏了士之出仕规则,是向现实的权力屈节、低头、妥协。如果没有道德的支撑,甚至连齐景公时代的虞人都不如。齐景公以旌招虞人,不合乎招虞人之礼,虞人拒绝前往。而现在纵横之术士完全丧失了"志士不忘在沟壑,勇士不忘丧其元"的气节,为了一己之私,何止"枉尺而直寻",甚至"枉寻直尺"为之,钻穴隙为之,败坏了士阶层的声誉,损害了士的整体形象,故孟子予以强烈的批判。

损害士的整体形象者,除了纵横术士之外,还有"乡原"。如果说纵横术士损害的是士在社会上的声誉的话,那么乡原则从内部瓦解着士的道德操守。孟子指出,乡原之所以败坏道德,在于其媚俗,正是"非之无举也,刺之无刺也;同乎流俗,合乎污世;居之似忠信,行之似廉洁,众皆悦之,自以为是,而不可与入尧舜之道,故曰德之贼也"(《尽心下》)。想指摘他,似乎又无可指摘,这说明乡原圆滑;想讥刺他,似乎又无可讥刺,说明乡原世故;一味媚世,与世俗完全同流合污,外表还装出忠信、廉洁的样子,这种讨好大众的好好先生是对道德的残害。

孟子痛恨乡原,不媚世,不讨巧,有自己的立场与原则。匡章,举国皆称其不孝,然而孟子毅然顶住世俗的压力,与之交往,他的学生公都子都深感疑惑。孟子举社会上共同认可的五项不孝的标准,检讨匡章的行为,证明他没有一项是对应的,由此指出是流俗之错。匡章有"子父责善"的不当之举,但并非不孝。有位名叫貉稽的人对孟子说,他被流俗说得很坏,孟子公然为他辩护,告诉他没关系,士最讨厌这种流言蜚语,并举例说孔子就是群小厌恶的人,文王也不能消灭别人的怨恨。抗拒世俗,砥柱中流,痛斥乡原,这是孟子对士的要求,同时他自己也是这种精神的实践者。

孟子指斥纵横术之士钻营,痛恨乡原奸猾,然而当社会上对这个新兴的知识阶层表示怀疑时,怀疑他们没有客观价值、怀疑他们凭什么可以不耕而食时,孟子凭其滔滔雄辩之才,站在人类社会发展的角度,为士阶层存在的合理性进行辩护。

彭更问曰:"后车数十乘,从者数百人,以传食于诸侯,不以泰乎?"孟子曰:"非其道,则一箪食不可受于人;如其道,则舜受尧之天下,不以为泰,子以为泰乎?"曰:"否,士无事而食,不可也。"曰:"子不通功易事,以羡补不足,则农有余粟,女有余布;子如通之,则梓匠轮舆皆得食于子。于此有人焉,入则孝,出则悌,守先王之道,以待后之学者,而不得食于子。子何尊梓匠轮舆而轻为仁义者哉?"(《滕文公下》)

"后车数十乘，从者数百人，以传食于诸侯"，这个团队的确非常庞大，如此多的人需要供养，消耗自然相当惊人，以至于彭更以为这样太过分了。在彭更看来，"事而食"是合理的，"无事而食"是不合理的，而孟子团队恰恰是"无事而食"，即不干活而白吃饭。彭更这一问题是富有挑战性的，而孟子从社会分工的角度所作的回答是对这一问题最好的回应。他的回应，论证了知识阶层存在的合理性。"入则孝，出则悌，守先王之道，以待后之学者"，这是士阶层存在的根据。"入则孝，出则悌"指向士的主体活动，由此为社会树立了行为准则；"守先王之道，以待后之学者"，是士的客观价值，士是道的担当者、文化的传承者。孟子告诉彭更，"为仁义"的士像梓匠轮舆一样是社会运行链条上一个不可或缺的环节，而且这个环节比梓匠轮舆还尊贵。

士的出现作为战国时代一大奇观，何以"无事而食""不耕而食"的发问可能是那个时代许多人的质疑。"公孙丑曰：'《诗》曰"不素餐兮"，君子之不耕而食，何也？'孟子曰：'君子居是国也，其君用之，则安富尊荣；其子弟从之，则孝悌忠信。"不素餐兮"，孰大于是？'"（《尽心上》）面对樊迟为稼、为圃的提问，孔子明确指出，那不是知识阶层所为，而好礼、好义、好信，使天下百姓归顺才是君子应当考虑的问题。面对公孙丑"不耕而食""不素餐兮"的疑问，孟子告诉他，君子可以使国家安定、富足，使君上尊贵、荣耀，青年后进信从他，就会孝敬父母、敬重长上、忠于职守、诚实守信。杜维明指出："孟子从政治和教育两方面证明君子并不素餐，而且是即使以显著的功效作为衡量的标准，肯定君子的地位也是收益极大的社会投资，是顺着公孙丑的思路而作出的回应。"① 当然，知识阶层作为脱离生产的新阶层，它不会也不能直接产生经济价值，它的价值有三：政治价值——安富尊荣；道德价值——入孝出悌；文化价值——承载民族精神，守护文化传统，守先王之道，以待后世学者。

这些论证只是证明士阶层的出现是合理的，有其存在理由与根据，并没有

---

① 杜维明：《孟子：士的自觉》，《杜维明文集》第五卷，武汉出版社，2022，第31页。

解决个体的士如何生存的问题。落实到具体的士的存在，就有谋食与谋道或职业与事业、现实与理想的冲突与困惑，这些问题孟子本人也无法回避。

"士无事而食"只是对游士而言，而对于"居于是国"的士而言，当然有所"事"，绝非无所事事。孔子所指出的文士集团之所事，不出三途：出仕、教书、相礼。出仕是为政，教书是传道，相礼是社会服务。子贡、子路重为政，曾子、子夏重传道，子游之儒重相礼。当然，三种职业可以交叉、重叠。孟子曾"为卿于齐"，授徒于邹，被滕文公问礼于宋。孟子明确指出，"士之仕也，犹农夫之耕也"，"士之失位也，犹诸侯之失国家也"。职位对士而言，就好像国家之于诸侯，失去国家，当然诸侯就不成其为诸侯，而没有职位，士就没有"士田"，没有士田，士就无法举行祭祀、宴会。

仁义是士的本质、灵魂、精神归宿，失去了这一原则，士就会成为钻穴隙相窥的贱士、四面讨好的乡原、枉己以求利的小人。孟子强调，原则、道义问题是大是大非的问题，是本质问题，在这一问题上不能做丝毫的妥协与让步，任何出于私利"枉尺直寻"的打算、计较都会使士的精神丧失殆尽。公孙丑曾感叹，老师的道"高矣，美矣，宜若登天然，似不可及也。何不使彼为可几及而日孳孳也"？孟子明确告诉他："大匠不为拙工改废绳墨，羿不为拙射变其彀率。君子引而不发，跃如也。中道而立，能者从之。"（《尽心上》）在这个意义上，孟子强调士应有独立风骨、格调，因为士代表着民族的气节、人类的尊严与高贵的灵魂。

七、孟子的"浩然之气"为民族精神与气节提供了哲学支撑，激励着无数仁人志士为捍卫人间正义而舍生忘死，锻造了中华民族的气节与风骨。

"气"是中国哲学的基本范畴。在中国哲学史上，讨论"气"不始于孟子，但"浩然之气"则始自孟子。"浩然之气"的出现是中国哲学史乃至文化史上划时代的大事。气由构成宇宙万物的要素，转化为精神生命的支撑，成为人的内在道德力量的哲学支撑，影响中华民族的性格、气节、品格至深至远。

那么什么是"浩然之气"呢?孟子说:

> 难言也。其为气也,至大至刚,以直养而无害,则塞于天地之间。其为气也,配义与道;无是,馁也。是集义所生者,非义袭而取之也。行有不慊于心,则馁矣。我故曰,告子未尝知义,以其外之也。必有事焉而勿正,心勿忘,勿助长也。无若宋人然:宋人有闵其苗之不长而揠之者,芒芒然归,谓其人曰:"今日病矣!予助苗长矣!"其子趋而往视之,苗则槁矣。天下之不助苗长者寡矣。以为无益而舍之者,不耘苗者也;助之长者,揠苗者也。非徒无益,而又害之。(《公孙丑上》)

所谓浩然之气,是一种至大至刚之气。至大无外,故此气塞于天地之间,或者说天地之间乃至宇宙间无不周流贯注;至刚无柔,如乾卦之爻,纯阳而无阴,是一种阳刚之气。"是集义所生者,非义袭而取之也","集义所生"指浩然之气是道德力量凝聚而来的气,它是一种正气、刚正不阿之气。失去了道义的支撑,往往是自己的行为有愧于心,那么自己的浩然之气也会萎缩,不再盛大,不再刚强,不再拥有力量。诚如苏轼所言:"是气也,寓于寻常之中,而塞乎天地之间。卒然遇之,则王公失其贵,晋、楚失其富,良、平失其智,贲、育失其勇,仪、秦失其辩。是孰使之然哉?其必有不依形而立,不恃力而行,不待生而存,不随死而亡者矣。故在天为星辰,在地为河岳,幽则为鬼神,而明则复为人。此理之常,无足怪者。"(苏轼《潮州韩文公庙碑》)

文天祥的《正气歌》所歌颂的正气就是孟子所说的"浩然之气":"天地有正气,杂然赋流形。下则为河岳,上则为日星。于人曰浩然,沛乎塞苍冥。"正气是"于人曰浩然",天地正气体现在人身上就是浩然之气。宋明时代,许多儒家学者认为天地万物都是由气构成的。万物都是禀气而生的,人也是一样。气有清有浊,有邪有正,我们要禀哪种气?要禀天地间的正气。谁代表了天地正气?文天祥列举了一些历史人物,"时穷节乃见,一一垂丹青"。太史简、董狐笔、张良椎、苏武节、严将军头、颜常山舌等,所有这些历史人物事迹都体现出一个东西，这就是浩然正气。人生是有限的，而浩然正气是无限的，人之浩然正气与天地之浩然正气相贯通，是与天地为一，即可同天地并老而不朽。"是气所磅礴，凛烈万古存。当其贯日月，生死安足论。地维赖以立，天柱赖以尊。"浩然之气就是天地正气，天地之气塞于天地之间，有磅礴之势，既可万古长存，又能贯通日月。人的生命既然可与天地同在，可以与日月同辉，生死安足论？当然可以置于度外，"地维赖以立，天柱赖以尊"。

文天祥的《正气歌》，情感饱满，慷慨激烈，表现了作者威武不能屈的英雄气概，足以震撼千古！《正气歌》中所列举的一系列人物以及文天祥自身，构成了民族的脊梁，代表了民族正气、天地正气。天地正气是超越民族、超越时代的。为何？因为它能够体现人类共同的价值与贯通古今的人类尊严。天地正气就是宇宙正气，也就是孟子的"浩然之气"。

正是有了"浩然之气"，才支撑起孟子富贵不能淫、贫贱不能移、威武不能屈的"大丈夫"精神，才有了孟子"虽千万人，吾往矣"的孤往精神，以及"说大人，则藐之，勿视其巍巍然"的傲骨，乃至"舍生取义"的气节。

文天祥《绝命词》有言："孔曰成仁，孟曰取义，唯其义尽，所以仁至。读圣贤书，所学何事？而今而后，庶几无愧。""杀身成仁""舍生取义"是孔孟一系的儒家对生命的最好诠释。"志士仁人，无求生以害仁，有杀身以成仁。"（《论语·卫灵公》）"生亦我所欲也，义亦我所欲也；二者不可得兼，舍生而取义者也。生亦我所欲，所欲有甚于生者，故不为苟得也；死亦我所恶，所恶有甚于死者，故患有所不辟也。"（《告子上》）"杀身成仁"，"舍生取义"，这是中华民族的阳刚之气，是中华民族的血性，是中华民族的气概，也是中华民族敢于同一切敌人血战到底的价值支撑和力量源泉。

孟子以德抗位，壁立千仞地挺立起民族的脊梁，为历代读书人树立了典范。在孟子那里，知识分子的腰是直的，骨是硬的，顶天立地，堂堂正正。正如杜维明教授所言："这种专制政体形成的传统社会，乃至在今天的民主社会都很难想像的'傲慢',正是孟子以德抗位的风骨所在。"① 以德傲慢对治权力傲慢,最起码在历史上流衍为两大奇观,其一,论证了礼贤下士的合理性、公正性,即形成了一条评判明君与昏君的千古不变的价值标准,礼贤下士者即是明君,以权力凌人者就是昏君;其二,为君主专制社会下的士人掌握治权做了论证。究竟士人是君主决策的执行者,还是君主治国的指导者,孟子主张"学焉而后臣之","欲有谋焉则就之",反对君主要求士人"姑舍女所学而从我"。直到今天,以德抗位仍有借鉴意义。

以德抗位需要傲骨、勇气与内在的人格力量。然而,以德抗位面对的毕竟只是拥有权力的君主个体,成覵面对齐景公能够做到"彼,丈夫也;我,丈夫也;吾何畏彼哉"(《滕文公上》),而"虽千万人,吾往矣"的孤往精神面对的是流俗世界。它是面对整个流俗世界而表现出来的无畏无惧:

昔者曾子谓子襄曰:"子好勇乎?吾尝闻大勇于夫子矣:'自反而不缩,虽褐宽博,吾不惴焉。自反而缩,虽千万人,吾往矣。'"孟施舍之守气,又不如曾子之守约也。(《公孙丑上》)

北宫黝、孟施舍、曾子代表了勇的三种境界,北宫黝之勇,果决、刚强、坚毅,它是气所周流贯注聚结而成的勇,可谓气勇或者说是气质之勇;孟施舍"量敌而后进,虑胜而后会"的勇是功利的勇,计较、谋算的勇,不是真正的勇;而曾子之勇才是真正的德性之勇,是大勇。曾子之勇就是孤往精神。其与孟施舍相同的地方在于决不会因成败、胜负裹足不前;不同的是,孟施舍之勇没有道德的支撑,而曾子之勇是勇中有怯,经过自我道德的反省,正义不在我这里,则我何可言勇,经过自我反省,正义在我,则"虽千万人,吾往矣"。即便我只是孤身一人,对方却千军万马,天下滔滔皆是,我也会勇往直前。孤往精神不是一种自命清高的孤芳自赏,也不是世人皆醉我独醒、世人皆浊我独清的哀怨,而是一种在

---

① 《杜维明文集》第五卷,第36页。

黑暗的浊世里独在的孤明，是在恶势力烈焰熏天时奋起抗争的勇气。正是在这种精神的感召下，无数仁人志士，奋不顾身，挽狂澜于既倒，扶大厦于将倾，知其不可而为之。

八、"人皆可以为尧舜"，高扬天爵、良贵，拓宽了中国人在德性、人格面前人人平等的路径。

> 曹交问曰："人皆可以为尧舜，有诸？"孟子曰："然。""交闻文王十尺，汤九尺，今交九尺四寸以长，食粟而已，如何则可？"曰："奚有于是？亦为之而已矣。有人于此，力不能胜一匹雏，则为无力人矣；今日举百钧，则为有力人矣。然则举乌获之任，是亦为乌获而已矣。夫人岂以不胜为患哉？弗为耳。徐行后长者谓之弟，疾行先长者谓之不弟。夫徐行者，岂人所不能哉？所不为也。尧舜之道，孝弟而已矣。子服尧之服，诵尧之言，行尧之行，是尧而已矣。子服桀之服，诵桀之言，行桀之行，是桀而已矣。"曰："交得见于邹君，可以假馆，愿留而受业于门。"曰："夫道若大路然，岂难知哉？人病不求耳。子归而求之，有余师。"（《告子下》）

"人皆可以为尧舜"是曹交发问，孟子做了肯定的回答。由曹交之问，我们可以断定"人皆可以为尧舜"是孟子提出的命题或孟子坚持的主张。在孟子看来，对所有人而言，成为尧舜是为不为的问题，不是能不能的问题。"子服尧之服，诵尧之言，行尧之行，是尧而已矣。子服桀之服，诵桀之言，行桀之行，是桀而已矣。"尧舜之道如此简单，遵循尧舜之道去行事，以尧舜的生活方式去生活，就是尧舜了。"尧舜之道，孝弟而已矣。"做到孝悌，有何困难？"徐行后长"就是悌，否则就是不悌，何难之有？孟子将通往尧舜的大门、成就圣贤人格的大门全部敞开，而且是向所有人打开，人人可以进入圣贤之域、成就圣人，即尧舜人人可为、人人能为。

孟子认为，在人性面前人人平等。人性本善，凡人之性皆善，不是只有某种或某几种人性善，仁、义、礼、智作为之所以为人的本性是人人生而有之的。善是人异于禽兽的"几希"之处，是人的"良贵"，是人的"天爵"。孟子曰："欲贵者，人之同心也。人人有贵于己者，弗思耳。人之所贵者，非良贵也。赵孟之所贵，赵孟能贱之。《诗》云：'既醉以酒，既饱以德。'言饱乎仁义也，所以不愿人之膏粱之味也；令闻广誉施于身，所以不愿人之文绣也。"（《告子上》）"人人有贵于己者"的"贵"是天赋的"良贵"，这种贵是绝对的、无条件的，是人人生而有之的，是任何人、任何力量不能剥夺的，除非自己想放弃此"贵"。而社会阶层序列中的贵，是人为的，不是天赋的；是或然的，不是必然的；是可以被剥夺的，不是与生俱来的。所以孟子说："有天爵者，有人爵者。仁义忠信，乐善不倦，此天爵也；公卿大夫，此人爵也。古之人修其天爵，而人爵从之。今之人修其天爵，以要人爵；既得人爵，而弃其天爵，则惑之甚者也，终亦必亡而已矣。"（《告子上》）"天爵"就是"良贵"，"人爵"是或然的，是有条件的，是操之在人、不操之在我者。

孟子的良贵就是天爵，天爵就是良贵，合起来说，是二而一，分别地说，是一而二。无论是良贵，还是天爵，都是人性本善的另一种表达罢了。对人而言，至尊至贵的东西是什么？是人像个人，是人有人性，是与禽兽不同的"几希"，一句话，"善"而已矣。

良贵也好，天爵也罢，虽然人人都有，但需要修，需要养，需要扩和充，良贵才能贵其所贵，天爵才能爵其所爵，否则，良贵没有，天爵丢了，人就会沦为禽兽。孟子发明了一套修养的工夫，如"存夜气""求放心""寡欲""养大体""反求诸己"等，使此心光明，使本性扩大、长养，才不失赤子之心，进而尽心知性知天，存心养性以事天，成就"君子""大丈夫""豪杰之士""大人"乃至圣贤人格。

有圣贤人格的不是无用的好人，而是平治天下的高手、能人，一旦由贤圣之人推行仁政，以仁心仁术治理天下，天下百姓就会每天向善转化却浑然不知。孟子说："霸者之民，骧虞如也；王者之民，皞皞如也。杀之而不怨，利之而不庸，民日迁善而不知为之者。夫君子所过者化，所存者神，上下与天地同流，岂曰小补之哉？"(《尽心上》)孟子当然不赞扬霸道，故他说："五霸者，三王之罪人也。"而战国时代的诸侯连五霸也不如，甚至是"五霸之罪人"。(《告子下》)以"霸道"施政治理国家，百姓会欢欣雀跃，以王道治理国家，百姓虽没有一时的欢欣雀跃，但会怡然自得。以王道治理天下，百姓牺牲不怨恨，得到好处也不需要感恩戴德，一天天向善转化却浑然不觉。真正的君子，所过之处人们受到感化，而其保存的仁义精神将长留世间。君子的意义、圣贤的意义不仅仅在于成就自己，更在于可以德化天下。

从人人性善到人人皆可以为尧舜，二者是贯通的、一致的，性本善是人皆可以为尧舜的哲学基础，也是人皆可以为尧舜的内在根据。正是因为人人性善，善的充量发展和完成就是尧舜，尧舜人人可为。"人皆可以为尧舜"这一命题的提出，保证了中国文化的主流价值观：肯定人在本质上没有高下之分、贵贱之殊，人人是一样的、平等的，这就是中国哲学所揭示的人性面前、人格面前人人天赋平等。在西方，与孟子大致同时期的哲学家柏拉图，将人分为三等，第一等是金质的人，包括哲学家、王者、执政者；第二等级的人是银质的，包括武士、军人；第三等级的人是铁质的，包括农民、商人、手工艺人等。而奴隶在柏拉图看来，不在三等人之列，只是会说话的工具。不同质的人是有价差的，高低贵贱当然不同，这与孟子所谓的"人人有贵于己者"差别何止壤霄！在印度，自古就有种姓制度，将人分为四个等级，即婆罗门、刹帝利、吠舍、首陀罗。婆罗门是原人的嘴，刹帝利是原人的双臂，吠舍是原人的大腿，首陀罗是原人的脚，至于贱民，则被排除在原人的身体之外。四个等级在地位、权利、职业、义务等方面有严格的规定。除四大种姓外，还有大量的"第五种姓"，称为"不可接触者"阶层，又称"贱民"或"达利特"，他们多从事最低贱的职业。中国也曾一度出现门阀世族制度，但它没有成为中国文化的主流，更没有从根本上否定"王侯将相，宁有种乎"这一意识，"将相本无种，男儿当自强"才是中国文化的主流意识。

人性平等、人格平等是中国文化的主流意识，无论是坚持性善说的孟子，还是坚持性恶说的荀子，都认为人性是平等的。虽然对人性的认定多有不同，但在人人可以为尧舜问题上，他们是一致的，即人都可以成就理想人格、成为圣贤。孟子认为"人皆可以为尧舜"，荀子认为"涂之人可以为禹"，尧、舜、禹都是圣人，都是理想人格的典型。孟子的"人皆可以为尧舜"的理论对中国文化产生了重要影响，一方面它影响到了中国化的佛教尤其是禅宗，使人人可以成佛由不可能转化为可能；另一方面它影响了两汉以下儒学尤其是宋明理学系统中陆王心学一系，他们提出的"满街都是圣人"和"固知野老能成圣，谁道江鱼不化龙"等理论可以直追孟子。

孟子作为中国先秦时代富有原创性的思想家，其对中国文化的影响是全面的、立体的，因而他在中国经学史、文学史、哲学史、伦理学说史、史学史等领域都占有非常重要的地位。中国主流文化彻上彻下、彻内彻外，无不受到孟子思想的浸润。从某种意义上说，孟子的思想决定了两千多年来中国文化的主流方向和本质特征，形塑了中华民族的民族性格。深入挖掘和整理孟子的哲学思想、政治思想、伦理思想等，是实现中华优秀传统文化创造性转化和创新性发展的重要环节，是时代赋予我们的新使命。

孟子正义战争思想与永久和平

● 王国良　安徽大学哲学系教授

孟子继承孔子的和平思想，在"世衰道微，邪说暴行有作"的战国纷争时代，周游列国，四处奔走，提倡王道，提倡仁义、仁政，表现出仁义自信、仁者自信、王道自信的精神与信念，提倡和平，反对霸道，反对攻城略地的不义战争。虽然孟子的思想不合列国君主口味，本人不受重用，儒家理想难以实现，但孟子无怨无悔，绝不苟合阿世，表现出泰山岩岩的大丈夫气概。然而孟子并非完全"迂远而阔于事情"，他对于推翻暴政、解民倒悬的正义战争，对于平定内乱、恢复和平秩序的吊民伐罪的战争表示赞同，并认为"仁者无敌"，表现出坚定可贵的文化自信和理想信念。但孟子只考虑战争的正义性，忽略了国家规模、军事训练和武器装备，使其王道仁政理想难以真正实现，即使实现，可能也要付出沉重代价。总结孟子战争与和平的思维教训，为王道战胜霸道提供可行的途径，对现代国家确立正义的战争观、捍卫世界和平具有重大现实意义。

一

孟子所处的战国时代，各国诸侯急功近利，汲汲于富国强兵、攻城略地，孟子的仁政理想难以实现，不免被人看作"迂远而阔于事情"，孟子本人也不受重用。司马迁对孟子的处境作出了曲折而符合实情的描述："孟轲，驺人也。受业子思之门人。道既通，游事齐宣王，宣王不能用。适梁，梁惠王不果所言，则见以为迂远而阔于事情。当是之时，秦用商君，富国强兵；楚、魏用吴起，战胜弱敌；齐威王、宣王用孙子、田忌之徒，而诸侯东面朝齐。天下方务于合从连衡，以攻伐为贤，而孟轲乃述唐、虞、三代之德，是以所如者不合。退而与万章之徒序《诗》《书》，述仲尼之意，作《孟子》七篇。"(《史记·孟子荀卿列传》) 司马迁在孟子传记里记载了孟子见梁惠王，与梁惠王话不投机、所论不合，并认为这是孟子不切实际的"迂阔"表现。这到底是孟子"迂阔"，还是梁惠王本人是不足以成就大业的急功近利之徒？我们且来分析孟子与梁惠王对话的实际情况再下结论。《孟子》第一篇《梁惠王上》（以下凡引此书，只注篇名）第一段就记述了二人的对话：

> 孟子见梁惠王。王曰："叟！不远千里而来，亦将有以利吾国乎？"
> 孟子对曰："王！何必曰利？亦有仁义而已矣。王曰，'何以利吾国？'大夫曰，'何以利吾家？'士庶人曰，'何以利吾身？'上下交征利而国危矣。万乘之国，弑其君者，必千乘之家；千乘之国，弑其君者，必百乘之家。万取千焉，千取百焉，不为不多矣。苟为后义而先利，不夺不餍。未有仁而遗其亲者也，未有义而后其君者也。王亦曰仁义而已矣，何必曰利？"①

梁惠王在这里所求的"利"，就是希望孟子带来有利于魏国富国强兵、攻伐战胜的奇韬妙计。② 但孟子却认为举国上下都汲汲于求利会导致国家危亡，只有行"仁义"才是唯一的救国良方。由于孔子、孟子、荀子等大儒在春秋战

---
① 杨伯峻：《孟子译注》，中华书局，1984，第1页。
② 康德："国家的真正光荣竟被置之于国力的不断扩大，而不问手段如何。"《永久和平论》，载《历史理性批判文集》，何兆武译，商务印书馆，1990，第98页。

国时期基本未受到列国君主重用，所提治国理政方略不切实用，不免迂阔，不能立竿见影见效，于是在历史上形成了儒学"不能马上得天下"、最多只能在"马下治天下"的偏见，到了近代甚至形成"儒学不能救国"的谬论。

《梁惠王上》还记载了梁惠王更详细具体的对孟子的询问：

> 梁惠王曰："晋国，天下莫强焉，叟之所知也。及寡人之身，东败于齐，长子死焉；西丧地于秦七百里；南辱于楚。寡人耻之，愿比死者一洒之，如之何则可？"①

以上是《孟子》的陈述。司马迁在《史记·魏世家》里对他们二人的见面作了略有差别的描述：

> 三十五年，与齐宣王会平阿南。
> 惠王数被于军旅，卑礼厚币以招贤者。邹衍、淳于髡、孟轲皆至梁。梁惠王曰："寡人不佞，兵三折于外，太子虏，上将死，国以空虚，以羞先君宗庙社稷，寡人甚丑之。叟不远千里，辱幸至弊邑之廷，将何利吾国？"孟轲曰："君不可以言利若是。夫君欲利则大夫欲利，大夫欲利则庶人欲利，上下争利，国则危矣。为人君，仁义而已矣，何以利为！"

从以上引述看，梁惠王四处发动战争，数被于军旅，三战皆败，太子虏，上将死，忙于招贤纳士，孟子、邹衍、淳于髡等人都是在这种背景下响应梁惠王求贤若渴的号召来到魏国的。梁惠王急于寻求强国复仇之道、利国之道，一点也不令人感到奇怪，而孟子却要他行仁义、行仁政，貌似所答非所问，确实有"迂阔"之嫌，不能满足梁惠王的急切愿望。但本文认为，孟子的回答，要梁惠王行仁义、施仁政，一点也不迂腐，而恰恰是针对魏国的实情提出的救国

---

① 杨伯峻：《孟子译注》，第10页。

济困的最好建议！孟子一路走来，一路观察，对魏国的实情和底细早已了解得一清二楚。魏国的实情是："狗彘食人食而不知检，涂有饿莩而不知发"（《梁惠王上》）①，富豪家的猪狗吃着人的粮食却不知节俭，路有冻死骨却还不开仓赈济。"庖有肥肉，厩有肥马，民有饥色，野有饿莩。此率兽而食人也。兽相食，且人恶之；为民父母，行政，不免于率兽而食人，恶在其为民父母也？……如之何其使斯民饥而死也？"（《梁惠王上》）②宫廷里整天大鱼大肉，马厩里养着肥壮的骠马，③老百姓却挨饿受冻，转死沟壑，这简直就是率兽食人！梁惠王不想着"十年生聚，十年教训"，不想着卧薪尝胆，而是整日花天酒地，不管人民死活，百姓恨得咬牙切齿，恨不得与统治者同归于尽。百姓不发动起义、不给敌军带路已属万幸，梁惠王居然还想着兴军复仇、攻城略地，这不是白日做梦吗？所以孟子痛斥梁惠王不仁："不仁哉梁惠王也！仁者以其所爱及其所不爱，不仁者以其所不爱及其所爱。"公孙丑问曰："何谓也？""梁惠王以土地之故，糜烂其民而战之，大败，将复之，恐不能胜，故驱其所爱子弟以殉之，是之谓以其所不爱及其所爱也。"（《尽心下》）④

仁者是把自己所爱者推及不爱者，比如爱屋及乌，而梁惠王这个不爱老百姓的不仁者，却把这不爱推及自己所爱的太子（太子在与齐国交战中被俘，一说战死）。梁惠王以获取土地为目的，糜烂其民而战之，属于不义战争，其败不亦宜乎！因此，孟子要梁惠王抛弃对利益的追求，痛下决心行仁政，实在是唯一的救国良方，何迂阔之有？！

二

针对梁惠王问利，孟子答之以仁义："地方百里而可以王。王如施仁政于

---

① 杨伯峻：《孟子译注》，第5页。
② 杨伯峻：《孟子译注》，第9页。
③ 康德：专制君主"并不是国家的同胞而是国家的所有者，他的筵席、狩猎、离宫别馆、宫廷饮宴以及诸如此类是一点也不会由于战争而受到损失的"。《永久和平论》，载《历史理性批判文集》，第107页。
④ 杨伯峻：《孟子译注》，第324页。

民，省刑罚，薄税敛，深耕易耨；壮者以暇日修其孝悌忠信，入以事其父兄，出以事其长上，可使制梃以挞秦楚之坚甲利兵矣。"（《梁惠王上》）①

　　孟子与梁惠王交谈多次，从不同方面勾画了"仁政"的内容，这些内容孟子在与齐宣王对话时又重复多次，每次语言表述不尽相同，但核心内容基本一致，说明孟子认为"仁政"的理想适合当时所有国家。每个国家都实行仁政，就可以实现天下太平；如果有哪个国家实行暴政，仁政国家就可以吊民伐罪，使之恢复和平与秩序。

> 　　不违农时，谷不可胜食也；数罟不入洿池，鱼鳖不可胜食也；斧斤以时入山林，材木不可胜用也。谷与鱼鳖不可胜食，材木不可胜用，是使民养生丧死无憾也。养生丧死无憾，王道之始也。
>
> 　　五亩之宅，树之以桑，五十者可以衣帛矣。鸡豚狗彘之畜，无失其时，七十者可以食肉矣。百亩之田，勿夺其时，数口之家可以无饥矣。谨庠序之教，申之以孝悌之义，颁白者不负戴于道路矣。七十者衣帛食肉，黎民不饥不寒，然而不王者，未之有也。
>
> 　　今王发政施仁，使天下仕者皆欲立于王之朝，耕者皆欲耕于王之野，商贾皆欲藏于王之市，行旅皆欲出于王之涂，天下之欲疾其君者皆欲赴愬于王。其若是，孰能御之？②

　　孟子仁政的核心思想就是保民，恤民，教民，养民，与民同乐，要保证每户有百亩耕地、五亩宅基地，有鸡豚狗彘之畜，保证老者能衣帛食肉，照顾鳏寡孤独；省刑罚，薄税敛，实行市场经济，关市讥而不征；政治上选贤与能，使俊杰在位，办学校，兴教化，让百姓懂得孝悌忠信基本伦理；亲亲而仁民，仁民而爱物，孟子还有爱物的生态伦理思想萌芽，主张有节制地利用自然，注

---

① 杨伯峻：《孟子译注》，第10页。
② 杨伯峻：《孟子译注》，第5、17页。

意可持续发展，有节制地捕捉鱼鳖，有节制地砍伐木材，则自然物不可胜用。孟子认为，如果实行了这样的王道仁政，政权深得人民拥护，民归之如水之就下，天下百姓皆引领而望，如此则无敌于天下。孟子对梁惠王说，如果此时哪个国家陷溺其民、冻饿其父母，就可以往而征之："彼夺其民时，使不得耕耨以养其父母。父母冻饿，兄弟妻子离散。彼陷溺其民，王往而征之，夫谁与王敌？故曰：'仁者无敌。'王请勿疑！"①

遗憾的是，梁惠王无德无能无仁，使孟子的王道理想落空，这不是孟子迂阔，而是梁惠王竖子不可教。但孟子认为"以至仁伐至不仁"（《尽心下》）②的正义战争历史上有过先例，并不是他的空想，这就是汤放桀、武王伐纣。这属于前面所论正义战争的第一种情况。汤讨伐桀从征讨葛开始，葛杀戮百姓，甚至连儿童也惨遭杀戮，于是汤起兵讨伐，四海之内皆举首而望之，欲以为君。

> 孟子曰："汤居亳，与葛为邻。葛伯放而不祀。汤使人问之曰：'何为不祀？'曰：'无以供牺牲也。'汤使遗之牛羊。葛伯食之，又不以祀。汤又使人问之曰：'何为不祀？'曰：'无以供粢盛也。'汤使亳众往为之耕，老弱馈食。葛伯率其民，要其有酒食黍稻者夺之，不授者杀之。有童子以黍肉饷，杀而夺之。《书》曰：'葛伯仇饷。'此之谓也。为其杀是童子而征之，四海之内皆曰：'非富天下也，为匹夫匹妇复仇也。''汤始征，自葛载。'十一征而无敌于天下。东面而征，西夷怨；南面而征，北狄怨，曰：'奚为后我？'民之望之，若大旱之望雨也。归市者弗止，芸者不变，诛其君，吊其民，如时雨降，民大悦。"（《滕文公下》）③

武王伐纣也是如此，都是兴仁义之师，吊民伐罪，百姓欢欣鼓舞，急切盼望，如果说百姓有埋怨，那是埋怨王师为何不先来解救他们。孟子构筑了尧舜

---

① 杨伯峻：《孟子译注》，第10页。
② 杨伯峻：《孟子译注》，第325页。
③ 杨伯峻：《孟子译注》，第147—148页。

禹汤文武到孔子的传统，其中尧舜禹是禅让，而汤和文武则是通过正义战争取得政权，俗称"汤武革命"，孔孟儒家对这两种方式都加以认可，认为都是"顺乎天而应乎人"（《周易·革》）的合理方式。

三

孟子贬斥春秋以来的历次战争，认为这些战争都是攻城略地祸害百姓的不义战争，即"春秋无义战"。孟子认为春秋战国时期称雄称霸的诸侯都是罪人，"五霸者，三王之罪人也；今之诸侯，五霸之罪人也；今之大夫，今之诸侯之罪人也"（《告子下》）[1]。在孟子看来，不以道义引导君主、不以仁义辅助君主，只是逢君之恶、迎合君主私欲的，都是民贼。那些能为君辟土地、充府库，能为君搞合纵连横、取得战争胜利的所谓良臣，都是民贼。因此，"争地以战，杀人盈野；争城以战，杀人盈城，此所谓率土地而食人肉，罪不容于死。故善战者服上刑，连诸侯者次之，辟草莱、任土地者次之"（《离娄上》）[2]。凡是宣称"我善为阵，我善为战"（《尽心下》）[3]者都是大罪犯，他们发动的战争都不代表正义、不代表人民利益，都不是为了百姓的和平安康，都是为了扩充自己的领土而置人民的生死于不顾。[4] 孟子认为，这些战争即使取得暂时胜利，取得局部胜利，也不可能长久，"不能一朝居"（《告子下》）[5]，无休止的相互攻伐、相互屠戮最终将导致身死国亡。"不仁而可与言，则何亡国败家之有？"（《离娄上》）[6]孟子的伟大之处在于认识到"不仁者"不可以得天下，"苟不志于仁，终身忧辱，以陷于死亡"（《离娄上》）[7]。秦始皇以武力

---

[1] 杨伯峻：《孟子译注》，第287页。
[2] 杨伯峻：《孟子译注》，第175页。
[3] 杨伯峻：《孟子译注》，第325页。
[4] 康德：实现永久和平的第5条先决条款："任何国家均不得以武力干涉其他国家的体制和政权。"《永久和平论》，载《历史理性批判文集》，第101页。
[5] 杨伯峻：《孟子译注》，第293页。
[6] 杨伯峻：《孟子译注》，第170页。
[7] 杨伯峻：《孟子译注》，第171页。

霸道统一天下，其政权短短二十几年就被推翻，就是鲜明的例证。

但是，孟子并不是反对一切形式的战争，对于正义战争、维护人民利益的战争，孟子表示支持。正义战争，就是"以至仁伐至不仁，""至仁"是正义战争的主体，"至不仁"是正义战争的对象。所谓"至仁"，就是实行王道的国家、以仁义治国的国家，孟子说："以力假仁者霸，霸必有大国；以德行仁者王，王不待大——汤以七十里，文王以百里。以力服人者，非心服也，力不赡也；以德服人者，中心悦而诚服也，如七十子之服孔子也。诗云：'自西至东，自南至北，无思不服。'此之谓也。"(《公孙丑上》)①孟子对王道和霸道作出区分，霸道是以实力或武力强迫别人服从，既然是以实力称强称霸，必须是大国才能具备相当的实力，别的国家不是不愿反抗，只是由于实力不足，才暂时放弃反抗。王道是以德行仁，即实行仁政，王者以德服人，故王道国家不一定是大国，百里可以王天下。小国行仁政可以王天下，那么大国行王道就更容易王天下。所谓"以至仁伐至不仁"，有两种情况，一是实行暴政，残害百姓，滥杀无辜，王道国家兴仁义之师，吊民伐罪，百姓欢欣鼓舞，急切盼望；二是国内动乱，民不聊生，王师出动，解民倒悬，恢复和平安定秩序，百姓箪食壶浆，以迎王师。孟子认为，针对"至不仁"情况而出兵讨伐，就是值得赞扬和支持的正义战争。当然，一切反侵略战争都是正义战争。一个国家对另一个国家发动战争，违背另一个国家人民的意愿，遭到被侵略国家人民的坚决反抗，那么这个国家发动的就是侵略战争，就是非正义战争。即使被侵略国家的统治者腐败无能，但人民不同意别国干涉，别国就不能借"仁义"之名发动侵略战争，横行霸道。孟子说过"春秋无义战"，同时还说"敌国不相征"，"敌国"指身份对等国家，上对下为"征"，故"敌国不相征"，也可以引申为两个身份或性质相同的国家无权互相征伐。一个无道的国家没有资格对另一个无道国家假借仁义之名实行讨伐，更不允许以掠夺别国财富、控制别国资源为目的，假借各种冠冕堂皇的名义对别国发动侵略战争。孟子认为，只有真正实行仁政

---

① 杨伯峻：《孟子译注》，第74页。

的国家，不是乘人之危，不是火中取栗，而是以仁义为目的，以保障别国人民的利益和安全为目的，才有资格兴师问罪、保民安邦。这也就是"民为贵，社稷次之，君为轻"（《尽心下》）①。这样的正义战争不战则已，战则必胜，故"仁者无敌"（《梁惠王上》）②，"仁人无敌于天下"（《尽心下》）③。

四

汤放桀、武王伐纣是历史上的正义战争，孟子并没有亲身经历。孟子亲身经历、参与讨论并勉强同意的战争，就是齐国讨伐燕国的战争。根据司马迁《史记·燕召公世家》记载，燕王子哙私下把王位让给宰相子之，国家大乱。"燕王因属国于子之，子之大重。……国事皆决于子之。……三年，国大乱，百姓恫恐。……因构难数月，死者数万，众人恫恐，百姓离志。孟轲谓齐王曰：'今伐燕，此文、武之时，不可失也。'王因令章子将五都之兵，以因北地之众以伐燕。士卒不战，城门不闭，燕君哙死，齐大胜。"司马迁在这里明确说孟子劝齐王伐燕。但根据《孟子》，孟子没有明确劝告齐王伐燕，有一个叫沈同的人私下征询孟子意见，孟子认为燕可伐，但没有认可齐国是伐燕的主体。孟子认为齐国没有行王道，没有资格讨伐燕国，但如果不挟私利，以仁义为目的，则勉强可以作为讨伐主体。

沈同以其私问曰："燕可伐与？"

孟子曰："可；子哙不得与人燕，子之不得受燕于子哙。有仕于此，而子悦之，不告于王而私与之吾子之禄爵；夫士也，亦无王命而私受之于子，则可乎？——何以异于是？"（《公孙丑下》）④

---

① 杨伯峻：《孟子译注》，第328页。
② 杨伯峻：《孟子译注》，第10页。
③ 杨伯峻：《孟子译注》，第325页。
④ 杨伯峻：《孟子译注》，第99页。

孟子认为燕国可伐，是因为燕王不该私下把王位授予子之，造成死者数万、众人恫恐、百姓离志的后果，但没有说明谁可以伐，没有认可齐国是讨伐的主体，他主张只有"天吏"即行仁政者可以讨伐。

齐人伐燕取得胜利，要不要吞并燕国，宣王明确征求过孟子的意见：

  齐人伐燕，胜之。宣王问曰："或谓寡人勿取，或谓寡人取之。以万乘之国伐万乘之国，五旬而举之，人力不至于此。不取，必有天殃。取之，何如？"

  孟子对曰："取之而燕民悦，则取之。古之人有行之者，武王是也。取之而燕民不悦，则勿取。古之人有行之者，文王是也。以万乘之国伐万乘之国，箪食壶浆以迎王师，岂有他哉？避水火也。如水益深，如火益热，亦运而已矣。"（《梁惠王下》）①

孟子认为，是否能够吞并燕国，应主要考虑燕国百姓的意见，如果百姓不乐意，则不可取。燕国百姓箪食壶浆迎接你们，是希望你们拯救他们于水火之中，但如果你们的吞并导致水更深、火益热，就只会引起燕国百姓的反抗或逃走。

齐王估计没有听取孟子的意见，直接吞并了燕国。不仅吞并，而且杀戮燕国百姓，掠夺其财富，毁坏其宗庙建筑，引起燕国百姓的反抗，其他诸侯国也对齐国吞并燕国的举措十分不满，谋划组织联军救燕伐齐。这时齐宣王又来征询孟子意见。

  齐人伐燕，取之。诸侯将谋救燕。宣王曰："诸侯多谋伐寡人者，何以待之？"

  孟子对曰："臣闻七十里为政于天下者，汤是也。未闻以千里畏人者。

---

① 杨伯峻：《孟子译注》，第44页。

《书》曰:'汤一征,自葛始。'天下信之,东面而征,西夷怨;南面而征,北狄怨,曰:'奚为后我?'民望之,若大旱之望云霓也。归市者不止,耕者不变,诛其君而吊其民,若时雨降。民大悦。《书》曰:'徯我后,后来其苏。'今燕虐其民,王往而征之,民以为将拯己于水火之中也,箪食壶浆以迎王师。若杀其父兄,系累其子弟,毁其宗庙,迁其重器,如之何其可也?天下固畏齐之强也,今又倍地而不行仁政,是动天下之兵也。王速出令,反其旄倪,止其重器,谋于燕众,置君而后去之,则犹可及止也。"(《梁惠王下》)[1]

孟子首先举商汤伐葛的事例,希望齐国军队出征燕国能像商汤伐葛一样,以仁义为目的,行仁政,吊民伐罪,解救燕国百姓于水火之中,赢得燕国百姓的支持而箪食壶浆以迎齐师,而在平定内乱以后,应迅速建立和平社会秩序,重新选立一位符合燕国各界人士愿望的国君,稳定政权,然后撤兵。可惜齐国不是王道国家,出兵燕国并非为了推行王道,而是挟带私利。燕国的老百姓原来以为齐国是要把他们从水深火热中拯救出来,所以用饭筐装着饭,用酒壶盛着酒浆来欢迎齐国的军队。可齐军却杀死他们的父兄,抓走他们的子弟,毁坏他们的宗庙,抢走他们的宝器,这怎么能够使他们容忍呢?各国诸侯本来就害怕齐国强大,现在齐国的土地又扩大了一倍,而且还不施行仁政,这就必然会让天下各国兴兵。面对现在的形势,孟子建议齐王赶快发出命令,放回燕国老老小小的俘虏,停止搬运燕国的宝器,再和燕国的各界人士商议,为他们选立一位国君,然后从燕国撤回齐国的军队,这样做,还可以来得及制止各国兴兵。

从以上的分析可以看出,孟子对形势的判断非常精准客观,提出的建议何等中肯稳当!然而齐国不愿放弃一己私利,企图把燕国据为己有,结果遭到各国诸侯与燕国士众的联合反抗,齐国被迫狼狈撤兵。"燕人畔。王曰:'吾甚惭于孟

---

[1] 杨伯峻:《孟子译注》,第45页。

子.'"(《公孙丑下》)①齐国失败以后,齐王对于没有听取孟子的建议而感到惭愧。可是孟子对齐王已经深感失望,觉得其不足以成大事,遂提出辞职。

后来有人认为齐人伐燕是由于孟子的劝告,孟子明确表示否认,孟子只承认私下里对沈同表示过燕国可伐的意见,但认为只有施行王道仁政的国家可以讨伐,即"为天吏,则可以伐之"(《公孙丑下》)②。孟子对齐国的政治不满意,但如果齐国能够以仁义为目的出兵平定燕国内乱,使之恢复和平,也许王道可以由此开始。从这个意义上说,孟子也许勉强认可齐国作为伐燕的主体。岂料非仁政国家毕竟不可靠,齐国挟私利以出兵,吞并燕国,杀戮百姓,掠夺财物,迁其重器,毁其宗庙,引起燕国人民和各国诸侯的联合反抗,把本来有可能成为正义战争的伐燕之役变成了乘人之危的非正义的侵略战争。

五

孟子一生积极提倡和平,致力于实现王道理想,认为王道国家战则必胜,仁者无敌,表现出仁义自信、仁者自信、王道自信的精神与信念。但仔细分析孟子的全部论述,就不难发现,过度的理想主义色彩、对正义观念的过分自信,导致其王道仁政理想在现实中难以实现。纵观历史,王道难以战胜霸道,正义战争难以取得胜利,野蛮国家凭借武力横行霸道、肆意侵略别国,其事例不胜枚举。即使正义战争取得胜利,往往也要付出沉重代价。总结孟子王道自信的思维教训,辨其得失,为王道战胜霸道提供可行的途径,对现代国家确立正义的战争观、捍卫世界和平具有重大现实意义。

一、孟子认为王道国家不待大,百里之国可以王天下,理想主义色彩过于浓厚,没有考虑到资源的有限性。孟子描述的仁政理想是一户有百亩耕地、五亩宅基地,欢迎天下人民都来耕地,民之所归,如水之就下,沛然莫之能御;

---

① 杨伯峻:《孟子译注》,第101页。
② 杨伯峻:《孟子译注》,第99—100页。

欢迎天下商人都来经商，欢迎天下知识分子都来本国从政。可是小国资源有限，一户百亩地，能容纳多少农户呢？小国消费有限，能有多大的市场规模呢？天下知识分子都来从政，增加财政负担，引起赋税加重，人民能够承受吗？孟子说王道国家不必大，这是为了增强实行王道的信心，但依照孟子的思路推理，大国比小国更容易实行王道。大国资源丰富，土广民众，有更大的市场空间，可以吸纳更多的贤能俊杰来为国效力。孟子认为霸道依靠实力，所以实行霸道的必须是有充分实力的大国，同理，只有实行王道的大国才能抵御霸道、主持正义。因此，大国具有更大的实行王道的能力、责任与义务。

二、孟子过分强调正义的力量，没有重视军队的训练管理和国防建设。通观《孟子》全书，找不到关于军队训练和国防建设的论述。即使不是处于战国时期（更何况是战国时期），一个国家也要组织一支有一定规模的军队，并且要加强训练，增强战斗力，这样才能在正义战争中以最少的牺牲赢得最大的胜利。没有常规军队，战争发生时组织没有经过训练的民众去抵抗，用血肉筑长城，即使最终取得胜利，也要付出极其沉重的代价。当然，要加强军队建设和国防建设，就有可能增加赋税，增加百姓负担，如何在军费开支和保障人民生活水平之间找到平衡，需要执政者具有高超的智慧。

三、孟子忽略了武器的优劣在战争中的作用。这一点尤其值得总结经验教训。受孟子思想影响，中国古代长期不重视先进武器的研发与制造，甚至在国势危急时，有的士大夫还在大发"战争不靠武器"的迂腐议论。孟子过分强调得道多助，认为"域民不以封疆之界，固国不以山溪之险，威天下不以兵革之利"（《公孙丑下》）[1]；认为只要施仁政于民，"可使制梃以挞秦楚之坚甲利兵矣"（《梁惠王上》）[2]，组织没有经过训练的百姓用木棍去对付秦楚之坚甲利兵，这要付出多大的牺牲和代价！何况秦国拥有虎狼之师，训练有素，且用土地奖励军功，重赏之下必有勇夫，手中又有锐利武器，他国仅仅依靠正义在手、仇恨在胸恐怕不足以取胜！因此，要把拥有先进武器提升到事关国家生死

---

[1] 杨伯峻：《孟子译注》，第 86 页。
[2] 杨伯峻：《孟子译注》，第 10 页。

存亡的高度来看待。

中国是一个肩负历史使命和世界责任的大国，弘扬儒家思想，总结提升孟子的仁义自信、王道理想，致力于和谐社会建设，促进全民共同富裕，加强军队和国防建设，就一定能为维护世界和平作出应有的贡献。

后 记

本书是 2022 年 8 月在山东邹城孟子研究院召开的"孟子思想及其在历代的影响"国际学术研讨会的论文集。会议由孟子研究院联合首都师范大学哲学系、南京大学历史学院共同主办。

来自中国社会科学院、北京大学、清华大学、南京大学、复旦大学、北京师范大学、首都师范大学、北京交通大学、四川大学、山东大学、安徽大学、西北大学、南京师范大学、山东师范大学、曲阜师范大学、江苏大学、天津工业大学、孔子研究院、孟子研究院、台湾大学、澳门大学、淡江大学，以及日本广岛大学、法国国立东方语言文化学院等国内外高校、研究机构的专家学者与研究生共 60 余人参加会议。由于当时受新冠疫情影响，有些专家无法亲临孟子研究院，只能通过线上方式参加会议，稍显遗憾。

孟子研究院党委书记、院长陈晓霞研究员，首都师范大学哲学系教授、中国哲学学科负责人陈鹏教授，南京大学历史学院副院长梁晨教授分别在会议开幕式上致辞。颜世安老师邀请台湾大学特聘讲座教授黄俊杰先生以视频形式做了题为《东亚孟子学的同调与异趣》的开幕式主题演讲。黄先生是全球资深的孟学史研究专家，他从"中、韩、日各国知识分子、国君以及不同学派的儒者为什么能围绕孟子而争论不休"和"中、韩、日三地孟子学有何同调与异趣"两个方面进行了精彩发言。黄俊杰先生以其宽广的研究视域、扎实的文献基础、具有国际视野的比较研究方法，为本次研讨会揭开了学术讨论的序幕。

此次研讨会共收到论文 29 篇，主题深刻，内容丰富。根据论文主题，会议共组织了五场大会发言与两场大会研讨。专家学者的发言内容涵盖海内外孟子思想史以及孟子学说的政治、历史、哲学等维度和现代创新重构等多个学术重点、热点话题，深入挖掘了孟子的思想内涵，彰显了孟子在新时代的思想价值。在大会研讨环节，大家围绕孟子的仁义思想、性善论、经权思想、井田说等展开了热烈讨论。对于青年学者的提问，专家们予以细心解答。大家在学术交流中碰撞出了思想火花，交流了心得，切磋了方法，增进了友谊，培养了人才。

杨海文教授在学术总结时提炼了本次研讨会的三个特点：其一，本次研讨会是历史学与哲学的对话与融合。"一切历史都是当代史"，每个人都在参与孟子思想的历史传播。我们以哲学的方式对孟子思想进行思考，同样也是孟子思想历史传播的表现。其二，从方法的角度看，杨教授表示继承与创新都具有重要性。他阐述了孟子为"孔孟之道"做出的温故知新、推陈出新、破旧立新、综合创新四大贡献。我们今天讨论孟子，要特别注意继承与创新的关系。其三，从个人与时代的关系来看，当我们在《孟子》里读到"独善其身""兼善天下"时，它是在告诉我们个体与时代是有密切关系的。置身于当今时代，我们在做思想解释与研究时，都应当与时代精神结合起来，并通过研究去提升时代精神。

此次学术研讨会围绕"孟子思想及其在历代的影响"展开，以孟子原典阐发为依据，综合比较《论语》、《荀子》、《礼记》、出土文献《五行》，以及《墨子》《庄子》等先秦典籍，广泛参照汉以后历代注孟、释孟学术著作，阐释孟子及其思想的相关内容，提出了许多新颖的富有建设性的思想观点和《孟子》章句新解，深化、推进了国内外孟学研究及儒家思想研究。特别是杨朝明教授等专家的论文，立足现实阐释孟子及其思想的相关内容，赋予其新的时代内涵，对激活孟子思想的生命力、推动中华优秀传统文化的创造性转化和创新性发展具有重要意义。此次研讨会邀请国内外诸位知名专家学者齐聚一堂，共话孟子，不仅搭建了一个学术交流互动、弘扬孟子思想的重要平台，也是一场专家层次高、学术涵养深的学术研讨盛会。研讨会也将秉持初心，不断引领孟子研究走向新的高度。

  作为本次研讨会的成果，本书将其中 26 篇会议论文结集出版。在此，我衷心感谢颜世安老师对研讨会成功举办与论文集出版给予的大力支持，感谢杨朝明老师等诸位专家学者冒着酷暑与会研讨、精心校对文稿。感谢孟子研究院曹巍巍所长带领的工作团队所做的精心会务保障，使得会议顺利举行、论文收集顺畅。感谢山东友谊出版社何慧颖社长和张亚欣编辑对本书出版的支持关照与精心编校。特别感谢山东省泰山学者人才工程与孟子研究院给予研讨会与论文集出版的经费支持，使我作为泰山学者特聘专家在学术研究与交流等方面有了充分的保障。

  本书作为孟子研究的阶段性成果，既是对过往的总结，也是对未来的期许。"观于海者难为水，游于圣人之门者难为言"，孟子伟大的思想与人格及其"继往圣、开来学"的精神，正是激励我们"居仁由义"的不竭动力。

孔德立

2024 年 8 月 23 日于陕西韩城